陈天华

曾文辉 著

线装書局

图书在版编目（ＣＩＰ）数据

陈天华 / 曾文辉著. -- 北京 ：线装书局，2023.4
ISBN 978-7-5120-5404-2

Ⅰ．①陈… Ⅱ．①曾… Ⅲ．①陈天华（1875-1905）
—传记 Ⅳ．①K827=49

中国国家版本馆CIP 数据核字(2023)第 067403 号

陈天华

CHEN TIANHUA

著　　者：曾文辉
责任编辑：崔　巍
出版发行：**线装书局**
　　　　　地　　址：北京市丰台区方庄日月天地大厦 B 座 17 层
　　　　　（100078）
　　　　　电　　话：010-58077126（发行部）010-58076938（总编室）
　　　　　网　　址：www.zgxzsj.com
经　　销：新华书店
印　　制：三河市中晟雅豪印务有限公司
开　　本：710mm×1000mm　1/16
印　　张：31.25
字　　数：497 千字
版　　次：2023 年 4 月第 1 版第 1 次印刷
定　　价：99.00 元

线装书局官方微信

前　言

陈天华（1875年3月6日—1905年12月8日），中国近代民主革命家，原名显宿，字星台，亦字过庭，号思黄，湖南省新化县知方团下乐村人（今荣华乡小鹿村人），华兴会创始人之一，中国同盟会会员，清末的革命烈士。1896年入新化资江书院，1898年入新化实学堂。1900年在长沙岳麓书院就读，盛夏时，因父丧返乡，翌年入省中求实书院。1902年考入省城师范馆。1903年留学日本，参与组织"拒俄义勇队"和"军国民教育会"，次年回国参与组织"华兴会"，筹备发动长沙起义。1904年长沙起义流产后，为躲避清政府的追捕逃往日本。

1905年，在东京与宋教仁创办《二十世纪之支那》杂志；辅佐孙中山筹组同盟会，起草《革命方略》；《民报》创刊后任编辑，参与对康、梁保皇派的论战。为抗议日本政府颁布的《清国留学生取缔规则》，在日本东京大森海湾愤而蹈海殉国，时年三十岁。1906年春，其灵柩运回长沙，公葬于岳麓山。

陈天华一生救亡图存，忧国忧民，宣传革命矢志不移，是辛亥革命时期杰出的鼓动家和宣传家。所著《猛回头》和《警世钟》成为当时宣传革命的号角和警钟。

陈天华在排满革命、建立民主政体、造就近代国民等一系列问题上的进步主张在当时达到了一个前所未有的高度；对于中国近代民主革命高潮的到来起到极大的推动作用，是一个对中国民主革命有贡献的人。

陈天华的出生地湖南新化，位于资江中游，雪峰山东南麓，属于梅山文化圈。梅山古称"梅山峒"，是汉、苗、瑶、土等多民族杂居之地。梅山人古称"梅山蛮"，性格以勤劳朴实、吃苦耐劳、勇猛顽强著称。梅山人崇文尚武、能歌会吟，有自成一派的文化积累。梅山人心忧天下、敢为人先、勇于担当，是一群不会轻易屈服的人。陈天华的性格和文风很大程度上受到梅山文化的影响。本文试图以梅山文化的视角去探索陈天华的成长之路，及他的性格和文风的形成。

目录

第一章 天降奇石

清光绪元年（1875年）正月，地处梅山腹部地区的湘中重地新化，从春节过后一直是阴雨绵绵。虽然说"春雨贵如油"，在干枯中沉寂了一个冬天的田野经过一段时间的春雨滋润，渐渐潮润了起来，很多埋在地里的种子都饱胀了，芽苗等着破土而出。但持续的阴雨天气给人的感觉还是有一股子的憋闷，正月里许多访亲问友的打算也因为下雨被搁置。乡下的农人这会儿也没闲着，或是去祠堂里看"木偶戏""傩戏""练打"凑凑热闹，或是待在家里把松了的锄头加个楔子，锄尖钝了的要用磨石打磨一下，断了起梗（提手）的箢箕加根绳子牢固牢固，过完这个正月，这些家什都用得上了。

眼看着正月就要在雨中过完。二十九那天，老天爷终于开了脸，露出一丝淡白的阳光，虽然感觉不到多少温暖，但总算让人的心里舒展了一下，这下好了，总算出了太阳，不然人都快发霉了。

知方团下乐村的塾师陈宝卿心里这段时间被一团淡淡的愁云笼罩着。不过这团愁云不是来自这多雨的天气，而是来自自家堂客的肚子。去年三月份的时候，成亲八年，肚子一直没动静的罗氏突然怀上了，这消息对于已过不惑之年的陈宝卿来说无疑是喜从天降。在罗氏之前，陈宝卿还讨过一个堂客，前面的堂客张氏生过两个儿子、三个女儿，大儿子天生是个残疾，今年已十七岁，二儿子出生不久就夭折了，三个女儿均已出嫁。张氏同治四年（1865年）患恶疾去世，两年后讨罗氏。罗氏嫁进陈家后一直未怀孕，原本以为陈家的血脉在自己的下一代就要断掉，没想到这么多年后，堂客突然怀上了，请来号脉的刘郎中说陈宝卿堂客喜脉强劲有力，十有八九是个男孩，更是喜上加喜。

刘郎中按照陈宝卿堂客说的最后一次来红推算，生产日期是正月初，可现在都已经正月底，产期推迟快一个月了，还是没见有什么动静，每天还腆着个大肚子忙来忙去的，行动敏捷得很，连一点生产的预兆都没有。按老辈的经验，一般来说如果怀的男孩子，未足月出生的可能性要大些，超过月份的一般是"老妹几"。现在都推迟这么长时间了,生男孩的希望越来越小不说,还不知道是什么原因导致生产日期推迟这么久。

村里有人议论说:"陈宝卿堂客的崽都怀十个多月了,现在还没动静,不会怀的是什么怪胎吧?据说哪吒是怀了三年零六个月才出生的,可人家毕竟是神仙,与众不同啊!"

陈宝卿和堂客听到这些传言,也只能干着急,生孩子不是自己想生就能生下来的,前面两个儿子都是这样子,现在他们盼望的只是生个健康、聪明的孩子,从没想过要生出个什么三头六臂的神仙来。

村里老樟树底下的陈家祠堂旁边的陈姓塾馆里,陈宝卿正领着几个刚开蒙的有钱的陈家子弟在摇头晃脑地读《三字经》:"人之初,性本善,性相近,习相远……"

"陈先生,陈先生,你快回去,你堂客快生了。"住得离陈宝卿家最近的陈四喜气喘吁吁跑来报信。

"噢!真的吗?"陈宝卿听了,有点不敢相信自己的耳朵。

"这事哪敢骗您,您赶紧回去就是,我堂客还吩咐我去叫刘郎中的,我先走了。"陈四喜丢下尚在懵懂中的陈宝卿急急走了。

醒过神来,陈宝卿赶紧放下手中戒尺,急忙给孩子们放了学,夹着装书的布包,匆匆忙忙往家里赶去。

陈宝卿家位于资江河畔,四排两间的木板屋坐西朝东,面向资江河,背靠雪峰山脉。资江河每到夏季会涨水,三五年发一次大水,发大水的时候河面有一两百米宽,几乎淹到屋前面的石坎。闲的时候,陈宝卿坐在家门口的石坎上都能钓到鱼。现在是枯水季节,河道萎缩得只有几十米宽了,所以河滩显得相当的宽阔。

冬季才过,河滩上偶尔能寻得几畦绿,那是靠河边住的人家种的冬菜。有时是白菜,有时是萝卜,有时是蒜苗或莴笋。河滩只能种一季冬菜,因为地势低的地方大部分的时间都是泡在水里,要运气好才有收成。偶有略高一点的小土丘上面一两丛灌木上有稀稀疏疏的几片叶子,那是去年留下的老叶,看上去浑浑浊浊的,没法给人一种清新的感觉。

屋后是连地千里的雪峰山脉。久雨初晴,远处的山峦还笼罩在一片迷蒙的水雾里,只能见到若隐若现的水墨色轮廓。近处的桃树、李树枝头还是光秃秃的,要仔细看才能看到一些比树干的颜色稍微油润一点的凸起的芽苞。只有那两棵枇杷树，深绿色的老叶间能看到背面长满黄色茸毛的嫩绿色的新叶和藏在淡黄色的茸毛间的鹅黄色花朵。房屋右侧十几棵古楸树，大的三个人才能合抱，小的也一个人抱不过来，常年的墨绿色把房子衬得更加古旧。这些古树和房子都是陈宝卿父亲手上传下来的。

陈家的先祖陈惟盛，曾经是江西泰和淑林名门望族的后裔。在明太祖朱元璋灭了元人，一统江山之际，陈友谅残部纷纷溃逃，一路上烧杀抢夺，奸淫掳掠。经过陈家的庄院的时候，不仅抢夺财产，还放火烧掉了他们的庄院。面对凶残的逃兵，陈家先祖无力反抗，为了躲避战乱，只好随族人举家西移。行至资江边的下乐村时，见这里民风强悍，外面的人不敢随便侵入，而且背山面水，土地肥沃，就安顿了下来。陈宝卿的祖父生了两个儿子，两个女儿，儿子一个叫陈今因，一个叫陈今图。陈今图是陈宝卿的父亲，陈今因是陈宝卿的伯父，伯父虽然也娶了亲，但未有子嗣，所以陈宝卿也是一脉单传。

陈宝卿的父亲在祖父那里分得一些财产后就在这里起了这栋四排两间的房子，并在屋边种上了象征贵气的楸树。可到陈宝卿父亲手上时，陈家人不旺财也不旺，陈宝卿父亲只生了陈宝卿一个儿子和一个女儿。有一年冬天，陈宝卿家熏腊肉过年，油滴到木炭火上引发了一场大火，烧掉了房子。把烧掉的房子修缮一遍，家当就所剩无几。陈宝卿的父亲死得早，去世的时候陈宝卿才六岁，他由嫁在本村的大娘（父亲的姐姐）抚养。陈宝卿爷爷留下的产业到陈宝卿父亲临死前就剩下这几间房子和旁边的十几棵古楸树。

大娘家也很穷，青黄不接的时候，家里无米下锅，就用棕树结的果实填饱肚子。伯父陈今因是村里陈姓家族的教书先生，教蒙童的，他看陈宝卿很聪明，怕这么好的苗子给浪费了，就领养了他，教他识字念书。陈宝卿念书还是挺不错的，也许是考运不佳，考了很多次只是在县城考了个邑庠生（本地的秀才）再无进展，最后只好放弃。陈宝卿十九岁的时候伯父病故，陈宝卿又回到了大娘家，伯父在塾馆腾出来的位子陈宝卿顶上，做了塾师，靠在塾馆教几个蒙生糊口。

陈宝卿生性善良，看到可怜的人，他都会接济一点。一次听塾馆旁边住的人家的女人哭得很凄惨，这家人陈宝卿认识，男人叫苏会全，女的不知道姓名，但大家都叫她会全堂客。这两口子都是老实、本分人，那男的以前一直在资江边给人背纤，女人在家给村里有钱人家干缝缝补补、洗洗涮涮的活，苦是苦了点，但日子还是过得去。前些日子还听说苏会全去放"毛板船"，做了船老板，现在怎么就哭上了？

爱管闲事的陈宝卿跑去问个究竟："会全大哥，你家出什么事了吗？你堂客哭得这么伤心。"

"哭！哭！哭！她就知道哭，跟个丧门星似的，我的运气都是被她哭衰的，要不是我们走船的那天，她扯着我的衣袖，眼泪汪汪的左叮咛右嘱咐，弄得我心神不宁，哪会出事？为什么这么多人一起放毛板船，别人家的没触礁，偏只有我家的船触礁呢？"苏会全恨恨地说。

苏会全至死都记得那次放毛板船的情景。

他是去年秋天才有放毛板船的打算的。当时是有个和自己一起背纤很多年的外号叫"耙子"的纤夫，消失了两个多月之后，再出现在大伙面前时，突然就像挖到了宝藏，一夜之间就抖起来了。以前穿破布衫的瘦身板穿上了绫罗绸缎，那双一年四季穿草鞋的脚套上了白底、黑绸面的布鞋，被旱烟熏得焦黄的两个手指此刻握着的是铮亮的黄铜嘴的长烟杆，走两步，吸一口，烟从两个鼻孔里冒出来之后在眼前形成了一团云雾，耙子的脸此刻也变得云山雾罩的。以前的耙子是不让那烟外流的，他要吞进肚子里去，让它们在肚子里反复循环，直到被身体吸收，他说那些抽烟吐烟圈的纯粹是浪费，是败家行为。耙子现在那派头，跟村子里有钱人家的老爷已没有两样。

大伙很纳闷，问他在哪里挖到了金矿，才两个多月不见就发财了？他用下巴指了指河面上一串正往下游漂的毛板船说："在资江河上，还有比放毛板船更赚钱的营生？"

"噢！"每个人都是一副豁然开朗的神情。

"耙子，你怎么有那么多的钱买船啊？"苏会全知道耙子跟自己一样，全靠背纤养家糊口，就算他能额外找些小钱，也不可能有很厚的家底去置办一条船，于是好奇问道。

耙子听了，皱了皱眉头，不答话。

苏会全立马醒悟过来，忙改口道："耙哥，您在哪里找那么多钱买船？"

耙子本名叫陈耙，因为他很会抓钱，像是一个搂钱的耙子，所以都叫他"耙子"。

"这船要不了多少钱啊！就是去山里买几棵松树解成板和方，用几颗马钉钉起来，然后装上舵叶和桨片就可以拉煤了。不信你去新化上游的山里看看，秋冬季节都是在造这种船。"耙子的神情，似乎这造船买船是很轻松的事情。

"那煤钱呢？一船煤'小码子'都有十万来斤。"（毛板船装煤不是按重量，而是按船吃水的深度，"小码子"一般为五十吨，"大码子"为七十吨）。苏会全继续问，他心里有了自己的小九九。

"赊呗！先付点定金，返回后再付余下的钱。放毛板船反正资金回笼快，不仅煤是现钱现货，船也是现钱现货，可以连煤带船一起卖掉或卖掉煤之后把船拆散当木材卖。装一船煤下到益阳或武汉，最后回来的都是钱了，一艘船少的也能赚二千五百个大洋，多的能赚三千五百个大洋呢！"耙子把事情说得很轻描淡写，好像这放毛板船就是扛着耙子去搂钱一样。

苏会全在资江边背了这多年的纤，当然知道放毛板船是桩赚大钱的营生，但也知道，放毛板船容易出事，一旦出事，那就蛋打鸡飞，什么都没有了。俗话说："撑死胆大的，饿死胆小的"，耙子这样的人都能赚到大钱，我苏会全怎么就不能去赚？要死守在这里靠卖苦力赚钱呢？我哪点比他耙子差？不说别的，我这身板就比他结实得多，在资江河上一次能游几个来回。凭着这样的一股信念，苏会全毅然加入了放毛板船的行列。

接下来的日子，苏会全先是找人借钱凑钱，然后就是跑山里去找人造船。这毛板船做起来忒简单了，在山里找几棵大的油松树砍了，解成木方和木板，在河滩上晒干，然后毛木方做龙骨，毛木板做船板，一不刨削、二不卯榫，不挂浆，也不刷桐油石灰，还不用苎麻塞裂缝，用长马钉钉拢来，中间隔成几个货仓，再挂上四条摇橹，尾部安个毛木舵，这个十几丈长，两丈多宽，一丈多深的毛毛躁躁的家伙就能叫作毛板船了。

一艘大的毛板船用石磢一层层夯紧能装进十几万斤煤。造船的地方虽然在山里，但是都在小河边，平日里，小河里没多少水，鱼划子都难划进来。一到春夏季节，一场暴雨落下来，山里就开始涨洪水，洪水把河道扩大了，就把毛板船推进水里，顺着河道便进入了资江。因为木板开始是晒干了的，煤又夯得紧实，现在被河水一泡，木板都涨开了，板与板之间撑得死死的，再加上煤见水产生的张力与重力，能把船的缝隙填得满满的，不用担心没刷桐油石灰的船会漏水。

记得那天是农历端阳的后一天，端阳水涨起来以后，船队就做好了出发的准备。因为堂客要来送行，两个人就借住在了山民家。临睡前，堂客叮嘱了一遍又一遍，还泪眼婆娑的，让苏会全觉得自己不是去行船，而是去赴死，当时就想发火，后面想想堂客也是担心自己的安危就忍住了。半夜里，山崩地裂般的炸雷把苏会全他们惊醒，门外山风如龙吟虎啸，闪电从山顶上劈下来，照得屋里白蒙蒙一片。不一会山雨来了，哗哗的雨声恍惚要把整个世界都掌握在它的手心里，洪水从屋子两边刷过，房子不时地晃动几下，好像随时要被洪水冲走。不一会，就听到小河里传出洪水涌动的声音。大概有山民的房子被山洪冲跑，只听见有人在奔走呼救，夹杂着妇女喊儿、孩子叫娘的凄厉的哭喊声，加上雷声、风声、雨声混响在一起，仿佛在经历一场巨大的浩劫。

吓人的雨下了整整一夜，苏会全他们也是一夜都没睡好，老是担心房子会不会冲垮，河滩上的船会不会冲跑。第二天中午，暴雨才渐渐停住。雨刚停，苏会全跟堂客赶紧走出门去，地仙看好的日子，今天是要斩揽放船的。因为第一次放毛板船，苏会全什么都不懂，只能随大流，看别人怎么做，自己也跟着做。毛板船的正舵手是苏会全高价请来的老舵手，为了节省开支，副舵手就自己担任了，其他六个桨手是原来和苏会全一起背纤的纤夫，因为毛板船的桨手也担负着经过险滩时背纤的任务。

河滩早已不是原来的河滩，水位往上提升了好几米，哗哗的洪水从山上冲下来，顺着原来水浅的河道正咆哮着向前翻滚。水位还在快速上升，河滩上的毛板船已被洪水托起，一些粗大的竹缆把它们套在河边的木桩上以防漂走。

河滩后边的山坡上密密麻麻站满了山民，一张供着牛头、滴血雄鸡和香茶的供桌摆在河岸边。供桌上三炷燃香青烟袅袅，供桌边一个披袍祭司正合着双手口里念念有词。祭司的身后，苏会全他们和其他的船工一样赤裸着上身、胸前贴着符咒、手上端着酒碗。

突然，三声惊天动地的火铳响，祭司端着一碗船工递过来的酒走向了翻滚的河水边。瞬间，捧酒船工和山坡上的所有山民都唰的一声齐崭崭跪下诵道："天地菩萨，山灵河神，保我商途，佑我船民！"祭司的酒倒入了河里，船工与山民虔诚的祈祷声则颤颤地飘向了苍穹。

"喝酒，上船，砍缆！"领头的船老板一声大吼，船工们一齐仰脖喝光酒并摔碗打了煞，然后搭跳板鱼贯登上了毛板船。

随着嘭嘭的斧砍声，毛板船脱缆漂动，岸上则响起了一片哭声、喊声与祷告声。在哭声里，苏会全听到自家堂客的声音最为尖锐。

船上的船工们则开始喊号子："呜……嗬嗬，嗨……嗬！毛山毛树锯毛板，毛钉毛货毛板船，河水一发人上劲，四根摇橹创江天……嗨……嗬……嗨！"号声粗犷激越，久久在河道上回荡。

开始在小河里，因为水比较浅，虽然水流急，但对庞大的船体的推动力量还是有限的，所以船行得稳稳当当。一进入资江主干道，苏会全就感觉到了洪水的厉害，船开始左右摇晃，一个又一个的急浪把船往前推，船好像就在浪尖上行驶。那支看似简单的毛木舵这会儿发挥着极大的作用，老舵公往右扳，船就跟着左边的浪走，往左用力，船就跟着右边的浪走，因为水流急，船由水流推着走，这时候的桨手作用不大，只起到一个平衡的作用。

苏会全站在老舵手的旁边学习怎样操作毛木舵。开始身心很紧张，但看他灵活地左右摇摆着毛木舵，把这么大的一条毛板船变成了一条浪里翻飞的大鱼，才稍稍松了一口气。

船到了安化地界，这里不仅河道狭窄，而且多暗礁、险滩，开始还站姿很随便的老舵手腰板变得硬起来，两条腿站成了弓箭步，眼睛一眨也不眨地盯着船头前面的河面，他必须对前面有可能出现的暗礁或险滩做出及时、准确的预判，以便及时调整船的走向。

提着心、吊着胆，船终于闯过了安化那一段最险的河道，眼看就要到益阳。第一次放毛板船，苏会全不敢胃口太大，直接把毛板船放到武汉，而是打算在益阳码头换船过驳再把煤运去武汉。天色越来越暗，像是又要下雨的样子，桨手们这时忙乱了起来，他们把煤用油布盖好，准备好戽斗，一旦油布上积了水，就得赶紧戽掉，以免船超过载重量，这也是桨手们的一项重要的工作。

老舵手年纪有点大，船走了这么长时间，苏会全怕他太累，过了安化那一段险滩，可以放松一下，不用那么紧张了，便劝他进船舱里去休息一下，自己作为副舵手顶了上去。

第一次做舵手，苏会全心里有点紧张，总觉得那毛木舵在自己手上完全失去了在老舵手手上的灵性，有点不听使唤。才过一会，手心里抓了一把的水，不知是沁出的汗水还是河水。突然，天空亮起一道长长的闪电，把刚才还暗沉的天空瞬间照得透亮。闪电过后，苏会全眼前一片暗黑，紧接着一个炸雷好像就在船边响起，惊得苏会全一哆嗦，手中的毛木舵丢了出去。等苏会全的眼睛恢复过来找到毛木舵时，才发现船头前面多了一个黑乎乎的东西，不好！暗礁。苏会全心里一惊，回避已来不及了，船头直直撞上了那个高出水面才一尺多的暗礁。因为水势凶猛，船身又重，苏会全听到了船身碎裂的声音。

"船触礁了，快！快跳水！"苏会全意识到了情况的不妙，忙对披着蓑衣正在舀水的船工喊道。船工都是些常年在资江边混生活的，水性非常好，听到苏会全的报警，都立马跳进了河里。

等大家都游到岸边，回头再看时，船身开始裂开变宽，船上的煤直接从裂缝里往下陷，直沉入资江河，最后，眼睁睁看见船散成了一块块木板在河面上一沉一浮往下游漂去……

想着这不堪回首的一幕，苏会全蹲下了身子，双手抱着脑袋，手指头抓住头发往下扯，恨不能把头发全都扯下来。

"还怨我呢，我早跟你说过，跑船是碗沙子饭，没那么好吃，在资江河里跑船翻船的还少吗？你半辈子都是在河边背纤，哪懂得驾船？可你说没吃过猪肉难道还没见过猪跑？我在资江河边几十年了，什么样的船没见过？什么样的阵势没见过？现在好了，船触礁了就变成我的错，借的钱还不上就要把我嫁掉，你说你还是不是人？把我嫁掉，孩子们都成没娘崽了，他们还有好日子过吗？"苏会全堂客的哭诉声还在絮絮叨叨。

"呜！呜！爹，你不要把娘嫁掉，不要把娘嫁掉，娘嫁了我们就没娘了。"苏会全的一双儿女也加入了哭的行列。

"崽，你们莫哭了！我心里也不好过，但凡有一点别的办法我会嫁你们的娘吗？如果还不上别人的债我们全家都会被逼死的。"苏会全的声音也哽咽起来。

"我是不会嫁的，如果你硬要我嫁，我就跳资江河，到时让你人财两空。"会全堂客抬起右手把脸上的鼻涕眼泪胡乱抓了一把，在衣襟上擦了擦，圆睁着眼睛，逼视着苏会全，很坚决地说。

陈宝卿好半天才弄明白，原来，苏会全放毛板船没经验，船撞到暗礁上，船散了，煤也沉入资江河底。幸好苏会全和他请的伙计是常年在资江河边讨生活的，水上功夫好，才捡回了性命。但做船的钱大部分是借人家的，煤钱也只给了一部分定金，现在人家追上门来要债了，欠别人的债没法偿还，只好准备嫁掉自己的堂客还债，堂客不肯去，才出现了眼前的局面。看到这境况，陈宝卿心里很难过，苏会全堂客不管是被嫁掉还是跳资江，这个家都要散掉，那两个孩子就没娘了，两口子辛苦了半辈子，最终落得这个下场，实在让人不落忍。

那时的陈宝卿教蒙生的酬金才八千文，他想捐一些给这家人，看能不能给他们解燃眉之急。回家去问大娘，拜佛菩萨的大娘说："我们现在有能力养活自己，你想怎么做随你吧。菩萨说：'人活在这世上要多做好事，多行善，你这么做也算是救了一家人。'菩萨说：'救人一命，胜造七级浮屠。'"听大娘这么一说，陈宝卿就把自己收入的一半，四千文捐给了他们。陈宝卿的慷慨行为感动了村里人，大家纷纷捐款，终于使苏会全的堂客不用被嫁掉。之后，苏会全领着堂客和儿女去塾馆给陈宝卿叩头，说是他和村里人救了他们一家的命，等有了钱，他们一定一家一家把账还上。

陈宝卿为人也很仗义，村子里有人打官司，他都是免费写状纸。村里有什么恃强欺弱、欺凌霸道的事情，他也是仗义执言，不管双方势力强弱，他永远站在他认为正确的一边，就是受到别人的辱骂、威胁也从不妥协。

一年冬天，大雪纷飞，住在资江岸边的一个穷苦的渔夫的父亲去世了。因家里穷，请不起人为父亲挖墓穴，渔夫只好用草席卷了父亲，在坟山上找了一处未积雪的洼地埋了。苍年春暖，渔夫下河捕鱼，每次都能满载而归，收获与之前相比多了好几倍，日子渐渐过得富裕起来，娶了妻、生了子。村里人都说是他父亲葬在了一块风水宝地上才让他这么多年来顺风顺水的。村里有一富人听了眼红心嫉，仗着自己有钱有势，强行把渔夫父亲的尸骨挖出来另葬他处，霸了此地。渔夫敢怒不敢言，找到陈宝卿哭诉。

陈宝卿听了，愤怒不已，都是一个地方上的人，居然还有这么霸凌的事？当即为渔夫写了状纸，让他去县衙告状。陈宝卿打抱不平是远近闻名的，县令接到状纸，也是不敢怠慢，派差丁下来调查，情况果然属实。那富人见县衙派人来查此事，得知是陈宝卿帮忙写的状纸，气得暴跳如雷，因为村里的私塾他出了钱，占了股，所以他找到陈宝卿，脸色铁青地指着他的鼻子大骂："宝卿崽子，这关你什么事？你端我的饭碗却砸我的锅，看我不把你的饭碗砸了。"

陈宝卿却梗着脖子回道："我就是丢了饭碗也要打这个抱不平，谁让你刨人家的祖坟？"

"好！好！既然是这样，那你给我等着。"富人见陈宝卿不肯低头，愤愤地丢下一句话走了。

富人回到家，把陈宝卿的回话学给堂客听，他堂客劝阻道："陈宝卿告状是出了名的，你挖人家的祖坟本来就有悖天理，你就别跟他闹了，再跟他闹下去，你不仅讨不到好，相反会更加让你难堪，以后你在村子里也没了颜面，还是息事宁人吧。"富人听堂客说的也有道理，只好忍气吞声，又找到陈宝卿，请他出面调解，把渔夫的父亲葬回了原处，并赔礼道歉。陈宝卿也让渔夫去县衙撤回了状纸。

陈宝卿的继室罗氏也是为别人打官司得来的。有一年，陈宝卿进县城赶考，在街头见到一个中年人和一个姑娘抱头痛哭。爱打抱不平的陈宝卿问是怎么一回事？原来是当地一个恶霸抢走了中年人颇有姿色的堂客抵债，他准备把女儿卖掉去赎回堂客。

竟然有这么为富不仁的恶霸，居然抢人家堂客抵债？路见不平，拔刀相助是陈宝卿一贯的风格。他仔细问了一下欠债的原因，原来中年人一直租恶霸的田种，那年因为遭严重的水灾，庄稼颗粒无收，中年人欠下了恶霸的田租，所欠的田租利滚利、息滚息，不久就成了一笔大数。估摸着中年人实在没有偿还的能力了，早已垂涎中年人堂客美貌的恶霸就强拉他的堂客去抵债。

陈宝卿听了，更是义愤填膺，不仅免费为他写状纸，还陪他去县衙门告状。最后中年人胜诉，女儿得以保全，夫妻得以团圆。中年人为了感谢陈宝卿的恩情，得知陈宝卿前妻已过世，就将女儿许配陈宝卿为妻。因为家境贫寒无力再娶的陈宝卿对于这天上掉下来的好事，当然是欣然接受了。

陈宝卿屋里此时已经乱成一团。村里的接生婆陈奶奶已经请来了，陈宝卿的人缘好，住在同一个村子里的几个族里的大娘、婶婶、嫂子也都跑来帮忙，一色的女人在屋里出出进进的。

陈宝卿堂客今年已三十三岁，对于从未生过孩子的女人来讲属于高龄产妇，难产的可能性很大。生孩子是女人的一道坎，不少女人是跨不过这道坎的，陈宝卿的表姐就是三年前难产丢的命，所以，直到现在大家心里都还有一团很大的阴影。

陈宝卿匆匆忙忙赶到家，却被堵在了屋外，没能进得屋去，只好把手里的书包托人带进屋里。此时，他双手背在身后，左转转右转转，像一只没头的苍蝇，什么忙都帮不上，只能在屋外傻等。

屋里，陈宝卿堂客的惨叫声不断传出："娘呀！痛死我了，我要痛死了，生孩子咋这么痛？我不生了，我不生了行吗？"。

好像没谁敢回答这个"生或不生"的问题。

"女人生孩子都是这样的，哪有生孩子不痛的？"不知是谁这么说了一句。

"女人生孩子就像是在阎王殿里走一遭，我去年生我崽的时候差点就见了阎王的。"这是一个年轻女人的声音。

"是啊！我们都是从这条路上走过的人。"有人附和说。

屋里的女人七嘴八舌的谈论自己生孩子的惨痛经历，伴随着的是接生的陈奶奶时不时在喊："加油！把腿张开一点，用力！再用力！把劲往下身使。""你这力是往背上使，可别使错地方了。""对，这样，就这样用力。"

陈宝卿堂客的叫喊声渐渐弱了下来。

"陈奶奶，我好累，我感觉一点力气都没有了。"好像是阵痛过后的间隙，陈宝卿堂客的叫声暂时停了下来，声音有气无力的。

"凤嫂，鸡蛋煮好了没？快剥一个给她吃下去，她生了这么长时间，已经没多少力气了。"陈奶奶的声音。

"煮好了，我马上去剥。"凤嫂的声音。

凤嫂是陈四喜的堂客，因为住得很近，平日里和陈宝卿堂客的关系最好。

"不想吃，没胃口，我吃不下去。"陈宝卿堂客虚弱地说。

"不想吃也得吃，吃了才有力气生。"陈奶奶的声音不容置疑。

大概是陈宝卿堂客在吃鸡蛋，屋里一阵短暂的沉默。

"哎呦！又痛了。"陈宝卿堂客的鸡蛋还没落喉，又喊起来，蛋黄卡在喉咙里，声音像是被鲠着了，支支吾吾的。

"先喝口水，加油！快了！"陈奶奶安慰说。

"不好，胎位横了，先出了一个脚。"陈奶奶紧接着发出了一声惊叫。

陈宝卿觉得自己全身的肌肉都紧绷起来，一身的紧张。

屋里出出进进的女人们的脸色由开始的欣喜到后面的越来越凝重，可见屋里的情况越来越不妙，凤嫂还跑出来偷偷地抹了一把眼泪。

看着这一切，陈宝卿急了，想进屋去看看，还是被那些女人拦住了："产房是女人的地方，你一个男人家的，怎么能随便进产房呢？会沾上晦气的，对里面的产妇也不好。"

"可是，可是，陈奶奶说是难产啊！"陈宝卿啜嚅地说。

"难产你也帮不上忙啊！难道你能帮她生？"有人说。

"陈奶奶是老接生婆了，她接了几十年的生，村里的小孩差不多都是她接生的，她会想办法的，别急！陈先生。"又有人安慰说。

陈宝卿没办法，只好干瞪眼。

村子里刘郎中被陈四喜请了过来，这是怕万一出现什么异常情况做准备的。

"怎么样？生下来了吗？"刘郎中关切地问满脸焦虑的陈宝卿。

"还没有呢，都已经几个时辰了，说胎位横了，怕是难产。"陈宝卿抖着声说。

看陈宝卿急得要哭的样子，刘郎中安慰说："陈先生，你也别着急，看今天的天气，久雨初晴，兆头不错，你堂客和孩子应该是平安无事的。"听刘郎中这么说，陈宝卿那颗焦急的心总算安稳了一点。

屋里，堂客的叫喊声越来越弱，像是那根生命的线越来越纤细，陈宝卿的神经也越绷越紧，已经是不能再承受丝毫外力了。

忽然，房子周边光线变得亮堂起来，整座房子及周边的物事都笼罩在一个光环里。陈宝卿以为自己眼睛看花了，忙用手揉了揉，还是这样子。这光线好像又不是来自天空，而是从周边的某一个地方发出来的，陈宝卿觉得有些惊异，张目四处扫视，寻找光的来处。耳边却听到屋里陈奶奶欢喜地说："下来了！下来了！总算生下来了！"

"是个崽呢！是个崽呢！"凤嫂欣喜的声音。

"咦！怎么就没哭呢？"又有人在问。

陈宝卿听说生下来了，先是一喜，听说是个男孩，喜上加喜，听说没有哭声又是一惊，都说人是在啼哭声中来到这世界的，怎么孩子会没哭声呢？难道？陈宝卿不敢往下想。

"啪！啪！啪！"隔着木屋薄薄的板壁，屋里传来了清脆的拍打声，打得陈宝卿心惊肉跳。听说小孩子如果生下来不会哭，接生婆会把孩子的双脚倒提打屁股，直打到哭为止。陈奶奶大概是在使这一招，这么嫩的孩子，禁得住这么重的巴掌吗？可千万别打出个什么事儿来，这可是陈家的命根子啊！

"哇！"屋里终于传出哭声，且声音洪亮得好像整个村子都能听到。陈宝卿不由自主看了看屋顶上的那光环，不知什么时候，光环已经没有了，又好像从来没有过。

"恭喜！恭喜陈先生！是个崽，母子平安。"偷偷抹眼泪的凤嫂第一个跑出来报喜。

"祖宗保佑！祖宗保佑！"陈宝卿顿时欢喜得热泪盈眶，连忙双手合十，朝虚空拜了三拜，头顶上的那一团愁云一下就烟消云散。

刘郎中也拱手作揖："恭喜陈先生喜得贵子！看刚才祥光普照，听这孩子的哭声中气十足，怕将来是个说话有影响的人物。"

陈宝卿听了心中暗暗吃惊，刚才还以为自己眼花看错了，现在刘郎中这么一说，确定刚才真的是有祥光普照。这刘郎中不仅是郎中，看相算命在方圆这地方也是有些名气的。但他并没有把这份情绪表现出来，只是不动声色拱手还礼："谢郎中吉言！托郎中洪福！"

孩子的名字陈宝卿早已经想好了，是因了楸树林子里那块黑石台的缘故。去年三月份的时候，也就是陈宝卿堂客怀孕的那段时间的一个晚上，下滂沱大雨，突然一道耀眼的闪电在陈家屋顶闪过，紧接着一声炸雷，接着又一声巨响在陈家院子的右侧响起，震得陈家那栋老旧的木板房都摇摇晃晃的。当时以为是地震，吓得陈宝卿和堂客衣服都来不及穿好，拉了大儿子赶紧往院子里跑。后来又没什么动静了。

第二天早上起来，陈宝卿总觉得院子里有些不对劲，仔细看，才发现家里的那株自下分开成两根大枝的老楸树被什么东西砸了似的，树叶、树枝折得到处都是。陈宝卿和堂客把那些乱七八糟的树枝清理好后，才发现树下多了一块石头。那石头黑乌乌的，形状四四方方像一方石台，石台有一半嵌在土里，石台周边被砸得东倒西歪的野草还有被烧灼过的痕迹，不过又被雨淋得泥泥糊糊的。

陈宝卿也看过一些天文方面的书，认为这应该是一块陨石，当时吓得有些不行，假如陨石往左边掉几米，那地方是自家的房子，如果陨石掉床上那自己和堂客岂不砸成肉酱了？

村里人听说这件事后都跑来看稀奇，大家围着这黑乎乎的东西左看右看，也看不出个什么名堂，有人认为这是一种异象，是老天的一种暗示。刘郎中也来看过，说陈家肯定会有什么事情发生。后来陈家一直平静，没见有什么不对的地方，那块黑石头倒成了人们从楸树林子走过时歇脚的好地方。直到三个月后陈宝卿堂客去找刘郎中号脉，刘郎中说陈宝卿堂客有喜了，并且受孕的时间刚好是陨石落下期间。

别的结婚了的女人怀孕是很自然很正常的事，陈宝卿堂客怀孕却让人产生了联想，人们又想到了那块天上掉下来的黑石头，说陈宝卿堂客这么多年都没怀孕，楸树林子里掉下块石头后就怀上了，怀的孩子弄不好是文曲星下凡。这一说，提醒了陈宝卿，那时，陈宝卿就暗暗想，如果生的是男孩，给孩子起名显宿，号星台，显宿意谓星宿下凡，星台也是石台一样的星星。

"陈先生啊！你堂客虽说是过了鬼门关，但因为难产流血过多，月子里要多吃几只老母鸡补补才行。"在屋里忙活了大半天的陈奶奶总算出来了，看样子也是累得筋疲力尽，一路捶着腰背，那双尖尖的小脚走路都有点打晃，陈宝卿赶紧上去扶了，她边走边交代陈宝卿这些话。

"本来我家是喂了十几只母鸡的，几个月前一场鸡瘟发过，就剩下五、六只了。"陈宝卿望着几只在院子里悠闲散步的母鸡说。

这几只母鸡已经下蛋了，平时的鸡蛋陈宝卿堂客是舍不得吃的，攒多了一点就拿去鹊桥的集市上卖。攒点钱就去鹊桥集市上的布铺扯个一、两尺布给肚子里的孩子做件衣服。陈宝卿是个读书人，虽然只考了个本地秀才，但从小到大埋在书堆里，肩不能挑，手不能提的，平时就在村里的塾馆做塾师教几个孩子。因为村子由几个姓氏组成，每个姓氏都有自己的塾馆，所以塾馆孩子不多，那几百文钱刚够一家人糊口。又加之陈宝卿乐善好施，袋子里根本藏不住钱，哪有多余的钱给孩子买衣服？幸亏陈宝卿堂客手脚勤快又会持家，在屋子的四周种满了蔬菜，又在楸树林里喂一些鸡、鸭、鹅补贴家用。

"这鸡自家有养更好，自家没养买也得买的，不管怎么说还是产妇的身体要紧，产妇生产流了这么多的血，不赶紧补补怎么行？月子病月子治，如果月子没坐好，将来怕是要落下病根的。"陈奶奶一再叮嘱。

"好的，知道了，我会尽力的，辛苦陈奶奶了！一点辛苦费，还望陈奶奶笑纳。"陈宝卿递上早已准备好的礼金，把陈奶奶送到大路上。

院子里，陈宝卿手忙脚乱在抓鸡，把鸡追得满院子乱飞乱叫。陈宝卿一介书生，平时是不会干杀鸡宰鹅这些家务活的，现在堂客躺在床上坐月子，家里又没别的什么人了，这些事情他不干又有谁来干呢？

"陈宝卿，陈宝卿，你在干什么？弄得院子里鸡飞狗跳的？"陈宝卿堂客躺在床上，听到院子里声音不对连忙问。

"我在抓鸡呢，陈奶奶说你生产流血过多，要给你多吃几只母鸡补补身子。"陈宝卿气喘吁吁地说。

"这几只母鸡都是在生蛋的，我把它们吃掉，以后缺米少盐的拿什么去换？"陈宝卿堂客说。

陈宝卿顿住了，他以前从没考虑过这个问题，只要兜里有钱，遇到需要帮助的人总是慷慨解囊，有时甚至因为分不出真假而被别人装可怜骗去钱财。堂客虽然没劝阻他在外面行善积德，可也没少说他不辨真假浪费钱财，但他总呵呵而过说："积德行善呢，骗我钱的人也许真的是需要帮助。"从没想到自己家里竟是这么穷，需要卖鸡蛋来补贴家用。

"那，那，那就去买几只吧。陈奶奶说你得吃几只母鸡补补，月子没坐好会留下病根的。"陈宝卿道。

"哎呀！陈先生，我都不知道你这书是怎么读进去的？如果我有钱去买鸡，那我还要巴巴里攒几个蛋去卖干吗？我自己的身体我自己知道，不用你操心。现在家里多了一口人，凡事都要精打细算才行，像你这么只知道到处花散柴米，到时如果家里连米盐都吃不上，满崽怎么办？平时让你少操心点别人的事就是不听，现在你知道要钱花了吧？"陈宝卿堂客叨叨念道。对于陈宝卿的善心，陈宝卿堂客也不好过于苛责，如果没有他的善心，自己早被卖掉了，不可能有今天，自己可不能好了伤疤忘了痛。

陈宝卿无话可说了，他第一次感到了自己的无能，读了这么多的书，连个家都养不起，还要堂客操心这操心那的，自己怎么就这么笨，都不能考上一个小小的功名呢？如果考上了功名，在衙门里求个事做，一家温饱还是能解决的。亏得自己平时还是这的的大手大脚，真是不当家不知道柴米贵。

陈宝卿又想到了襁褓中的显宿，刘郎中不是说我家显宿是个将来说话有影响的人物吗？说话有影响，那非得为官为富了，为富，显然是一下子做不到的事情，祖父家曾经富庶，被一把火烧掉，到自己这一代，陈家是清贫如洗了，白手起家谈何容易？只有读书考取功名这一条路，自己还能为他做点什么，等显宿长大了，一定教他好好念书，考取功名，以后到衙门里混个一官半职，为陈家争口气，陈宝卿心里暗暗发誓。

"陈先生，陈先生，听说师母生了个大胖小子，恭喜！恭喜！"这时有学生的家长带着学生前来贺喜，陈宝卿才从情绪中摆脱出来。

学生家长递过手中的一篮涂成了红色的鸡蛋说："感谢陈先生对犬子的栽培，这一篮喜蛋是送给师母坐月子吃的。"

"您客气了！既然是为人师，教书育人是我们做先生的份内的事，哪里还能额外收受你们的礼物呢？"陈宝卿拱手还礼，一再推辞。

"陈先生，您这么说就是见外了，不仅犬子是您的学生，同时，我们也是族亲，礼尚往来自古就有，哪里谈得上额外收受礼物呢？况且我们村里的人都知道您的乐善好施，既然您能赠送钱财给别人，这鸡蛋您也是应当收下的。"家长一再坚持，陈宝卿这才收下。

接过鸡蛋，陈宝卿心里一阵激动，这下有救了，堂客没有鸡吃，有鸡蛋吃也好。

早晨，陈宝卿打算给堂客的面条里砸两个鸡蛋，没想堂客听到了又叮嘱："陈宝卿，这些鸡蛋也要省着吃，得给显宿备着，我怕万一没奶，得给孩子做点蛋羹吃。"

"唉！这也不能吃，那也不能吃，你这婆娘哪里就要顾这么多呢？"陈宝卿只能在心里叹道。

第二章 童年玩伴

月子里没吃什么滋补的东西，显宿才三个月，陈宝卿堂客就没奶了，家里的米糊糊、鸡蛋羹又满足不了他的胃口，整天饿得哇哇叫。没办法，陈宝卿堂客只能抱着他去村子里那些正在奶孩子的人家，东家一口西家一口讨些奶吃，所以，有人戏称显宿是吃"百家奶"长大的。

因为营养吸收得全面，显宿个头也长得特别快，才半岁多就像是一个岁把的孩子。村东有一户姓梁的殷实人家生了一个妹几叫梅子，那妹几比显宿小两个月，情况却与显宿相反，她妈奶水充足得很，她却不肯吃，饿得只剩下一层皮包着骨头，都半岁了，看上去还不像个孩子，像只瘦猫，哭起来的声音也是细细的，像猫叫。梅子不吃奶，她妈的乳房又胀得很，这可便宜了显宿，每次去他都能饱餐一顿。梅子的娘开玩笑对陈宝卿堂客说："你家星台可是吃着梅子的粮食长大的，以后要把梅子娶回家当堂客才行。"

陈宝卿堂客有些认真地说："那敢情好，只要你家梅子不嫌弃我们家穷，我们可以订个娃娃亲的。"

梅子娘也许觉出了自己的唐突，忙改口说："你们是读书人家，以后星台读书考取了功名，有出息了，怕要嫌弃我家梅子了，还是等他们长大后再说吧。"

陈宝卿堂客知道梅子娘有些反悔，也不再说什么，只是敷衍说："也是，如果星台没考上功名，梅子来我们家怕要吃苦，梅子是小姐命，我们不能让梅子吃苦的，还是等星台以后有出息再说。"

长到四岁的时候，显宿个头看上去像五岁的孩子，梅子渐渐趋于正常，所以两人看上去还是有很大的差异，但这些并没有影响两人的友谊，梅子从会走路开始，就像是显宿的影子，显宿到哪她就跟到哪，跟他们玩得好的还有显宿的表哥亮毛和志诚。

亮毛是显宿姑姑家的儿子，因姑姑家就一个儿子，显宿家也是男丁单薄，所以走得很近，像是亲兄弟。

志诚家是驾船的，但不是那种很大型可以上宝庆、下益阳、下武汉的货船或毛板船，而是那种两头尖尖的小鱼划子，专门打鱼的。志诚家的船一般都是泊在对着显宿家门口的河岸上，涨水的时候甚至有时就靠在显宿家门前的石坎上，所以，他也是经常跟显宿玩。

　　小鱼划子不敢出远门，一般都是在下乐村及周边的水域转悠着下网，最远的地方也就是县城。捕到的鱼如果下乐村有人要买，就直接送去家里，如果没有人买就拿去上游距下乐村五里地的鹊桥街上卖掉。这种风里来雨里去常年在河上漂的营生刚够一家人糊口。看见村里那些驾货船或放毛板船的人大宗的拉货，大笔的进钱，志诚父母是羡慕不已，苦于自己能力有限，没办法购置大船，只能把希望寄托在自己才三岁多的儿子志诚身上，常常在他耳边念道："志诚，咱家就靠你了，等你长大后买了大船，我们也跟着你去宝庆、益阳、汉口那些大码头看看，开开眼界。"

　　亮毛比显宿大两岁，个头看上去和显宿差不多，志诚比显宿小一岁，个头跟梅子差不多，四个孩子白天一般都是扎堆在显宿家的楸树林子里或周边玩。春天在显宿家后面的竹林里扯竹笋、摘刺莓；夏天在显宿家桃树上摘桃子、楸树林子里粘知了；秋天去刚收割的田野里拾稻穗、挖泥鳅；冬天在野地里生火烤红薯、结冰的时候去矮树枝上摘冰凌吃。

　　四个人最喜欢做的事情还是去村里的祠堂看木偶戏。知方团周边十村八乡几乎都有木偶剧团，剧团人数少为三四个，多则五六个，一般是一两个人在幕布后面扯木偶、配音，其他的则是各式的乐器伴奏。农闲的时候，挑着装木偶的箱子，走村串户揽生意。梅山这地方的人办事图热闹，稍微殷实一点的人家办红白喜事一般都要请上一台木偶戏。逢年过节，富裕一点的村庄也会请人在祠堂里唱几天几晚木偶戏或傩戏。木偶戏班子一般是不闲着的，乡镇赶集都有规定，每个乡镇赶集时间错开，每个月赶三次集，要么是逢一、逢二……或者是逢八、逢九，遇上哪里赶集他们会摆台唱上几出，收几个零散钱。

　　显宿喜欢听木偶戏还源于父亲陈宝卿的爱好。下乐村唱木偶戏的是梁姓家族，因为陈宝卿擅长写歌词，所以凡有新增加剧目，梁家都要请他写歌词。陈宝卿写歌词的时候，往往是边写边唱，以求把握好节奏和韵脚。父亲唱木偶戏的时候，显宿是最忠实的听众，常常是目不转睛、心无旁骛，父亲唱过几遍，他也能把曲儿哼出来，虽然吐词不是很清楚，但也是八九不离十的样子。陈宝卿当时也是惊诧于显宿的记性，但他不喜欢儿子唱木偶戏，他希望儿子把精力花在识字写文章上，所以从未对他的爱好表示过赏识。

"星台，我娘去鹊桥赶集了，我们也去鹊桥玩去？"正逢农历的初三，当四个小伙伴来到楸树林子里时，亮毛提议。

"我没去过鹊桥，不会去，而且我娘说不要去太远的地方玩。"显宿说。

"我娘也说不让我去太远的地方玩的。"梅子紧跟着说。

"不是很远，我跟我娘去过，我娘每回赶集都要去的，我们跟着那些赶集的大人走就是了。"亮毛说。

"星台哥，我听说鹊桥每次赶集都有人唱木偶戏的。"志诚说。

"木偶戏？"显宿一听来劲了。

"是的，我那次跟我娘去赶集看的木偶戏是《牛郎织女鹊桥相会》。"亮毛说。

"那走吧，走吧，我们看木偶戏去，说不定我们还能在集上碰到姑姑呢。"显宿有些急不可待了。

鹊桥是个乡村集市，一条小街虽不过五百米，却是店铺齐全。这里是新化县北乡通往安化、溆浦两县的必经要道，每逢赶集，不仅本乡的人会来，周边乡镇及近邻的安化、溆浦都有人过来赶集，所以热闹非凡。

下乐村到鹊桥水路只有五里，山路就长多了，大概有八里来路。虽然显宿他们也时常一整天的在野地里玩，但要这么马不停蹄走八里山路还是有点吃力，不过当他们觉得有些累的时候，集市很快出现在了面前。

第一次发现除了祠堂外还有这么个多人的地方，显宿明显兴奋起来，他不断往人群密集的地方钻。亮毛毕竟年纪大两岁，懂事一点，慌忙喊："星台，你别到处乱跑跑丢了，我们四个人要一起走。"

显宿赶紧又跑回来，跟大家走在一起。

"星台哥，你听，前面有锣鼓声，怕是木偶戏要开始了。"志诚扯了扯显宿的衣襟说。

"是的，我听那锣鼓声是要唱《六郎斩子》。"显宿点头说。

"走咯！我们看木偶戏去。"志诚提议说。

"这戏我也会唱。"显宿说着竟唱将起来。

男：老娘亲进帐来愁眉不展，莫不是为宗保不孝奴才。

女：小孙儿并未曾把令犯待，为什么绑辕门要把刀开。

男：提此事把儿的肝胆气坏，恨不得将奴才刀劈儿开。

论国法理应该千刀万剐，议家法理应该生葬活埋。

三六九儿命他巡查营外，有焦赞和孟良领兵回来。

他三人背地里结成一块，到山东穆柯寨私配裙钗。

临阵上招了亲王法何在，怕只怕宋王爷降下罪来。

因此说儿将他捆绑营外，问娘亲儿斩他该与不该。

女：杨宗保犯将令理该警戒，念在他年纪小无志无才。

男：娘道他年纪小孩童气概，把几个年小的对娘说来。

小甘罗十二岁身为太宰，史建瑭十三岁拜相登台。

三国中周公瑾名扬四海，七岁上学道法人称将才。

十三岁掌东吴水军元帅，曹孟德藐视他当做婴孩。

赤壁口用火攻神鬼难改，烧曹兵八十万无地葬埋。

他也是娘生养非仙下界，难道是小畜生禽兽投胎。

女：听他言把娘亲肝胆气坏，骂一声杨延昭不孝奴才。

你娘亲投宋营名扬四海，宋皇帝道你们都是将才。

为江山哪得有清闲自在，东西征南北讨才定兵灾。

你父亲李陵碑把命来坏，眼睁睁他尸身难得回来。

你大哥督宋王长枪刺坏，你二哥被短剑命丧泉台。

你三哥被马踩尸如泥块，你四哥失番邦不得回来。

你五哥跳出在红尘之外，你七弟绑高杆箭射心怀。

只救得杨宗保不孝奴才，百年后娘望他挂扫坟台。

男：转愁眉换笑脸把气忍耐，把几句好言语对娘说来。

非是我下毒手斩杀后代，该因是小畜生做事不该。

儿命他营门外巡查警戒，谁叫他穆柯寨私配裙钗。

常言道不正己怎把人正，只恐怕宋营中道儿无才。

劝娘亲休讲情请出帐外，小奴才想活命二世转胎。

……

一路上，只见显宿一会儿男声，一会儿女声轮流变换声调。亮毛他们觉得好稀奇："星台，你不仅会唱这木偶戏，还会唱男女声？"

"这个是我爹爹经常唱的，我听久了就会了。"显宿说。

"星台哥，我觉得你唱得比戏台上的还好听。"梅子一脸的崇拜。

"那以后你跟我学，你唱女声，我唱男声。"显宿说。

"好呢，星台哥。"梅子拍着小手掌欢呼雀跃。

鹊桥的集市一般只有上午才人多。赶集的人，住得近一点的，太阳出来才会出门，远一点的天蒙蒙亮就开始赶路。集市早上九点左右开始，中午的时候人最多，太阳开始西斜的时候，人就慢慢减少，过了中午，路途远一点的都开始往回走。下乐村相对来说路途是较远的，所以等显宿他们看完木偶戏时，集市上的人都走得差不多了，更是找不到同村的人。

来集市的时候，只有一个目标，直奔集市，所以无须考虑路是否走对，只管跟着赶集的人走就是。回家的路却有很多条，每条路上都有回自己家的人。显宿他们不识路，不知道该往哪个方向走，后来好不容易打听到大方向，途中又有很多分岔的路，一路边走边问，碰到无人的路口有走错的时候，等到问清路又要反转回来再往正确的方向走，原本的八里路现在不知变成了多少里路了，加上身上没钱，中午没吃饭，四个人走着走着渐渐没了力气。

"星台哥，我不想走了，我饿了，我要吃饭。"首先说出来的是梅子。

"我也饿了，走不动了。"志诚这时一屁股坐在了路边的田埂上。

"梅子，志诚，天快黑了，再不走我们就看不见回家的路了。"亮毛这时急眼了，人是他叫出来的，如果带不回去，他无法想象后果。

"我也走不动了，星台哥，你看看我的脚，起泡了。"梅子坐下来，把脱掉鞋子和袜子的脚伸到显宿面前，白嫩嫩的大脚趾上真的长了个亮晶晶的水泡。

"先把水泡弄穿才好，把水泡里面的水挤出来就不会那么痛。"亮毛说，以前跟娘赶集的时候自己的脚也起泡过，回到家，娘用缝衣针把泡挑破，把水挤出来一下就不痛了。

可现在哪有缝衣针？显宿想了下，趁着天还没黑下来，赶紧找了棵荆棘，在上面摘了一根长刺，捧着梅子的脚，小心翼翼地把泡刺破，把水挤出来，然后要梅子走几步试试。梅子走了几步，还是喊痛，并且坐在地上不肯走了。

"亮毛，我们歇会吧，他们两个看样子实在是走不动了。"显宿跟亮毛商量说。

"天都快黑了，再不走，等下看不见路了。都怪我，要喊你们来鹊桥赶集，等下回去要被我娘骂死的。"亮毛哭丧着脸，开始有些害怕起来。

"呜！呜！我也会被我娘骂死的。"梅子嘴一咧，居然哭了起来。

听到梅子一哭，大家心里更加紧张起来，觉得离家不是越来越近，而是越来越远了。

天渐渐黑了下来，梅子不由得靠近了显宿，志诚也靠了过来，最后亮毛也走了过来，四个人靠在一起坐了很久，现在他们连站起来的力气都没有了，不知道下一步该怎么办。

正在这时，依稀看到前面有一片火光，还隐约听到前面好像有人在喊四个人的名字"梅子""星台""亮毛""志诚"，你们在哪里？

"是我哥在喊我呢。"梅子耳朵尖，最先喊出来。

"是我爹在喊我。"志诚也说。

"我娘在喊我。"亮毛说。

显宿没有说，他听出来，黑暗中喊自己名字的是爹。

为什么几家的大人会同时出来找呢？原来，中午的时候，梅子娘去显宿家的楸树林子找梅子吃午饭，发现四个人没在楸树林子里玩，以为他们是跑哪个山上摘野果了。因为除了梅子家，其他三家都是只早、晚吃两餐饭的，如果在外面摘了野果吃，梅子也不会回家吃午饭，所以，梅子娘也没有很在意。晚饭的时候，还是没见梅子回家，梅子娘开始着急了，忙叫大儿子去显宿家找，一问，才知道几个家伙上午开始就没见踪影，又去了亮毛和志诚家问，都没见着，后来亮毛娘开始回忆，说在集上的时候好像见过几个小孩，只是人太多，一下就挤不见了，她也没法确认是不是显宿他们几个，她当时也根本没想到他们几个小孩子会自己去集市，现在想来应该就是他们了，所以，几个家长相约一起到来集市的路上找。

梅子不能跟显宿学唱木偶戏了，因为他们四个人跑去鹊桥赶集的事，梅子娘把梅子一顿好骂："你一个妹几崽，居然跟别人跑去这么远的地方玩，要是被别人拐了怎么办？"

"娘，我不是跟别人玩，是跟星台哥他们去的。"梅子辩解说。

"看来以后得把你关起来，不能再让你跟他们玩，免得被带野了。"梅子娘根本不听梅子的辩解。

"娘，求你不要关我，我还要跟星台哥他们一起玩，以后我会听话，不跑太远的。"梅子求道。

"不行，你两个姐姐这么大的时候都开始裹脚，你已经四岁多快五岁，也要开始裹脚了。"梅子娘说。

"娘，我不裹脚，裹脚好痛的。"一听说裹脚，梅子害怕起来，二姐裹脚时那撕心裂肺的哭声一下子重现在梅子耳边。

"不裹脚？不裹脚的妹儿是嫁不掉的。"梅子娘威胁说。

"我不嫁给别人，我就嫁给星台哥，星台哥他会唱木偶戏，他说要教我唱木偶戏的。"梅子说。

梅子娘愣了一下，这下她是下决心要给梅子裹脚了："唱木偶戏？陈星台就这点出息你还说要嫁给他？以前我还以为他爹是塾馆的先生会教他念书考功名的，原来他爹要他学唱木偶戏呀，以后再也不许你去跟他玩了，从明天开始裹脚。"

第二天，显宿他们没见到梅子出来玩，就去梅子家找，却听到梅子家里传来梅子凄惨的哭叫声"娘，我痛，我痛，呜呜呜！"

"婶婶，梅子是不是肚子痛？哭得这么惨。"显宿赶紧过去询问。

"星台，梅子在裹脚，裹脚以后，梅子就不再跟你们玩了。"梅子娘说。

显宿也听娘说女人一般都是要裹脚的，有的妹儿四五岁在脚骨还没成形的时候就开始裹脚，这叫慢裹，就是让脚慢慢地定形，慢裹的妹儿最容易裹出"三寸金莲"。妹儿裹脚后，一般就只能待坐在家里，不能出门，什么事情也做不了，所以，只有有钱人家的小姐才有条件慢裹。而条件差一点的人家要到十三四岁快出嫁的前两年才开始裹，那叫快裹。因为在这之前他们还得帮家里干活，不能太早把脚裹起来。有些穷人家的妹儿因为家里太穷，或缺少劳动力，她们必须随时出去干活，不能裹脚，那就成了天足。显宿的姑姑和娘就是天足。只有小脚妹儿特别是拥有"三寸金莲"的妹儿才能找到有钱有势的好婆家。所以梅子裹脚是顺理成章的事情，显宿也不多想了。

看不到梅子，显宿他们只好一步一回头地离去，但是梅子凄惨的叫声深深烙在了显宿心里。

第三章 启蒙教育

显宿还未满五岁，陈宝卿就急不可待教他念书了。《三字经》是中国传统的启蒙教材，陈宝卿像教塾馆里的蒙生一样，教显宿读的第一本书就是《三字经》。因为才开蒙，什么字都不认识，陈宝卿在塾馆里教蒙生一般开始是每天教两三个生字，这样子下来一本《三字经》一般得几个月才能学完。

显宿开始识字没多久，陈宝卿发现儿子有过目不忘的天赋，就逐步增加了教学量，这都没能难倒他，还是能自如地应付。陈宝卿心里暗暗得意，自家的儿子真是块读书的料，但不敢显露出来，他怕显宿知道会骄傲自满。

显宿其实完全没陈宝卿担心的那样，他很喜欢《三字经》《百家姓》《千字文》这些读起来朗朗上口的读物，每天早晨起来就开始读书，读的时候还常常模仿父亲陈宝卿的样子摇头晃脑的，把陈宝卿两口子逗得直乐。

"崽啊！现在你可以模仿爹的样子，但以后可不许像你爹，读了这么多年的书，连个小小的功名都考不上。"陈宝卿点着显宿的鼻子说。

"爹爹，功名是个什么东西呀？"显宿天真地问。

"功名啊！就是科举考试及第，你只有考取了功名才能当官，才能有出息。"陈宝卿解释说。

这么晦涩的解释，五岁多的显宿很难懂，只能一脸茫然看着父亲问："当官又是做什么？"

"当官就是为朝廷效力，你考取功名了，朝廷会给你官做，还会给你发俸禄。做了官就有权力，发了俸禄就有钱，有权又有钱，别人都得听你的话，看你的脸色办事，到时想做什么就做什么。有权的话，你可以给别人伸张正义，给好人以褒奖，给坏人以惩罚；有钱的话你想吃好东西就吃好东西，想穿新衣服就穿新衣服，想住好房子就住好房子。"陈宝卿说着抬头环视了一遍自家住了几十年了的寒酸的旧板房，如果有钱，早该翻新了，房子已经有些倾斜，前段时间虽然用木料加了固，但还是无法恢复到以前的位置。

"可以吃肉吗？"显宿不禁咽了一下口水，爹说了这么多，他只听懂了想吃什么就吃什么，他认为天底下最好吃的东西就是肉，他只过年的时候吃过一次肉，那种味道现在回味起来还蛮享受的，想着，不禁又咽了一口口水。

"当然，当了官有了钱就天天都可以吃肉。"陈宝卿堂客也附和说。

"好啊！那我要当官，娘，星台很想吃肉肉。"显宿突然提出说。

陈宝卿堂客愣了一下，是的，有一个多月没吃荤腥了，大人都有点受不了，何况显宿才五岁多。

"星台乖！娘刚好攒了一篮子鸡蛋，明天赶集，娘把鸡蛋提去鹊桥集市卖了，给星台买肉吃。"陈宝卿堂客抚摸着陈宝卿的头说。

"他说要吃肉就给他买？哪有小孩子这么教的？你可别让小孩子养成好吃懒做的习惯。"陈宝卿瞪了堂客一眼说。

"怎么会呢？星台多久才吃一次肉？你看那些有钱人家的小孩子，哪顿没有有眼珠的菜（荤菜）？我们家星台一个多月都没吃肉了，他正在长身体呢。"陈宝卿堂客白了陈宝卿一眼。

陈宝卿明白堂客暗地里也是在说自己没本事，人家顿顿有荤菜吃，自己家里一个月连一餐肉都吃不上，自知理亏，赶紧说："星台，爹给你去资江河里弄几条鱼回来吃，好不？"

"好啊！爹，我也要钓鱼。"显宿欢呼雀跃。

住在资江边，想吃鱼就能想法弄到鱼，涨水的季节更是容易。一般住在河边的人家家里都有各式各样的捕鱼工具，什么拉网啦、围网啦、捞兜啦、钓鱼竿啦。最简便的是钓鱼竿，在屋后随便砍一根细竹竿，拴上一根细线，缝衣针烧红了掰弯一点做鱼钩，用鸡毛杆做浮子，再挖几条蚯蚓，如果技术好，晚饭的时候准能吃到鱼。

"家里没多的钓鱼竿，爹带你去屋后砍根竹竿去。"陈宝卿说着拾起那把自己平时很少用的柴刀带着显宿去屋后砍竹子做钓鱼竿去。

平日里，显宿跟爹在一起，不是识字就是看书，第一次跟爹去钓鱼，自然是欢天喜地了。

也许住河边的人天生就有钓鱼的本领，别看陈宝卿平时有一股酸酸的书生气，钓鱼却也是把好手，过不了多久时间，几条鱼就进了鱼篓，高兴得显宿在旁边又叫又跳的："爹钓到鱼咯！我们有鱼吃咯！"

这天晚上，陈家的饭桌上多了一个醋汤鱼、白辣椒煮煎鱼块（白辣椒：新化特产，八成老的青辣椒摘回后洗净放滚水里淖一下，再放在大太阳底下晒一两天，等青辣椒变成白辣椒，剪掉柄，再从顶上开口把里面的水汽放掉，用盐腌了，放坛子里面密封一段时间就可食用，味道爽、脆、辣、微酸）。

"爹，以后我们是不是可以每天都钓鱼？这样我们天天都有鱼吃。"显宿美滋滋地吃着鱼，瞪着一双亮亮的眼睛问陈宝卿。

"星台，钓鱼多浪费时间，我们是读书人，哪能天天去钓鱼？如果每天打鱼、钓鱼靠鱼为生，那就叫渔夫，不是我们读书人应该做的，我们读书人要做的事就是读书。星台，你是想做渔夫还是做读书人？如果你想做渔夫，现在就可以放弃读书学打鱼去。"陈宝卿皱了皱眉头，有些后悔自己今天的举动，他怕显宿的兴趣转移到读书以外的地方去就故意激他一下。

"不啊！爹，星台要读书的，星台不打鱼。"显宿一听，急忙申明。

"那以后可不敢说天天钓鱼的事，只能偶尔玩玩。"陈宝卿教训说。

"是啦爹，星台以后只读书，不钓鱼。"显宿赶忙说。

"好啦！读书，读书，读书就不用吃饭了？读书能填饱肚子？你读了这么多的书，不也是每天都要吃饭？"看显宿这诚惶诚恐的样子，陈宝卿堂客有些不满地呛道。

堂客说的话没有错，有时候读书也真的没多大作用，自己读这么多书还是难以养家糊口，村里有些人大字都识不了几个，早早就在资江河上混生活的，现在活得还挺滋润。当然，并不是人人都能在资江河上混得好，能出人头地的也就那么几个，有的人命都混没了，不是更惨？所以有时说"生死有命，富贵在天"也确实是那么一回事。

"星台，你把爹昨天教你的《百家姓》背一遍。"刚从塾馆放学回来的陈宝卿放下书包，就把显宿叫到了身边。

"星台他爹，星台今天在家念了一天书了，崽还这么小你也不让他玩一会，整天都是背书、背书的。"陈宝卿堂客心疼儿子，抱怨说。

"星台他娘，你不懂，星台他喜欢念书，只要是他喜欢做的事，我们就让他去做，这样既开心又能长学问。"陈宝卿解释说。

"对，娘，我真的很喜欢念书，等把这《百家姓》背熟了，我要爹再教我念别的书，我要把所有的书都念完。"显宿抢着说。

"傻宝崽，世间的书是你能念完的吗？"听到显宿天真的话，陈宝卿笑着说。

"爹不就书箱里、书包里的那些书吗？怎么会念不完呢？你看，这本

《百家姓》我还差几页就背完了。"

"星台啊！书是念不完的，爹的这几本书相对于天底下的书来说，只不过是沧海之一粟呢，何况还不断有人在写，数量在不断增加，书只会越来越多，怎么能念得完呢？"陈宝卿语重心长地说。

"爹，你会写书吗？"显宿扑闪着眼睛看着父亲。

"爹的这几点墨水，哪有能耐写书？"陈宝卿自讥说。

"星台将来要写书，要写很多很多书。"显宿用双手比画着，稚气的脸上满是自豪。

"啊呦！我的星台有志气，爹支持你！但是你要先多念别人的书，把别人写得好的书念好念懂，只有掌握了比别人更多的知识才能写出好的书来。"

陈宝卿也知道现在跟儿子说这句话还为时过早，但既然显宿有这个志向就要引导他往这个方面努力。

"我到哪里去找这么多书念啊！"显宿这下发愁了。

"星台，这个你可不用发愁，你只要想念书，会有念不完的书的。"陈宝卿说。

"真的？那我赶紧把《百家姓》背完，爹就可以教我念别的书了。"显宿兴奋地说。

陈宝卿有些怜爱地看着显宿，这孩子天生就是块读书的料，且记忆力惊人，五岁多的孩子，每天叫他背诵一页《百家姓》都能完成任务。也许刘郎中的话真是说对了，他有一天会成为一个说话有影响的人的。

生下显宿后，陈宝卿堂客身体每况愈下，她知道自己是因为生显宿时难产大出血，在月子期间身体未能调养复原的原因，但因为家里实在太穷，她也没想着去找刘郎中看看病，吃些药调理一下，就这么拖着。

"弟媳啊！我看你身子越来越弱了，是不是身体有什么毛病？"来陈宝卿家串门的凤嫂也问起这件事。

"哎！不就是女人的那些事嘛，没什么的，等有闲了，杀只鸡补补，调养一下就好。"陈宝卿堂客故作轻松说。

"你生下星台都好几年了，从来没见你闲过，也没见你调养过，你这么熬下去，恐怕身体会越来越差。现在你还年轻扛得住，等老了的时候病恹恹的要人伺候那就惨了，你家宝卿先生除了笔杆子了得，手无缚鸡之力，难道你还指望他将来伺候你？"凤嫂不无担心地说。

"谢谢你！嫂子，没事的，我还不知有没有老的那一天呢。"陈宝卿堂客开玩笑说。

"呸！呸！呸！说这样的话，多不吉利呀！"凤嫂连吐几口口水，像是要把这句晦气的话用唾沫淹掉。

"嗨！开玩笑的，这么大的一个人，哪那么容易说死就死呀！"陈宝卿堂客也觉得自己说了一句蠢话，显宿都还没长大，自己怎么能死呢？

家里多了一口人，经济更加拮据了，陈宝卿堂客只能在村子里接些有钱的族人家里的针线活干干。陈宝卿堂客的针线活做得好在村子里也是有名的，所以常常手上的活计都做不完。只是近来不知怎的头常常犯晕，眼神也越来越不济了，活做得越来越慢，这么下去她怕自己哪一天突然倒下或眼睛瞎掉，那陈家的日子就不知该怎么过了。

懂事的显宿看到娘精力不济的样子常常劝道："娘，你身体不好就少干点活，让星台帮帮你。"

孩子这么懂事让陈宝卿堂客非常感动："星台，你爹说你是该读书的人，怎么能干这种活呢？再说娘的这种活也不是你一个男孩子能干的，你年纪还这么小，听你爹的话，专心念书就好了。"

"娘，我会念好书的，你放心好了。"显宿乖巧地回答。

"真是娘的乖崽，娘要是能活到你有出息的那一天就好咯！"陈宝卿堂客深深地看了显宿一眼，心里说道。

第四章 牛背神童

"陈先生,我家儿子要去县城念书了,家里的牛没人看,你家星台虽然才六七岁,但很懂事,你问他愿不愿意帮我家看牛?工钱嘛,自然不会亏待的。"一天,族人云帆公找上门来问。

陈宝卿想到显宿这般年纪应该专心读书才行,不管家里怎么困难,也不能误了他的前程,正打算拒绝,不想显宿倒抢过了话来说:"云帆公,您把牛交给我看好了,我保证每天把牛喂得饱饱的。"

"星台,你怎么能去看牛,你应该每天待在家里读书才对。"陈宝卿责备说。

"爹,你看娘身体越来越差,还要到处去接针线活干,我如果能帮云帆公放牛,娘就可以少干点活了。再说读书在哪里都能读,我可以边看牛边读书的。"显宿说。

"真是个好孩子,这么小能替大人着想,陈先生你这孩子将来是一定有出息的。"云帆公不禁赞道。

"谢谢!云帆公过奖了,既然星台这么说,我也没什么说的,只是星台还小,如果有些什么不周之处,还希望云帆公能担待一些。"陈宝卿听显宿说出了这般话,只好同意。

"乡里乡亲的,都说远亲不如近邻,何况我们还是一个祖宗传下来的,这个就不用说了,况且我也是很喜欢星台这孩子的。"云帆公轻轻拍拍显宿的头说。

"那好,这事就这么定了。"陈宝卿决定说。

早晨,显宿起来第一件事就是提着装书的布袋去云帆公家里牵牛。

"星台,娘给你做的早饭,你带在路上吃。"陈宝卿堂客把另一个布袋塞到了显宿手里。

显宿接过一看,里面是两个芭蕉叶包着的野菜团子,一个鸡蛋。

孩子还小,正是长身体的时候,陈宝卿堂客特意给显宿煮了个鸡蛋,蒸了野菜团子。野菜是昨天显宿放牛顺便扯回来的野茼蒿，陈宝卿堂客把它焯了水，去掉里面的苦涩味，剁碎和着米粉再加一点点盐做成野菜团子，这样既省了些粮食又改善了口味，还方便携带。

"娘，怎么还有鸡蛋？鸡蛋不是要卖钱的吗？"显宿问。

"星台，你给云帆公家放牛，我们家又多了一笔收入，也该给你补补身子了。"陈宝卿堂客说。

"娘，该补身子的是你，我不用补，你看我身体壮壮的，哪需要补啊？"显宿不肯接鸡蛋，同时还向母亲展示了一下自己那只能算稚嫩的胳膊。

陈宝卿堂客看了看留自己手中的鸡蛋，叹了一口气，人家有钱人家这么小的孩子，有的还赖在娘怀里吃奶，我家这么小的一个孩子就操心这么多的事情，不知道这是好事还是坏事。在她心里，只是愿意显宿能平平安安长大，然后娶妻生子为陈家延续香火，自己的任务就完成了，至于他将来能干什么，能有多大出息，不是她考虑的范围，她也考虑不了这么远。

"亮毛哥哥，今天我们去龙湾河滩放牛去咯。"从云帆公家里牵出牛，路过姑姑的屋前，显宿在门口喊道。

"好呢，星台，我正在家里等着你一起去放牛。"亮毛爽快应道。

显宿他们来到龙湾河滩的时候，河滩上已经聚集了不少的放牛娃。看见显宿他们牵牛过来了，都显得异常的兴奋，看来显宿已经是他们的头了。记得显宿才放牛的时候还被他们笑话过呢。显宿家穷，自己没有牛，给云帆公放牛是第一次，所以，对于怎么才能放好牛一窍不通。看人家那些放牛娃都骑在牛背上，他也想试着骑牛，开始是爬不上去，后来爬上去了又被牛一甩屁股抖了下来，摔了个四脚朝天，笑得那些放牛娃在地上打滚，后来在表哥亮毛的帮助下，才终于把那条大水牯骑在了胯下。

显宿喜欢讲故事，在书上一看到什么新鲜的事情就编成故事讲给别人听。慢慢地，喜欢听他讲故事的放牛娃越来越多，显宿也就成了他们的中心人物。那些放牛的大孩子基本上都是穷人家上不起私塾的孩子，八九岁了连自己的名字都不会写，读过书的显宿自然比他们有见识，所以，有什么事情显宿拿主意的时候多，他们也愿意服他管，他们认为跟着显宿放牛比一个人放牛有趣多了，显宿的肚子就像一个聚宝盆，里面有说不完的故事。

显宿读完《三字经》《百家姓》《千字文》《幼学琼林》以后，汉字大部分都认识了，就开始翻父亲书箱里的书看。

"星台，你看什么书呢？"陈宝卿见显宿看书的速度特别快，以为他只是走马观花，看看故事情节，没有细细研读，故意问。

"爹，我在看《三国演义》呢。"显宿说。

"《三国演义》都写了些什么？你说给我听听。"陈宝卿说。

"爹，《三国演义》有一百二十回，你想听哪一回呢？"显宿问。

陈宝卿自己也不是记得很清楚就顺口说道："第四十八回吧。"

"好呢！第四十八回《宴长江曹操赋诗 锁战船北军用武》。话说庞统向徐庶献计要怎样才能脱身，于是，徐庶暗地里派人散布谣言说西北方向有敌军，这个消息引起了曹操的注意，他非常重视，遂召集部下，看谁愿意领军前往。徐庶自告奋勇要领军出征西北。有人主动请战曹操当然是高兴啦，于是，曹操就派徐庶与臧霸率精兵三千准备开赴前线，并连夜打造适合水上作战的连环船。

连环船打造完毕，报曹操检阅，曹操看了阵容强大，气势恢宏的水军，意得志满，觉得此战自己肯定胜券在握。

当晚，曹操在水寨中举行盛大宴会，提前庆贺徐庶他们战斗胜利，凯旋归来。一时间，把酒换盏，莺歌燕舞，曹营上下一片歌舞升平。

踌躇满志的曹操乘着酒兴横持长矛赋诗一首《短歌行》：'对酒当歌，人生几何！譬如朝露，去日苦多。慨当以慷，忧思难忘。何以解忧？唯有杜康。青青子衿，悠悠我心。但为君故，沉吟至今。呦呦鹿鸣，食野之苹。我有嘉宾，鼓瑟吹笙。明明如月，何时可掇？忧从中来，不可断绝。越陌度阡，枉用相存。契阔谈讌，心念旧恩。月明星稀，乌鹊南飞。绕树三匝，何枝可依？山不厌高，海不厌深。周公吐哺，天下归心。'

众人听了啧啧称赞曹操的满腹才行，只有扬州刺史刘馥指出诗中'月明星稀，乌鹊南飞，绕树三匝，何枝可依'不吉利。酒已半酣的曹操此时哪听得进去，他认为刘馥是在扫自己的兴，不禁怒从心头起，拔出佩剑，一剑刺向刘馥，刘馥当场身亡。酒醒之后，回忆起昨晚的举动，曹操才明白自己杀错了人，后悔不已，可为时已晚，只能命人厚葬了刘馥。

第二天，曹操观摩了水军船队的分列式和实兵演习，那阵式看上去是非常的壮观，可旁边的程昱看出了一些端倪，他告诉曹操说这连环船队看是好看，但经不起火攻的，如果敌人借助风势，使用火攻，那拴在一起的船，逃都逃不掉。曹操听了大笑，他说隆冬天气一般都是西北风，如果对方用火攻，那风势是吹向他们，只能烧了自己。

降将张南、焦触自告奋勇请战，曹操命令他们二人率小船出击，挑战吴军。吴军的韩当、周泰率部队迎战，大破曹军小船队，斩杀焦触、张南，并与随后赶到的文聘连环船队交上了手。

周瑜带人登高观战，正为自己的计策见效而高兴。谁知刮来一阵风，吹起了旁边的军旗，旗角拂过他的脸，周瑜猛然想起火攻最关键的风向问题，大叫一声昏倒。"显宿都没迟疑一下就给父亲讲出故事梗概。

陈宝卿边听边点头，没想这显宿不仅记住了主要内容，能把故事梗概讲得很清楚、明白，还能把曹操有名的《短歌行》背得相当娴熟，看来他这书都读进脑子了，以后可以不管他任由他自己折腾去。

一本书看完之后，显宿基本上能把故事情节记下来，然后说给一起放牛的伙伴们听，其间还要根据自己的想法加入一些内容，让故事听起来更适合小伙伴们的口味。他很是陶醉于有很多同伴听自己讲故事的场景，说到精彩处，他还会站起身子，挥挥手，那神情，像是一个演说家，哪像一个几岁的小孩。

显宿待小伙伴们也挺热心的，如果有小伙伴们想让他教自己写名字，他也是欣然接受，用一根棍子找一块比较平整的土地一笔一画认真教，直到小伙伴会写为止。

显宿给别人家放牛了，亮毛自己家有牛要放，志诚没事做不好玩，也央求家里人去找，看有没有人家要请放牛娃的，这一找，还居然找着了。于是，船上的志诚也跟显宿、亮毛一样变成了放牛娃。志诚很好学，显宿教别的小伙伴写名字，他也跟着写，长年累月，也学了不少的字，在小伙伴里面也算是个识字多的。

显宿讲故事的时候，周围必然有一大群的放牛娃，故事讲完后还要"练打"，也就是练习梅山功夫。梅山功夫在梅山地域里称"打"，教梅山功夫的师傅称"打师"，教梅山功夫叫"告打"，练梅山功夫则是"练打"。

梅山是武术之乡，梅山先民聚居在雪峰山周边山脉隆起的地段，居住环境山峦重叠、林木遮日、虎狼出没、毒蛇遍地、杂草丛生。雪峰山脉连绵千里，属于喀斯特地貌，溶洞无数，大的可聚数万之众，小的可数十群居。古梅山人一般都居洞穴，出入洞穴需纵跳攀缘，路遇猛兽必殊死搏斗，这种特殊的生活环境孕育了梅山功夫的胚胎。

在长期与自然界搏斗的过程中，他们观禽技，仿兽姿，苦练踢、打、拿、摔、击、劈、刺等动作，慢慢结合起来形成徒手的、器械的各种攻防格斗功夫，战胜猛兽的技巧，这便是梅山功夫。

显宿从小就爱听武侠故事，遇上书中有描述武术的情节，总要比画几下。他特别喜欢《水浒传》里的武松。武松不仅有勇还有谋，而且爱憎分明、敢作敢为、有仇必复、有恩必报，很像梅山人的性格中"血性"的一面。记得小时候父亲给自己讲过一个新化人用梅山功夫在武汉打码头的故事。

清朝嘉庆年间，湖南宝庆府下辖新化、邵阳和武冈三县，这些地域盛产木材、煤炭、土纸和玉兰片（笋片），这些土特产一般是通过资江河运到武汉销售。当时新化洋溪人杨海龙发明了毛板船，毛板船的发明，让资江流域盛产的木材和煤炭源源不断地流向武汉，也让宝庆人在武汉声名鹊起。当时有一首《毛板船歌》：头顶太阳，眼眸邵阳，脚踏益阳，身在汉阳。尾摆长江掀巨浪，手摇桨桩游四方。就显示当时的资江流域和长江流域水运的繁荣、毛板船的盛行。武汉当地人怕宝庆人抢他们的地盘，不许毛板船靠岸，还说要把"宝古佬"赶出汉口码头（武汉人称宝庆府的人为"宝古佬"）。这激起了不服输的"宝古佬"的性子，决心靠拳头说话。他们把新化武术最好的"王爷山"的人喊了过去。王爷山可说是梅山功夫的符号，这里无论男女，几乎人人习武。"王爷山的打，思地溪的耍，夏屋场的棍，牛坝溏的叉"说的都是各地域的梅山人擅长的武功，而"王爷山"人的武功更是翘楚。"王爷山是只锅，来一个煮一个"的民谣更突出说明了这里剽悍的民风。早在宋代吴致光的《开远桥记》中就记载："梅山蛮子操戈戟，居枕铠弩，长期不服王法"便是最好的诠释。明代以后武科及第者甚多，一大批著名武师、朝廷重要武将相继在"王爷山"诞生。

居然有人敢欺侮梅山人？王爷山的人听了气愤不已，他们来到汉口码头后，一句多余的话都不说就开打，硬生生把码头从当地人手中抢了过来，从此，在汉口就有了一个"宝庆码头"。

随着来码头"淘金"的宝庆人越来越多，于是形成了汉口码头的一大帮派"宝庆帮"，几百年时间里，他们团结对外，和"地头蛇"斗，和外地的帮派斗，叫响了"宝庆码头"的名号。这其中，梅山功夫发挥了至关重要的作用。

在宝庆码头的宝庆人中，又是新化人唱主角。兴盛的时候，宝庆码头的居民四五万，以新化人居多，当时新化县城只有三万多人，宝庆码头无论地盘还是人口都超过新化县城，有人甚至称宝庆码头为新化第一县城。

听父亲讲了这个故事后，显宿对梅山功夫也是着了迷，对传说中的宝庆码头更是向往。

梅山人能武、尚武且喜练武，在梅山地域的乡村，村里的男人，无论大人小孩都会几手"打"，"告打"师傅是族里的人凑钱请的，"练打"的目的是强健身体，守庄护院。每年新年初一到十五的这段时间，大人不干农活，小孩不读书，族里就会请一些木偶戏班、傩戏班来唱几天木偶戏、傩戏，或找一个"打师"来给孩子们教一些基本的梅山功夫。"学打"不像上私塾，有钱的人家的孩子才能上，"学打"只要你愿意，不怕吃苦就能学，因为学了"打"的族人也兼保卫本族安全的责任。至于能学到哪一层就看自己怎么练了，俗话说："师傅领进门，修行靠个人"。显宿年纪小，功夫不算最好的，但很勤奋，"练打"是他读书以外的第二个爱好。

乡邻们见孩子跟着显宿放牛不仅会讲一些从显宿那里听来的故事，长了见识，而且能写自己的名字，更能时时练练"打"，加强体魄，都很高兴，常常鼓励孩子们多跟显宿学，将来做一个有出息的人。

春天的龙湾河滩紫苜蓿开得正旺盛，紫色的小花把宽阔的河滩织成了一块柔软的紫色的地毯，沿着河滩一路铺开去。间或有白色的、黑色的或黑白相间的鹭鸶鸟，在紫色地毯上或低头觅食，或单腿独立，或呼朋唤友，就或展翅高飞，把整个河滩装扮得美轮美奂。云端里，云雀子的叫声从天空覆盖下来，清脆、悦耳。涨水刚退潮时那种荒凉落寞的景象此时已不复再现。

显宿把牛牵到河滩上，扔掉牛绳，忍不住在地毯上打了几个鹞子翻身，然后择一处高的地方坐下。不一会，那些放牛娃从各个地方聚集到了河滩上，河滩立马就变样了：紫色的地毯上三三两两的牛低着头在啃着肥嫩的苜蓿草；远处，几只鹭鸶鸟在安详地踱步；近前，一堆放牛娃聚在一起要么听显宿讲故事，要么谈论村里又有什么新鲜事儿，要么一起出拳踢脚"练打"；一旁，刚下过春雨的资江水后浪追着前浪赶得正欢；稍远一点，不时有狗吠鸡鸣声传出的村庄，有几树桃花、李花正从农家的院子里探出头来，好一幅美丽的河滩牧牛图。

"星台，昨天你说过的，今天该给我们讲《水浒传》的第十六章'杨志押送金银担，吴用智取生辰纲'了呢？"刚把牛牵到河滩上，亮毛就缠着显宿讲故事。

"亮毛哥，按规定，今天该你和志诚两个放牛了哦！"显宿说。

"星台，我是你表哥，难道就不能少放一次吗？我非常想听'杨志押送金银担，吴用智取生辰纲'。"亮毛请求道。

"不行，谁都不能少放，这是我之前定下的规矩，你是我表哥，就更加要支持我。"显宿毫不客气地说。

讲故事的时候，怕大家没留神让牛群糟蹋了庄稼或跑丢了，显宿从一开始就规定，每次讲故事的时候都安排两个人专门看牛，其他的可以放心听故事。放牛的人是轮着来的，如果那天轮值放牛的人不认真，牛糟蹋了庄稼，不管是谁家的牛，都归那天轮值放牛的人负责。显宿的这个规定得到了大家的拥护，轮到谁放牛，都很自觉，绝不会推诿耍滑。

"好吧，怎么这么倒霉，今天就正好轮到我放牛，要落掉最精彩的一章了。"亮毛无奈，只好扫兴走了。他也知道，自己这个表弟别看读书了得，在这方面是个死脑筋，很固执的，说怎么做就怎么做，从来不会临时改变主意。

"亮毛哥，如果你想听，晚上来我家，我给你再讲一遍。"见亮毛这么扫兴，显宿安慰说。

"好呢！星台，我晚上吃完饭就去你家听，还有志诚，我喊他一起过来。"听显宿这么说，亮毛这才高高兴兴看牛去了。

晚上，亮毛和志诚早早来到了显宿家，志诚还从家里带来了几个烤红薯。吃着香喷喷的烤红薯，听显宿讲故事，亮毛心里美得不得了："哎呀！你们说，要是梅子现在还能跟我们在一起玩，那该多好啊！"

一提到梅子，显宿心里有些黯然，这个跟自己喝着同一个妈的奶长大的妹儿不知道现在怎么样了？她的脚缠成什么样子了？现在还痛吗？想着那白嫩嫩的小脚除了大脚趾，其他四个脚指头都要被人为地往下掰，捆成粽子的形状，长期被裹脚布缠绕的脚不能自由地生长，只能在裹脚布里面扭曲变形，这份痛苦，想来都让人心颤。

"很久都没见到过梅子了，很想见见她，不知她现在怎么样了。"志诚也说。

"还记得我们那时在田里烤红薯的情景吗？用木棍在田里挖个坑，把从家里偷来的红薯放在坑里，上面盖薄薄的一层土，土上面堆满干柴，干柴点着，等柴烧成火炭了焐上一会，再把红薯扒出来，就成香喷喷的烤红薯了。"亮毛说。

"梅子家有钱，每次她从家里偷来的红薯最多。"志诚说。

"唉！不知什么时候才能再见到梅子了。"显宿长叹一口气说。

"哎呀！不说梅子了，梅子她是注定要嫁人的，而且要嫁给有钱的人，以后她再也不会跟我们在一起玩。你们说我们三个人如果能像现在这么舒舒服服过一辈子该多好。"亮毛说。

"亮毛哥，你想得很天真！我星台哥岂是下乐村这个小地方能装得下的？他以后要去省城、去北京、去皇帝老子住的地方，做大官、发大财。虽然你是他表哥，到时，只怕也是要仰着脖子看呢，还能像我们今天这样，吃个烤红薯就美得不行了。"志诚说。

陈宝卿在旁边听了志诚的话，很是惊讶，这么小的一个孩子，怎么会说这样的话呢？

"志诚，你这是听谁说的？先不说星台以后有没有这个本事，就是有了这个本事，亮毛也是他表哥，你也是他的兄弟，你们都是一起长大的，都是平等的，怎么要仰着脖子看呢？"陈宝卿有些严肃地说。

"是嘛！我们都是光屁股一起长大的，不管什么时候，我们都是弟兄。"亮毛也说。

"宝卿叔，我是听我爹娘说的，他们说要我多跟星台哥玩，多学一点本事，我爹娘一直嫌我不如星台哥，说我要是能有星台哥一半的好，他们就心满意足了。"志诚老实地说。

"志诚，不管以后怎么样，我们都是兄弟。"显宿说。

"星台说得很对，不管富贵或贫穷，你们以后都是兄弟。"陈宝卿说。

"好呢，宝卿叔、星台哥、亮毛哥，志诚记住了。"志诚高兴地说。

父亲书箱里面的书五花八门，什么类型的都有，像《山海经》《水浒传》《三国演义》《左传》《资治通鉴》等，《左传》是显宿最喜欢看的书，这部书共计十八万字，记载了东周前期二百五十四年间各国政治、经济、军事、外交和文化方面的重要事件和重要人物。看这本书显宿不再是走马观花记情节，而是通篇背诵，特别是对那些揭示社会变革的重要性的文章更是要琢磨其中的道理和奥妙。读过的文章他不仅能背诵下来，还能根据自己的见解编成通俗的故事讲出来。渐渐地，显宿讲故事的本领不仅吸引了放牛娃，连村里的大人都喜欢听。

夏天，显宿家的老楸树林子是村民最喜欢去的地方。五六月的时候，淡紫红色的楸树花飘着淡淡的清香，花盛的时候，用竹竿扯下几根树枝来，花可以摘下来炒鸡蛋吃，叶子用来喂猪。夏天的晚上，资江河水拍打着河岸，送来阵阵河风，楸树叶被吹得沙沙作响，把夏天的炎热驱散得干干净净。吃完晚饭，村民们便摇着驱蚊的艾叶条一路晃晃悠悠来到树下纳凉。

显宿吃完晚饭出门了，正准备去给娘摘皂角，村民一见到显宿，马上起哄："星台，准备去哪？先给我们来一段呗。"

显宿呵呵笑道："好呢，不过你们得等一等，我去给我娘摘几个皂角洗头，马上就会返回来的。"

陈宝卿堂客不仅针线活做得好，而且素来爱整洁，虽然衣服上常常有补丁，但那些补丁被她巧妙地配了色，看上去一点都不难看，倒像是特意的装饰。头发也常常是一尘不染，每次洗头她都会叫显宿去村头那棵最大的皂角树上摘几颗皂角熬水来洗，显宿本来喜欢干这种事，一接到摘皂角的任务都是兴冲冲扛了顶上绑了柴刀的竹竿出门去，因为皂角树身上长满刺，不能爬，所以只能用绑了柴刀的长竹竿去钩。

等显宿回来的时候，果然有一大堆人等在那里听他讲故事，显宿一贯说话算数，说马上回来就马上回来，说讲故事一定讲故事。

回家把皂角交给娘后，显宿不紧不慢，在树下那块天上掉下来的石头上板板眼眼坐下来，这块石头是显宿固定的位置，无论是村里人谁先坐了，看到显宿过来都会自动让位。

"大家今天想听什么故事呢？"显宿问。

"听《水浒传》。"有人说。

"不，听《山海经》，《水浒传》昨天才讲了。"又有人说。

"还是《三国演义》吧，我最喜欢听'鲁提辖拳打镇关西'那一章，真他娘过瘾，鲁提辖咋就这么厉害？三拳两拳就把镇关西打趴下了。"家住村口的脑子有点迟钝的陈猛子边说边是手舞足蹈。

"陈猛子，这个都听了很多遍了，你都能背熟，我们耳朵都要起茧了，还要听啊？"有人马上反对。

"陈猛子，鲁提辖是《水浒传》里面的，《三国演义》里面只有曹操、项羽、周瑜、诸葛亮。"有一个小孩大声更正。

"陈猛子，连这个都分不清，你是白听了。"顿时一片打趣声响起，大家笑做一团，显宿也忍不住笑了。

"这样吧，我们看哪个故事喜欢听的人多就先讲哪个，想听别的故事的人也别着急，等我把这个讲完就讲另外一个，保证大家都能听到。"显宿说。

"多聪明的孩子，能顾及每个人的感受，谁听了都舒服。"村人感叹说。

"是啊！不知陈家哪辈修来的，养了这么个好崽。"有人附和。

"你看他的坐姿排排场场的，一副官相。"

"如果做了官也一定是个好官，一个为民着想的官。"

"嗯！嗯！三岁看老，这孩子从小就懂事，能体贴人。"

冬天农闲的时候，老楸树下太冷，不能坐了，此时陈宝卿家是村里最热闹的，每天都有乡邻不约而同去到他家，不为别的，就是为了听显宿讲故事。

对于乡邻的到来，陈宝卿堂客总是倒茶送水以礼相待，陈宝卿也是热情周到，从来不怠慢谁。来听故事的乡邻也总能从裤袋里掏一把花生或一捧葵花子来分享，大家边听故事边嗑瓜子，热热闹闹的气氛，冬天的寒冷也不知什么时候走了。

"陈先生，你家星台是神童啊，以后怕是要超过你了。"有村民跟陈宝卿开玩笑。

"呵呵！乡亲们别这样抬举他了，星台年纪还小，正是求学阶段，他只不过记性比较好，多读了几本书罢了。"陈宝卿嘴上虽然这么说，心里还是有些暗暗得意，他想，照现在的样子，显宿不久的将来一定会超越自己。

显宿的记性好在一次偶然中得到了再一次的印证。那回显宿借了同村的刘姓私塾里跟父亲关系比较好的刘先生的一本《唐诗三百首》。显宿放牛的时候就带在身上，牛吃草，他读书，因为读得太认真，完全忘了自己在放牛，等他读完书一看，不好，牛跑到河边去了。涨水时的资江河边处处充满了危险，因为河水的浸泡，原本就不紧实的河岸随时都有垮塌的可能。牛显然是不知道这些的，它正在津津有味吃着河岸边从上游漂下来的草。显宿顿时吓出了一身冷汗，如果牛掉进河里那怎么得了？虽然牛在水里一时半刻沉不下，但正涨水的河水很凶猛，会把牛冲到下游去的。他赶紧跑过去拉牛绳，没想一不留神，手中的书掉进河里了。

显宿知道刘先生很爱惜书，况且书是借人家的，肯定要还的，顿时也是不知所措。赶紧回家跟父亲说，被父亲狠狠骂了一顿，但骂归骂，书还是要还的，到哪里去找本这样的书还给刘先生呢？因为刘先生的《唐诗三百首》是手抄本，只能去哪里借一本书抄了还回去。过了一会，醒过神来的显宿对父亲说："爹，《唐诗三百首》星台已经看完了，你去找些纸墨来，星台写了还给刘先生。"

"什么？你写了还给刘先生？"陈宝卿听了有些将信将疑，虽然他也知道儿子记性很好，但他才读了一遍啊！

陈宝卿还是找来了纸墨给他，没想显宿真的给默写出来了。

看到显宿还回来的书不是自己原来的那一本，刘先生感到奇怪，问了情况才知道书是显宿默写出来的，赶紧翻了翻书，真的除了字不同，内容跟原来的一模一样，也是惊得睁大了眼睛，都说陈先生的儿子记性好，是神童，以前还是个传说，现在算是亲眼见识到了。

慢慢地，显宿的名字不仅在下乐村有了名气，在知方团也有了名气。外村很多人都知道在下乐村有一个叫显宿的孩子，记性惊人，能通篇背诵《左传》和《资治通鉴》，刚读过一遍的《唐诗三百首》能默写出来，还能把学到的东西编成故事讲给乡邻们听。这个孩子因为家里穷，从没进过私塾，还每天要给别人家放牛，他很多书都是在牛背上读的。因此，又有人给他起了个绰号："牛背上的神童。"

第五章 不测风云

日子过得飞快，转眼间，显宿十岁了。

一天，显宿刚从外面放牛回来，进门，就见母亲倒在地上一动也不动。这下可把显宿吓坏了，赶紧去喊住得最近的凤嫂。

"凤伯娘，凤伯娘，你快来看看我娘怎么啦？"显宿带着哭腔。

"星台，你娘怎么啦？你可别吓伯娘啊。"凤嫂被显宿的样子吓住了。

"我娘睡在地上，动也不动。"显宿说。

"啊！真的？快！我过去看看。"凤嫂跟了显宿跑过来一看也是吓了一跳，摸摸鼻孔还有呼吸，赶紧对显宿说："星台，赶紧去塾馆叫你爹去找刘郎中，你娘晕过去了。"

"好！我就去。"显宿起身就往外面跑。

显宿并没有先去找爹，为了抓紧时间而是直接去了刘郎中家，气喘吁吁告诉刘郎中："郎中叔，郎中叔，不得了了，我娘倒在地上晕过去了，麻烦您赶紧过我家去看看。"

"是吗？什么时候晕过去的？"刘郎中看显宿焦急的样子，知道事情非同小可。

"我也不知道，刚才我放牛回来，就见我娘躺在地上。"显宿说。

"噢！你等一下，我拿一些东西就跟你走。"刘郎中知道事不宜迟，赶忙去准备。

刘郎中收拾了一些用具和药物，背起药箱跟显宿往家跑去。

半路上，经过祠堂的时候，显宿又跟刘郎中说："郎中叔，郎中叔，我娘生病我还没告诉我爹，我先去塾馆找我爹，麻烦您直接去我家给我娘看病，我找到我爹马上回来，家里有隔壁的凤伯娘在照顾的。"

"好，星台，你去吧，我会赶紧去你家给你娘看病的。"刘郎中从心里赞叹这孩子做事情的条理性。

显宿又一路小跑去塾馆找爹。

看见跑得满头大汗的儿子，陈宝卿很惊讶："星台，你怎么来了？有急事吗？看你跑得这么火急火燎的。"

"爹爹，不好了！娘病了，晕倒在屋里头。"显宿都来不及喘口气，赶紧说。

听到儿子的话，陈宝卿吓得怔在了那里。

"爹，你怎么啦？"显宿被父亲的反应吓住了。

"你娘病了？这可怎么办？"陈宝卿有些不知所措，在他的记忆里，堂客一贯都很坚强，是家里的主心骨，虽然陈宝卿在外面也常给人强出头，但屋里的事情常常是堂客怎么安排就怎么做，现在突然说主心骨倒了，他一下子有些无所适从。

"爹，我已经把刘郎中请去家里了，我们赶紧回家吧。"显宿倒是替爹拿主意了。

"对！请刘郎中，请刘郎中。"陈宝卿好像才回过神来。

"爹，刘郎中我已经请去家里了。"显宿又说。

"噢，那我们回家，赶紧回家。"陈宝卿急忙着把书装进书包，遣散了学生，跟着显宿往家赶。

等陈宝卿父子二人赶到家的时候，陈宝卿堂客已经醒了，显宿跑过去抱着娘大哭："娘，你吓死星台了，有病你怎么不早去看刘郎中呢？"

"乖崽，娘没事的，只不过有点头晕，一不小心摔倒了。"陈宝卿堂客安慰儿子说。

"星台娘，你就别再逞强，这病也有些时日了，让刘郎中仔细看看，病该怎么治就怎么治，你这么熬是熬不过去的。"旁边凤嫂说话了。

"没事的，嫂子，我自己的身体自己清楚，刚才刘郎中给我扎了银针，这不，现在已经没事了，还要怎么治呢？"陈宝卿堂客生怕还要花更多的药费，赶紧说。

"刘郎中，我堂客的病到底怎么样？要不要紧？"陈宝卿拉着刘郎中的手急切问道。

"陈先生，我们去外边说话。"刘郎中使了个眼色说。

"刘郎中，我这是什么病呀？要背着我，难道还怕我听见？"陈宝卿堂客见了，忍不住问。

"没事的，陈师母，这是我们男人私下的一些问题，不方便当着女眷们的面说。"刘郎中解释说。

"哦！那你们去吧。"陈宝卿堂客说。

"刘郎中，我堂客得的究竟是什么病？"来到屋外，陈宝卿急急问。

"陈先生，你堂客的病不是一天、两天，一月、两月了，这个只怕是月子里落下的病根，然后长年累月的积累，现在已经是病入膏肓，这段时间你要尽量满足她的要求，她想吃什么就吃什么，想干什么就干什么。"

"刘郎中，你说这话是什么意思？照你的说法我堂客是没救了？"陈宝卿听出了刘郎中口中的不对劲。

"陈先生，别怪我话说得直，照我的判断，可以这么说，你要有这方面的心理准备。"刘郎中有些同情地看着陈宝卿。

"这怎么可能？刘郎中，你是看错了吧？一定是看错了！你看，我堂客现在好好地坐在那里，要不麻烦你再把把脉，仔细看看，病该怎么治就怎么治，就是砸锅卖铁我都要把她的病治好。"陈宝卿怎么都不相信自己堂客的病情会这么严重。

"不用，我刚才已经仔细给她诊过了，月子病加上平时劳累过度，长时间积累，身体已经极度虚弱。现在她自己还不知道病有多严重，我们这么反反复复看会引起她的不安。陈先生，你每天跟你堂客在一起，难道一点都没感觉到有什么不妥吗？"刘郎中疑惑地问。

陈宝卿这才想起，自生下显宿后，堂客身体有了明显的变化，身子好像虚了很多，稍微费一点力就气喘吁吁的。这几年身体也衰老得很快，还没到四十岁的年纪，已经没有了女人的生理需求，眼睛也越来越看不清，一到晚上就成了睁眼瞎，不知何时开始，脸上不仅长了大颗的老年斑，皱纹也比同龄的女人深许多。

其实，陈宝卿堂客年轻时还是颇有姿色的，只是因为陈宝卿帮他们家写状纸打赢了官司，抢回了被恶霸拉去抵债的娘，他父亲为了报答，才把女儿嫁给只是一介穷酸书生，家里又有儿女拖累的陈宝卿做继室。没生显宿之前，她身体就像个男子汉，浑身好像有使不完的力气，家里里里外外都是她一个人操劳。倒是陈宝卿身体像个女人般柔弱，手无缚鸡之力，所以生活中对她有一种依赖性。有几次，陈宝卿也问过这是什么原因，她只是说太累，有时间歇歇就会好的。没想这一累就是十来年，从没歇息过。

"刘郎中，求你了！你一定要救救她，她还年轻，星台也还小，这个家不能没有她的。"不知怎么的，陈宝卿腿一软，跪倒在了刘郎中面前。

刘郎中赶紧抬手扶起："陈先生，你这样我可是消受不起的，治病救人是郎中的天职，如果有办法我是一定想办法的。现在我觉得自己已经无能为力，要不你带陈师母去县城大医馆找郎中看看，大医馆药品齐全，郎中见多识广，经验丰富，我这乡村郎中肯定是比不上的。"

陈宝卿觉得刘郎中说的也有道理，还是带堂客去县城的大医馆把病情落实一下。

"谢谢你！刘郎中，我尊重你的意见。"陈宝卿这次很快就做了决定。

"要去就尽早去，这病不能再拖了。"刘郎中嘱咐说。

听陈宝卿说要带自己去县城大医馆看病，陈宝卿堂客坚决不肯去，自己的身体状况自己很清楚，正像刘郎中说的，病入膏肓。现在陈宝卿说要带自己去大医馆看病只是进一步证实了自己的猜测。其实，她自己何尝不想活下去？大儿子有残疾，一直没讨堂客，显宿还小，陈宝卿除了教书就是去外面管闲事，家里的事情他一点忙都帮不上，这个家她根本放不下。既然已经回天无力，何必再去花这个冤枉钱呢？何况家里现在也没有这笔钱。

"什么？还要去县城的医馆？不去，我身体现在不是好好的，要去县城医馆做什么？"陈宝卿堂客装作若无其事的样子。

陈宝卿无法跟堂客把病情说得太明白，他知道，按她的性格，既然病到了这种程度她是断然不肯去医院的，她怕浪费钱，自己的病反正治不好了，何必再去花那个钱？

怎样才能说服堂客跟自己去县城看病？既不能让她知道自己病重，又能让她随自己去她从没去过的县城医馆，陈宝卿思索了良久。

"星台他娘，刚才我问了刘郎中，他说你的病有些古怪，他没有十分的把握确诊，所以，他劝我带你去县城的医馆看看郎中。"

"不去，我没病，才不会去花那份冤枉钱呢。"陈宝卿堂客还是坚持。

"怎么没病呢？你刚才不是晕倒了吗？我们就是去看看病，落实一下病情，也花不了多少钱的，就当作是去县城走趟亲戚好了，你不是说你嫁过来之后都没去过县城吗？我们可以顺便好好看看县城。"陈宝卿说。

"有这份闲钱和闲工夫，我还不如在家里给星台和大儿子做一身新衣服呢。"陈宝卿堂客知道自己的寿命不久了，首先想到的是显宿他们成为"没娘崽"后这日子怎么过？显宿才十岁，以后饿了还可以自己煮饭吃，如果衣服破了呢？谁能给他缝？所以，她思谋着在这最后的日子里，给他们缝一套新衣服，做一双新鞋，也许能对付过几年。

陈宝卿历来是拗不过堂客的，况且自己家里有没有钱去看病他心里一点底都没有，如果没钱，自己也没能力去借钱来给她看病，只能随她去了。他心里只巴望刘郎中弄错了，堂客的病根本就没他说的那么严重。

听说娘要给自己缝新衣服，不懂其中原因的显宿开心得不得了。娘以前也天天在家缝新衣服，但那都是别人家的，自己的衣服自懂事起一般都是大哥的衣服改的。陈宝卿堂客为了顾全陈宝卿的颜面，争取每两年给陈宝卿做一身新衣服，然后陈宝卿的旧衣服给大儿子穿，大儿子的衣服改小点给显宿穿，她自己的衣服一般都是穿很久，补了很多补丁，实在不能穿了才做新的。

"娘，你做的这新衣服真的是给星台穿的吗？"显宿每次看到娘做那件说是给自己做的衣服，总要问一次。

"傻宝崽，娘说是给你做的就是给你做的，难道还能骗你不成？"陈宝卿堂客的心里隐隐发痛，显宿从懂事以来从来都没穿过新衣服，所以现在都还不敢相信自己在给他做衣服。

"好咯！好咯！我今年过年有新衣服穿咯！"开心的显宿恨不得把这个消息立马告诉全村人。

"崽，看你高兴的，你这样子，让娘心里怎么放得下你？"陈宝卿堂客心里说道，眼里溢满泪水。

第六章 家庭变故

　　这段时间，陈宝卿堂客也再没去村里接别家的针线活，一心一意给显宿和大儿子做衣服和鞋子，外面的罩衫是新布料，里面的棉衣棉裤罩布虽然是旧衣改的，但棉花是全新的，鞋子底虽然也是用平时攒下的边角布料粘起来纳的，但按花色用心拼了图案，所以看上去很是漂亮。为了正在长身体的显宿能多穿几年，她估摸着把显宿的衣服做大了一个尺码，鞋也做大了一码，怕鞋子太长现在穿起来不合脚，还在鞋头塞了一团布。为了衣服、鞋子能耐穿一点，她尽量把针脚压得很密，但这样眼睛就痛苦，因为得把眼睛凑得很近才能看清，有好几次，都觉得自己眼花得要晕过去。她知道，如果晕过去，也许就不会再醒来，而显宿他们的衣服、鞋子还没做完呢，就拼命忍着不让自己闭眼睛。就这样，直到把显宿他们的衣服、鞋子做好的那一天，刚放下针线，她就晕了过去。

　　陈宝卿正在上课，忽然就感到心脏一阵狂跳。他以为是自己坐的时间太久压住了心脏，赶紧走出教室，做了几个扩胸动作，伸展了一下四肢。可情况并没有得到缓解，而是越跳越厉害，觉得有点透不过气来了，无奈，只好提早给孩子们放了学，准备去刘郎中那里看看。一摸口袋里没钱，看病肯定是需要钱的，陈宝卿从没有欠人家钱的习惯，想着还是先回家拿点钱再去刘郎中家。

　　陈宝卿一路走得有点慢，他怕走太快心脏更加受不了，平时半盏茶的时间能到家的，今天费了一盏茶工夫才到。屋里，堂客正低垂着头坐在凳子上，面前的桌面上摆了几件折叠好的衣服，衣服折得这么整齐就意味着已经完工。陈宝卿知道这衣服是显宿他们的，显宿都对自己说过好几回："爹，娘是在给我做新衣服，我有新衣服穿咯！"堂客做事情历来都是这样，活一到手上就紧赶慢赶的，恨不得立马就做好，有时一坐就是一整天，屁股都不会动窝，这也是郎中说她劳累过度的原因之一。

　　平时，陈宝卿只要一回家，堂客都要把自己手上的活放下，接过陈宝卿的书包，再递过一碗水。今天坐在凳子上的堂客一动也不动，许是做事太累睡着了吧，陈宝卿想。他走过去轻轻推了一把，想把她弄醒问她拿点钱去看郎中。哪知，堂客的身体顺着他的手往下溜，他都来不及抓住，一下就掉下凳子趴在了地上。这可把陈宝卿吓了一跳，他把堂客的身子托起翻转来，脸朝着自己一看，堂客一脸的死灰，再探探鼻息，一点呼吸都没有了。陈宝卿吓得把手松开，人又掉到了地上，觉得不妥，又把她扶起来想抱去床上，但手无缚鸡之力的陈宝卿哪抱得动？只能又把她放地上，脸朝上，把身子放平展，然后去找住不远的凤嫂。

"凤嫂，凤嫂，麻烦你去我家看看，我堂客怕是不行了。"陈宝卿慌里慌张的。

"不可能啊！我上午从你家门口路过看到她还好好的坐在屋里缝衣服，我还跟她打了招呼呢。"凤嫂不敢相信。

"是真的，我刚才探她的鼻息，好像是没有了，麻烦你帮我过去看看。"陈宝卿说。

"好，我帮你过去看看，一定是你弄错了，我估计只是像上次一样晕过去了，你快去把刘郎中找来。哎！我都说了多次，让她找郎中看看，抓几服药吃，她就是不听。"凤嫂说。

"哎！哎！我这就去找刘郎中。"陈宝卿踉踉跄跄往刘郎中家赶去。

陈宝卿前脚刚走，显宿后脚就回来了。早上的时候娘说想洗头，显宿上午把牛放好，送到云帆公家后又去皂角树上摘了皂角才回家。一走进家门口，显宿就觉得家里有些不对劲，他听到屋里有哭声，是娘在哭吗？娘为什么哭呢？在显宿的记忆里，从来没见娘哭过，她一天到晚都是忙忙碌碌的，根本没有哭的时间和机会，那娘今天为什么会哭呢？难道是谁欺侮娘了？显宿想着赶紧加快了步伐，以跑的速度进屋里一看，哭的人是凤伯娘，娘则睡在地上。难道是娘又晕过去了？有了经验的显宿立马转身，边走边说："凤伯娘，我娘又晕过去了吗？麻烦你帮忙看一下，我去找刘郎中和我爹。"

"星台，你回来，你爹已经去找刘郎中了，你来帮我一下，我们把你娘扶到床上去。"凤嫂抬起泪眼喊住要往外走的显宿。

"好的。"显宿又退回来。

娘的身子很沉，显宿和凤伯娘好不容易才把娘扶到床边，放到床上。紧接着，凤伯娘把娘的身子扳直，手脚放好，娘一动也不动，任凭凤伯娘怎么挪动。

"星台，呜……"凤嫂喊一声显宿又哭得不行了。

"凤伯娘，你别着急，我娘没事的，等下刘郎中来扎一下银针就好，上次也是这样的。"显宿倒反过来安慰说。

"嗯！嗯！呜……"凤嫂嘴里嗯着还是忍不住哭声，她伸手把显宿搂在怀里："可怜的星台，呜……"

显宿想用自己的衣袖给凤伯娘擦眼泪，看看衣服有点脏，又缩了回来。

"凤伯娘，我娘没事的，你不要这么着急，要么我再去找刘郎中，我爹走路比较慢，我跑着去，保证比我爹还先找到郎中。"显宿用力挣脱凤伯娘的怀抱，又想着要去找刘郎中。

"星台，不用找了，你娘怕是不行了。"凤嫂拉了拉陈宝卿堂客有些僵硬的手。

"什么不行？"显宿没听懂凤嫂的话。

"就是，就是你娘已经死了。"凤嫂知道显宿听不懂这些代替"死亡"的词，只得直言不讳。

"怎么可能？我出去放牛的时候我娘还在给我缝新衣服呢。"显宿瞪大眼睛看着凤伯娘，好像要看出凤伯娘在说谎。

"来了！郎中来了！快让郎中看看！"陈宝卿一路小跑，气喘吁吁跟在健步如飞的刘郎中后面，他边走边喊，先前的心脏不适好像是忘了。

凤嫂擦了把眼泪，默默让开身子，刘郎中走近一步看了看陈宝卿堂客的脸，又翻了翻她的眼皮，甚至都没把脉就摇了摇头轻声说："已经走了。"

"不！刘郎中，你还没把脉呢，你看看，你再看看，看还有没有得救。"陈宝卿扯着刘郎中的衣袖说。

"郎中叔，你还没扎针呢，你给我娘扎一针呀，我娘扎一针就好了的。"显宿这时好像是明白刘郎中说走了的意思。

"都已经走了一些时辰了，陈先生，准备后事吧！"刘郎中后退了一步，把位置让给陈宝卿。

"她怎么能说走就走，一句话都不留下，呜……"陈宝卿终于相信了事实，忍不住哭出了声。

"哇！娘，我要我娘，娘，你快醒来，我是星台呀！你快醒醒！"显宿见爹哭，也跟着哭起来。

眼泪未干的凤嫂也跟着号啕大哭，只有刘郎中摇头叹了一口气，转身找个凳子坐下。

哭了一会，凤嫂停了下来说："陈先生，人已去了，再哭也没有用，还是准备后事吧，我去给族长报信，要他安排人来帮忙办丧事。"凤嫂说。

"是的，陈先生，人既然已经去了，先把后事安排好要紧。"刘郎中走过来拍拍陈宝卿的肩膀。

"嗯，嗯，我知道。"陈宝卿站起身，用手背擦干了眼泪，想着这后事该怎么办起。

办后事最主要的是寿料和寿服，在梅山这一带，一般来说要满六十岁的人才开始置办这些东西。陈宝卿堂客才四十多岁，虽然刘郎中上次跟他说过，堂客的病已是回天无力，但陈宝卿一来是不相信，二来是他实在不知道该怎么置办这些东西，又不能让堂客知道，所以现在家里什么都没有。

正在陈宝卿一筹莫展的时候，凤嫂领着族长云帆公急急忙忙走来。

"族长来了，陈先生，这后事怎么办你先跟族长商量商量吧。"凤嫂说。

"造孽啊！造孽啊！才四十多岁的年纪，孩子都还这么小就走了。"云帆公上前看了看陈宝卿堂客的遗体面容悲寂地说。

"呜！呜！云帆公，我娘没死，她不会死的，她死了星台怎么办？她是睡着了，她会醒来的，我给她摘了皂角，她还要洗头呢。"显宿哭喊道。

"唉！星台，可怜的孩子。"云帆公抚摸了一下显宿的头，叹了一口气。

"陈先生，家里的寿棺寿衣都准备好了吗？"云帆公转而问陈宝卿。

"族长，不瞒您说，我家什么东西都没准备，家以前都是我堂客当的，我连家里的钱放哪都不知道。"陈宝卿这时已经冷静下来了，从现在开始自己真的得担大事了。

"这样啊？"云帆公有点惊讶，早先听村人传说陈宝卿堂客身负沉疴，不知是真是假，现在人都走了，看来传说是真的，可没想他们家还什么准备都没做。

事到如今，也是没法责备他了，只能另想办法。

"寿棺嘛，我家有一副现成的，先把我家的用上吧，这个是我去年为自己置办的，上好的柏木，等把你堂客的事情办完，我再另外做，你家屋边不是有十几棵老楸树吗？到时放倒一棵，可以做几副棺料了，还我一副料，我再买一副给我堂客准备，剩下的你自己也可以准备准备，五十多的人了，今天不知道明天的事情，不必再等到六十，早点做准备比较好，不要像现在这样，遇到事情就措手不及。"云帆公一副族长的口气，说话丝毫不留余地。

"云帆公说得对，是陈宝卿不懂事，不知道早做准备，感谢您的出手相助，就按您的意思办，您说的您另买一副棺料给您堂客用就不必了，另一副棺料就当作付这一副棺木的工钱如何？"陈宝卿试着问。

"嗯，可以，不过让陈先生见笑了，都是族里的人还跟你谈工钱的事情。"云帆公有些尴尬地说。

"云帆公，工钱是您付出的，该给您的，您能帮我这个忙我已经感恩不尽了。"陈宝卿说。

见陈宝卿这么坦诚，云帆公倒觉得自己开始说得太直，伤着了陈宝卿的自尊心："对不起啊！宝卿，我心里急，说话直率了一点。"

"云帆公，您说得没错，以前的我就是不大考虑家里的事情，现在堂客走了，我不想考虑也得考虑了。"陈宝卿说。

"好吧，我等下派人把棺木抬过来，先把人装殓好，后面的事情我们再商量着办。"云帆公说。

"陈先生，寿衣问题你也不必为难，看弟媳针线活做得好，前段时间我刚好让她给我做了一套寿衣准备自己百年之后穿，要么先给她自己穿上。"凤嫂也在旁边说。

"凤嫂，真的很感谢您，不然我都不知道现在该怎么办了，有您这样的嫂嫂是我们的福气，只可惜我堂客她福薄，不能跟嫂嫂多搭几年伴。"陈宝卿很诚恳地说。

"我也舍不得她走，我们两妯娌相处这么长时间了，从没红过脸，平时有什么事情都是你帮我我帮你的。还记得三年前吗？我家的船翻了，要赔人家的货，我家不够钱赔，是你们两口子把平时好不容易积攒下来的一点钱都借给了我家，才让我家有今天翻身的日子。我这一辈子都记着你们俩的恩呢。现在她招呼都没打声就走了，以后我到哪里去报恩啊！"凤嫂说着眼泪又出来了。

堂客什么时候借钱给凤嫂救急了？陈宝卿一点都不知道，因为家里的事情他一般都不管，既然凤嫂这么说了，那事情肯定是有的，所以陈宝卿顺着凤嫂的话道："是呀，她做什么事情都是诚心诚意的，都是宁愿亏着自己也是不肯让别人吃亏的。在这个家里，她就只知道替我和星台他们兄弟俩着想，从不为自己考虑，如果她早为自己想想，及时把自己的身体调理好，哪会去得这么早？"

陈宝卿说到这里不禁又悲从心中起，自己这么懂得堂客，怎么就不懂得早点关心一下堂客？到现在才知道后悔什么都晚了。

村人听到消息，念及陈宝卿两口子平时的为人，都纷纷赶来帮忙，整体安排云帆公在做，他是族长，平时村里的红白喜事都是他在操办，所以在他的安排下，丧事在有条不紊进行中。

现在寿棺和寿衣都解决了，丧事有人操办，不管怎么说都能体体面面把堂客送走了，陈宝卿虽然处在悲痛中，但压力还是没感觉到什么。

显宿怎么都不明白，娘上次晕倒，扎了针就能醒过来，这次怎么就醒不过来了呢？好几次他在灵堂上一不小心睡着了就梦见娘从老远的地方走来，还边走边喊："星台，星台，你慢点走，别摔着了。"像是小时候自己刚学走路，显宿应着声醒来一看，娘还是睡在那黑漆漆的棺材里一动也不动，并且变得越来越陌生，越来越不像娘。所以，后来显宿也不怎么哭闹了，因为他觉得这个棺材里睡的不是娘，大家一定是弄错了，把别人当作了娘，娘一定是出去走亲戚了，过段时间就会回来。

"星台这孩子怎么啦？现在不哭也不闹，整天安安静静待在灵堂里，好像走的不是他娘，别不是他娘把他的魂魄给带走了，不知道伤心了吧？"有人觉得这段时间显宿显得这么平静很奇怪。

"怎么可能？他娘怎么可能害自己的孩子？这孩子应该是懂事了，懂得人死不能复生，所以显得很平静。这么小就这么懂事，将来出息大着呢，可惜他娘去得太早，享不了他的福。"有人反驳说。

"唉！够可怜的一家人，中年丧妻，幼年丧母。"有人叹息说。

"是啊！陈宝卿堂客去世，陈宝卿不懂得怎么理家，大儿子是个残疾，星台又这么小，以后这个家该怎么维持下去？"有人回应说。

"那以后就要看这父子三个的造化了，如果运气好，还可能有女人愿意过来做填房帮帮他们，如果运气不好，陈先生下辈子得做鳏夫咯！"有一个嘴碎的女人说。

"呸！呸！人都还没入土，就说这号事。"有女人马上反驳。

"我只不过说的是事实。"嘴碎女人委屈地说，但再没人理会她。

堂客的丧事说不上很风光也说不上很寒酸，能这个样子把堂客送走，陈宝卿也知足了。

陈宝卿堂客去世后，陈家经济更加困难。父子俩虽然都有活干但基本就是填饱肚子，几年都没添过新衣服。娘去世前做的那套新衣服显宿很是珍惜，只在每年的过年前后穿上两个月，因为正是长个头的时候，现在穿来也有些短了。每天都在野地里放牛，娘做的那双鞋也差不多穿底了，为了能多穿些时日，显宿春天、夏天、秋天这三季都是赤脚或草鞋，只在冬天的时候才拿出来穿穿，都穿了差不多三年，鞋子不烂也小了。显宿穿的衣服越来越破、越来越短，脚也是因为鞋太短，半截在鞋里半截在外面，整天拖着满村子跑。

一次，族人陈伯也是去陈宝卿家听故事，时间去得有些早，碰到陈家正吃晚饭，父子三人一人一碗拌了大量红薯丁的米饭，桌子上摆的菜是几根蒸熟的苦瓜，一小撮盐和辣椒粉放在另一个碗里，没油，吃的时候夹片苦瓜蘸点盐和辣椒下饭，显宿还吃得那么津津有味。

"宝卿先生，你们父子三个这日子是怎么过的？怎么就越过越穷呢？"陈伯看着有些心疼，说道。

"陈伯，我也是没办法，我除了教书，其他什么都不会，星台年纪又小。"陈宝卿无奈地说。

"你们还是要想法找条赚钱的门路才行。"陈伯说。

"唉！哪有什么门路找哦。"陈宝卿叹了一口气道。

"我倒是想到个法子，不知道行不行。"陈伯想了一下说。

"什么法子呢？"陈宝卿来了兴趣。

"你们家不是经常有很多人围着星台听故事，你能不能让星台做点小生意补贴补贴家用？"陈伯说。

"做生意？星台能做什么生意啊！他还是个小孩子，况且，我们是读书人，做生意好像不大适合。"陈宝卿摇摇头说。

"还读书人呢，星台裤子都快露腚了，还在搬你的老古套。"陈伯看陈宝卿还是这么食古不化，有些恼怒。

看陈伯动怒了，陈宝卿知道陈伯是误解了自己的意思，忙解释说："陈伯，我不是您想的那意思，我是说我就是个死读书的，不是做生意的料。"

"你不是做生意的料，怎么知道你儿子不是呢？我看星台这孩子聪明伶俐，肯定会做生意。"陈伯用赞许的眼光看了显宿一眼说。

"那您说做什么生意好呢？我现在可是家徒四壁，什么本钱都没有。"

陈宝卿只好说。

"可以卖些小糖果、小玩具或针头、线脑、洋火、洋皂等日用品，这个要不了多少本钱的。你想啊，这些都是平常要用的东西，去哪里都是买，如果听故事的时候顺便买了，不是还方便些吗？况且星台经常讲故事给别人听，别人帮他做点生意也是心甘情愿的。"陈伯说。

听陈伯这么一分析，陈宝卿觉得这主意不错："对呀！我可以叫星台试试。"

"嗯，树挪死，人挪活，凡事得多想想法子，不然路只会越走越窄，日子只会越过越穷。"陈伯捻着自己的山羊胡子说，显然他为自己的这个主意有些自得。

"陈伯说得对，陈宝卿就是人生得太死板，才把日子过到了这种地步。"陈宝卿说。

陈宝卿虽然接受意见了，只是这事情来得这么突然，还得跟显宿商量一下，不能说做就做。

"星台，陈伯刚才的话你也听见了，不知你愿不愿意做点小生意？"陈宝卿跟显宿商量说。

显宿一直在听着陈伯和爹说话，陈伯的意思也大概听明白了，现在爹这么直接地问自己，还是愣了一下说："爹想让星台做什么生意呢？"

"就像刚才陈伯说的，卖些糖果、洋火、洋皂什么的。"陈宝卿说。

"爹，这个怎么卖呀？我家又没开铺子。"显宿问。

"你娘以前不是提篮卖过鸡蛋吗？你也可以提篮卖小百货。"陈宝卿说，这点他已经考虑过了。

"这样啊？好吧！我试试。"显宿心中一点底都没有，但既然爹已经说了，那就只能试试了。

陈宝卿真的就进了些日用品、糖果啥的要显宿用篮子提着去卖。

第一次提篮做生意的显宿还是有些不好意思，在篮子上蒙了块旧布，还一路遮遮掩掩的。

"星台，你提着什么东西呀？还用布罩着，像个回娘家的小媳妇似的。"亮毛见显宿提着个篮子，篮子上面还罩着布，很是奇怪。

"我爹让我卖一些东西。"显宿说着把篮子上的布掀开，让亮毛看看。

"嘻！嘻！星台做生意了。"听故事的小伙伴们见显宿提着个篮子做生意很好笑。

显宿有些害羞，但还是强装不在乎："做生意怎么啦？我不偷不抢的，正大光明，公平买卖。"

"星台不错，知道赚钱了。"听故事的大人们却是这样说，为了照顾显宿的生意，有人当场就掏钱给显宿买了一盒洋火，做成了第一笔生意。

"各位伯伯、伯母、叔叔、叔娘，哥哥、姐姐，大家好！大家都知道，我娘没在了，家里生活有点困难，爹要我做点小生意。我想啊，这针头、线脑、洋火、糖果都是大家平时要用、要买的，我现在就开始卖这些小东西，如果大家有需要的，就可以到我这里买，我保证，公平买卖，不多卖一厘钱。"讲完故事，没想显宿竟然来了这么一段话。一时间，大家有需要的，都掏出钱来买。没想生意竟然也不算太差，几天下来，显宿篮子里的那些货全卖掉了，算算真的赚了一点钱。尝到甜头的显宿越来越有劲，每天几乎是篮不离手。虽然有时因为讲故事或看书的时候太认真，被顽皮的孩子偷去了一些糖果，但算下来还是能赚一点。就这样，提篮做小生意成了显宿放牛外的第二职业，把显宿忙得不亦乐乎。

第七章 初入学堂

一晃几年过去，显宿的读书天赋也越发显露出来，有时候出口成章，把很多正式上过私塾的孩子都比下去了。

"陈先生，星台是个好苗子，你这样让他不上学在外面做这些小生意虽然能赚点小钱，但会耽误他的前程的。"陈宝卿放学回家的时候，刚好碰到族长云帆公去祠堂，被云帆公拦住说了一大通。

"族长，我也知道这个理，但自星台他娘去世后，家里日子是一天不如一天，我哪还有钱送星台上学？幸亏星台这段时间做点小生意，家里日子才宽裕一点。"陈宝卿道。

"你们家的情况我也是知道的，但我真的不忍看见这么一个读书的好苗子给耽搁了。这样吧，以后星台就去塾馆念书，吃、住和学费由我负担，他课余时间给我放放牛就行，你赚的那点钱养活你自己和你的大儿子好了。"云帆公很果断地说。

"真的？那太谢谢族长了！如果星台将来能有点出息，我一定让他报答族长的恩德。"陈宝卿听了很是激动。

"先不要说这谢不谢，只要他肯努力读书就行，以后他出息了，也是我们陈家祖上有德，是为陈氏家族光宗耀祖。"云帆公说。

"对！对！星台有出息也是陈氏家族的荣耀。星台努力读书是没问题的，他从小就喜欢读书，现在族长又给了他这么大的恩德，他不读好书就对不起族长、对不起族人。"陈宝卿连忙点头说。

"嗯！那就这么定了，从明天开始，星台就搬来我家里住，后天去塾馆报到。"云帆公说。

这真是天上掉下来的好事，陈宝卿也知道，显宿如果没有进私塾进行系统的学习，刚是读几本书以后是难以考取入上一级的学堂的，特别是现在提倡新学，刚只是能识字作文还远远不够。

"星台，告诉你一个好消息，你可以去塾馆念书了。"陈宝卿回到家，迫不及待把这个好消息告诉了显宿。

"爹，是真的吗？我能够去塾馆念书吗？我家哪来的钱交学费呢？"显宿听了简直有点不敢相信爹的话，虽然自己读的书也不算少了，但还是很羡慕那些坐在塾馆里，不管外面刮风下雨，都能安心念书的人。

"是真的，学费的问题你不用想，族长云帆公包你的吃、住和学费。"陈宝卿说。

"那云帆公家的牛怎么办？"显宿问。

"云帆公说你放学后，空闲的时间给他放一下牛就行。"陈宝卿说。

"爹，云帆公真是太好了，我以后要怎样才能报答他？"显宿说。

"你要感谢云帆公就得好好念书，等你以后出息了才有能力感谢他啊！"陈宝卿说。

"那是肯定的，爹，我好不容易才有这读书的机会，一定会好好努力的。"显宿说。

"可是，我去塾馆念书了我的生意怎么办？"显宿又有些为难了。

"读书要紧，生意暂时不做了，以后你在云帆公家吃住，家里也没这么多用钱的地方的。"陈宝卿说。

"好！这下好了，什么问题都解决了。"显宿兴奋地说。

看显宿这么兴奋，陈宝卿心里却很难受，如果不是家里穷，显宿早就应该坐在塾馆念书了。

塾馆分蒙学馆和高等学馆，下乐村的蒙学馆就是陈宝卿在那里授课的学馆，一般是教初级的蒙童，高等学馆教的是在蒙学馆学完了的学生。

知方团只有一个高等学馆，招收的是知方团范围内的学生。学馆坐落在交通便利的离鹊桥不远的一个高坡上，独门独院，里面绿树成荫，鸟语花香。因为是学生们学习的地方，平日里少有不相干的人去打扰，所以，除了学生们上课时的琅琅读书声，其他时间都显得很清幽。

这地方显宿也向往过，但蒙学馆都没钱上，更不敢奢望自己能来这里念书，没想现在就要实现自己的梦想了。

按照云帆公的建议，显宿跳过蒙学馆直接进高等学馆。高等学馆的先生是知方团的有钱人家凑钱刚从县上请来的，对这里的情况不甚了解，听说显宿没有上过蒙学馆就直接进高等学馆，还听说显宿是远近闻名的"牛背上的神童"，有心要考考他。

"陈星台，听人说你是神童，你以前学过些什么东西？读过些什么书？"先生问。

第一次见到这位众人口中的县城里请来的饱读诗书的先生，显宿也是眼前一亮：先生身高大约五尺；面容清瘦、洁净；头发、胡须、眉毛都是银白色的，银白色的长辫子一丝不乱垂在脑后；一袭灰色的长衫穿在身上，看上去干净利落；鼻梁上还架着一副乡下人罕见的金丝眼镜，更显得气度非凡，一股文人气质扑面而来。这形象与整天穿着一件打补丁的破长衫，泛白的黑色布鞋，鞋头差点要露出脚指头，一脸菜色，胡须、眉毛、头发都是黑白相间，有时还有些杂乱的，同样也是先生的父亲相比，简直是一个天上一个地下。自娘过世后，父亲就再没有穿过新衣，有时衣服破了就自己拿根针缝上几针，那补丁哪像是补丁，简直就是趴了一条蜈蚣在衣服上。看到这，显宿有些羞于说自己的父亲是先生。

"我读过《三字经》《百家姓》《幼学琼林》《千字文》《千家诗》《山海经》《水浒传》《三国演义》《左传》《国语》《资治通鉴》……"显宿如数家珍般，把自己读过的书念了一遍。

老先生有些愣住了，这些书里，有的是蒙学馆的教材，有的是高等学馆的教材，有的要到县城的书院才学习的，更有的是民间流传的白话小说，看来，这个陈显宿的阅读量已经远远超过了他的同龄人。

"这些书是谁教你读的？"

"我爹教我读了前面的那几本书，我把字认全后，后面的都是我自己读的。"显宿说。

先生又是一愣："你爹叫什么名字？他是干什么的？"

"我爹叫陈宝卿，他是村里教蒙童的。"显宿只能如实回答。

先生这才微微颔首道："陈宝卿的名字我听说过，有名的讼师，只是听说他写状纸不收钱的。"

"陈星台，你读过《左传》，请背诵一下《秦晋殽之战》的开头。"先生有心要考考他。

"好！"显宿信心满满地答道。

"冬，晋文公卒。庚辰，将殡于曲沃；出绛，柩有声如牛。卜偃使大夫拜，曰：'君命大事——将有西师过轶我；击之，必大捷焉。'"

"又能否背诵《吴许越成》中'越十年生聚，而十年教训'的那一段？"

先生又出题。

"好！"显宿轻松答应，毫无惧色。

"吴王夫差败越于夫椒，报槜李也。遂入越。越子以甲楯五千保于会稽，使大夫种因吴太宰嚭以行成。

吴子将许之。伍员曰：'不可'。臣闻之：'树德莫如滋，去疾莫如尽。昔有过浇杀斟灌以伐斟鄩，灭夏后相。后缗方娠，逃出自窦，归于有仍，生少康焉，为仍牧正。惎浇能戒之。浇使椒求之，逃奔有虞，为之庖正，以除其害。虞思于是妻之以二姚，而邑诸纶，有田一成，有众一旅。能布其德，而兆其谋，以收夏众，抚其官职；使女艾谍浇，使季杼诱殪，遂灭过、戈，复禹之绩。祀夏配天，不失旧物。今吴不如过，而越大于少康，或将丰之，不亦难乎？勾践能亲而务施，施不失人，亲不弃劳，与我同壤而世为仇雠。于是乎克而弗取，将又存之，违天而长寇雠，后虽悔之，不可食已。姬之衰也，日可俟也。介在蛮夷，而长寇雠，以是求伯，必不行矣。'

弗听。退而告人曰：'越十年生聚，而十年教训，二十年之外，吴其为沼乎！'"

显宿几乎一口气背了下来。

"不错！书背得不错，看来你念书是下了功夫的，下面我再试一题，对对联，我出上联，你必须一盏茶工夫对出下联。"

"好的！先生。"显宿依然是不急不缓，镇静自若。

"贵处，山好水好风光好，实乃古今胜地。"先生出上联。

显宿沉吟了一下说道："敝团，天和地和人情和，确属晨夕芳邦。"

"妙哉！妙哉！对仗非常工整，不愧为'牛背上的神童'。"老先生不禁拊手叫好，然后说："陈星台，你这个门生我是正式收下了。"

显宿赶紧跪下谢了师恩。

初入高等学馆的学生，一般年龄在十一岁左右，已经年过十五的显宿年龄比同学大，个头比同学高，学问也比同学好，但穿着却比同学差了很多。

能进入高等学馆读书的学生家境一般都比较殷实，穿得破破烂烂的显宿与他们在一起是鸭入了鹅群，格外的扎眼，但显宿身上一种天生的桀骜不驯和与众不同，又让他有一种鹤立鸡群的气质。

转眼间，冬天到了。因为塾馆坐落在小山岗上，又是独立的门庭，周边没有什么阻挡寒风的东西，所以，显得格外冷。有钱的同学早已穿上了皮袍、皮裤、棉袄、棉鞋，提上了火笼。显宿身上穿的还是娘未过世的时候给他做的那件棉衣，棉衣短得只能遮住肚脐眼。娘做的那条棉裤早不能穿了，现在穿的裤子是父亲穿过的一条薄夹裤，因为裤头有点大，只能用一根麻绳拴住。脚上穿的也是娘做的那双布鞋，脚一截在鞋里一截在外面，走起路来拖拖拉拉的，发出"啪！啪！啪！"的声音。下雪的时候，实在冷了，又在外面套了双草鞋，但还是无法抵御刺骨的寒风。坐在教室里长时间不能运动，脚上长满了冻疮和皲裂，稍微一用力，皲裂就会爆开，流出血来。有同学讥笑显宿的穷酸："陈星台，你看你，衣服穿得肚子都露在外面了。鞋子也是，这还叫鞋吗？顶多能算一双拖板。"但他丝毫不在意，还解释说："这是我娘去世前留下来的，要省着穿。"喜爱他的老先生见状，看不过眼了，要给他一个火笼，显宿婉言谢绝说："先生，我自己有火笼的，明天就带来。"同学们听了哄堂大笑，心想，你这样的穷酸样还有火笼？如果有火笼你早就带来了，你这牛吹的，怕是要吹破天了，到时看你怎么圆谎。

没想第二天早上，显宿果然提了一个竹编的火笼样的东西来。那东西四周用布蒙着，也看不见里面有什么。上课的时候，显宿把鞋脱了，把双脚放了进去。有同学以为他在装面子骗人，等到下课显宿上茅房的时候揭开那布一看，里面塞满了鸡、鸭、鹅毛，手探进去确实温暖无比，同学们不得不佩服显宿的聪明。

族长云帆公知道显宿没衣服穿被同学讥笑的事后，发动族人给他缝制了一套衣服，做了一双鞋。抱着娘死后的第一套新衣服，显宿那自从娘死后从没流过眼泪的眼里一下盈满了泪水。

显宿进了私塾后，功课总是名列前茅，但也是一个问题最多的学生。以前在家里读的书多，且阅读面相当广，他的想法总是与众不同，有时问的问题连老先生都无法回答。特别遇到老先生讲胡林翼、曾国藩、左宗棠、彭玉麟这些人怎样忠于朝廷的时候，他往往显出一种鄙弃不顾的神态："哼！这些忠于清朝政府的汉人都是愚忠，一群数典忘祖的人。"

老先生很是诧异道："陈星台，这都是晚清中兴四大名臣呀！你怎么能持这种态度呢？以后你如果考取了功名，都要向他们学习，怎样为朝廷效力，做一个忠臣。"

"我才不会呢。"显宿用力地摇了摇头。

"为什么？你读书是为什么？难道不是为了考取功名后谋个官职为朝廷尽力，光宗耀祖吗？"老先生大惑不解地晃了晃梳着长长辫子的银白色的头。

显宿无法回答先生的问题。他打心里痛恨腐败的清政府，厌恶为清政府效力的汉人官僚，同情遭到清朝政府镇压的太平军。但这些反朝廷的想法只能在心里，说出来可是要杀头的。因为在老先生面前无法把自己的真实想法吐露出来，显宿只能保持沉默。老先生见他不回答，以为他被自己说服了，也不再追问。

私塾里没待多久，显宿又不安分了。私塾里学的这些传统的封建文化远远满足不了他的求知欲，他到处找书看，什么类型的书都看。相对于私塾里中规中矩的八股文而言，他更喜欢民间流传的通俗易懂的文艺作品，像《红楼梦》《三国演义》《水浒传》《山海经》《杨家将全传》之类的民间小说。

显宿最喜欢去的地方是鹊桥，鹊桥上有一个小鹿亭，小鹿亭既是过路行人饮茶歇息之所，又是民间艺人说演弹唱之地。显宿很喜欢民间艺人的那些通俗唱本，如弹词艺人说的《陶澍私访南京》《粉妆楼》，木偶戏剧团演的《双灵牌》《鹊桥相会》《杨家将》《薛家将》等，那些词他背得滚瓜烂熟。每当艺人来到茶亭，他首先悉心倾听，然后跟着唱。他最喜欢的木偶戏是《杨家将》，每一个剧目都能从头唱到尾，特别是唱到杨家满门忠烈的时候，心里不由得升腾一种民族情怀，以后做人就要像杨家将，精忠报国。

离鹊桥三十多里处有座古木参天、风景秀美的西云山，山上有个兴国庵，取"兴盛强国"之义命名。庵始建于宋代，重修于清代乾隆年间。木架构，占地面积3300平方米，建筑面积800平方米，拾级而上，为二进一重堂。主殿呈凹字形，右为藏经书阁楼，左为厢房，阁楼呈重檐翘角。院的外围为封火山墙。传说十三岁的放牛娃即佰依佛祖在此得道成仙，肉身成佛。由于其肉身几百年不腐而充满神奇，故民间又称兴国庵为佰依佛寺。佰依佛寺虽不大，却是远近闻名，香火旺盛。据说是寺里供奉的佰依佛祖颇有神威。

显宿与寺里的老和尚关系很好。老和尚很有学识，据说曾经中过举人，做过官，后来看不惯官场的腐败才出家为僧的。显宿没事的时候就跑来寺里找老和尚聊天，找不到新书看的时候，就跑那藏经阁里看经书，寺里的藏经阁也是老和尚一手建起来的。

显宿从小胆大，听闻佃依佛祖的肉身不腐，便偷偷跑去那尊称为佃依佛祖的肉身的佛像前仔细观察，可看到的并不是什么肉身，而是一具外面涂了金粉的泥塑，这具泥塑与众不同的是，其他佛像都是肥头大耳，这具佛像却是干枯的，比别的泥塑更具人形。便跑去质问老和尚为什么编故事骗人。老和尚莫名其妙，问自己什么时候骗了人，显宿便说佃依佛祖的肉身是假的，自己仔细看过，佛像根本就没有肉。这一说，把平时不苟言笑的老和尚都逗乐了。老和尚告诉他，肉身就是干燥过的尸身外面涂上一层金粉，涂上金粉也是为保全干尸不再腐化。显宿这才弄明白，不过也是不敢再轻易靠近肉身佛像了。

有次，跟老和尚聊天，聊到闯王李自成，聊到他领导的大顺军的纪律严明，他提出的"贵贱均田"之制又很得人心，为什么最后还是兵败，逃跑途中在湖北通山县九宫山元帝庙遭村民误杀。老和尚却告诉他，李自成并没有死于湖北通山县九宫山，那是误传。

他说："你想啊！李自成是起义军领袖，虽然那时候是处于败势，但也没到那种山穷水尽的地步，他的军队还在各处作战。他作为一个领袖，难道不随身带着几十亲兵？难道他身边的亲兵都是平庸之辈，能随随便便让自己的主子遭人误杀？那简直是不可能的事情，这是李自成的金蝉脱壳之计，他要让外界认为他被杀了，他才能安安静静歇息下来。我们背靠的属雪峰山脉的大熊山的腹地，才是闯王李自成最后隐居的地方。"

"什么？不可能啊！我看书上明明写的是李自成最后死在湖北咸宁通山县九宫山，怎么又到了大熊山？"显宿疑惑道。

老和尚说："出家人不打诳语。在大熊山的茶马古道的延伸路段，一个叫挂榜山的山谷里，有一座洪范寺，老衲曾经在那里待过一段时间，只是因为那地方太偏僻，根本无外人进入，老衲的本意是弘扬佛法，所以才到这里来的。

洪范寺建于明代中期，明末时荒废。洪范寺虽处群山环抱中，外人极难进入，却有数条隐秘茶马古道与外界相连，除马帮外，外人极少知道。当地人说，明末清初时一个叫隐山的和尚来到这里，与龙化为一身，或常与一条隐龙在寺内下棋。传说隐讳暗示这个和尚非一般常人。"

"怎么就说那隐山和尚是李自成了呢？"显宿还是没弄懂。

"洪范寺前有两块石碑透露了这位隐山大师的来历，石碑为康熙三十九年所立，散落荒草中已久，字迹有些不清楚，然而可以依稀辨认出隐山大师'孤雁离群，冥鸿绝慕⋯⋯自荆南遍游云水'，言其离开群体独自来此，如幽冥中一只孤鸿断绝了别人所羡慕的一切，从湖北南部来到此处。

"九宫山就在湖北南部，是李自成最后失踪的地方。尤其让人惊讶的是碑文中有一奇特'龙'字，左偏旁为帝字，是在暗示此龙为帝，而且碑文说明隐山大师正是避兵祸于此。其中一句最让人寻思，说隐山大师'暮志存而力不及，可奈何？'

立碑前后几年已是康熙中期，不但李自成余部早已在云南、四川被灭，连吴三桂为首的三藩之乱也被平定，天下太平久矣，李自成再想造反已失去天时地利人和。此暮年之叹与李自成晚年心境何其吻合，否则一个荒山修行野僧何来暮年壮志？碑侧刻对联一副：大开法界千古眼，××浮提万户门。这遗落的两字极有可能是'顺合'，藏头二字合起来便是大顺，正是李自成称帝的年号。"

显宿听得很入神，他越来越觉得老和尚说的好像就是真实情况。

"还有，洪范寺的地理位置也像是经过精心选择的，既隐蔽又有茶马古道与外界相连，大熊山分属新化、安化两县，两县边民常为土地争斗，不相往来，这些都为李自成的归隐创造了最好的条件。当地人说，隐山和尚死后还有许多人来此挂青，挂的都是上等丝绸。如果是一个荒山古寺的野和尚哪来如此奢华？

离洪范寺十余里山中有个百人寨，寨外有大坑，坑内有大量人马尸骨和刀剑等短兵器，当地人称烂人坑，百人寨不甚高，却视界极阔。据当地村民说，当年李自成残部逃亡至此，躲在山沟的人悉被发现杀害，而躲在百人寨的一百余人则未被发现而幸存。那些被发现的大顺军战士与清军血战后全部战死被埋入烂人坑，只有躲在百人寨的那些士兵幸存下来，伴随李自成度过余生。

从烂人坑发现的短兵器来看，这些人当为保卫李自成的亲兵，一般作战的士兵多为长兵器。这些亲兵一直守护到康熙末年，社会安定了，他们也老了，无力再回到自己的家乡，最后老死异乡的荒野。隐山和尚绝非一般出家人，也不可能是李自成手下将军一类人物，因为当时的几位重要将领都在溆浦、安化、新化一带领兵作战，他的侄儿李过则带兵活跃在湖北荆州一带，隐山和尚极大可能就是李自成本人。所以，洪范寺应该是李自成最后隐居的地方。"

听了老和尚的话，显宿沉思了良久，李自成是显宿最敬佩的人之一，尤其是他提出的"贵贱均田"，让显宿很有感触，如果他能完成他的大业，那中国还会被清朝统治者统治这么多年吗？中国还会像现在这么破败不堪吗？想着，百闻不如一见，这个洪范寺既然就在大熊山腹地，茶马古道旁边，我可以去实地看看，如果那里真的是李自成最后的归隐之地，自己也要去好好膜拜一番。于是，他约了亮毛和志诚沿着茶马古道去找洪范寺，因为不熟悉路况，大熊山这么大，洪范寺又非常隐蔽，终究还是没能找到。

去佰依佛寺的香客都要经过小鹿亭，每年秋收后，络绎不绝的香客从四面八方涌向这里，一般都是选择在小鹿亭落脚。香客一路都要唱拜香歌，因香客来自不同的地方，拜香歌也是南腔北调，各有韵味。这段时间，陈显宿一有空就跑到小鹿亭去，对各种拜香歌都要细细琢磨一番，跟着香客们哼唱几句，然后把各地的歌词编成小集子，送给佰依佛寺的老和尚。

新化地处梅山中部，是梅山文化的发源地。梅山文化是一种古老的文化形态，似巫似道，又唱又跳，有武有文，有悲有喜。梅山山歌是梅山文化的表现形式之一，在梅山地区这块古老神奇土地上，梅山先民勤劳耕作，在劳动之余、喜庆节日、婚娶祭丧之时，常以山歌抒发感情，逐渐形成了独具特色的梅山山歌。梅山山歌曲调基本上是简单、固定的，变化的是歌词。歌词有传统的和即兴的临场发挥，当时很受追捧的是那些改写后朗朗上口又能切合实际，符合当地人口味的歌词。

山歌很多传统曲目是根据民间小说改编的，显宿也很喜欢梅山地区流行的这些山歌，附近哪家婚娶、祭丧或节日喜庆，有唱山歌的节目，他不顾路途远近都会去听去看，心底里常常惊叹于梅山文化的博大精深，但又能深入浅出用口语、用山歌的形式表现出来，使每一个人都能懂得其中的味道。

显宿最喜欢听的要数鹊桥街上苏三仙唱的山歌。苏三仙天生的一把好嗓子，父亲苏鹏举是个半瞎子，一只眼睛全瞎，另一只眼睛也不是很好使，却拉得一手好二胡。苏三仙唱山歌不是茶园子里、山野里那种随手拈来的对歌。苏三仙唱的歌都是从山歌中提炼出来的，她能把简单、固定的曲调唱得或婉转悠扬，或如泣如诉，或荡气回肠。苏三仙唱歌时有父亲的二胡伴奏，两者相得益彰。鹊桥街上的人都说，苏鹏举拉的二胡曲能把路上的行人听哭，苏三仙的嗓子能把树上的画眉鸟气死。

长年生活在资江边的苏鹏举虽然眼睛看不清，但心里灵性得很，平日里资江河来来往往的船上船工们唱的村言野语的船歌；纤夫们背纤时喊的那粗犷嘹亮的号子；资江涨洪水时那万马奔腾的气势；放毛板船遇到危险时那惊天地、泣鬼神的场景，他都默默记在心里，经过日夜打磨，萃取其中的精华，编出了一首二胡曲《资水船歌》。《资水船歌》以船工号子为主旋律，用琴声拉出放毛板船遇到紧急情况时的情景，有急风、暴雨、险滩、恶浪、漩涡以及船工遇到险情时的喊叫声，有背纤、摇橹、划桨，甚至连纤绳勒得转绳的滚筒"嗟——呀"作响的声音都是惟妙惟肖。曲子一拉出来，听的人都瞪大了眼睛，有人说："苏瞎子，你这把胡琴莫非是仙物？怎么什么声音都能拉出来呢？"苏鹏举笑了笑，也不说话，只是手腕灵动，琴弓上下左右翻飞。瞬间，雀鸟的叫声、马蹄声、下雨声、打雷声，甚至早晨树林子苏醒，露珠子掉进水里"啪嗒！啪嗒！"的声音都从胡琴里流了出来。人们又一阵感叹：苏瞎子虽然眼瞎，但比我们这些眼不瞎的灵泛多了。

而苏三仙的歌呢？如小鸟鸣翠、如黄莺婉转、如珠落玉盘、如雏凤初鸣，有一种从土地里长出来的甜和脆。

所以，但凡知方团周边有人家办红白喜事要请人唱山歌的，苏家父女是首选。显宿因为常常去听山歌，跟苏家父女也混得很熟。

把握山歌的基本韵律后，显宿自己常常创作一些新的歌词，但又不知道歌词写出来效果怎么样，他便拿了歌词去找苏三仙试唱。苏三仙年纪比显宿小一岁，很是喜欢显宿写的山歌，每次显宿拿来歌词，她都是当即练唱，第二天如果有主家请唱歌，她就唱新歌，耳目一新的唱词常常让主家特别满意。

显宿去塾馆的路上要经过一座茶园。清明后，谷雨前，茶园子里是最热闹的，采茶姑娘们就像是一群百灵鸟，把茶园子整得叽叽喳喳直叫唤。

石榴花开叶青青，

花开还要叶遮阴，

遮荫还要花现身。

自从那次风雨过，

想花开花到如今，

开了却怕羞见人。

清晨，显宿去塾馆经过茶园的时候，听到茶园里飘来了一阵脆嫩的歌声。采茶是要赶早的，要趁茶叶上的露水还未滴下来的时候马上采回去，才能制出上好的清明谷雨茶，新化那出了名的"渠江薄片"就是清明谷雨时的茶叶制成的。

马上，旁边有人打趣："呦！呦！杏花姑娘莫是看上哪个后生家了，自己不敢说？要不要我们去说媒呀？"话音还没落，不知哪里就飘出了一个后生家粗犷的歌声。

堂屋打伞两重天，

墙上跑马难上天，

哥哥文章烛下做，

妹妹花鞋月下连。

不知船来靠河岸，

还是河岸来靠船。

这下园子里热闹了，哄闹声一片，有个稍微成熟点的声音笑着对道："只有船来靠河岸，哪有河岸来靠船？"

更有凑热闹的马上接唱道：

哥有心来妹有心，

哪怕山高水又深。

脚板踩出盘山路，

山歌当作摆渡人。

接着，又有声音唱：

要想采珠去下海，

要想呷蜜快养蜂。

要想穿绸把蚕喂，

要想引凤栽梧桐。

若想把那玫瑰采，

莫怕刺儿扎手心。

山歌在园子里飘来飘去，都不知道是谁唱的了。显宿听了，也是心里暗笑了一下，如果这几首歌给苏三仙和自己唱，那效果又怎么样呢？马上，他否定了自己的想法，如果自己写这样的歌给苏三仙唱，如果被人家误会了，那不羞死个人去？

农历腊月二十三过小年，也是梅山地区最重大的节日——社日，是农家祭灶祈年的日子。各家祠堂都要大摆春酒，祭灶神，送灶神，以祈求来年灶火旺盛。在这个日子，同一个姓氏的族里人，家家户户，男女老幼倾巢出动，去到自家的祠堂里，由祠堂出钱，杀猪宰羊，大摆筵席，从早晨一直吃到晚上，其间还有村里组织的各种节目表演，一般都有踩高跷、扭秧歌、唱傩戏、木偶戏等等。

陈氏家族虽然由江西迁来，但因为人丁兴旺，在下乐村也是旺族，特别是有一个陈氏子弟陈御臣在县城开了最大的一家印书局后，更是让陈姓人扬了眉、吐了气。

每年社日，陈御臣都要从县城带全家老小回下乐村，与族人同庆同乐，以示不忘乡亲、不忘故土。

显宿是神童，是陈氏家族的又一个新希望。特别是在进入高等学馆之后的突出表现，学馆先生的啧啧称赞，更加让陈姓人刮目相看。社日，是陈御臣要回乡的日子，是陈氏家族最重要的日子。这么重大的日子里，必须让显宿凸显出来，让陈御臣知道，下乐村又有一位有希望能光耀陈氏家族的陈姓子弟。

族长云帆公老早就吩咐显宿准备节目，显宿胸有成竹地说没问题。他找来了自己的童年玩伴亮毛、志诚商量，亮毛说最好能够把梅子也喊来。显宿想到以前自己跟梅子说过的，要教她唱木偶戏的，也赞成亮毛的想法，他连剧目都想好了，就唱那出《七仙女与董永鹊桥相会》，虽然此鹊桥非八里之外的那座鹊桥。

梅子自从裹脚后就很少出门，因为不能走路，出门也是坐轿子，显宿他们根本就没机会见她了，不知道她娘同不同意她出来演戏呢？

不过显宿他们还是决定尝试一下。

走到梅子家门口，显宿心里有些忐忑，梅子娘会同意吗？这么多年没见了，梅子有没有变化？她会见这些童年伙伴吗？她还想不想唱木偶戏呢？

"姨娘，我们想见见梅子，让她在社日的时候跟我们演一出木偶戏行吗？"显宿终于鼓足勇气跟梅子娘说了。

望着眼前已长得高高大大的被乡邻们称为神童的陈显宿，梅子娘心里有了一丝悔意，如果当初自己不嫌贫爱富，早早把梅子许配给了鹊桥街上杂货铺老板的儿子，女儿现在还是自由身的话，也许和陈显宿真是一对青梅竹马，有情有义的小鸳鸯。陈显宿这小子现在虽然家贫如洗，但听乡邻们说他将来是一定有大出息的，出息大了，那岂止是一个小小的杂货铺老板能比的？但"忠臣不事二主，好女不嫁二夫"，女儿既然已经许配出去了，得从一而终才行，岂能出尔反尔呢？再怎么说自己家和亲家也是下乐村和鹊桥街上有头有脸的人物。

想到这，梅子娘拒绝道："星台，梅子现在不是四五岁，而是十四五岁了，并且还许配了人家，怎么还能抛头露面去唱戏呢？你们另外找人唱吧。"

"很久都没见梅子了，能见见她吗？我们可是小时候的玩伴呢。"显宿求道。

"星台，不是姨娘不通人情，梅子现在已经是有婆家的了，让她出来跟你们这些后生仔见面，说出去恐怕影响梅子的名声，反正这么多年都没见面了，还是不见了吧。"梅子娘仍然拒绝道。

无奈，显宿他们只能悻悻离去。

缺少了女主，《董永和七仙女鹊桥相会》显然是演不成了，显宿他们只好另外选择表演踩高跷。踩高跷人少了不热闹，显宿就组织了所有以前在一起放牛的放牛娃。只是踩高跷还是有点太简单，不能出彩，能不能把踩高跷和梅山傩戏结合在一起呢？显宿想。于是他编排了一出踩着高跷演出的梅山傩戏《和梅山》（梅山傩戏是大梅山地区传统民间举行祈福、求子、驱邪等傩事活动时演的娱神和自娱戏剧。在梅山地区已流传数千年，主要由本土土著巫傩师以家传和师传两系传承至今。是记录千百年来湘中历史、文化、艺术、宗教演化过程的活性载体；是民族学、社会学、民俗学、戏剧发生学、戏剧形态学和湖湘文化研究等诸多学科宝贵的信息源。

傩戏《和梅山》中，梅山是地方神的代表，泛指三种类型的地方神祇：

一、泛指梅山地方神，包括梅山诸神，孟公、土地、地主、娘娘、阴师、寨长等等；

二、专指梅山三峒主神，即上峒梅山扶大王扶可真，中峒梅山李大王李可德，下峒梅山赵大王赵可礼；

三、有些宗族把族内有名望的打猎英雄也称之为梅山神，如槎溪镇石门村罗姓村民就称其族祖罗公尚谥号为梅山公公。

"和"，在《和梅山》中有三种含义：一是聚合神灵，把各路神灵请到坛场来；二是表演，运用各种表演手段以实现信人的意旨并达到娱神娱人的目的；三是师公当和事佬，在人与神之间调和劝解，如某人冲撞了梅山神害了病，请师公《和梅山》。）

显宿从小听娘说过，梅山公公罗公尚是罗家的先祖，也就是娘的先祖，所以，很喜欢《和梅山》这场傩戏，看了几次《和梅山》之后，早已把剧中各种角色记在了心中，指导放牛娃们演出各种角色也是游刃有余。大大小小的放牛娃们戴上面具，踩着高跷饰演各路神仙，虽然免不了打打闹闹，但也演得像模像样的。坐在台下的陈御臣不敢相信这么复杂的一场傩戏竟是村里的放牛娃演的，而且是踩着高跷演，导演是被村人称为"神童"的，年纪才十五六岁的陈显宿，不禁对这个陈氏子弟刮目相看起来。坐席的时候，陈御臣坐的是上席，显宿是个孩子，应该是坐在边边角角才是，陈御臣却亲自把显宿拉到身边坐下，并询问了一些学问上的问题，显宿都是对答如流，陈御臣从心里喜欢上了这个陈氏子弟，并建议陈宝卿有机会带显宿去县城长长见识，不要被一个小小的下乐村给困住了。

知方团的高等塾馆也只读三年，三年以后要去县城的学堂才能继续读了。读完私塾的显宿成绩很优异，考入了县城的资江书院，陈宝卿很想送显宿去县城的学堂，可又让学费犯了难，自己一个穷塾师，三餐温饱都不保，显宿在团里私塾读书都靠族长接济，哪来的钱送他去县城读书？

"陈先生，星台的书是要继续读下去的，我们陈氏家族好不容易出了一个可造之才，可不能因为没钱读书就给毁了，那我们以后如何去见陈家的列祖列宗？"听说显宿考入了县城的资江书院，读书的费用遇到了困难，在县城居住的陈御臣居然回村找上了门来。自从上回"社日"见过显宿之后，陈御臣确定他是一个难得的人才，作为族人，理应帮一把才是，所以，自己亲自上门劝说。

"去县城读书，学费要钱，食宿要钱，可我实在是拿不出这些钱。"陈宝卿苦着脸说。

"我这次回来就是专为这件事，我看这样好了，你们父子跟星台一起去县城，看在县城能不能找份事做维持你们的基本生活费，星台的费用问题由我带领乡亲们来资助。"陈御臣说。

"那敢情好了，只是星台欠乡亲们的太多，不知道以后怎样才能偿还。"陈宝卿感激说。

"只要星台发狠读书，以后考取功名做官了，能够为陈氏家族光宗耀祖，不要忘记乡亲们的帮助，以后有机会造福桑梓就好。"陈御臣说。

"那是应当的，乡亲们的恩情，陈宝卿和陈星台没齿难忘。"陈宝卿说。

"书院很快就要开讲了，你们赶紧收拾一下就去县城，到县城后，去'三味堂书局'找我便是，余下的一切我来安排。"陈御臣说。

没想到显宿又遇到了贵人，陈宝卿心中的感激之情不知如何表达才好，唯求显宿能够好好念书，考取一个好的功名，到时才有能力来报答乡亲。

"星台啊！乡亲们对我们家的恩情你也看到了，爹这辈子是没有这能力报答的，以后该如何偿还要靠你自己了。"陈宝卿一再嘱咐。

"爹，我知道，如果我以后有所作为，首先就应该造福桑梓，为乡亲谋福祉。"显宿说。

陈宝卿微笑着点了点头，显宿已经长大了，再不是那个问"当官又是做什么"的小屁孩了。

第八章 凌云之志

清光绪二十一年（1895 年），显宿一家人移居新化县城。

从下乐村到县城，可走水路也可走旱路，水路是资江河，旱路则是资江河沿岸居住的人们从资江岸边踩出来的一条路。这条路随着山势走，一忽高一忽低的，把距离拉长了很多倍。

资江，长江支流，又称资水。左源赧水发源于城步县北青山，右源夫夷水发源于广西越城岭，两水于宝庆府双江口相汇合称资江，流经宝庆、新化、安化、桃江、益阳等府县，于益阳甘溪港注入洞庭湖，全长 653 公里，流域面积 28142 平方公里。干流西侧山脉迫近，流域成狭带状；上中游河道弯曲多险滩，穿越雪峰山一段，陡险异常，有"滩河""山河"之称，为湖南四水之一。

资江虽然险恶，却又异常繁忙，是资江流域沿途府、县通往外界的交通要道，资江沿岸的水陆码头都是繁华的小镇。资江河上渔船、货船、客船每天都往来如织，特别是夏天涨水的时候，放毛板船的场景蔚为壮观，一溜几条或十几条毛板船，多的时候首尾相连有几里路，随着资江河水，蜿蜒曲折往下游的益阳码头流去。可从小就住在资江边的显宿只在河滩上放牛的时候见过船没坐过船。没去县城前，显宿从未走出过知方团，不用坐船。现在要去县城了，因为出不起船钱，也只能走路，不能坐船。听父亲说山路大约有八十里地，得走一整天。

第一次走去县城的路，显宿一路上都觉得新奇，虽然担着行李，也是一路不停问父亲。陈宝卿年轻时每次去县城考试都走这条路，对这条路很熟，自然就成了解惑者。这条路虽说是山路，也是古代的官道，资江沿岸的水陆码头，除了资江水路，就只有这一条通途相连了。所以，沿途几乎都有人居住，很多地方铺上了石板，人烟少一点的地方还修了驿亭。走过资江边的繁华小镇白溪后，横在面前的是一座叫峨羊岭的高山，翻过峨羊岭，前面是一段地势比较低洼的很长的青石板路，路边却没有人烟。看到这情景显宿有些奇怪了，问道："爹，这叫什么地方？我们走过的官道几乎沿路都有人居住，为什么这么长一条青石板路路边却不见一户人家呢？"

"这地方叫'石板坑'，十里无人烟啊！"陈宝卿回答说。

"好奇怪的一个名字，明明是一条石板路，却叫'石板坑'，还十里无人烟，干吗起这么个名字？"显宿奇怪地问。

"这个说来话长，而且是一段带血的故事。"陈宝卿脸色有些黯然说。

"怎么回事？这地方又不是山高林密，既不可能有野兽出没，也藏不住土匪强盗，平平常常的一段石板路，竟还有带血的故事？"显宿很是疑惑。

"是的，这个地方以前沿路也是有人家的，但那时仅是一条田野间踩出来的小路。因为地势低，下雨天会积水，所以两边草木非常茂盛，积水的地方还形成了沼泽，非常难走。相传吴三桂投降清朝，引满人入关后，清政府念他投降有功，也封了他一个官职，派他镇守云南。可吴三桂不满足于一个云南王，他还想称帝，便在云南起事。清政府派兵前往镇压。因满洲人不识水性，全程只能走陆路。途经此地时，天降暴雨，道路泥泞难行，就拆了沿途百姓的石头房的石头铺路，百姓激烈反抗，被清兵悉数杀尽，从此，这地方石板路是铺成了，但绝了人烟。"

显宿听了这个故事，感觉肺都要气炸了，这该死的清政府怎么能这么残忍？这么罔顾汉人的性命？这完全是滥杀无辜啊！因此对清政府的仇恨更加深了一层，他紧咬着牙对父亲说："总有一天，要让这清政府血债血偿。"

"是的，清朝占了这中原后，为了威慑老百姓，巩固他们的统治，杀人无数，血债累累，是该有偿还的时候了。"陈宝卿说。

听完父亲的故事，显宿沉默了良久，再也没有开始时的活泼。路过一座驿亭时觉得有些累，坐下歇息。驿亭紧靠资江一段比较宽阔的水面，前面挤挤挨挨的水流到这里的时候突然舒展了一下身子，伸个懒腰，转瞬形成了一些大大小小的漩涡，很是壮观。望着浩浩荡荡往洞庭湖流去的资江水，显宿触景生情，一股豪气直冲云霄，便在墙上题了一首诗，其中两句是："莫谓草庐无俊杰，须知山泽起英雄。"用以抒发自己的雄心壮志。

陈宝卿看了，抚须点头道："星台，不错，这诗写得很有气势！"

"爹，如果有机会，星台一定会为推翻清政府努力的。"陈天华说。

听了显宿的话，陈宝卿是喜忧参半，喜的是显宿话语间显露出来的高远的志向，忧的是陈家就这么一个健康的儿子，而反抗朝廷随时会有被杀头的危险，他希望他一生平安，能为陈家传宗接代。

天色渐渐向晚，父子三人不禁加快了步伐。

傍晚的时候，远远看到了前面路边矗立的一座宝塔。

显宿问："爹，你看，前面有一座宝塔，这是到哪里了？"

陈宝卿兴奋地说："看到北塔了！看到北塔了！我们到新化县城了。"

"噢！这就是到县城了。"显宿不禁多看了暮霭中朦朦胧胧的北塔几眼。

"是的，这座北塔就是县城的标志。"

进城的时候，街上已经亮起了灯火。路不熟，街道两旁的灯光有点昏暗，显宿走得有些小心翼翼，生怕踩着水坑什么的。

陈宝卿说："星台，别怕！你只管放心大胆往前走，县城的街道不比乡下的田埂路，时不时有个田坝、水坑什么的，这里是清一色的青石板路，平坦得很。"

显宿这才放开脚步走了起来。果然，脚下平坦如村头的晒谷坪，只是路中间稍稍有点凹，父亲说那是车轮长年累月辗轧的痕迹，对于走路根本没碍，看来县城与乡下确实有些不同。

一路望去，沿街都是店铺，各家店铺门口都挂了一两盏气死风灯，上面有"和记米店""张记呷铺""汉口百货"之类的字样。走了很远，显宿父子才好不容易看到一家可以住宿的"陈记客栈"。五百年前是一家的"陈"姓，很亲切啊！俩人都没商量，就决定在这家客栈住下了。

客栈干干净净，被子也清清爽爽的，走了一天路的父亲和哥哥吃过干粮后早已进入梦乡，但显宿还是翻来覆去睡不着，从明天开始就要在这个陌生的地方求学、生活，不知道接下来的生活会发生怎样的变化，未知让显宿既紧张又期盼。

第二天，陈家父子就按照约定，去找县城里的"三味堂书局"。

按照陈御臣的描述和路人的指点，"三味堂书局"在县城北边的郊外，距离北塔不远。出了县城北门，沿一条光滑的鹅卵石铺就的小路，来到一处雕梁画栋、青砖黑瓦的徽派风格的建筑物前，可大门口匾额上颜体的四个大字写的是"西畲山馆"，并不是显宿他们要找的"三味堂书局"。

正准备走开，看见里面走出一个伙计模样的，显宿上前打听："请问兄台，'三味堂书局'怎么走？"

那伙计说:"就是这里啊!"

显宿满怀疑虑,再次抬头看看上头的匾额,又四周找了找,除了"西畲山馆"并没有别的字,反问道:"就是这里?怎么没看到牌匾?"

"这个我也不知,你们进去问一下便是。"伙计说。

原来"三味堂书局"的印刷厂就设在"西畲山馆"的一楼。这个"西畲山馆"是陈御臣的住所。呵!原来陈御臣就住在这里。现在再细细琢磨"西畲山馆"这四个字就有点味道了:陈御臣老家和陈宝卿老家一样是江西的,祖辈们都是烧畲耕种的山民,陈御臣是山里走出来的,这座建筑物的名字就是他的身份的象征。从这个名字也可以看出陈御臣的务实、不忘本。

"爹,陈老爷是个好人啦!"显宿小声对父亲说。

"本来就是好人啊!如果不是好人,人家怎么会答应供你念书?"陈宝卿说。

显宿知道父亲还没明白自己突然说这句话的来由,解释说:"我看'西畲山馆'这个名字好自谦的。"

"陈老爷也是文人雅士,以后你有出息了,就要像陈老爷一样做个不忘本的人。"陈宝卿说。

"星台谨记父亲教诲。"显宿回道。

陈御臣在二楼的会客室里接待了陈宝卿父子俩。陈御臣的会客室也是儒商的模样,客厅正前方一尊财神爷的木雕占了小半扇墙,木雕跟真人差不多大小,看上去有些年头了,应该是在哪座寺庙里请回来的。财神前面有香炉、蜡烛和供果,香炉里插着三炷长香,一股木质的檀香味在室内萦绕。客厅左右两边陈列着两排直到屋顶的木质书架,书架做得相当精致,那些书外表看上去不是什么经典名著,应该是印书局所印的书留存的样本,却也为客厅增加了不少儒雅之气。厅里陈设的太师椅和茶几都是红木的,给客厅又平添了富贵之气。陈御臣把显宿父子俩让在大厅右边的客位,并召下人端上茶水,自己便坐在了正前方的主位上。

"陈先生,书院的事情我已经安排妥当,星台只需前往就读便是。"陈御臣端起盖碗,用碗盖把茶叶拨开,轻啜了一口茶后,开门见山说。

"谢谢老爷!"显宿感激涕零,站起身来要跪地谢恩。

陈御臣赶紧抬手制止说:"星台,莫施此礼!男儿膝下有黄金,只能拜天拜地拜父母。我们都是陈姓族人,想咱陈氏祖先,从顶一金峰开始,源远流长至今，还未出过一个成绩显赫的人物，我希望你能好好念书，将来光宗耀祖。"

显宿只好深鞠一躬说："在下承蒙长辈厚爱，也承蒙族人的鼎力相助，才有今天学习的机会，星台定当拼尽全力念好书，不辜负族人的期望。"

"嗯，我相信你，如果学习上遇到什么困难，就来找我。"陈御臣说。

"谢谢老爷！"显宿再一次站起来鞠躬道。

临走前，陈御臣还给了陈宝卿两块银元作为安家费用。父子俩千恩万谢离开了"西畲山馆"。

来县城后，陈宝卿一时也没找到合适的事做，只能摆个小茶摊。但卖茶是一个本小利薄的生意，一家人才到县城要租房、要生活，这个小茶摊还维持不了，显宿只好又捡起了老行当，课余时间提篮做一点小生意。

第九章 志同道合

资江书院是当时县城最好的书院，也集中了新化县成绩最好的学生，一个从乡村私塾考入的学生想在书院凸显出来有一定的难度，显宿知道自己唯一的出路是把书念好，所以非常刻苦，平时除了做生意，其他的时间多埋在书堆里。显宿最喜欢去的地方是书院的藏书室，资江书院藏书室是新化县城藏书最多的地方。为了抓紧时间读书，显宿常常把饭都带进藏书室，边看边吃，一次吃糍粑，错把墨汁当成蜂蜜蘸了，吃得满嘴乌黑，被人当成了笑话，也成了资江书院学生认真读书的美谈。

在资江书院期间，显宿熟读了"二十四史"等古籍，每每读到窦建德、李吉甫、李泌、岳飞、戚继光、文天祥等爱国将领在关键时刻能运筹帷幄、力挽狂澜、克敌制胜时总是大加赞赏；当读到卢杞、李义府、蔡京、秦桧、严嵩、马士英等奸臣扰乱朝纲、营私舞弊、陷害忠良时总是痛心疾首；当读到外来入侵者为所欲为、横行霸道、残杀无辜时，常常掩卷长叹，忧国忧民的情绪油然而生。

从乡村到县城，显宿觉得自己的眼界开阔了不少，不仅读过了一些原来没读过的书，也见过了一些从未见过的事。最近县城闹得沸沸扬扬的事情就属邹代钧、艾敦甫、周辛铄、晏孝仁、彭延炽、邹代潘、邹代立、邹代过、曾庆湘、萧湘柱、伍炳荣、王哲夫等士绅创办的新化实学堂了。听说省城里最近在闹维新运动，新学就是为维新运动培养人才的。新化实学堂的适时创办与省城谭嗣同他们创办的长沙时务学堂枰鼓相应，也是第一家县城创办的新学，按照报纸上说的"实开湖南七十二州县新学之先声"。

邹代钧，字沅帆，又字甄伯，湖南新化人。邹代钧的祖父、父亲精研舆地学，并长期从事著述，邹代钧从小耳濡目染，也深深爱上了舆地学。为了继承和发扬这门学问，他背着祖父的遗稿，远赴甘肃求左宗棠校订，得到左宗棠的赏识，并留在了身边。后来随刘瑞芬出使英、俄两国。因为国力衰弱，在外邦受到歧视，让他感受到"弱国无外交"的耻辱，使他认识到"教育兴邦"的重要性，他决心兴办新学，吸取外夷的先进经验"以夷制夷"，于是回家乡新化带头创办了"新化实学堂"。

新化实学堂的老师都是些有新学思想的人，学校里到处涌动的是新思潮，是显宿盼望入读的学校。原以为读这种新学的学校都得去省城长沙，没想现在在县城就能上了，显宿听到这消息心里又高兴又焦虑，高兴的是如果能考入新化实学堂，自己能就近入学，可减轻乡亲们资助自己的负担。焦虑的是县城不比乡下，高手如云，新学堂只能招这么多人，如果考不上，那太对不起资助自己的乡亲，这种焦虑也促使他学习更加用功。

清光绪二十三年（1897 年），显宿以优异的成绩考入新化实学堂，成了新化实学堂第一批新生。进了新化实学堂，显宿是如鱼得水，这里的教习注重经世之学，喜谈顾炎武、黄宗羲、王夫之等先贤的学说，对于山川塞险、制度利弊及行军理财等，均"反复研讨，以求深至"。在这里不仅能读到提倡新学的各种书报，学习西方的自然科学，还能广泛涉及一些西方的社会、政治、经济书籍，这些书籍让一直埋头于封建文化的显宿眼界一下开阔。

罗仪陆，名永绍，号殿藩，新化县永靖团文田村人，清光绪十七年（1891 年）参与岁试，获第一名。督学使张某函送两湖书院肄业。光绪二十四年补廪生。因为罗仪陆显赫的成绩，时任新化实学堂监督的邹代钧亲自上门，请他来新化实学堂做经史教习。

见到这位比自己才年长六岁的教习，显宿有点突兀，在印象中，凡是在高等学校当教习的必是那种老学究模样的，言必"之乎者也"；或是一副金丝边的眼镜，一头花白头发，像知方团高等塾馆的老先生。可这位教习看上去是那么年轻，那么有活力，如果不知道的，还以为他是个年纪大一点的学生呢。

第一次上课，为了考察学生们的学识水平和思想状况，罗仪陆出了一道作文题《述志》。

一向思维开阔的显宿遇到这般模样的教习，思想更是像一匹脱缰的野马，肆意驰骋。他思索了一会，便开始奋笔疾书。他写道：赤县喑哑，沧海横流。当今时会，帝誉俱哭。列强侵我，如蚁蚕食。……大丈夫立功绝域，决胜疆场，如班定远、岳武忠之流，吾闻其语，未见其人。至若运筹帷幄，赞划庙堂，定变法之权衡，操时政之损益，自谓差有一日之长。不幸而布衣终老，名山著述，亦所愿也。至若徇时俗之所好，返素真之所行，与老学究争胜负于盈尺地,有死而已,不能为也。

短短一两百字,显宿把自己的志向表露无遗。他要像班超、岳飞那样"立功绝域、决胜疆场";他也希望将来能"运筹帷幄,赞划庙堂",参与变法,改革政治;如果"不幸而布衣终老"也要著书立说,传于后世。如果让他违背本愿,随世俗人的喜好,与老学究在考场争胜负,那他宁愿死,也不会这样去做。

罗仪陆阅卷后拍案称奇,高声叫绝。他没想到,来自穷乡避壤、荒野农村的陈显宿竟然有这么大的志向,他在课卷上批道:"狭巷短兵相接处,杀人如草不闻声"。他指出,文中显宿对旧学的批判直接而尖锐,宁死也不"与老学究争胜负于盈尺地"的说法,坚决地否定了那些至今试图通过科举考试,来获取自己的荣华富贵的老学究。写了批语后,罗仪陆想了想,在上面又加了个眉批:"少许胜人许多",并把他取为一等第一名。因为罗教习毫不隐晦的赞许之意,让显宿信心倍增,救国、救民的志向也从此奠定基础。

在新化实学堂,显宿不仅遇到了罗仪陆这样懂他、欣赏他的老师,还有苏鹏、曾广轼、袁华选、杨源浚、高霁、曾鲲化、邹德淹、罗元鲲等一批思想新潮、志同道合的同学。大家在一起常常讨论一些让人精神振奋的话题,比如西方的民主自由、政治平等,西方的思想开放、男女平等等是大家最感兴趣的。

第十章 美丽新化

秋天的资江河，已没了夏日惊涛拍岸，卷起千堆雪的喧嚣。远远望去，它静静地躺在那里，像一条素色的白练，在县城的怀抱里忸怩了一下，然后伸直了往远处延伸。偶尔发出声响的是河面鱼划子上的打鱼人家打到了一网大鱼发出的欢呼声，或岸边的货船起货时的吆喝声及频繁来往于河西、河东的渡船乘客上船的鼎沸声。

昨晚，苏鹏提议要去北塔、学宫、承熙寺、崇阳岭等新化县城有名的地方玩玩，得到了同宿舍的显宿、罗元鲲、杨源浚的一致赞成。除了第一次来县城时与北塔打了个照面，显宿还从未正式游览过县城的这些名胜古迹，现在有机会跟同学们一起游览，自然是兴致勃勃了。其实，北塔离新化实学堂直线距离并不远，从学堂门口的高坡上能完整地看到北塔的全貌，但资江河穿城而过，学堂在河东，北塔在河西，要去北塔还必须过河。

清晨的资江，被浓雾笼罩。因为雾太浓，打鱼的还没开网，过渡的人也没有，河面宁静得能听到河水流动的声音。显宿他们四人上渡船的时候，船上还没有比他们更早到的人。按平时的规矩半个小时一趟的渡船，四人在船上足足等了半个小时，船老大还是没有要走的意思，直到过了十来分钟，又上来几个过渡的人才起锚，船老大解释是雾太浓，行船不安全。但这丝毫没影响四个人的兴致，因为平时很少来船上玩，现在能在船上自由自在走动，甚至可以进到船上的操作室察看一番也不失为一种乐趣。

上了岸，就是沿着河堤往北走，这条路显宿第一次进县城的时候走过，所以他毫不犹豫走在了前面。

一道阳光撕破了浓雾，接着一道又一道……浓雾渐渐被化解开来，终于，一轮秋阳喷薄而出，照在人身上有了暖洋洋的感觉。随着北塔的由小变大，终于能清楚地看到塔身了。塔身共七层，全用青砖和料石砌成，呈八角形，角上嵌石舫，状如翘角。

"北门锁玥"，正门的拱门上写的是这四个字，两旁的楹联则是"正欲凭栏舒远目，直须循级上高头"。

"'北门锁玥'，这四个字好像不是很好理解，两旁的楹联倒是通俗易懂，且'高头'这个词是典型的新化方言。"显宿边看边解读。

"'北门锁玥'这四个字是有典故的。相传从明代从化十八年开始，资江河年年涨大水，直至清道光十三年，一共涨了三十二场大水。大水一上来，首先决堤的地方就是这里，堤坝年年修年年决，这里一决堤，整个新化县城低洼地带就成了一片汪洋，每年不知道要淹死多少人，淹掉多少庄稼。为什么这里的堤坝这么容易溃穿呢？民间传说这堤下有一只成精了的千年乌龟在捣鬼，它为了方便爬出爬进，在河堤下打洞，所以一涨水就溃堤。为了防止乌龟精作怪，一道士提点，必须建一宝塔把乌龟精压住。开始，建了一座木塔压在这里，但木塔太轻，压不住它，年年还是老样子，常年被水浸泡的木塔过不了几年就朽坏，塌掉了。后来改用青砖石构，塔基压浆灌缝二十四层，四角镶嵌珠玉铜宝铁铃，角悬石舫，再以砜瓦压顶，从此便将兴风作浪的乌龟精压住了。'北门锁玥'为其时的知县所题，意即北门外年年发生的水灾从此被锁住，再也没有钥匙能打开。"家住北门外塔田村的杨源浚解释说。

"呵！没想到看似平常的北塔还有一段这么精彩的故事。"显宿叹道。

"这北塔看似平常，细看却是非常的精巧，听说修了整整二十年才修好啊！"苏鹏补充道。

"二十年？不会吧！不就是一座宝塔嘛，干吗要修这么长时间？"罗元鲲讶然道。

"你们有所不知，因为多年溃堤，堤底都是松疏的沙土，你别看塔上面才七层，塔下的根基可是打了三点六丈深。因为资金缺乏，中途停工两次，所以断断续续花了二十年才建成。"杨源浚说。

"噢！怪不得了。"显宿恍然大悟地说。

进得塔内，塔中有相对螺旋砖阶直升塔顶，砖阶共492阶，塔内七层，层层都有精美的壁画、书法及捐款人姓名石刻。登上塔顶，从那小小的窗口往外眺望，远处群山叠翠，近处阡陌交通，脚下资水流碧，古色古香的县城景色尽收眼底。

"杜甫诗里的那句'会当凌绝顶，一览众山小'描述的大概就是这种感觉。"罗元鲲说。

"是啊！站得高才能看得远，就像我们当今的社会，为什么要提倡维新思想？因为我们只有站在世界的这个高度，才能知道我们国家现在的闭塞与落后，才能知道闭关锁国对国家发展的影响。我们只有学习先进的科学技术及先进的政治制度，才能顺应历史的潮流，才能增强国力，不被外敌入侵。"显宿感叹道。

"哈！星台，我看你快成为一个思想家了。"苏鹏笑道。

"国家兴亡关系到我们每一个中国人。"显宿答道。

"对，我们每个人都肩负着振兴中华的责任。"杨源浚支持说。

"嗯，我们必须为国家的富强而努力。"罗元鲲说。

说到这，大家都心照不宣地点点头。

从北塔返回县城，四个人来到了位于东正街的学宫。学宫又名儒学、县学、孔庙或文庙，是历代读书人顶礼膜拜的地方，学宫近旁立有一块很高大的石碑，上书：文武百官，至此下马。可见此地的庄严与肃穆，也印证了古代那一句话："万般皆下品，唯有读书高。"

刚才还打打闹闹的四人到这里终于安静下来，整理了一下有些凌乱的衣衫，依次进入宫里。进门看到的是一扇屏墙，墙两边各开了一扇侧门，门额上有"德配天地""道冠古今"八个字。据规定，只有本县有人中了状元，才能把屏墙拆了建门，现在屏墙还立在这里，就是说新化自宋朝开始立县至今，还没人中过状元。

"星台，是不是由你来开这扇门？"苏鹏开玩笑说。

"谁去中清朝的状元？我才不稀罕呢。"显宿撇撇嘴说。

"那状元岂不是又要泡汤了？"杨源浚说。

罗元鲲笑道："这门你不开，我不开，以后总会有人开的，这个我们不必为后人担忧。"

四个人分两拨分别从"德配天地""道冠古今"下的两道门往里走，屏墙后有一个莲池，池内种有莲荷，三三两两的金鱼在莲荷间游戏。池中间有一座拱桥，过了拱桥，迎面看到的是"临星门"，穿过门，左为"举人总坊"，叫"青云得路"；右为"进士总坊"，叫"金榜题名"。前方为"戟门"，戟门两旁有"名宦""乡贤"两祠。通过戟门后，则有花圃和一个长五丈，宽四丈的石嵌露台，露台前方便是"大成殿"。历届进学生员必须通过露台进殿朝圣，殿内六根巨柱上悬挂有"生民未有""圣集大成""圣协时中""德齐寿载""圣神天纵"等历代清皇御书的大型匾额。殿里供有孔子、复圣颜子、述圣子思、宗圣曾子、亚圣孟子及"十二智"与"七十二贤"的牌位。

四人在这里呆站良久，这就是中国的科举制度，这就是中国的孔孟之道。

显宿首先打破了沉默："孔丘不失为一个大教育家，可从隋唐开始的千年科举取士，却不知戕害了多少读书人啊！有的为了读书倾尽了家财，如果没考中整个家庭就会败落；有的一心死读圣贤书，弄得四体不行、五谷不分，没考中就连生存的能力都没有了；有的甚至因为苦读多年未能进士，愧于面对亲人，而自残或疯狂。"说这话时他想起自己贫困潦倒的父亲。

"可科举考试有时也不失为一条穷人的通天之路，'朝为田舍郎，暮登天子堂'是很多读书人的梦想。"杨源浚说。

"错！真正的穷人，他们根本就读不起书。他们没钱，连跨入塾馆门的资格都没有，他们从出生那一刻起就注定无法成为人上之人。"显宿反驳道。他想起了自己的过去，想起了和自己一起放牛的没进过一天塾馆门的放牛娃们。

"我家不惜钱财，送我进塾馆、上学堂，所有的人都希望我科甲进第，可我现在对仕途毫无兴趣，担心的是国家的前途和命运。我想如果我不能进士，家里人该会是怎样的一种失望？我现在左右为难，倍感压力。"苏鹏说。

"人生的道路有很多条，我们不能把自己的前程全押在科举取士这条独木桥上，能走过这条独木桥的人毕竟少之又少，你看我们在这学宫里面走过的每一条路，都是那么的狭窄，能挤过多少人呢？"显宿说。

罗元鲲说："我也很怕科举取士，若不是跟你们一起来，看着这么多匾额和牌位，我怕是要晕过去了，但如果不是为了科举进士，我们读这么多的书又有什么用？"

"我倒觉得不虚此行，我们在这里走一遍，对科举进士、尊孔崇儒有了一种身临其境的感受，那些看似很复杂的东西，被这么一排列，就觉得简单了起来。这就是所谓的大道至简吧。"杨源浚说。

显宿知道每个人都有自己的观点，这些观点也许与各自的出身和经历有关，每个人都不能把自己的观点强加在别人身上，所以只能各自去领悟了。于是连声催道："这个一下子也说不清楚，走吧，我们还是去看看承熙寺。"

承熙寺位于崇阳岭下，是去崇阳岭的必经之路，承熙寺又名"飞佛寺"，民间传说有一尊护法山神在崇祯皇帝上吊的那天晚上，从南海普陀寺飞来此地，于是就有了这间寺庙。承熙寺规模很大，松柏盖天，篁竹遍地，几间香堂都掩映在青松、翠柏、篁竹之间，每间香堂都是梵音悠远、香烟缭绕。虔诚的香客和身着黄色袈裟、双手合十、目不斜视的和尚们出出进进，场面甚是壮观。

四人在承熙寺转悠了一圈，除了人多、庙大、环境清幽，也没看到特别与众不同的地方，便出了寺门，继续往上面的崇阳岭攀登。

崇阳岭为新化县城制高点。虽然时值秋天，因为海拔高，上面还是草木青葱、野花遍地，一条小溪在树木、花草间蜿蜒而过。傍着小溪有一条褚红色的石径，石径右侧有条小径通向"玄妙观"。"玄妙观"紫红色的墙，黄澄澄的瓦，大红色的廊柱，一派的富丽堂皇，观里供奉的是三清，即玉清（元始天尊）、上清（灵宝天尊）、太清（道德天尊），各位天尊一律的头上顶着祥光，脚下驾着祥云，飘飘欲仙。再往上是"三义阁"，八角飘翘的"三义阁"像是在山的尽头，晚霞从背面把它的剪影衬托出来让它有一种意欲飞天的感觉。

四人观仰过"玄妙观""三义阁"之后便到崇阳岭的顶峰了。站在一处青岩石壁之前俯瞰新化县城，整个县城都沐浴在一片霞光里，远山上的夕阳红彤彤的，青砖黑瓦的建筑此刻一律的金碧辉煌，素练似的河流此刻也是金光闪闪。远处，有炊烟渐渐升起，暮霭趁机从四周的山峦飘移过来混淆了炊烟的升腾轨迹。

"多么美丽的新化！"苏鹏感叹道。

"可这种美丽不知道能维持多久？清政府再这么无能下去，侵略者的铁蹄迟早会踏进这片宁静的土地。"显宿说。

"星台说的没错，如果中国的发展这么迟滞不前的话，迟早会被外国列强侵占。"杨源浚说。

"想我'大唐盛世'、'永乐盛世'时期，周边国家哪个不对我们顶礼膜拜？哪个不对我们俯首称臣？自从清政府统治之后，荷兰侵占台湾；沙俄侵占尼布楚；英人的鸦片战争、五口通商、割让香港，日本吞我琉球之后，国势每况愈下，到如今完全无力收复了。现如今衰败成这样，都怪无能的清政府。"罗远鲲沉痛地说。

苏鹏本忧于民族灾难，愤慨于朝廷昏弱，不觉吟道：

河山壮丽自天然，国运兴衰必有源。

君昏断送千秋业，豺狼虎豹入堂前。

显宿听出了苏鹏诗中的悲叹与无奈，劝道："凤初兄，我们应该振作一些才对。俗话说物极必反，一个民族受压迫到了一定的程度，自然会引起人们的反抗，现在我们就该站起来，跟这个腐败的清政府做抗争！跟一切的侵略者做抗争！既然凤初兄吟了一首，我也按他的韵律吟一首诗吧：

大浪滔滔逝旧岁，雄峰耸立驻威严。

策马扬鞭驱虎豹，誓叫日月换新天。"

杨源浚和罗元鲲听罢，不禁拍手叫好："有气势，有魄力，英雄气概啊！"

"星台兄，还是你行，听了你的诗，我的颓丧之气可是一扫而空了。"苏鹏也拊掌称道。

"就诗而言，我们两人没有伯仲之分，只是你所思的事情跟我所想的问题不同而已。"显宿谦虚说。

"对！凤初的诗悲悯，星台的诗阳刚，技巧方面没有伯仲之分。"杨元鲲说道。

第十一章 维新志士

一天 苏鹏和显宿正在课室里温习功课，苏鹏告诉显宿说："星台，我舅舅明天要来实学堂，我介绍你认识一下他。"

"你舅舅？"显宿反问。

"是的，我舅舅，他叫周辛铄。"苏鹏解释说。

"噢！周先生不是实学堂的创始人之一吗？他是你舅舅？"显宿惊呼。

"哈哈！没错，我是他亲外甥，他是我亲舅舅。"看见显宿这么惊奇，苏鹏调皮道。

"凤初，我有点紧张呢。"显宿也笑着说。

"这有什么好紧张的？我们是好兄弟，我的舅舅就是你的舅舅，把他当舅舅看就行。"苏鹏说。

显宿抚了一下胸口，长嘘一口气说："好吧，但愿你舅舅不是一位很严肃的先生。"

"放心吧，我舅舅绝对是你心目中的舅舅。"苏鹏笑道。

第二天，周辛铄如期而至。

周辛铄看上去三十多岁，个头不高，皮肤黝黑，一双大眼睛炯炯有神，走起路来带着一阵风，一看就是那种有超强能力的人。事实也是如此，周辛铄父亲周洛东曾为湘军李续宾的幕僚，湘军镇压太平军打下江宁的时候，掠夺了不少的财宝。周洛东虽然身在湘军，但对于太平志士失败后的惨状，也是心怀愧疚，临终前嘱咐周辛铄："冤魂血泪所集之家资，尔辈应多做善事……"遵照父亲的遗嘱，周辛铄倾其家财在家乡大办义学，修桥补路，行善积德，赢得了乡民良好的口碑。

见到周辛铄，显宿差点叫起来，这个人很多次来过实学堂，他每次都是去找监督邹代钧，匆匆来，又匆匆去，从来不做稍久的停留，根本就没人知道他是实学堂的创始人之一，也不知道他是苏鹏的舅舅。

来到周辛铄面前，显宿恭恭敬敬鞠了一个躬叫了一声："周先生好！"

周辛铄看显宿的眼神充满了欣赏，问道："你就是陈星台？"

"是的，周先生。"显宿点头答道。

"陈星台同学，也许你不知道，我早就听罗教习说起过你，他说别看你年少，但志向很高，你写的那篇《述志》罗教习还给我看过，还真气度非凡呀！"周辛铄说。

"先生过奖了，星台才疏学浅，还望长辈们多多指导。"显宿没想到周先生竟然早就知道自己，心里的紧张一下全无踪影。

"凤初、星台，我此次回来就是要召集你们这些思想先进的青年们传达一些消息。"周辛铄说。

"什么消息？"显宿和苏鹏几乎是同声问道。

"省城维新变法的事情开始闹腾起来了。"周辛铄说。

"真的？"显宿惊喜地问。

"千真万确，我刚从省城回来，都是亲眼看见、亲耳听见的。"周辛铄说。

"舅，你能不能给我们详细讲讲？"苏鹏忙说。

"我找你们来就是要说给你们听，你们都知道康有为吧？"周辛铄说。

"当然知道，报纸上都在说他提倡的维新变法呢，但具体是怎么回事，我们也还不是太明白。"苏鹏说。

"这个说来话有些长了，1894 年中日甲午战争，中国败于日本。1895 年 4 月 17 日，李鸿章去到日本马关，与日本签下了丧权辱国的《马关条约》。中国割让辽东半岛（后因俄罗斯、德国、法国三国干涉还辽而未能得逞）、台湾岛及其附属各岛屿、澎湖列岛给日本，赔偿日本两亿两白银。中国还增开沙市、重庆、苏州、杭州为商埠，并允许日本在中国的通商口岸投资办厂。

1895 年春的乙未科进士在北平考完会试，正等待发榜。《马关条约》割让台湾及辽东，赔款白银二亿两的消息突然传至，在北京应试的举人群情激愤，台籍举人更是痛哭流涕。4 月 22 日，康有为写成一万八千字的'上今上皇帝书'，十八省举人响应，一千二百多人联署。5 月 2 日，由十八省举人与数千市民集'都察院'门前请代奏。这就是震惊朝野的'公车上书'。虽然'公车上书'没有得到什么实质性的后果，但却形成了国民问政的风气，各省纷纷办起了'强学会''保国会''南学会'等各种学会。"周辛铄说。

"这些会是用来做什么的呢？"显宿问。

"'强学'就是要学西洋各国的政治和教育方法，学西洋的自由、平等、民权、立宪和议院。'保国'就是说如果要强国，首先还得保国；要想保国，就得先'保种''保族'……"周辛铄解释说。

"舅，我怎么听起来像绕口令？"苏鹏说。

"'保国''保种''保族'又是怎么一回事呢？"显宿问。

"'保国'就是开民智，学西洋、兴教育、变法律、建海军；'保族'就是办学校、废科举、除八股、兴女学；'保种'就是禁缠足、禁吸鸦片、禁多妾、禁殉夫。"周辛铄说。

"这个跟我们平时所谈论的有很多相似之处。"显宿若有所思地说。

"是的，听你们的监督邹代钧先生说你们的思想已经达到了一定的高度。"周辛铄说。

"只是，只是我听说朝廷现在分两派，一派是支持光绪帝的，一派是支持慈禧太后的。支持慈禧太后的人重权在握，光绪帝素来懦弱，那个慈禧太后又很强权，他有胆量支持这场变法吗？"显宿蹙紧眉头说。

"唉！我也是不明白，慈禧太后都这么大年纪了，还不舍得放权享享清福去，要死死抓住这权柄干什么呢？难道她还想掌权到死吗？"苏鹏叹口气说。

"问题没那么简单，如果光绪帝掌权了，肯定会提拔他的支持者掌握大权，慈禧的人就得靠边站了，现在那些掌握重权的人这么容易放手吗？所以，这不仅仅是光绪帝与慈禧太后的较量，同时也是'帝党'和'后党'的当权者之间的较量。"显宿说。

"星台说的没错，现在光绪帝已下定决心，要重用康有为、梁启超、谭嗣同等维新派人士，看情形，维新变法应该是有希望的。"周辛铄说。

"但愿如此！"显宿说。

"舅，你不是说省里已经闹腾起来了吗？省里现在是怎么个闹腾法呢？"苏鹏问。

"现在的巡抚大人陈宝箴才调到湖南不久，陈宝箴虽然是江西义宁人，但很早便与湖南结下了不解之缘。洪秀全领导的太平天国起义时，举人身份的陈宝箴投笔从戎，随父在家乡操办团练，一度入湘阻击太平军。回江西后，又到湘军将领席宝田幕中任职，曾献策生擒了太平天国幼主洪天贵福和大臣洪仁玕。1869 年，经湘军统帅曾国藩推荐，陈宝箴入京觐见同治皇帝，被授以知府官职，发往湖南候补。后代理因病去职的席宝田主持军务，因镇压苗民起义有功，升为道员。1875 年署理湖南辰永沅靖兵备道，1880 年才离开湖南。他有很长的一段时间在湖南打拼，湖南可以说是他的第二故乡。离开湖南后，他先后在河南、浙江、湖北、河北等地任职。1894 年，中国在甲午战争中惨败，第二年被迫签订了《马关条约》，陈宝箴闻讯后痛心疾首。久处官场，他对于国家的弊病看得很清楚，深知清朝政府要从衰败中走出来，非大变祖宗陈法不可。他十分欣赏康有为的维新学说，认为康有为所提出的变法措施是救国良方。他把自己的观点上疏光绪帝，称赞康有为和他的弟子梁启超博学多才、议论宏通，言人之所不敢言，为人之所不敢为，实大清朝的忠臣，请皇上破格提拔，委以重任。疏上不久，陈宝箴就奉旨调任湖南巡抚，他心里明白，这说明皇上赏识他的这番见解，赋予他这方面的权力，鼓励他在自己所辖范围内推广新政，湖南是自己耕耘多年的地方，这回派自己回湖南，等于是给了自己一个施展拳脚的最好的舞台，让自己尽情发挥。为了感激皇上的赏识，此时年已六十四岁的陈宝箴决心在垂暮之年好好地为振兴国家出一把力。

才到湖南上任，他便发现按察使黄遵宪、学政江标跟他有同样的见地。黄遵宪四十多岁，是个颇有名气的学者诗人，他多年来一直在海外任职，在日本、美国、英国担任过参赞、总领事等职务，熟悉西方各国情况，尤其对日本的明治维新有深入研究，迫切希望自己的国家也能像日本一样，通过变法迅速强大起来，不再受外敌侵辱。学政江标还只有三十多岁，功名颇顺，年纪轻轻便中进士点翰林，他器识明远，雄心勃勃，目睹国家现状，慨然有矫世变俗之志。只有当时的布政使俞廉三，因体弱多病不管事。于是，他与黄遵宪、江标三个志同道合的人一起，立志要在湖南推行新政，彻底改变湖南的现状。他们在湖南创办新政，设矿务局、官钱局、铸钱局；又设电报、轮船、枪弹厂，修建湘粤铁路；立保安局、南学会、算学会，还办起时务学堂、武备学堂；办起了支持新政的《湘报》和《湘学新报》，引进了维新派的重要刊物《时务报》；还在巡抚衙门高大的仪门两旁栅栏上挂上了他自己书写的'有耻立志'四个字以示不忘国耻。'有耻立志'这四个字本是为时务学堂创办典礼的题词，当时这四个字在典礼上受到了人们的普遍关注，说这四个字体现了中国人不甘受辱、立志救国的精气神，所以，会后就以隆重的仪式移到这巡抚衙门门口，表达了陈宝箴立志变革的决心。"周辛铄说。

听了周辛铄这段话，显宿觉得自己的血都沸腾了起来，巡抚大人他们都这么积极，可以想见现在的省会长沙会是怎么热闹的一个场面。

"周先生，听了您的这番话，我觉得我全身都要燃烧起来了。"显宿说。

"何止是你，整个长沙城都要燃烧起来了，过去的巡抚衙门口是严肃、阴冷的，为了避讳，大家宁可绕着道儿走，也不肯从衙门前过，现在不一样了，大家纷纷拥到巡抚衙门前，热火朝天喊口号，一致支持变法。"周辛铄说。

"民众的参政思想开始萌发，看来我们新化也要赶紧行动才是，不然落后一大截了。"显宿自言自语地说。

"可是，我们现在群龙无首啊！我们监督邹代钧先生整天忙着著述，还在武昌办了个'舆地学会'，现在又被朝廷调去主修湖北全省地图了。"苏鹏说。

"我这次来就是因为这个原因，你们监督邹代钧先生写信给我了，要我暂时来帮忙管理一下学堂，他说修地图的事情也很重要。"周辛铄说。

"修地图是清政府的事情，监督这不是为清政府服务去了吗？"苏鹏嗫嚅地说。

"凤初，这你就想错了，修地图不是清政府的事情，而是我们中华民族的事情，它关系到我们中华民族神圣的领土面积，他去修地图不是为朝廷服务，而是为中华民族的子孙后代服务，我们只有弄清楚了祖国的每一座高山、每一块平原、每一条河流、每一处海岸线，才能守住我们的疆土，才能寸土必争。"周辛铄说。

"那就是说周先生要亲自来主导这件事咯？"显宿欣喜道。

"不仅是我，还有一位呢。"周辛铄笑容满面地说。

"舅，是谁呢？我认识吗？"苏鹏问。

"现在不认识，马上就可以认识了的，我已经捎信给他，估计过两天就到，他叫'谭人凤'，外号叫'谭胡子'，也是我们新化人。"周辛铄说。

听到"谭胡子"这个外号，显宿就有一种亲切感，有一种特别想认识他的感觉，父亲也有一部长须，父亲在村里的外号叫"宝胡子"。

谭人凤的外号叫"谭胡子"也是有一定来历的。谭人凤出生于一个普通的农民家庭，兄弟六人，他最小。他从小非常聪明，为了谭家能出一个人才，兄长们都吃苦耐劳，努力耕耘，然后把所有的钱财都花费在他身上，支持他念书。谭人凤也是深感到弟兄们的厚望，一直坚持不懈地努力，十三岁就考取了秀才。十七岁那年，父亲病故，怕耽误了种田，他不要哥哥们守灵，自己在父亲坟旁支了个棚子，一边念书一边守灵，没想到这段时间胡子疯长，成了一部美髯，他认为这是父亲所托，就没有再把胡子剃掉，然后就得到了"谭胡子"这个外号。

见到谭人凤的时候，显宿果然是眼睛一亮，谭人凤年纪在三十岁左右，个子不高，身材虽然有些瘦弱，但宽眉下有一双目光犀利的眼睛。那部美髯果然也是名不虚传，黑黝黝在嘴边围了大半圈，把人衬托得很严肃。

"先生好威武！"显宿见到谭人凤忙作揖道。

"这位是？"谭人凤不认识显宿，疑问道。

周辛铄赶忙给他介绍："这位是陈星台，这位是苏凤初，苏凤初是我外甥，星台是凤初的同窗好友。他们都是新化实学堂的学生。"

"哦！好！好！好！自古英雄出少年，有你们这么一群有理想、有抱负的年轻人，中国还是有希望的。"谭人凤连说了几个好字。

谭人凤到实学堂的时候，已是深夜。见过面后，周辛铄安排他到自己房间里面睡觉，而他则去到苏鹏的宿舍暂住一宿。

宿舍里不知事情原委的杨源浚和罗元鲲也不认识周辛铄，但听到苏鹏的介绍之后，两人又惊又喜，没想到周先生会跟自己睡在一个宿舍。

苏鹏把床让了出来，自己和显宿挤在了一张床上。住进了学生宿舍的周辛铄少了先生的威严，让显宿他们觉得很亲近，正像苏鹏所说的像是自己的舅舅。周辛铄仔细询问了几位同学的家庭情况，当他知道显宿和杨源浚家都很贫寒时，当即表示，如果他们俩在学习或生活中有什么需要帮助的，可以跟自己讲，他将尽力而为，让显宿和杨源浚深受感动。

第二天，周辛铄除了组织实学堂的进步学生和老师，又召集了县城的几个开明士绅一起召开了维新变法在新化如何展开的讨论会，会议由周辛铄主持，陈显宿、苏鹏、杨源浚、曾广轼、袁华选、曾鲲化、邹德淹、罗仪陆都到了，陈御臣作为开明士绅也在被邀请之列。

"各位都是我们新化县的开明贤绅或进步人士。现在湖南的维新运动已经展开，我们新化虽然说是王化之新地，但也有将近千年的历史，也称得上是一座古城，且新化人口众多，是我们湖南的一个大县，再加之新化人素有'梅山蛮'之称,性格刚烈、勇猛。要在这样的一座古城实行变法维新,可能有一定的难度,还得靠在座的各位鼎力支持,所以,我想先听听各位对变法维新的看法。"周辛铄说。

有人说:"古城变法,势在必行。但不管怎么变,首先一点必须保证教育,必须遵纲常、遵伦理、遵仁义道德。"

"我们变法是要去除一些糟粕的东西,好的传统教育肯定是要发扬的,有些已经被时代所淘汰的陋习必须要剔除。"周辛铄说。

有人说:"古城要改旧,必须明白旧的陋习形成的原因,才能根治,譬如:这个人是贼,我们要知道是什么原因让他变成贼?这个人是娼妓,又是什么原因让她成为娼妓?这个人作恶多端,要知晓是什么原因造成的?我们必须弄清楚根源在哪里,正本清源,才可以彻底清除陋习。"

"这位仁兄说得极对,陋习不去除,新的好习惯又怎么能养成?而去除陋习必须对症下药,才能药到病除。"谭人凤赞道。

"还有吸大烟、嫖娼、缠足、殉夫、纳妾等等都是些丑陋的社会风气,希望这次全部都消除了,这样社会风气才会清明起来。"周辛铄说。

"周先生说得对,这些陋习都必须除去,我们支持这种有益于社会稳定的变法维新。"大家齐声赞道。

在这些都可以称为长辈的人面前,以显宿和苏鹏他们的年龄和阅历,只有听的份儿,但他们对每一个人的发言,都是牢记于心,心里默默思考在这场维新运动中,自己该做些什么?

这场会开得如火如荼的时候,唯一把自己置身世外的只有罗元鲲。正当大家在激烈讨论的时候,罗元鲲却把自己关在藏书室看书。他最感兴趣的是历史,古今中外的历史故事能让他的思绪飘得很远很远:在战争中所向披靡的拿破仑为什么滑铁卢之战会惨败?彼得大帝是多么的雄傲,为什么最后被刺杀?陈胜、吴广起义的胜利果实为什么最后被刘邦摘去?商鞅变法为普通百姓谋取了利益,受百姓爱戴和拥护,最后却落得个五马分尸的下场。这一切的一切都让他惊心动魄,让他心有余悸,他害怕政治,他要远离政治。

罗元鲲不知在藏书室待了多久,直到显宿、苏鹏、杨源浚在外面大喊:"瀚溟兄,瀚溟兄。"他才醒过神来。

"怎么?你们的会开完了吗?"罗元鲲问。

显宿拥着他的肩膀问："瀚溟兄，你就一直待在这里？也不去感受一下外面火热的气氛？"

　　"星台，我对这个真的不感兴趣，我只喜欢我的历史。"罗元鲲说。

　　"历史都是人创造的，我们也可以一起创造新的历史呀！"显宿说。

　　"是呀！今天听先生们讲了这么多，我觉得一个新的历史时代即将来临，我们将在历史的潮流中搏击。"杨源浚的脸上显得神采飞扬，全然没有了往日的羞涩。

　　"星台兄、凤初兄、伯笙兄我真的不是创造历史的那块料，我还是研究我的历史吧！"罗元鲲说。

　　"人各有志，我们也不便勉强你，你好好念你的历史吧，希望有一天你在历史方面有所建树，瀚溟兄。"苏鹏说。

　　罗元鲲尴尬地笑笑，算是回答。

第十二章 不缠足会

　　每周的讨论会是同学们思维最活跃的时候。这周讨论会的议题是："我们的思想要怎样才能与西方站在同一高度，才能与世界同步？"

　　"要想接受西方的一些新事物，我们必须先打破一些旧的传统、旧的观念。"接触了一些维新思想的显宿在讨论会上提出了自己的见解。

　　"封建思想禁锢了人们的大脑几千年，不是说打破就能打破的。"曾广轼回应说。

　　"现在也不是说要全盘打破，我们要一步一步来，先是有选择、有目的的打破那些危害人们身心健康的旧传统、旧观念。"显宿说。

　　"我觉得我们现在所有的一切都是约定俗成的，像君主制度、奴隶制度、男权思想等等，都流传几千年之久了。"苏鹏说。

　　"我们现在就是要打破这些已经固化的东西，因为它们已经严重阻碍了社会的进步。你们想啊，中国有几千年的文明史，而西方国家有的只有几百年，但现在的我们已经远远落后于他们，这是为什么？就是因为这几千年的封建思想的禁锢，我们自己捆住了自己的手脚，思想中天性的自由都被压制住了，无法释放出来。"显宿说。

　　"星台，你受维新思想的影响很深啊！虽然现在有人提出维新观点，但反对的人也不在少数，在事情没有明确之前，我们还是慎言为妙。"有人小心提醒说。

　　"我只是学习了一些西方的进步思想，接受了一些新生事物，如果说这是维新思想，那又有什么关系呢！只要是好的东西，对国家和人民有利的，我们可以接受啊！干吗要这么拘泥呢？我们实学堂学的就是新学啊！"显宿说。

　　"对，星台说得对，国家要进步就必须推陈出新，改变陈旧的，妨碍社会进步的旧思想，宣扬先进的，顺应时代潮流的新思想。"有人赞同说。

　　"星台，你说我们要一步一步、有选择性地打破那些危害人们身心健康的旧传统、旧观念，那我们现在迫切需要打破的是哪些旧的传统、旧的观念呢？"袁华选问。

"我认为，要打破男尊女卑的思想。你们看人家西方国家的妇女，根本就不用缠足，跟男人一样可以抛头露面，跟男人一样可以进学堂，甚至还可以参加竞选，做政府官员。而我们国家的妇女一般都是大门不出二门不迈，待在家里相夫教子，因为脚缠成了三寸金莲，路都不能走，哪都不能去。"曾鲲化抢着回应。

曾鲲化的这段话让显宿想起了童年的伙伴梅子，想起了梅子缠足时那撕心裂肺的哭声，想起梅子缠足后连门都不能随便出的悲惨生活，赞同说："对，我也认为妇女缠足是一种旧的传统陋习，缠足不仅会让妇女思想变颓废，身体变残疾，还要让妇女多吃很多苦，你们想啊，把一个人的脚掌活生生地变成畸形，让她一辈子都生活在痛苦中，这是一种多么可怕的陋习。"

"是啊！我看我母亲走路的时候一双小脚颠来颠去的真的很痛苦，还要操持一家人的生活。"苏鹏附和。

"记得我妹妹们小时候缠足是哭得死去活来的，她们那双双嫩嫩的脚被一层层的布裹成粽子一样，一开始的时候皮肉都磨破了，裹脚布被血染成红色又结成紫色的血痂，换裹脚布的时候，把布打开血肉模糊的一团，好可怜。"杨源浚说

"也是，好好的一双脚，能走能跳，为什么一定要把它变成畸形只能整天坐着呢？"袁华选说。

"不就是有些大老爷们喜欢女人的三寸金莲嘛！女人要讨男人们的欢心，就拼命把自己的脚裹小，以脚小为荣，为了拥有一双三寸金莲，全然不顾自己一辈子的痛苦。"曾广轼说。

"这就是男尊女卑的具体表现，为了迎合男人，女人就得吃苦受痛。"曾鲲化说。

"还有，说到相夫教子，一个女人成天待在家里，什么见识都没有，她怎么教子？她能够把孩子教好吗？所以，这相夫教子也是男人控制女人的一个借口。"苏鹏说。

"人家西方国家的女人都是天足，什么事情想做就做，有的妇女甚至都敢骑马，还有参军打仗的。"曾鲲化说。

"说到从军打仗，我们国家不是也有替父从军的花木兰吗？"苏鹏说。

"那只是个别的，花木兰替父从军还得偷偷摸摸，什么'雄兔脚扑朔，雌兔眼迷离；双兔傍地走，安能辨我是雄雌？'哪像人家西方国家就公开招收女兵。"罗元鲲说。

显宿的观点显然得到了同学们的认同。

"既然大家都认为缠足不好，那我们为什么不打破这个陋习，号召妇女们不缠足呢？"显宿说。

"对，我们应该学习西方国家，解放妇女，帮助妇女们把缠足这个陋习彻底除掉。"邹德淹说。

"我看报纸上有些地方也有关于解放妇女双足的倡议。"曾广轼说。

"我想，我们可以成立一个'不缠足会'，去民间号召妇女以后不再缠足。"显宿进一步提议说。

"星台这个建议很好，我第一个支持！"邹德淹马上赞同。

"好！我们赞成！"同学们纷纷响应。

"我认为，光是我们这些人还不够，我们应该发动全县的力量，我们还应该得到官府的支持，让官府明令禁止妇女缠足，才能起到从源头控制的效果。不然妇女们想不缠足，但家里的大老爷们却认为小脚漂亮，强迫她们缠足，那我们的工作不是白做了？只有官府出面，这问题才能得到彻底解决。"邹德淹说。

"景贤兄想得很周到，我们马上起草呈禀县衙的禀文，号召全县的禀生、增生、附生、童生在上面签上自己的名字，这样才能体现我们消除缠足这种陋习的决心。"显宿说。

"好的，星台，你快写吧，我们这些人里面数你文章写得最好，我们大家签名就是。"邹德淹说。

"我们这么做要不要给教习说一声？"曾广轼担心说。

"我看还是不要了，教习毕竟是教习，他是代表学堂的，出什么问题他得担责任，学堂也要担责任，如果做这件事情只是我们的个人行为，我们是学生，做错了顶多认个错而已。"邹德淹说。

"景贤兄说得对，我们不能连累教习的。"杨源浚说。

当晚，显宿就挥笔写下了《公恳禁幼女缠足禀》："为禁革敝俗，恳示通行，事禀妇女缠足，于古无征……害及天下万世。"要求政府"出示晓谕，以觉愚俗，而变颓风，则不惟二万万女孩馨香顶祝，而强种保族之举，亦略见一端矣"。禀文签好名后直接送到了县衙，县令李弼清看到这份禀帖很有新意，与当时刚刚兴起的维新思想所提出的观点很吻合，李弼清不敢私自发令，便把这份禀帖呈报给了省府。

"没想到新化实学堂一群小小的学生，竟有这样的远见和胆识，了不得！"谭嗣同等维新派官吏看了显宿他们的禀帖，很是惊讶。

"梁启超先生不是说过嘛，'湖南民智骤开，士气大昌，……人人皆能言政治之公理，以爱国相砥砺，以救亡为己任，其英俊之才，遍地皆是，其人皆在二三十岁之间，无科第，无官阶，声名未显著者，而其数不可计'。说的就是他们这代人。"有官员说。

"对，对，这一代人成长起来，将来准是国家维新的中流砥柱。"另一官员说。

"是啊！这也说明了维新运动，不再是我们社会上层的官员、知识分子的主张，它已经真正深入了民心，影响到了社会的各个阶层。"又有官员说。

"嗯，对！我看这篇禀文的执笔者文笔也了得，我们现在不是正主张解放妇女的双足吗？我看可以推荐给唐才常他们的《湘报》，扩大影响。"谭嗣同说。

不几天，在《湘报》的显要位置，一篇由新化陈显宿、邹德淹、曾继辉、苏鹏、杨源浚等二十二名禀生、增生、附生、童生联名上书的《公恳禁幼女缠足禀》的文章让罗仪陆着实大吃一惊，没想到这批学生的思想这么敏锐，观点已经这么成熟，我们这当教习的都自愧不如啊！

"陈星台，《公恳禁幼女缠足禀》这篇文章是你写的吧？"罗仪陆直接拿着那张报纸找到显宿问。

经过一段时间的接触，罗仪陆对显宿的文风已经非常熟悉，报纸上刊登的这篇文章虽然有二十二个人签名，但他一看便知是出自显宿之手，所以直接找到显宿问询。

显宿开始以为自己的文章出了什么问题，怕连累同学们，勇敢承认道："教习，这篇文章是陈星台一个人写的，名也是陈星台乞求其他同学签的，有什么问题由陈星台承担，不关其他同学的事。"

罗仪陆知道显宿误会了，用手指点着报纸上那个醒目的黑标题解释道："陈星台，我现在不是要追究你的责任，而是要表扬你，你看，你写的文章刊登在《湘报》上了，这在我们实学堂还是头一回，这可是我们新化实学堂的荣誉啊！"

显宿接过报纸一看，自己的禀文真的刊在报纸上了，还是在比较显眼的位置。于是，又有些腼腆地向罗仪陆解释："教习，这篇文章其实是大家的意思，不是我个人的想法，我只不过是给同学们执笔代言而已。"

"嗯，不管是你们集体的想法还是个人的行为，这篇文章刊在了《湘报》上，还是值得祝贺的，只是，以后如有这样的事情，你们要事先告知我，我也可以给你们把把关。"罗仪陆温和地说，他心里对显宿这种敢于担当，又不居功自傲的表现尤为赞许。

"对不起！教习，我们当时也是不知道这文章写得妥不妥，如果有什么事，我们不想连累你，所以就自作主张了。"显宿道歉说。

同学们得到这个消息，纷纷祝贺："星台，了不得，文章都上报纸了。"

"这不都是同学们共同的想法嘛，我只不过是一个执笔人而已。"显宿谦逊说。

"星台，你就别谦虚了，除了你，我们这里还有谁有你这样的文采？"苏鹏说。

"大家都是在学习阶段，谈不上谁比谁的文采好，重要的是大家都在为实现自己的目标努力。"显宿说。

自己的文章居然刊登在了《湘报》上面，又得到了罗教习的表扬，显宿受到了从未有过的鼓舞。

知县李弼清也是接受过维新思想熏陶的人，他看省城的维新派官吏们这般重视这份禀帖，便很快批准显宿他们正式成立"新化天足会"。

有了县衙的支持，显宿和同学们更加积极推进这件事，一有时间就去街道、去乡村宣传禁止缠足的新思想、新观念，提高妇女们对缠足危害性的认识。

曾继辉，字月川，新化县亲睦团珂溪村人，他不是新化实学堂的学生，他跟曾广轼是同乡也是曾经的同窗，他从曾广轼那里得知新化实学堂的同学倡导的不缠足运动后，非常感兴趣，主动要求在《公恳禁幼女缠足禀》上签名，对推进不缠足运动也是不遗余力，他不仅自撰《放脚歌》，不缠足会每次活动，他都积极参加，他还建议大家出去宣传的时候不要穿鞋，每到一个地方鸣锣告示，沿门宣讲，用自己的赤脚现身说法向大家解释不缠足的好处。

又是休息日了，显宿他们把标语写好，把头天晚上抄好的那一些宣传资料整理一下准备出发。

"星台，周边的乡镇我们都走完了，这个星期天去哪里宣传呢？"邹德淹问。

"乡村走完了我们就开始走县城，县城虽然面积不是很大，但人口高度集中，所以，县城里的每条街道我们都要宣传到。"显宿说。

"县城这么多街道，我们先去哪条街呢？"邹德淹又问。

"先去向东街吧，向东街是县城的中心街道，集家坊、商贾、集市于一体，每天流动人口很多，又靠近资江码头，码头上船来船往，那些船上至宝庆，下至益阳、武汉，几千里的水路，也许能把我们的思想传播得更远。"显宿说。

"好星台，你这志向远着呢，还想着沿着资江河，宝庆、益阳、武汉，这么一路宣传过去。"邹德淹笑道。

"我都恨不得全中国都知道我们的'新化天足会'，恨不得天下的妇女双足都得到解放。"显宿目光看起来有些深远。

这家伙做事情这么有远见，以后怕不是个平地卧的角色，望着踌躇满志的显宿，邹德淹想道。

因为显宿他们的积极推进，一时间，新化的维新运动走在了湖南的前列，他们的行动不仅受到了百姓的拥护，学校的支持，也受到了县府衙门的高度赞赏。

这次的成功，给了显宿很大的信心，他更加积极关注和参与维新运动，并给自己改名天华，字过庭，别号思黄。

第十三章 支持新政

新化实学堂学子们这段时间的行动和对社会造成的影响让谭人凤和周辛铄深有感慨。

"叔川，我看新化实学堂这帮学子了不得，你看他们接触维新思想才多久，一个个思想都是通透明亮的，什么东西好，什么东西不好，他们看得清清楚楚、明明白白。就说那缠足吧，这么多年，老辈传下来的规矩，也许是熟视无睹了吧，我们就没觉出什么不妥，可他们把缠足的坏处一一罗列出来，顿时就感觉到女人缠足这个规矩简直就是个恶魔，把女人们一个个弄得求生不得，求死不能。现在他们这么一闹，女人们总算是解放了。"谭人凤说。

"是啊！从这次的不缠足运动，我们也可以看出新政在新化这地方是可行的，但我们要改革的还不只是妇女的缠足问题，像吸大烟、嫖娼、殉夫、纳妾等等都是需要铲除的陋习，只是一下改变不了这么多，我们只能一样一样来。"周辛铄说。

"我看现在最紧要解决的问题是禁止吸食大烟，自英国人把鸦片传入我国以来，不知害得多少人妻离子散、家破人亡。"谭人凤说。

"新化城里最大的烟馆就是南门湾里'斜眼三'开的福寿烟馆。'斜眼三'又叫'邪烟三'，是南门湾里的一个烂崽，仗着他姐夫是县衙的师爷在新化街上是无恶不作，无所不为。前两年还听说他为了收鸦片钱，把城南的一家三口给活活逼死了。"周辛铄说。

"竟有此等事情？简直是无法无天了！叔川，你给我说说，'邪烟三'是怎么逼死那一家三口的？我们得想个法子治治他才是。"谭人凤义愤填膺。

"被逼死的那家人，男人是个烟鬼，以前家里还是蛮富庶的，自从吸上大烟后，家里的财产都在那福寿烟馆里化成了缕缕青烟，以致连房子都卖掉了。一天，他烟瘾犯了，去福寿烟馆抽了一泡烟没钱给，'邪烟三'就派人去他家收账，可他家除了一间四面透风的，以前做茅房的土砖房，再没什么值钱的。于是，'斜眼三'的手下限定他们第二天从那土砖房搬出去，用那间土砖房抵那泡烟钱。连最后的一点栖身之地都被剥夺，那家的女人觉得没办法活下去了，带着才五岁的女儿要寻死。那男的觉得，如果堂客、孩子都死了，自己活着也没什么意思，再说没大烟抽自己也一定会被憋死，还不如一起死了算了。当天晚上，一家三口绑在一起，跳了资江河。过两天，尸首浮上来都没人收，县衙派人拖去乱葬岗埋了，草席都没有裹一张，真是惨啊！"周辛铄说。

"这样逼死人，县府衙门也不管吗？"谭人凤问。

"这'邪烟三'开烟馆赚了不少钱，通过他姐夫，早把原来的县府衙门都买通了，况且那家人是自杀，谁会管这事？即使不是自杀，他们也会想办法脱罪的。"周辛铄说。

"我们一定要想办法把这颗毒瘤清除掉。"谭人凤狠狠地说。黑眉紧皱，犀利的眸子放出一道凌厉的光芒。

"我想好了，我们让学生们像组织'不缠足会'一样，组织一个'戒烟会'，到处宣传抽鸦片的危害，让大家从根本上认识到问题的严重性之后不再去沾鸦片，已经有鸦片瘾的，把他们组织在一起，强制戒烟。"周辛铄说。

"这方法好是好，只怕是还需得到县衙的支持，县衙会同意吗？"谭人凤疑问道。

"新来的知县李弼清是支持新政的，不是原来的那个被他们收买的知县，我想，他肯定会支持。再说，鸦片害苦了不知多少人，给社会造成了很多不稳定因素，为了社会的安定，县衙也一定会支持戒烟。"周辛铄说。

果然，不出所料，"戒烟会"得到了县衙的全力支持，于是，陈天华他们放开手脚行动起来，他们不仅组织鸦片鬼们集体戒烟，到各乡镇、街道大肆宣扬吸鸦片的危害，还把禁止吸食鸦片的横幅拉到了烟馆门口，在这样的高压态势下，谁还敢来吸食鸦片？

县城西门外有一座高耸的"贞女坊"，它像一个失去依靠的孤女，凄楚地立在那里，任凭世俗的风雨日夜吹打。有次讨论的时候，有同学提出，这个"贞女坊"是不是对死了男人的女人的一种戕害？陈天华他们觉得，为死去男人的女人立贞节牌坊就是"殉夫"这种陋习的表现形式之一，贞女坊就像是套在女人脖子上的一把沉重的枷锁，让她们在本该享受生命的年纪，被世俗的枷锁牢牢套住，变成一具活死尸。世人都是平等的，凭什么男人死了女人，就可以再娶，甚至是三妻四妾，女人死了男人就不能再嫁，得守贞节？这就是对女人的不公平，既然有不公平，我们就应该把它打破。于是，陈天华他们借来了长楼梯，把"贞女坊"几个字刷上石灰水盖住，在上面写上了"大同坊"三个大字。以示对"殉夫"这种陋习的宣战。

开始，也有传统的封建势力起来表达不满，他们用气得发抖的手指指着改成"大同坊"的"贞节坊"说道："成何体统！成何体统！女人的'从一而终''三从四德'都被这些不知天高地厚、败坏伦常的逆子给破坏了。"而那些长期受到欺压的妇女，此刻嘴角终于露出了一抹如释重负的微笑。

为了响应维新派的新政，宣传新政，周辛铄与萧竹雯、王哲夫、辜藻堂、苏香谷、谢映星等贤绅商议创办一份宣传维新思想的报纸，转载《申报》《湘报》《时务报》等报纸上的重要文章。

办报之初，为了这个报刊的名，可热议了一阵子。康有为为推行变法，在上书之余，写过一部《大同书》，其意旨是："大同世界，天下为公，无有阶级，一切平等。"周辛铄他们认为，康有为的这种理想的大同世界也是广大民众所期盼的，刚好周辛铄又是新化县大同团的团总，这样的机缘巧合，让他心中一动，报刊就取名为《大同辑报》。

在陈御臣的"三味堂书坊"的大力协助下，第一期《大同辑报》顺利出刊。陈天华自告奋勇担任卖报任务。做惯了提篮生意的陈天华用上了以往的推销方法，手提着装报的篮子，在街头大声叫卖："看报，看报，看《大同辑报》，看我们新化人自己编印的报纸，掌握最新消息。看报，看报，看《大同辑报》，看当今中国，大兴学堂，以洋制洋，振我家邦……"

过往的读书人、士绅模样的有不少人都被他的叫卖声吸引住，纷纷停下脚步买上一份报纸，但那些小市民和商贩模样的却是一副漠不关心的神态。陈天华见状，灵机一动，马上编了首歌谣："卖报，卖报，救我中华！小小日本，为何强霸？小小德国，为何凶暴？小小英国，为何歹毒？还有俄国和美国为何这般狡诈？我中华民族呀！危在旦夕，我们国民啊！应该如何解救？全写在报上呀！不妨买张读读，买张读读。"这一试，效果很好，不大一会儿，手中的报纸全都卖光了。

人们读报时的各种神态，有的愤怒、有的叹气、有的思考、有的沉默。陈天华知道这份报纸起到了它应有的作用，它正在人们的脑海里持续发酵，它将指导着人们的思想与时代同步，与维新变革的理念合拍，他深信国民是可以唤醒的，国民的力量是无穷的，只要国民起来一起拥护维新变法，就不愁新政推行不了，国家不会进步。

《大同辑报》推广开来后，考虑到乡村消息闭塞，村民的生活又比较艰苦，周辛铄他们又商议自购一部活字印刷设备，自己印刷书籍、报纸，以降低成本，书籍、报纸仅以成本价卖给各村，以传播文化，倡导新风。

推行新政才两个多月，新化的天空似乎清明了许多。街上的人多了，气氛和谐了，人人脸上都带着笑容。正值秋天，收获的季节，丰收了的农人带着他们的土特产，带着他们的喜悦一起来到城里，让城里的人们也一起享受他们的丰收快乐。

走在街上，那些士绅、学子逢人必谈新政，都以知道当前的新政为荣。而那些路人也是每逢听到有人在谈新政，都驻下脚步静静倾听，生怕漏掉一个字。而他们所谈论的，正是《大同辑报》上所刊载的，特别是最近出的第三期上面刊载了梁启超的《少年中国说》：

"今日之责任，不在他人，而全在我少年。

少年智则国智，少年富则国富；

少年强则国强，少年独立则国独立；

少年自由则国自由，少年进步则国进步；

少年胜于欧洲则国胜于欧洲，少年雄于地球则国雄于地球。

红日初升，其道大光。河出伏流，一泻千里。潜龙腾渊，鳞爪飞扬。乳虎啸谷，百兽震惶。鹰隼试翼，风尘吸张。奇花初胎，矞矞皇皇。干将发硎，有作其芒。天戴其苍，地履其黄。纵有千古，横有八方。前途似海，来日方长。美哉我中国少年，与天不老！壮哉我中国少年，与国无疆。"

有不少的学子在大声地朗诵，那激越的声音，更是让人心潮澎湃，热血沸腾。它不仅长了中国少年的志气，也让人们仿佛看到了一个新的少年中国即将冉冉升起。

第十四章 新政失败

休息日，周辛铄、谭人凤、陈天华、苏鹏、杨源浚他们都走在人群中感受新政所带来的新场景、新气象，心中升腾起的是一种为了中华崛起，自己在尽一份力量的自豪。

"没有求新务实，古城是一座死城，它在慢慢地腐朽，是维新变法给它充满了新的活力。"周辛铄感叹说。

"有新政才有新生，没有新政只有死路一条。"谭人凤也说。

看着两位前辈兴高采烈的样子，三个跟随的年轻人也是心里异常兴奋，看来这两个多月来的功夫没白费。

这段时间，这些年轻人一直没闲着，继成立"不缠足会"之后，在周辛铄和谭人凤的领导下，又成立了"戒烟会"，把那些吸食鸦片的烟鬼集中起来戒烟，很多被鸦片所害的人家对他们是感激涕零，"贞女坊"改成"大同坊"，那些守旧劣绅闹腾一阵后，最后也只能偃旗息鼓……这些实实在在的成果，让人们充分体验到了新政带来的好处，所以，大家对新政更加信服。

当然，也有那些个靠贩卖鸦片维生，鱼肉百姓过活的人，对他们也是恨之入骨。南正街上的"邪烟三"，这段时间，被显宿他们的"戒烟会"搞得焦头烂额。自新来的知县李弼清全力支持禁烟以来，鸦片馆现在门可罗雀，完全没有了往日的门庭若市。新政把自己发财的路给堵死了，"邪烟三"把搞新政的人恨得牙痒痒的，但又不敢发作，只能夹着尾巴忍着。

陈天华、苏鹏、杨源浚几个人从街上返回实学堂宿舍的时候，苏鹏却碰到了家里的一个帮工在宿舍门口等他，他说是家里专门派他来给自己送信的。什么事情这么紧急？还要专门派人来送信？苏鹏心里咯噔了一下。

急速打开信，看到的却是一个惊人的消息：维新派出事了。

"凤初，出什么事了？"看到苏鹏脸色的急剧变化，陈天华急速地问。

"省城正在大肆抓人。"苏鹏焦急地说。

"大肆抓人？抓谁啊？"杨源浚惊问。

"抓康有为、梁启超及他们的党徒。"苏鹏说。

"这怎么可能啊！皇帝不正重用他们变法吗？"陈天华说。

"皇帝也被抓了，关在瀛台的一个秘密处所。康有为和梁启超都跑了，跑去了日本，我们湖南的谭嗣同因不肯逃走被官兵抓住了，巡抚陈宝箴也被革了职，做回平民。"苏鹏说。

"这消息可靠吗？我们之前怎么一点信都没听到？"陈天华问。

"绝对可靠，这是我的叔叔说的。他有一个儿子在省城衙门做事，他有事没事都会跑去儿子那里住上一阵子，他说他是亲眼看到的，省府衙门现在每天都有人被抓进去，他是看到风声紧，赶紧回来报信的。"苏鹏说。

"那现在还在抓哪些人？"杨源浚说。

"大的跑了抓小的呗，慈禧想着要一网打尽。"陈天华说。

"对，星台说得对。"苏鹏说。

"看来我们得赶紧去告诉周先生和谭先生。"陈天华说。

"是啊！我父亲在信上也是这么交代的，叫我舅赶紧跑，再不跑怕来不及了。"苏鹏说。

"凤初，那你还不赶紧把信交给你舅？"陈天华提醒道。

"对，对，事情来得太突然，我都有点慌乱了。"苏鹏猛醒过来。

周辛铄看到信也是吃惊不小："大事不好，朝廷又变脸了。"

"舅，那现在该怎么办？"苏鹏焦急问道。

"别急！凤初，你们都还是学生，不是很要紧，只是我和谭胡子得赶紧走，好汉不吃眼前亏，我现在就通知谭胡子去，以后实学堂有关新政的事你们暂时不要参与，专心念书，等风声过后再说。"周辛铄叮嘱道。

"唉！中国的历次变法，哪一次不是牺牲在统治者的屠刀下。"望着周辛铄远去的背影，陈天华心中叹道，自己所担心的事情终于发生了。

不久，消息得到了进一步证实，清廷不仅杀害了谭嗣同，跟他一起被杀害的还有康广仁、刘光第、林旭、杨深秀、杨锐五位参与变法的君子。省城里头不仅革了陈宝箴的职，他的支持者黄遵宪、徐仁铸、熊希龄也被革职，省城的时务学堂被停办。

消息传开，新化县城自然也是"山雨欲来风满楼"。刚实行新政的时候，周辛铄他们的一系列行动也是触犯了一些人的利益的，当时，只是因为省府和县府衙门的支持，他们才敢怒不敢言，现在风向一变，他们自然是要跳出来翻变天账了。支持新政的知县李弼清被革职查办后，报复得最狠的是"邪烟三"，他在得到消息的当晚就带人去抄了李弼清的家，还协助衙门的人把缉捕周辛铄、谭人凤的布告贴得满街都是，宣扬新政的标语被他们撕得破破烂烂的在风雨中飘摇，更是有人在上面又贴了一层反新政的标语。停了几个月的烟馆又开起来，没有人阻止，闻着那烟味，烟瘾犯了的烟鬼又开始往烟馆跑，相比之前，烟瘾有过之而无不及。不知是谁，把那牌坊上的字又改回去了，"贞女坊"三个字用油漆刷了，黑黝黝地闪着冷光。

随着冬天的临近，街上的人稀少了，除了烟馆生意火爆，其他店铺都是门庭冷落，凄风苦雨逼得人们走路都不敢抬头也不敢有丝毫停歇，只想找一僻静处躲过这一场扑面而来的风雨。

曾经轰动一时的新化实学堂的门窗被"邪烟三"带人砸了个稀巴烂。新知县上任后，又带着衙役把实学堂翻了个底朝天，凡与新政有关的书和报纸都被搜走烧毁，并限定时间让学生们搬离，然后关闭了大门，并在门上打了封条。

自此，新化的维新变法宣告失败。

第十五章 长沙求学

实学堂被官府关停后，同学们不得不各奔前程。临走时几个好友相约来到资江河边。陈天华、苏鹏、杨浚源都到了，独缺了罗元鲲。自他们闹新政，罗元鲲连跟他们见个面都是战战兢兢的，现在的形势下，不敢跟他们见面自然也是意料之中的事情，所以三个人也没怎么在乎。

寒风扑面，吹乱了没有心思梳理的头发，望着滔滔流过的资江水，陈天华慨道：

"黄水流向东，不复再回程。

今此离别后，何时再相逢？"

苏鹏此时也是满心的惆怅，接道：

"三春相依伴，以为岁月长。

皆因处浊世，前途太渺茫。"

看陈天华和苏鹏是这般的伤感，杨源浚劝道："你们俩别那么伤感好不好？'一叶浮萍归大海，人生何处不相逢。'救中华民族于水深火热之中是我们共同的目标，为了这个共同的目标，我们肯定有再走到一起的时候，所以，我得来首欢快一点的：

此番离别去，缘浅情义深。

待到重逢日，把酒话时新。"

"伯笙兄果然了得，这首诗可是对我们的未来充满了希望，'待到重逢日，把酒话时新。'预示着我们重逢的时候，将是我们拥有了新的生活的时候。"陈天华赞道。

"我也相信我们会重逢在新的变革时代。"苏鹏说。

杨源浚紧紧握住了两人的手："千古知音最难觅，愿我们早日重逢。"

苏鹏和杨源浚走后，陈天华也只得回到老父亲摆茶摊的地方。天气冷了，加上世道不好，茶摊生意也是一落千丈。看着日益衰老的父亲，陈天华不禁悲从心中起，洒下一把心酸的眼泪。如果不是为了自己多念一点书，老父亲也不会背井离乡，来到县城过这种漂泊的日子，家里的日子苦是苦点，但在塾馆做着先生，饭还是有口吃。父亲为自己吃了这么多的苦，而现在自己连书都没得读了，如果让父亲知道，不知他要伤心成什么样子？但这样的大事不告诉父亲能瞒得过去吗？

陈天华的神色自然没有逃过陈宝卿的眼睛，儿子这么悲哀，陈宝卿心里也难过，虽然儿子怕自己担心，没有很明确告诉自己他现在的处境，但在平时聊天的时候儿子时不时吐露出的一些新词，陈宝卿也知道，儿子情绪这么差绝对跟眼下众人谈论的维新变法被清政府绞杀有关。

终于，陈天华跟父亲袒露了自己这段时间的遭遇。

没想新化实学堂被关停了，这事情比自己想的更糟糕，陈宝卿沉默了半天，也没能想出一个应对眼前这个局面的办法来。

"现在书不能读了，乡亲们对你期望那么大，又不好回乡下去，那你打算怎么办？"陈宝卿问。

"现在我也不知道怎么办，但看您的茶摊经营这么惨淡，大不了我再提篮做点生意，先帮您渡过难关再说。"陈天华说。

"星台，再苦再难，我也不愿你放弃学业，要不你再去找找陈御臣老爷，看他有什么办法？"陈宝卿突然想到陈御臣。

"好吧。"尽管陈天华不想再去麻烦陈御臣，但这时候自己是束手无策，也只能这样了。

因为印刷《大同辑报》，陈御臣也受到了牵连，幸亏他在新化县城里面根基深厚，经多方打点，才以罚款一千两银子了事。

陈天华清楚陈御臣此时的境地，一见面就道歉说："晚辈不才，承蒙错爱，因为新政之事，连累了老爷。"

陈御臣说："星台，这不关你的事，是清政府腐朽，他们一定要等到国破家亡了才能醒悟过来。只是现在实学堂被关了，周辛铄、谭人凤还在被缉捕当中，学生也都散了，我倒是担心你，现在该怎么办？"

陈天华鞠躬道："真的不好意思！让老爷操心了，晚辈也正是为此事而来，想请教老爷。"

"这件事我也正在考虑。七年前，我去省城游玩，适逢岳麓书院修缮，我捐了两百两银子，并且结识了岳麓书院一位叫周宇宽的先生，互相留下了名帖，之后书信也来往了几回，后来就少了联系，不知他是否还在书院。"陈御臣说。

"您是想让我去长沙岳麓书院？"陈天华问。

"时间过去这么久了，只能碰运气，我现在修书一封，按原址寄出，看能不能收到回信。如果周先生还在那里，他会想法安排你去岳麓书院念书的，如果不在，我们只能另想办法了，不管怎样，书还是要念下去的。"陈御臣说。

"晚辈全听老爷安排！"陈天华恭敬道，有了陈御臣这句话，陈天华的心终于放了下来。

过不了多久，周宇宽先生来信说已为陈天华在长沙岳麓书院安排好了一切，让陈天华只管放心去就是了。

得到回音的陈天华赶紧回去把这个好消息告诉了父亲。

儿子要去岳麓书院念书，陈宝卿自然是欢喜，他想回老家下乐村一趟，把这喜讯告诉曾经帮助过儿子的族人们，可这几天又感觉到肝部有些不适，只好放弃了。肝部以前也隐隐痛过，但痛觉不是很明显，他没放心上，加之经济又不宽裕，也没想着去医馆看郎中。

陈天华察觉到了父亲的不妥，问道："爹，我看您这几天面色很不好，是不是哪里不舒服？要不我陪您去医馆看看？"

"哪有啊？你要去岳麓书院念书，爹这几天高兴都来不及，哪有时间不舒服？也许是太兴奋，晚上没睡好觉，脸色有些疲惫吧。"陈宝卿搪塞说。

"星台，去了岳麓书院，你得更加努力了，岳麓书院可是湖南一等一的好书院，它从北宋开宝九年建立以来培养了很多的国之栋梁啊！"陈宝卿又说。

"爹，您放心，我知道读书的机会来之不易，我一定会好好珍惜的，只是我去长沙离家远了，有些牵挂您的身体。"陈天华说。

"好崽，你就放心去吧，爹虽然七十岁了，身体还硬朗着呢，偶尔有些小病小灾，任何吃五谷杂粮的人都会有。"陈宝卿故作轻松掩饰说，这些年父子三人相依为命，他知道自己的一举一动儿子都很在意，他不能因为自己身体的不适而影响儿子的行程。

虽然父亲说没事，陈天华还是觉得父亲有些怪怪的，他决定把去长沙的行程再往后推推，观察一段时间，等确认父亲没事了再去书院。

眼看开讲日期已近，陈天华却没有要走的意思，这可把陈宝卿急坏了：

"星台，你怎么还不走？从新化到长沙，路上需要三四天呢，你在长沙人生地不熟，刚去怕还有些预料之外的事情要做，时间宜早不宜晚，可不能耽搁上学的。"

"爹，晚两天没事，耽搁的课程我赶得上去，您的身体可耽搁不得，我想多待几天等您身体没事了再走。"陈天华说。

"星台，爹真的没事，你也知道的，爹的身体一直都是这样，好不到哪里去也差不到哪里去，一点小风寒，熬碗葱姜水喝了驱驱寒就好。等风寒好了我和你哥就搬回下乐村去，家乡山清水秀，熟人又多，你没在县城读书了，我住在县城没多大意义，县城开支大，又没有什么稳定的收入，在老家可以自己种些菜，养几只鸡鸭，不用租房，还能节省一些开支。如果有机会，我还想去塾馆教几个学生，挣点钱给你哥攒着，再说乡亲们对我们有恩，我能教他们多识几个字也是好的。"陈宝卿说。

"爹，我也赞成您回下乐村，因为那里才是我们的根，乡亲们对我们帮助这么大，我们是要找机会报答乡亲们的。"陈天华对父亲回家乡的决定表示支持。

听爹解释说身体无大碍，陈天华才放心收拾行李去长沙。

清光绪二十六年（1900年）春，背着简单行李的陈天华从新化县城一路风尘走进了省城，走进了一心向往的长沙岳麓书院。

长沙岳麓书院是中国历史上赫赫有名的四大书院之一，坐落在湘江西岸的岳麓山脚下。书院依山傍水，前临湘江，后枕岳麓山，四周林木荫翳，环境幽静雅致。

快到书院的时候，迎面一阵微风吹过，陈天华闻到了熟悉的味道，一股江水的味道。"资江？"一个念头闪过陈天华的脑海，不对，这里应该是湘江了。虽然都是江，但给陈天华的印象是截然不同的。资江原始、古朴、粗犷，有跌宕起伏的江水、有四季变幻的河滩、有怪石嶙峋的峡谷。资江充满了野性和莫测，像是一个原始部落的首领。眼前的湘江俊秀、端庄、温婉，有波光迤逦的江水、有宽广浩渺的江面、有花红柳绿的江岸，湘江充满了知性和典雅，更像是一位出身世家的闺秀。

走过宽阔的，中间铺满平整的青石板，两旁砌着整齐的青石条的甬道，一座绿树掩映，古朴庄重的门楼迎面而来。清同治七年（1868年）重建的岳麓书院门楼，采用南方将军门式结构，建于十二级台阶之上，五间硬山，出三山屏墙，前立方形柱一对，白墙青瓦，置琉璃沟头滴水及空花屋脊，枋梁绘游龙戏太极，间杂卷草云纹，整体风格威仪大方，门楼的上方是宋真宗御笔赐书的雍容圆厚的"岳麓书院"四个字，两边是颜体集成的"惟楚有才；于斯为盛"四字对联。

走上那十二级青石条的台阶，跨进那同样是青色的长条石做的门槛，经过那块"岳麓书院"牌匾，踩在这个堪称湖南最高学府的院落里，陈天华觉得自己离理想又近了一步。

按照陈御臣的嘱咐，陈天华首先去拜访周宇宽先生。周宇宽先生的住宅就在岳麓书院的二道门里面。

进得门来，陈天华被里面的精美建筑所震撼。作为世界上最古老的学府之一，其古代传统的书院建筑至今被完整保存，它的每一组院落、每一块石碑、每一枚砖瓦、每一支风荷，都闪烁着时光淬炼的人文精神。

过了二道门，便进入讲堂。这地方很宽敞，大概可以容纳两三百人，讲堂两壁嵌的是朱熹手书的"忠孝廉节"，还有"学规""学箴"等石碑石刻。讲堂上置着两个讲席，循的是宋时的规矩。陈天华无法想象，两三百人同处一室听课的情景，这么多人听课，后面的同学怎么能听到？除非教室里鸦雀无声。

陈天华在讲堂里流连忘返，一时忘了自己来这里是干什么的，直到一个门夫打扮的人过来问询："书院静地，闲人免进，你找何人？"

陈天华这才醒过神来，他忙从怀里掏出临行前陈御臣给的荐信，指着上面的名字说："我找周宇宽先生。"

"哦，是找周先生的，你跟我来吧。"门夫说。

门夫前面带路，出了讲堂，就是"御书阁"。御书阁在岳麓书院的建筑群里面属于比较大的，走了不短的一段路才走过，门夫把陈天华领过"御书阁"后，指着西面的那扇门说："从那进去，里面就是周宇宽先生的家。"

第十六章 初识红颜

陈天华道了谢，径直往那座绿萝掩映、翠竹旁依的圆门走去。看到圆门上书的"百泉轩"三个字，就知道是一处雅苑。

这是一座很清幽的园子。正值春天，园子里百花齐放，有娇艳的茶花、妖娆的迎春、清秀的月季、妩媚的桃花，还有傲然屹立的松柏、满身泪滴的湘妃竹、四处攀爬的常春藤、青翠欲滴的草坪、千姿百态的假山。花丛中、草坪边、绿树下是一条条清澈的小溪，循溪望去是一个个正在冒水的泉眼，怪不得叫百泉轩了。

园子里静悄悄的，陈天华四下张望，希望能找着一个指路的人。猛然从一株开得极茂盛的茶花后面传出来一个银铃脆的声音："喂！你是什么人？在这里东张西望的，你要找谁？"

陈天华寻声望去，看到的是一个身穿湖绿色丝绸小短袄和同色夹裤、脚穿粉色绣花鞋，脑后垂着一条黝黑大辫子的漂亮的十八九岁的大姑娘。心里顿时有点慌乱，手忙脚乱地作了个揖："你好！小妹，我找，我找周宇宽先生。"

"谁是你小妹？我都不认识你。"看到陈天华慌乱的样子，姑娘没有一般女孩的那种娇羞，相反捂着嘴忍住笑呵斥道。

陈天华以为冒犯了姑娘，忙又作揖改口道："姑娘，我找周宇宽，周先生，请给我指一下路。"

"哪来这么多揖呀？你姓甚名谁？找周先生有何事？"姑娘抢白道。

陈天华慌忙掏出荐信递了过去："我叫陈星台，从新化县城来，这里有封信，想呈给周先生。"

"噢！你就是陈星台？家父都等你好几天了，为什么现在才来？"姑娘深深望了一眼陈天华问道。

没想到眼前的姑娘竟是周先生的女儿，忙解释道："临行前，家父身体有点不适，想着以后不能在家父身边伺候了，就多待了几天，等家父身体稍微好转才来省城。”

“哦！原来如此。我叫周婕，你稍等，我去给你通报一下。”姑娘的口气温和了下来。

“谢谢周婕姑娘！”陈天华又作揖道。

“嘿嘿！你这个书呆子，哪有这么多的礼数？”周婕笑着转身走了。

“爹爹，你嘴里念叨的那个书呆子来了，现在正在园子里等呢，看，这是他带给你的信。”周婕摇晃着书信，边喊边往屋里走去。

周宇宽接过信轻声训斥道："婕儿别乱说，人家哪是书呆子？人家是个有志之士。”

“可我看他就是个书呆子，爹爹，你不知道，他跟我说一句话就作一个揖，好搞笑。”周婕娇声道。

“还说呢，人家这是懂礼数，哪像你整天疯疯癫癫的没个正形。”周宇宽说。

“还没见到人呢，就已经这么护着他了。”周婕噘着嘴假装生气说。

“还在这里待着？还不快去把人领进来？”周宇宽没理会周婕的生气，吩咐说。

周婕扮了个鬼脸，也像陈天华一样给爹作了个揖："周先生，遵命！”笑着跑出去了。

陈天华在周婕的引领下，走进了周宇宽先生的房间。

这是一间书斋，窗明几净，格调高雅。放眼望去，前面及左右两边都是书架，古色古香的书架上，陈列的都是有史以来的重要典籍，迎面那扇墙，书架和书架的空隙间挂着的长幅条画是梅、兰、竹、菊四君子，可以看出周先生的学识渊博和高风亮节。

陈天华对戴着老花眼镜，身着朱红马褂，头戴黑色缎帽的周宇宽深鞠一躬："晚生陈星台拜见尊师。”

周宇宽抬手道："星台免礼，陈御臣先生是个开明绅士，他在来信中对你做了详细的介绍，特别是你在资江书院写的《述志》和后来发起‘不缠足会’写的禀帖，我很是欣赏，你是一个敢想敢干的年轻人，在这里，你可要好好念书，中国的未来寄托在你们这些年轻人身上。”

“谨听尊师教诲，对于学习，星台可是不敢怠慢的。”陈天华恭敬道。

“我想也是，从你的文章中也可以看出一二。”周宇宽说。

“周婕，你去把储藏间打扫一下，星台要住在我们这里。”周宇宽吩咐女儿。

然后又对陈天华说："你的家庭情况陈御臣先生也跟我介绍了，为了节省开支，你就住在我家。我家平时就我和婕儿两个人，婕儿她娘六年前就已病故，这些年，我们父女俩相依为命，婕儿有些被我宠坏，所以，她平时有些闹闹哄哄的，也请你多担待些。"

　　陈天华赶紧谢恩："谢谢尊师！没想到我陈星台一路走来能遇到这么多贵人，老天恩宠啦！"

　　"谢天谢地谢别人不如谢自己，谢你自己平时的努力。"周宇宽说。

　　"星台，我知道你胸有大志，但到了岳麓书院，有些事情还是要注意一点。俗话说：'识时务者为俊杰。'我听陈御臣先生说你原来入读的学校'新化实学堂'因闹新政被县衙关闭了。长沙城现在对新政也是疯狂绞杀，长沙时务学堂都被关停了。所以，在这里你一定要小心谨慎，别出差错。岳麓书院的山长王先谦是极力反对新政的，他和省城里的著名豪绅张祖同、叶德辉沆瀣一气，一贯扼杀新政支持者，书院有言新政者，即予以开除。新政时期，有几个学生在课室内谈论时事，被王先谦听到，即强行勒令离开书院，学政使徐仁铸亲自到书院来为他们说情，王先谦都不肯妥协，还以辞职相威胁，徐仁铸只好作罢。"周宇宽说。

　　"啊！王山长这么厉害？"陈天华有些惊到了，在新化实学堂的时候，虽然周辛铄、谭人凤这些先生被缉捕，学校被关停，但对学生还是没怎么处理的，教习罗仪陆也说过："你们学生是来学习的，有什么问题也是先生的责任，学生只要改正就好。"

　　"厉害的还不止这些。长沙时务学堂成立时，该学堂总理熊希龄聘梁启超、韩文举、唐才常等维新人士任教习，他与张祖同、叶德辉等明面上支持，暗地里却想操纵，被婉拒后，怀恨在心。后来维新运动高涨，他攻击时务学堂总教习梁启超等'伤风败俗''志在谋逆''专以无父无君之邪说教人'，使学生'不复知忠孝节义为何事'，指斥南学会和《湘报》宣传民权平等学说为'一切平等，禽兽之行''背叛圣教，败灭伦常'。并纠集张祖同、叶德辉等提出《湘绅公呈》，呈请抚院对时务学堂严加整顿，驱逐熊希龄、唐才常及梁启超等维新人士。又致书陈宝箴，提出停刊《湘报》。还串通省内劣绅，鼓动岳麓、城南、求实三书院部分学生，齐集省城学宫，商定所谓《湘省学约》，用以约束士人言行，对抗新思想传播。及至戊戌变法失败后，其门人苏舆编辑《翼教丛编》一书，集中攻诬变法维新，颂扬王先谦能事先

'洞烛其奸，摘发备至'。声称康有为、梁启超等乱民，犯上作乱，祸国之深，人应诛之。你说，他们是不是很凶残？又加之张之洞滥发《劝学篇》，湖湘学子，几乎人手一册，上面说：'宣扬民权无一益而有百害，纯属邪说暴行之流，大大有误朝廷国家……'所以，在书院的公开场合，不宜谈新政。"周宇宽接着说。

"谢谢周先生教诲，星台谨记。"陈天华谢道。

通过周宇宽的话，陈天华才知道省城的斗争比县城厉害得多，都到了你死我活的地步，看来自己一定得小心行事才行，不然不仅会辜负陈御臣老爷的帮助，弄不好还会连累周宇宽先生。

储藏室很小，仅能放下一张书桌一张床，但有窗，窗外有一架葡萄，此时正是葡萄藤吐叶的时候，嫩嫩的芽叶刚从褐色的藤条中挤出来，一只鸟停在上面叽啾。

刚刚被周婕打扫过的储藏室虽然还有一丝尘土味，但看上去干净、明亮，这环境对于陈天华来说是从未有过的好。

"谢谢你！小婕。"陈天华对正往墙上贴《勉之》字幅的周婕说。这幅字是周婕从父亲练笔的字幅中挑选出来的，她认为这两个字于陈天华正合适。在陈天华未来之前，父亲就已经欣赏这个土呆呆的乡村小伙了，今日一见，果然是憨厚中带着机灵，淳朴中透出坚毅。

周婕接过陈天华随身携带的行李放在床上，又从父亲的书房里搬来一些她认为陈天华用得上的书和文房四宝搁在她擦得油光锃亮的红木书桌上。一切安排妥当，她才拍拍手说："好了，别一谢再谢的，你今天说了很多谢了，累了吧？你先休息一会，晚点喊你吃饭。"

陈天华享受到了一种从未有过的体贴，他真的怀疑自己在做梦，可这确实是真实的，他感觉到了春天的太阳照在自己身上的温暖。

第十七章 道不相同

岳麓书院有学生二百多人，每天早晨必须在庙宇般的悠扬的钟声里，聚集到明伦堂诵读《卧碑文》《戒饬士子文》《圣谕广训》，并于考课次日，诵读《大清律例》。

陈天华参加了几次，不屑于读诵这些东西，他觉得这是在浪费时间，所以经常不参与，好在他住在百泉轩，不必从前门进出，所以，他没参与也无人发现。这段时间，陈天华就躲进"御书阁"看书。正像父亲所说的，只要你想读书，会有读不完的书。御书阁藏书一万四千一百三十册，像是一间中型的图书馆，走在这书的海洋里，陈天华才觉得知识海洋的浩瀚，而他则像是一块海绵，尽情地吮吸着海洋里的水滴。

第一次见到王先谦，觉得他门面上倒也像个人物。他年已花甲，体态魁伟，面相雍容，端坐在台前，目不斜视。他也是湖南学界泰斗，曾任国子监祭酒、江苏学政。有史学家、经学家、训诂学家、实业家等称号。但凡他主讲课的时候，陈天华还是会认真听的。

岳麓书院自宋以来，以讲"求仁履实""经世致用"为最大特点，形成了独具特色的湖湘学派。政治上拘泥保守、食古不化的王先谦，却只把"致用"两个字发挥到了极致，曾手谕学生"世子读书，期于致用"。

书院开设的是经学、史学、掌故、舆地、算学、译学六门功课。他主讲的自然是占主导地位的经学。但经学，无论王先谦讲得如何条条是道、声情并茂，在陈天华眼里也无半点诱惑。他想，灾难深重的中华大地，逆来顺受的中华民族，已经到了最危险的时刻，还要按儒家的"修身齐家治国平天下"的思想循序渐进的话，已经是远水救不了近火，中国只能沦为砧板上的肉任人宰割了。

每当王先谦主讲的时候，书院的旁听席上总会坐着一位身材粗壮，满脸横肉，横肉上布满紫酱色麻子，有着稀疏八字胡的人物，不用猜，他就是跟王先谦沆瀣一气，扼杀新政的叶大麻子叶德辉。

叶德辉，他虽人生得丑陋，粗蛮，浑身上下都不像一个读书人，倒像个杀猪的屠夫，但也算是一个名人。他别号吏部，和湖南的杨度，俱是船山书院王闿运的得意门生。王闿运，字壬秋，又字壬父，号湘绮，世称湘绮先生。咸丰二年（1852 年）的举人，曾任肃顺家庭教师，后入曾国藩幕府。1880 年入川，主持成都尊经书院。后主讲于长沙思贤讲舍、衡州船山书院等学堂。是著名的经学家、文学家。所以，王闿运的得意门生，不用多做介绍，自然是门缝里吹喇叭，声名在外了。

跟大多数同学一样，陈天华很喜欢听周宇宽先生讲的历史课。周宇宽博古通今，知识渊博，常常是寓教于乐，有时一个很平常的故事就能引出一段不平常的历史。

有次，周宇宽讲孔任尚的《桃花扇》："'孙楚楼边，莫愁湖上，又添几树垂柳。偏是江山胜处，酒卖斜阳……'它表面上看似是才子侯方域与名妓李香君演绎的一段才子、佳人悲欢离合的故事，但实质上是一部表现亡国之痛的历史剧。作者将明末侯方域与秦淮艳姬李香君的悲欢离合同南明弘光朝的兴亡有机地结合在了一起。大家试述这千古悲剧是谁酿成的？是怎样酿成的呢？"

陈天华站起来答道："依愚生之见，最大的原因是吴三桂引狼入室，导致满人夺走了江山；其次是南明没有开明的政治措施来团结内部；第三是马士英、阮大铖等人的擅权乱政，排挤东林、复社士子。"

又一学生站起来说："我认为《桃花扇》的悲剧，是南明朱由崧的悲剧。堂堂大明，已失一半，偏隅东南，立为福王，却不知坚守江淮，徐图恢复，岂不悲哉？"

周宇宽点了点头："桃花扇是一部接近真实历史的历史剧，它不仅展示了明末南京的社会现实，同时也揭露了弘光政权衰亡的原因，歌颂了对国家忠贞不渝的民族英雄和底层百姓，展现了明朝遗民的亡国之痛。"

受邹代钧的影响，舆地课也是陈天华喜欢的。《中国海岸记》《西征纪行》《西图译略》《中俄界记》等书让他明白，中国的土地是多么的辽阔，资源是多么的丰富；中国的海岸线是多么的绵长、海洋是多么的宽广。这些也正是侵略者虎视眈眈我国领土的根源所在。

书院每月都有月考，月考有奖学津贴，这给了经济窘困的陈天华又一次机会。尽管有些课程陈天华不喜欢，但几乎每次月考陈天华都能拿到奖学津贴。每次拿到津贴,陈天华除了自己留小部分傍身外,其他都交给周婕作为自己的生活费用。周婕不肯收,陈天华说:"你和周先生能让我在这里住下我就感恩不尽了,这点钱不能代表什么,只是代表我的一点感激之情,你不收下我就失去了争取奖学津贴的意义。"

通过这段时间的相处,周婕越来越知道陈天华的与众不同,她知道他是一个坦坦荡荡的人,而且很执着,不收下他的钱只能让他感觉心里有所亏欠,为了能让他踏踏实实住下来,周婕只好收下,只是心里更加敬佩他。

第十八章 意气相投

一天，周婕像只兔子一样蹦蹦跳跳跑到房间，跟陈天华说："星台哥，告诉你一个好消息。"

"什么好消息？天上掉馅饼了，还是哪只小母鸡下了一个蛋？"陈天华调侃道。

对于周婕的好消息，他已经有所了解，她喂的小母鸡下了个蛋是好消息；她的花园里新开了一朵花是好消息；她的葡萄架上结了葡萄也是好消息；甚至哪里飞来一只鸟在哪棵树上筑了个巢都是好消息。自周婕的母亲去世后，周宇宽也没再娶，父女俩相依为命。周宇宽是个做学问的，整天除了课堂就是书房，周婕一个女孩也不便出门，所以，去到一江之隔的长沙城里，对于周婕来说都是一种奢侈。她的生活范围就在"百泉轩"，最多有时去前面的课堂听听课，去御书阁看看书，或去周宇宽的课堂上捣捣乱，冷不丁说出一句让学子们开怀大笑的话，活跃一下气氛。

"谁说的？是我表哥要来呢。"周婕白了陈天华一眼。

"你表哥？"陈天华马上想到周婕也十八九岁了，也许周婕口中的表哥就是周婕的意中人吧。不知怎么的，陈天华感觉有些失落。

"是的，我表哥刘霖生，他是个在江湖上跑来跑去的人。"周婕说到表哥颇有些自豪。

"江湖人士？跑来跑去？"这句话让陈天华有点好笑又有点纳闷，周宇宽这样的书香之家居然还有江湖义士来往？这倒勾起了陈天华的好奇心，这刘霖生究竟是怎么样的一个人？

那天刚好是休息日，陈天华在陪着周宇宽下棋，闲聊中提到了刘霖生，周宇宽说："星台，你别看霖生整天在江湖上跑来跑去，他少时可是衡山集贤书院的灵慧之才，后来又被送进船山书院，成了王闿运大师的学生。"

"和叶德辉师出同门？"陈天华惊问。

"是的，但行事却是截然相反的两个人。"周宇宽说。

陈天华一下就明白了，怪不得周婕说起她表哥是眉飞色舞的。

"爹爹，表哥来了！表哥来了！"周婕一路小跑进来报告。

"快，让他进书房里来，刚好星台也在这里，让他们相互认识一下。"周宇宽急忙说。陈天华很少看到沉稳的周先生这么急切过，看来这个刘揆生在周宇宽心里也是了不得的人。

刘揆生看上去年龄比陈天华小，皮肤黑里透出红红的亮色，个子高挑，鼻梁挺直，嘴略显大，眉毛宽但不浓，轮廓分明的脸庞，一双会说话的眼睛让整个脸部看上去生动活泼。

周宇宽给陈天华介绍说："星台，这是霖生。"转过脸又介绍说："霖生，这是星台。"

"霖生兄，久仰大名！我叫陈天华，字星台。"陈天华抱拳道。

"星台兄，你的大名我也早听说过，今日得见，实在荣幸！我叫刘揆一，字霖生。"刘揆一也抱拳道。

"哈哈！既然两人相互仰慕，就别在那里客套耽搁时间了，坐下来慢慢聊吧。"周宇宽此时说话也少了平日里的书卷气，干净利落。

"好呢，霖生兄，我听小婕都说你好多回了。"陈天华说。

"她说我什么了？没说我坏话吧？我这个婕儿表妹的嘴巴可是毫不留情的。"刘揆一笑道。

"我才不敢说你坏话呢，等下你又要咒我找不到婆家了。"周婕故作委屈地说。

听了他们俩的对话，陈天华和周宇宽都忍不住笑了起来。陈天华这下明白，刘揆一和周婕真的只是表兄妹，不是自己想象的那种关系。

"霖生，小婕说你是个在江湖上跑来跑去的人，你能不能给我们说说江湖上的那些事儿？"陈天华说。

周宇宽和周婕对这个话题似乎也很感兴趣，都静默下来一副洗耳恭听的样子。

"好吧，就给你们说说最近江湖上闹得最火的事儿。这年头，也够兵荒马乱的呀！长沙古城自维新运动遭到镇压后，看似风平浪静，他俞廉三巡抚做得安安稳稳的，可清人的朝廷并不太平呀！就说山东，现如今到处都是'义和拳''红灯照''蓝灯照'，闹腾得挺厉害的。"刘揆一说。

"什么？'义和拳''红灯照''蓝灯照'怎么尽是些稀奇古怪的名字？"

周婕瞪大眼睛问。

刘揆一说："这个说来就话长了，'义和拳''红灯照''蓝灯照'总起来叫'义和团'。这是一个反清反洋教的民间团体，发起于直隶、山东交界的鲁西一带，首领有三个，一个叫朱红灯，另外一个叫赵三多，还有一个叫王一庆。他们明面上于商贾墟市之地，约期聚会，比较拳脚功夫，叫作亮拳。暗地里却秘密开会联合抗击官府、烧毁教堂。现在义和团运动就像这三月里的野草，到处蓬勃生长起来。参加'红灯照''蓝灯照'的据说都是女性。按他们的说法，只要夜间的天空一出现红灯或蓝灯，那就是义和团的巾帼们在和清军或洋人作战。"

"噢！那我也去参加'红灯照''蓝灯照'。"周婕嗷嗷叫着，手舞足蹈起来。

"婕儿，别胡闹！"周宇宽训斥道。

刘揆一笑着说："婕妹，'红灯照''蓝灯照'岂是你说参加就能参加的？她们神出鬼没，一般人连影子都难找到，不然，那官府和洋人有洋枪，岂不一下就把她们灭了？"

唐婕吐了吐舌头，道："那也是哦！"

"据我所思，义和团这个组织是不是来源于长江以北各省流传甚久的'白莲教'？这个白莲教在嘉庆元年和嘉庆十八年起义过，均失败了，被清廷斥为'邪教'，一旦拿捕到教中人便会被处以极刑。但二百年来，白莲教和影响长江以南的哥老会像韭菜一样，割过一茬又长出一茬，从来没断过。"陈天华分析说。

听了陈天华的分析，刘揆一大为佩服："正是！正是！星台兄所测，一点没错。义和团现在是越传越神，他们画符、念咒、全身抹油，自称'神拳'，'刀枪不入'，祀的神却是张飞、岳飞、骊山老母……"

陈天华沉声道："这样的义和团是奈何不了洋人的洋枪洋炮的，都是血肉之躯，哪有刀枪不入之理？一旦被恶人利用，难说不自食其果。"

刘揆一为陈天华独到的见解所折服，大有相见恨晚之感："星台兄很有见地，朝廷现在拿义和团也是左右为难，虽然称义和团为'拳匪'，又不想剿灭，朝廷想利用义和团杀洋人。慈禧很恨光绪帝，恨他实行新政，所以，慈禧一心想废了他，立端王载漪的儿子溥儁做同治帝的继承人，让他入宫，称为'大阿哥'。各国驻京公使不赞成，拒绝入贺，并提出了让慈禧把权力交还给光绪帝的照会。慈禧恨洋人要破坏她的阴谋，她想借义和团之手克制洋人。"

没想到"义和团"和朝廷还有这么多的瓜葛，慈禧的心机是这么的重。陈天华愕然道："霖生兄知道得真多！"

刘揆一大大咧咧说："不多也，只是有几个江湖朋友，他们与我肝胆相照，有什么信息都会告知我，所以，能多得到一点消息。今天与星台兄也是一见如故，不知星台兄可否愿意与他们相识？"

陈天华道："那敢情好，求之不得啊！你不知道，除了岳麓书院的同学和周先生父女，长沙城里的人我可是一个都不识。"

"以后有机会，我把星台兄介绍给大家，便可到一起来聊聊。"刘揆一说。

"一言为定！"陈天华说。

"一言为定！"刘揆一说。

后来在周婕的嘴里，陈天华知道了刘揆一更多的事情。刘揆一在江湖上可说是一个"通天教主"。虽然他年龄才二十三岁，父亲也就是个衙吏，但他的见识却比一般人广多了。他祖父为衡山地方上的开明士绅，父亲刘方峣投过湘军，还当上过小头目，然而在一次与太平军作战的时候，因为人性与民族意识使然，他放走了太平军的总制，因怕事情败露，便离开湘军潜回了老家。直待金陵被攻克，他才又在亲戚的帮助下，在衡山县衙做了个狱吏。刘揆一自小聪明，他父亲送他念完衡山县城远近闻名的集贤书院后，慕王闿运之名，在他十五岁的时候，又准备把他送进船山书院。

父亲将刘揆一带到船山书院，见过山长王闿运，呈上束脩后，刘揆一拜见山长。

王闿运手持铜水烟壶，边"吧嗒、吧嗒"吸着水烟，边问了刘揆一以前在"集贤书院"的学习情况，看到刘揆一那双灵动的眼睛，知道此子也是个聪慧之才，只是不知道他的聪明发挥在什么地方，便问道："你想在船山书院学些什么？"

刘揆一反问："先生这里有什么可学的？"

"我这里只有三门功课，即功名之学、诗文之学、帝王之学。"王闿运说。

"这个怎么说呢？"刘揆一以前从没听到过这种说法，一般功课都是指具体的课程安排，比如舆地学、经学、史学等等。

"功名之学，即是为功名而来求学的，其目的是考取举人进士点翰林，以此为升官晋级的阶梯，老夫主要教他们学习四书、八股、作帖诗、写策论。因为做官是他们的目的，诗文只不过是敲开功名之门的砖石，功名一到手，砖石尽可以抛掉，所以圣贤的深奥不必深究，做人的道理不必身体力行，只要能博得上司的欢心，用不着对天地良心负责。"王闿运说完，深深地吸了一口水烟。

"这就是现在暗黑的官场之道。"刘揆一有些不屑。

王闿运清了清嗓子，接着说道："诗文之学，乃以探究古今为学为人之真谛而设。穷毕生精力去治一经一吏，辩证纠误，烛幽发微；或登群籍之巅峰览历代得失，于究天人之际，吐世间之情，著书立说，成一家之言；或记一时之颖悟，启百代之心扉。总之，其学不以力行为终极，而以立言为本职。"

著书立说，这可不是自己所能干的事情，整天待在书房里把那些古典文籍研究来研究去，那不把自己憋死才怪呢。刘揆一想。

"山长，那帝王之学又是怎么一回事？"刘揆一插话道。

一问到帝王之学，已过花甲之年的王闿运顿时精神抖擞起来，他把水烟壶"噔"的一声搁在茶几上，站起身子在屋里踱了几个来回，眼睛并没看谁，只是直视前方一个虚无的目标，两眼放射出的是一种青壮年人才有的精锐的光芒，脸上甚至还泛出一圈红晕，声音洪亮地说："老夫的帝王之学，以经学为基础，以历史为主干，以先秦诸子为枝，以魏汉诗文为叶，通孔孟之道，达孙吴之机，上知天文，下晓地理，集古往今来一切真才实学于一身，然后登名山大川以恢宏气概，访民间疾苦以充实胸臆，结天下豪杰以为援助，联王公贵族以通声息。斯时方具备办大事的才能。再然后，或从容取功名，由仕途出身，侧身廊庙，献大计以动九重，发宏论以达天听，参知政事，辅佐天子，做一代贤相，建千秋伟业；或冷眼旁观朝野，寻觅非常之人，出奇谋，书妙策，乘天时，据地利，收人心，合众力，干一番非常大业，以布衣取卿相，由书生封公侯，名震寰宇，功标青史。"

王闿运越说越激动，这就是他青年时期的梦想，他曾为此奋斗过二三十年，只是如今已过花甲之年，这一切却还是镜中花、水中月，他不甘心自己这一辈子的努力付之东流，他需要一个可以继承自己衣钵的学生，他希望自己的梦想能在自己的学生身上得以实现。

王闿运又拿起水烟壶"吧唧"两口，问："此学者三，你学何学？"

听了王闿运的这长篇大论，刘揆一早已心生去意，自己一心想的是怎样才能推翻清政府，而王闿运灌输的是怎样服务于皇权，这不是违背自己的初衷吗？

刘揆一说："我一样都不想学。"

王闿运说："那你来为何？"

刘揆一说："不想先生只此三学，无一适吾学也。"

王闿运还从没见过如此奇怪的学生，也是顿生好奇之心，问道："那你想学啥？"

刘揆一说："学如何排满，如何灭清。"

王闿运听到这话，气得差点背过气去，握着水烟壶的手都颤抖起来，他把握在右手的水烟壶转到左手，腾出右手食指，颤颤巍巍指着刘揆一说："孺子不可教也！"

刘揆一却反驳说："孺子可教，但你并无此学。"

"你走吧！走吧！老夫是教不了你。"王闿运挥手让刘揆一走。

正在旁边被儿子与王闿运之间的对话弄得哭笑不得的刘方峣赶紧求道："请王山长原谅犬子的放肆，犬子年纪小，不懂人情世故，不懂尊师重教，所以才对山长有此冒犯，我也是听说山长最会因材施教，才想把这不懂事的孽子托付给山长教育，还望山长给他一个观察期，如果实在无法施教，到时再任凭山长发落。"

刘方峣一番奉承及求情的话让王闿运无法立马拒绝，才勉强答应收下，但要求刘揆一对上一联。

刘揆一则说："愿收就收，不收就不收，答联何用，能伏清吗？"

王闿运听了气极反笑，知道面前这个小子不同一般，但碍于刘方峣的苦求，和丰厚的束脩，只好先留下。

刘揆一在书院就读不久，就来了个名杨度，字皙子的，他才高于众，却满脑子的帝王梦，从师王闿运学的就是帝王之学，听说每个月逢初五、十五、二十五晚上，王闿运还要邀他去他的明杏斋单独讲课。明杏斋是王闿运的起居室，一般的学生根本无缘靠近。加之他是京都的举子，刚刚参加"公车上书"回来，在京城会试时又认识了曾广钧（曾国藩第三子曾纪鸿长子）、夏寿田、梁启超等一干风流名士，更是志得意满，目空一切。

有一天，他在书院门口碰到刘揆一，他也听说过刘揆一的事迹，调侃道："霖生兄，听说你在书院一无所学，那你待在书院干些什么？"

刘揆一反唇相讥道："是啊！我是一无所学，哪像你，学了满腹的帝王之学，以后准能成为帝皇的左膀右臂，到时王山长的脸上就有光咯！"

杨度听出了刘揆一话语中揶揄的味道，话不投机，尴尬地笑笑，悻悻离去。

很快，王闿运便看出刘揆一并非纨绔之流，他不仅读书写字俱佳，而且为人处世干练，深受士子们欢迎，是一个有才华的人，如果他能按照自己的意愿去学习、去行事，也许有朝一日能为自己所用，可他一心想做的事就是排满反清，正如他自己所说的，这里确实没有他可学的。

新政的消息传到衡阳的时候，刘揆一才知道在长沙有一所培养拯救社会人才为宗旨的长沙时务学堂，他确认那才是他该去的地方，于是给王闿运留下一封告辞信直奔长沙时务学堂而去，还带走了一班志同道合的士子。

刘揆一的这番操作，确实让王闿运尴尬了一阵子，他想，你刘揆一想走走就是了，我不会拦你，可为什么还要带走一些士子呢？你这不是往我脸上抹黑吗？我堂堂的船山书院居然留不住学生？后来想想，人各有志，我王闿运要教的也不是这种自由散漫的学生，就不再纠结了。

在长沙时务学堂，中文总教习梁启超非常看重他，中文分教习唐才常也很喜欢他，这让他有了一种奔头，他不仅如饥似渴地学习，而且经常拉了邵阳的好友蔡艮寅，去街头做宣传，为时务学堂网罗人才。

蔡艮寅，字松坡，清光绪八年十一月初九（1882 年 12 月 18 日）生于湖南省宝庆府邵阳县亲睦乡一户贫寒的裁缝家庭。幼年在私塾读书。蔡艮寅幼时非常聪慧，他十三岁时，湖南学政江标到邵阳举行岁试，他的史学、辞章答卷出奇的优秀，江标亲拔为秀才。十五岁那年他应考长沙时务学堂时，在高班中名列第三，梁启超认定他为大器之才，着意栽培。因为都是梁启超赏识的人才，所以，刘揆一和蔡艮寅走得很近。

戊戌变法失败，梁启超和唐才常逃亡日本，蔡艮寅先是流落了一段时间，后来也辗转去了日本，其他人和士子们作鸟兽散，刘揆一也从此流落江湖，到处游荡。

在江湖上，连著名的哥老会首领马福益都尊称他为"恩人"，在长沙城内，他还有杨笃生和禹之谟两个举足轻重的朋友。……

综合这么多，他能不知晓天下大事吗？

陈天华很庆幸自己认识了这么一位能人，以后跟自己志同道合的朋友将会更多。

第十九章　不速之客

这天下午，百泉轩外面来了位年轻人在打听陈天华，门夫过来通知陈天华，说门外有人找。

谁找我呢？该不是刘揆一这么快就给自己介绍朋友来了吧，陈天华猜测，因为来书院只有这么久，自己除了周宇宽、周婕和刘揆一以外，其他认识的都是一同在书院读书的人。

陈天华赶紧跑去门口，看到的却是意想不到的好朋友杨源浚，"伯笙兄，怎么是你啊？"陈天华惊问。

"怎么不能是我啊！你来长沙念书，我也来长沙念书了。"杨源浚笑道。

"真的？你也来岳麓书院了？"陈天华睁大眼睛问道。

"一点没错，我听人说你也入了岳麓书院，才到处找你。"杨源浚说。

"没想这么快我们就重逢，真是太巧了。伯笙兄，走吧，别站在这里了，进去坐一会。"陈天华热情地说。

随陈天华走进百泉轩，来到了陈天华那间葡萄藤掩映下的小室。杨源浚打量了一下室内叹道："没想星台兄在岳麓书院的百泉轩还有这么一方静地也！"

陈天华微笑道："全蒙尊师周宇宽惜铁如金，我才有此等幸运。"

为了不打扰周宇宽一家人，陈天华提议到书院外头走走。漫步到岳麓山下一间临江的小酒馆，陈天华说先在这里坐一会，叫上两壶新化桃林源水酒，摆上一碟花生米，两人兴致勃勃喝开了。

陈天华不嗜酒，但佳朋来了，囊中羞涩，又记得杨源浚的那句"待到重逢日，把酒话时新"的诗，所以才以酒相待。面对远处的江南丽阳，湘江帆影，近处的萋萋芳草，五色野花，大家各吐一番衷肠，也便是一段良辰美景了。

"伯笙兄，我们两人是重逢了，只是不知道凤初兄现在在哪里？"陈天华说。

"我也没去打听，实学堂解散后，心里乱了方寸，不知道以后该干什么，后来家里花了不少的银子，才托人给我推荐来岳麓书院。"杨源浚说。

"我也是，实学堂解散之后不知所措，幸亏有恩人陈御臣老爷和恩师周宇宽，我才有了这读书的机会。"陈天华感叹说。

三杯水酒，几处美景，让杨源浚不禁诗思涌出，他吟道：

"昨日庾江惜离别，

今朝湘水又携游。

江南美景眼前驻，

心中却有许多愁。"

陈天华道："伯笙兄，你啥时变得这么多愁了？"

"唉！国家这么落后，侵略者如此贪婪，那些反动官绅还在拼命阻止社会的进步，不知眼前的盛景还能维持多久？你也应该知道，岳麓书院的山长王先谦，还有和他同一个鼻孔出气的号称叶吏部的叶德辉，把岳麓书院当成了他家的园子，什么都控制得死死的，根本就不允许新政渗透进来。特别是那个叶大麻子，大骂主张新政的康有为和梁启超是居心叵测，以所谓维新学说来蛊惑湘人，致使无识之徒翕然从之。还说其实他们的学说不外乎推崇泰西，主张民权，效耶稣纪年，言素王改制，又倡君王平权，攻击三纲五常，其学乃扰乱社会之邪说，其人乃无父无君之乱党。我们待在岳麓书院变成了聋子、瞎子、哑巴，我真的怀疑当初选择岳麓书院是否正确。"杨源浚叹道。

"是的，恩师周宇宽也跟我说过这些，我也觉得这几个月过的是一种与世隔离的生活。不过，既来之则安之，不说别的，不能辜负那些花钱给我们书念的人的期望。"陈天华说。

"也是！"杨源浚应道。

"伯笙，最近，我结识了一个叫刘揆一的人，他的性情与我们相似，理念和我们相同，并且他的活动能力极强，眼界开阔，在他那里，我能听到很多闻所未闻的消息，不管是旧事还是新闻。"陈天华说。

"他也是岳麓书院的吗？"杨源浚问。

"不是，他以前是时务学堂的，时务学堂解散后他就自由自在到处游历了，所以他的见识特别广。"陈天华说。

"真的？那太好了！能有这样的一个朋友就好像打开了我们通向外界的一扇窗。"杨源浚兴奋地说，这段日子的孤陋寡闻，可把他熬苦了。

"是的，我也是这种感觉，等他下次来的时候，我给你们互介一下，他可是个喜欢广交天下朋友的人。"陈天华说。

"好的！好的！"杨源浚连连点头。

"伯笙，只要我们不懈努力，相信终究能找到一条振兴家国的道路，不如我们来首振奋一点的诗吧：

山河破碎年复年，

此等美景能几天？

一朝把那胡虏灭，

如画江山万万年！"

"好哦！好哦！"两人一齐拍手称好。旁边的人纷纷侧目这两个喝了几杯淡酒，就兴奋得手舞足蹈的人。

新化水酒味甘而不烈，醇浓而烈香，喝的时候非常可口，但后劲十足。几杯下肚，不胜酒力的陈天华，感觉已有些醉意，杨源浚怕他失态，拉他去江边坐了好一会，直到江风把他的醉意吹散一点，才送他回百泉轩。

闻着陈天华身上残留的酒味，周婕皱了皱眉头："星台哥，你平时不喜喝酒的，今天怎么出去喝成这样了？是高兴还是苦闷？"

"是高兴！高兴！"陈天华还有点余醉，微眯着眼睛，头像鸡啄米似的点着。

"什么事这么高兴？还值得喝酒庆贺？"周婕追问。

"见到老同学了，新化实学堂的同学，还以为很难再见面了的，没想在岳麓书院又遇上了。"陈天华道。

"哦！这么开心，我还以为是你家里给你说婆姨了呢。"周婕长舒了一口气。

"说婆姨？怎么可能？天下方多故，安能再以儿女情累我乎？国不安，吾不娶。"陈天华嘟嘟囔囔说。

陈天华从小博览群书，古代有些英雄人物的事迹深深印在脑海。有一次读到一篇有关汉武帝时期的著名将领霍去病的文章时，他的一句："匈奴未灭，无以为家"，让陈天华内心非常震撼。霍去病当时所处的环境与现在也有些相似，所以，陈天华当时就发誓以后也要仿效他的做法，如果国家不安稳，就必须全身心投入到为国家谋稳定的事业中去，决不能让儿女私情拖累自己。周婕现在这么一问，曾经发过的誓言不由得从嘴里溜出来。

周婕有点发愣，天华这说的是什么话呀？难道他根本就没有成亲的打算？平时开朗、调皮的周婕顿时变得闷闷不乐起来。

周婕从小就生活在百泉轩，与外界少有接触，每天在花花草草之间流逝自己的岁月。陈天华到来后，好像给她的生活打开了另一扇窗。陈天华不仅长得高大、英俊，而且才高八斗、学富五车，为人又坦荡、大气。无怪乎爹爹把他视为珍宝，不仅让他在百泉轩住下，更是待他如家人一般，这让情窦初开的少女怎能不喜欢上他？虽然少女的羞涩让她无法直接表白，但平时在陈天华面前表现得调皮、任性，完全没有隔阂感。每天晚饭后，只要没下雨就要拉父亲和陈天华去散步，充分享受着一家人其乐融融的感觉。这段时间，连整天盯着书本的周宇宽也看出了其中的端倪，心想，女儿真的长大了，有心思了。

晚饭的时候，看到平时爱说爱笑爱调皮的周婕变得沉默寡言了，周宇宽感到好生的奇怪："婕儿，怎么啦？我觉得你今天与往日有些不同呢？"

"爹，没什么，女儿就是心里有些不舒服，没事，一会就好。"周婕搪塞道。

"咦！星台怎么没来吃饭？看你这么不开心，莫不是和星台闹矛盾了？"周宇宽忽然发现陈天华也没在桌边，觉得自己发现了问题的症结。

"爹，您就别乱猜了，他才不会跟我闹矛盾呢，他喝醉了，还在房间睡觉呢。"周婕说。

听周婕的口气，周宇宽愈发觉得女儿的不开心与陈天华有关。他想，在女儿这里问不出个所以然，陈天华总该不会瞒着自己吧。男大当婚，女大当嫁，女儿也是十八九岁了，尽管她生长在一个相对来说比较封闭的环境，但"爱"是人的一种本能，到了该萌发的时候终会萌发，就像一颗种子遇到了春天。

"等星台酒醒了让他来我书房一趟，我问他是怎么让我家婕儿不高兴的。"周宇宽说。

"爹，你这是怎么啦？真的与星台没关系，是我自己多想了。"周婕怕父亲暴露了自己的秘密，赶紧阻止。

"这下你自己承认了吧，星台究竟做了什么，惹得你如此不开心？说给爹听听，看爹能不能给你把结解开。"周宇宽说。

周婕拗不过爹爹，就把陈天华今天的表现及酒后说过的话告诉了爹爹。

"今天星台很高兴，和同学出去喝酒了，喝得有点醉。"周婕说。

"星台平时不是很喜欢喝酒的，每次我让他陪我喝都是勉为其难，他跟哪个同学这么亲近？岳麓书院的吗？"周宇宽也感到有点奇怪。

"是的，还是他老家新化实学堂的同学。看他喝得这么高兴，我以为他老同学从家乡给他带来了喜讯，就顺口问了他一句是不是家里人给他说婆姨了？哪知他说什么'天下方多故，安能再以儿女情累我乎？国不安，吾不娶'爹，你说，他这是什么意思吗？"周婕说。

周宇宽沉思良久说："'燕雀安知鸿鹄之志'，星台这是志向远大呀！不是我们这样的地方能留得住他的。"

"那我怎么办呀？爹"周婕急得快哭了。

"婕儿，强扭的瓜不甜，以后你就把他当哥哥吧，像霖生一样的哥哥。"周宇宽拍着周婕的肩膀，无奈地说。他知道，这打击对于情窦初开的女儿来说确实很大，不过这念头越早断伤害越浅，也就越容易治愈。

第二十章 旧友新朋

陈天华大清早就起了床，洗漱了，便来到窗前，翻开一本《译学》。《译学》是所有功课中陈天华花费时间最多的，看洋人蚯蚓一样的文字，听洋人鸟语一样的话，对于谙熟中国文字的他来说无疑像是到了另一个世界，一切都要从头开始。所以，他自己规定，每天早晨起床洗漱完第一件事就是读一小时《译学》。

突然一道黑影在葡萄架前一闪，陈天华以为又是小婕在恶作剧，没有理会，继续看他的书。

"星台，在看什么呀，这么入神？"身后传来了一个男人的声音把陈天华吓了一跳。

转身一看，竟是刘揆一。

"霖生兄，怎么是你？鬼鬼祟祟的，你这是从哪冒出来的？"陈天华把手里的书一放，抱住了刘揆一。

"哎呀！别说了，星台兄，你倒好，待在书院里认认真真读书，安安稳稳睡觉，踏踏实实吃饭，可知我这段时间过的是什么日子？"刘揆一苦着脸道。

"霖生兄怎么啦？"陈天华关切地问。

"我可是死里逃生啊！"刘揆一摊开双手，一副很夸张的痛苦样子。

"哈！既然逃生出来了，就没事了，都说大难不死，必有后福，你就等着享福吧。"陈天华故意嬉笑道。

"还笑，你看我现在的样子，是不是很狼狈？"刘揆一把身子展了一下说。

陈天华仔细打量了一番，刘揆一确实比前次来的时候黑了瘦了。"哎！说说这段时间你到底遇上什么事了？能让你霖生兄这么狼狈的事情肯定不是小事。"陈天华问。

"唉！还不是因为好奇，都说义和团很神，我是想去探个究竟，所以，上次跟你离别后我回了一趟老家，跟父母告个别后，就去找义和团了。"刘揆一说。

"你去找义和团？你到哪里去找义和团？"陈天华好奇地问。

"去'义和团'的巢穴直隶和鲁西呀！我是从湖北过去的，湖北离义和团的老巢近，过了湖北，就是义和团发起之地了。"刘揆一说。

"你是怎么找到他们的？是不是很难发现他们的行踪？"陈天华问。

"那倒没有，现在的义和团蓬勃发展起来，已成燎原之势，他们走到哪里就把火烧到哪里，他们烧教堂、杀洋人，闹得轰轰烈烈，所以，也不是很难找到他们。"刘揆一说。

"然后呢？"陈天华问。

"然后跟着他们一直往北走，经过天津，眼看着就要到北京。"刘揆一说。

"你是跟他们一路杀过去的？厉害呀！霖生兄。"陈天华惊讶道。

"不是，开始我是悄悄跟在一队一律的箭衫萧袖，扎着红披风，头绾一个发髻，髻上插着醒目的簪子的女义和团，也就是'红灯照'后头，我想看看传说中神出鬼没，杀人不眨眼的她们能干出什么惊天动地的事来。"刘揆一说。

"'红灯照'里面的女队员是不是长得青面獠牙，奇丑无比？"陈天华故意问。

"哈！你也相信传说？"刘揆一讥笑道。

"我就是这么一问嘛！好奇心重而已，如果真是这样，我们的霖生兄还敢跟着吗？"陈天华促狭地说。

"哼！我告诉你吧，'红灯照'的女队员们不仅不丑，而且一个个英姿飒爽，精神抖擞。"刘揆一说。

"我猜也是这样的，因为她们骨子里有一种自信与自强，人只要有了这两样，谁都不会丑。"陈天华说。

"星台兄，你说得太对了！好像亲眼看见似的。我跟在她们后面几天，一路上，她们都是昂首挺胸、威风凛凛。白天她们不停地赶路，太阳快下山的时候，听到一阵嘹亮的号角，就会停下来，找一处地方歇息，然后开始埋锅做饭。

吃完饭后，又一阵号角，她们迅速站起来，静默无声地开始集合，一切行动都听那个女指挥的。那个女指挥很潇洒干练，她给团众说了一阵话后，大家开始你来我往地操练起来，天黑后就找地方露营。"刘揆一说。

"听了半天，好像也没你说的那么危险啊！"陈天华有些不以为然了。

　　"别急，危险在后头呢。我本来一直都是远远地跟着她们的，那次是躲在一丛灌木后面看她们操练。不知她们练了多久，后来我睡着了，被人推醒来的时候发现那个女指挥站在我身边。当时心想，这下完了，被她们发现了，按她们的规矩是要杀头的。

　　她们发现我醒来了，并没有马上杀我，而是有两个人上来按住我的头和双手。

　　'说！你是干什么的？是不是朝廷派来的探子？'那个女指挥很威严地问。

　　我说：'我才不是探子呢，我是汉人，从江南来，怎么会是朝廷的探子呢？。'

　　'既然不是探子，为何要跟踪我们？窥伺我们？'女指挥说。

　　'我是迷路了，看你们的队伍威风凛凛，才跟在你们后面走的，求各位姐姐放过我。'我撒了个谎。

　　女指挥沉吟了一会说：'我看你也不像个探子，哪有探子作案的时候睡着了的，还睡得那么死沉死沉。'女指挥说完还那么莞尔一笑。她大概是想起了刘揆一刚才睡着后打鼾的样子，正是因为他的鼾声，才让她们发现灌木丛后面有人。

　　'那就请姐姐们放我走吧，我赶紧另寻他途，再也不敢跟在姐姐们后头了。'刘揆一求道。

　　'放了他吧！'女指挥命令道，那两个按住我头、手的人，才放开了我。

　　我站起身，拍干净身上的灰尘，然后，从从容容走了。"刘揆一接着说。

　　我从头到尾都没听到有什么危险的情节啊！倒是那个女指挥对你蛮不错的。"陈天华说。

　　"你不知道，我当时都想到了被砍头的场景，还说不危险？"刘揆一夸张地说。

　　"不错，霖生兄，本来你是要被砍头的，你能这么从容离开，也许是女指挥看上你了。"陈天华开玩笑说。

　　"没想到我们严肃的星台兄也能开玩笑了，其实义和团并不是传说中的杀人不眨眼的恶魔，他们是不会滥杀无辜的。"刘揆一也笑道。

　　"后来呢？你离开'红灯照'就回来了吗？"陈天华问。

　　"没有，离开'红灯照'，我又去找了'义和拳'，跟着他们往北走了几天，直到快接近北京城，才离开。"刘揆一说。

"不过，我还是没听出霖生兄所说的那种死里逃生的感觉，你纯粹是在吓唬老百姓。霖生兄此次来长沙有何贵干？"陈天华知道，刘揆一绝对不是因为这件事来长沙的，他一定有什么更重要的事情。

"星台兄还记得我上次说过的话吗？要给你介绍一些朋友，我可不能食言哦！"刘揆一说。

"真的？那是太好了，你的那些朋友现在在哪里？"陈天华兴奋地说。

"我约好他们在天心阁见面的，走，我带你去。"刘揆一说。

"好，我在岳麓书院还有一位很要好的同学，他叫杨源浚，跟我是同乡也是新化实学堂的同学，更是肝胆相照的好朋友，他性格和我差不多，也喜欢结交一些志同道合的朋友，是不是把他一起喊上？"陈天华说。

"当然可以呀！跟你很要好的同学肯定跟我们也是很合拍的。"刘揆一满口应允。

"绝对是，你稍等我一会，我马上去叫他。"陈天华赶紧去找杨源浚。

听说是跟刘揆一去结识一些志同道合的新朋友，杨源浚也很是高兴，满口答应。

三人径直来到湘江边。初夏的湘江，夏潮刚刚涨起，才下过雨，江水不是很清澈，一波接一波的江水，用力拍打着江岸，展示着它不可小觑的力量。坐渡船过了湘江，来到长沙城区。天心阁位于长沙城的正中心，高踞于南门城墙之上，有一种俯仰天地，极目楚舒之感，再加上周边的雉堞女墙、古城万舍、城南义冢、西城岳麓、朱张渡口、旖旎湘江，还有远方的浅山平畴，让这座古老的楼阁读遍四季颜色，阅尽千古沧桑。

刘揆一、陈天华、杨源浚赶到天心阁的时候，那里早有两个人在等着他们。在刘揆一的引荐下陈天华和杨源浚认识了杨笃生和禹之谟。

杨笃生，字毓麟，长沙本地人，清光绪二十三年(1897年)从秀才中选拔，保送入国子监读书。戊戌变法时期担任过《湘学报》时务栏的编撰，并被湖南时务学堂聘为教习，他跟刘揆一是亦师亦友。

禹之谟，同治五年七月十八日（1866年8月27日）诞生于湖南双峰县青树坪镇贻则堂。他少有大志，娴文习武，疾恶如仇，爱憎分明，最爱读王船山著作。二十岁时禹之谟遍游江、浙诸省，广泛接触社会名流，研读西方社会政治学说，开阔了眼界，增长了见识，爱国忧民之心也日趋强烈。1894

年，中日甲午战争爆发，他愤然投笔从戎，投身清军，立志报国。由于晚清政府腐败，中日甲午战争失败。1897年，禹之谟回到家乡创办实业，走实业救国道路。戊戌变法失败后，禹之谟深知倚赖清廷改行新法，实施资产阶级改良主义是行不通的，遂萌发民主革命思想，积极投入反清斗争。禹之谟跟刘揆一一样是个闲不住的人，经常在外面游历，刘揆一是在江湖上跑来跑去的时候认识他的。

虽然这么多志士在一起，情绪却有点低沉。原来刘揆一这次带来的是个很不幸的消息，他的老师唐才常领导的"自立军"行动被泄密，惨遭失败，唐才常等二十几位壮士被清政府残忍杀害。

在岳麓书院与世隔绝了一段时间，陈天华和杨源浚第一次听说"自立军"，后来听刘揆一解释才知道自立军是以他的老师唐才常为首组织的。

义和团运动闹得最火热的时候，戊戌变法失败后逃往日本的唐才常遵梁启超的嘱咐，偷偷回国寻找机会，准备组织武装勤王，以实现"君主立宪"的目的。他认为曾支持维新变法的两湖总督张之洞可以信赖，就从家乡跑到湖北，在林圭、吴禄贞、秦力山等的帮助下，秘密建立了一支保护光绪帝复位，抗击慈禧的"自立军"。

其实，刘揆一当时也知道这件事，但他并不支持他的老师唐才常，他是反满人士，不主张扶持光绪帝，他的想法是要推翻整个清朝政府。他认为，清朝政府腐败日久，现在又是内忧外患，已经危如累卵，为什么还要保护这样一个岌岌可危的政府呢？这天下应该是汉人的天下，是大众的天下，绝对不应该再是满族的天下。

"事情怎么就被泄露了呢？"陈天华问。

"唐才常想趁义和团大乱之机率自立军起义，当时也知会过两湖总督张之洞，张之洞听了他们的计划也未置可否，唐才常以为他是默许，起义就按着原计划进行，没想到张之洞却于起义之前，将大小首领二十余人，悉数抓获，秘密杀害于滋阳湖畔。你们没看到当时的惨状，群雄被杀害之后，都没人敢去收尸，只有我偷偷去祭奠了他们一番。群雄都是身首异处，鲜血染红了湖边的沙滩，头颅一个个怒目圆睁，直视苍天，仿佛在质问老天爷：天道何在？公理何在？"刘揆一沉痛地描述说。他虽然不参加唐才常的"自立军"，但老师被杀害还是让他痛心疾首。

"那段时间，慈禧正在仓皇逃跑中，是谁下的血令，令二十多位壮士身首异处？"陈天华疑惑道。

"还能是谁？肯定是张之洞这狗贼，这助纣为虐的刽子手。"杨笃生咬牙切齿说，对于以前一起在时务学堂共过事的好友唐才常的不幸遇难，杨笃生也是悲愤交加。

"张之洞素来精明，诡计多端，唐才常组织的自立军是保皇的，难道他不怕得罪光绪帝？不保皇了？"杨源浚疑惑道。

刘揆一说："光绪帝在慈禧那里已成了一只死鸟，在瀛台被幽禁得成了木偶一般，张之洞精明就精明在这个地方，现在掌权得势的是慈禧，他早知道唐才常他们的事情，但一直保持沉默，他要等到他们起事的时候才将他们一网打尽，这样才能向慈禧邀功请赏，也能掩盖他以前两面三刀的事情。"

禹之谟说："霖生兄说到了问题的实质，张之洞是杀人灭口。"

"这些狗官，为他们头上的顶子，什么事情都干得出来，中国都被他们搞得血流成河了，他们的顶子都是鲜血染红的。汉人也是太不争气，出了这么些背祖叛宗的浑蛋。"听到这里，陈天华气得头上青筋都暴出来了。

"唉！这些都已成事实，我们在这里再怎么难过都无济于事了，现在想的是我们该怎么筹划我们的未来。"刘揆一说。

"我本是想实业救国，看到西洋国家的兴盛，而我们中国是这么的贫穷落后，我想办工厂、办学校，首先让国家富强起来。但戊戌变法失败后，我觉得要依赖清朝政府改行新法是完全不可能的事情。"禹之谟说。

"做实业确实是一条强国之路，但现在国家都难以生存，你的实业哪来的依托？哪来生存的土壤？现在唯有解救国家于水火中才是首要问题。"杨源浚说。

"伯笙兄说的没错，自立军的失败，也让我们认清了事实，不能再对现在的清政府抱有任何的幻想，我们必须彻底推翻这个政权，才能有新的出路。"刘揆一说。

"血淋淋的教训摆在面前，唐才常他们的死唤醒了我。"杨笃生愤怒地说。

"迷蒙的中国大地，黑沉沉的清政府，愚昧穷困的无知百姓，我们还得想着要怎样才能唤醒他们的灵魂，昂扬他们的斗志，让每个人都投入到这场拯救中去。"陈天华心情沉重地说。

"我看当务之急是填饱肚子，再各自回去想想下面的事情该怎么做。"看场面如此沉重，刘揆一逗趣说。

　　"哈哈！霖生兄好主意，先填饱肚子再说。"杨笃生大笑道。

　　大家都被刘揆一的话逗笑了，阴霾似乎已经驱散，一个新的明天已经开启。

第二十一章 初露锋芒

岳麓书院的山长王先谦虽然不准学生过问政治,但还是很注意发掘人才的。几个月过去,他渐渐注意到了陈天华,他发现他很少听课,但每次月考都能拿到奖学津贴,他把这件事跟叶德辉说了,叶德辉则怀疑陈天华的成绩是假的。

叶德辉说:"他不上课,却能取得这么好的成绩,肯定是有问题,学问、学问,得学得问,哪有不学而知的道理?"

"我调查过了,没有学生反映他有作弊的现象。"王先谦说。

"要么我们俩干脆面试他一番,如果面试不过就直接劝他退学,不要坏了我们书院的名声。如果成绩是真实的,那就说明这个人天赋异禀,面试结果让我们满意的话,我们可以考虑选他接我们的班。"叶德辉说。

"这倒是个很好的提议,我赶紧着人去通知他,我们的年纪也都不小,该考虑接班的人选了。"王先谦完全赞同叶德辉的提议。

"陈星台,王山长要你去山长室呢。"门夫到百泉轩通知陈天华。

陈天华愕然,山长居然叫自己,莫不是自己平时逃课的事被他发现了?

"山长喊我做什么?"陈天华问。

"这个我就不晓得咯,山长只是让我喊你去山长室。"门夫答。

"好!麻烦你回复山长,我换件衣服马上就到。"陈天华说。

门夫走后,陈天华赶紧找到周宇宽,把山长找的事情跟他说了一下:"尊师,不知何故,王先谦特意差人让学生去见他。"

周宇宽也有点疑惑,山长亲自喊学生谈话一般是比较重要的事情,陈天华平时在书院也是很低调的,除了成绩好,也没有什么很突出的地方,王先谦找天华究竟所为何事呢?难道天华在外面有什么不当言论被王先谦听到了?

"星台,我也弄不清楚,是不是你在外面有什么事?"周宇宽问。

"尊师,星台在外面绝没有什么不轨的事情。"陈天华道。

"既然外面没犯什么事那你就放心去好了，不过有一点，面对王先谦你要小心答话，这个人城府很深的。"周宇宽嘱咐说。

"多谢先生提点，学生这就去了。"陈天华道。

经过周宇宽的提醒，陈天华镇静多了，他从容地来到山长室。

"山长好！弟子陈星台前来聆听教诲。"陈天华站在门口恭敬说道。

里面王先谦的声音传出来："进来吧！"

陈天华进门一看，里面不仅有山长，还有他平时很厌恶的叶德辉，但再怎么不喜欢，陈天华还是不动声色地给王先谦和叶德辉都鞠了个躬："山长好！叶先生好！"

"陈星台，坐吧！"穿着银狐夹袍，戴着金丝眼镜，花白的头发梳得一丝不乱，一副老泰斗模样的王先谦指了指书桌对面的凳子说。

身穿荷兰绸的夹袄长袍，脚蹬软缎布厚底皂鞋，长辫子油黑发亮的叶德辉则坐在王先谦旁边。

"陈星台，你是哪里人？"叶德辉首先提问。

"先生，学生来自新化。"陈天华答。

"新化，王化之新地，属梅山区域。听说那里的人是蚩尤的后裔，以前一直过着与世隔绝的生活，与外界不通往来，且勇猛、顽强，又称'梅山蛮'。梅山人是很难驯化的一群人，朝廷多次派兵镇压都未能屈服，直到北宋熙宁五年宋仁宗采取'怀柔政策'才归化，所以叫'新化'。"叶德辉娓娓道来，看来他是做足了功课的。

"先生说的没错，新化人有一种不屈不挠的精神。"陈天华不卑不亢地回答说。

"这也说明新化人很忠诚，他们忠于自己的民族、忠于自己的祖先。"王先谦接道。

陈天华以为自己是来挨批的，没想却出现这样一种境况，长沙城里两个坚硬的老顽固究竟葫芦里卖的是什么药呢？

"听王山长说你学业很突出，每次月考都能拿到奖学津贴，今日，王山长约我来，想跟你切磋一下学问。"叶德辉话锋一转。

陈天华这下明白了，原来是自己成绩突出惹的祸，他们想试试自己是不是真本领，有没有骗取奖学津贴的嫌疑，这下陈天华心里踏实了。

"我们只是问你几个平时不大能问到的问题，看你这几个月来学问长进到了什么地步，因为平时考试针对的是大多数的学生，出的题目也是大众化的，无法测试到你的真本领。"王先谦补充说。

"先生尽管问，学生知无不言，言无不尽。"陈天华道。

叶德辉道："中国殷夏所行'学在官府，天子命之教，然后为学'。湖南于春秋属楚，君臣亦自称为：'蛮夷'。自东周下至楚，地方风物及巫文化相杂，才滋育了独具特色的楚文化。你喜欢楚文化吗？"

陈天华知道这个问题不是一个"喜欢"或"不喜欢"就能回答得了的，必须从王先谦所教的《经学》的观点去解答这个问题。

《管子·大匡》曰：'楚国之教，巧文以利'。战国晚期屈子作《楚辞》，文采绚丽，并究功利；其下宋玉、唐勒、景差等人袭之。溯其源，孔子早提出了个义利问题。他说'富与贵，是人之所欲也。不以其道得之，不处也；贫与贱，是人之所恶也，不以其道得之，不去也。'亦说'饭蔬食饮水，曲肱而枕之，乐亦在其中矣。不义而富且贵，于我如浮云。'因此，楚文化既为我喜欢，又为我嗟叹……"陈天华娓娓道来。

王先谦不解，问道："何以也？"

陈天华答："君子喻于义，小人喻于利。"

王先谦反驳道："照你所言，屈原也是小人了？"

陈天华朗声道："不，屈原是最伟大的爱国主义诗人，不是小人，他虽然怀才不遇，想通过绚烂的文采来醒悟昏聩的楚怀王，但他最大的功利不是想复位，而是救国，所以'巧文以利'四字，不能冠于他头上，而应该是宋玉之辈。"

叶德辉倒是颔首道："见解颇当。"

王先谦也说："看来你对《论语》兴趣甚笃，那么'民可使由之，不可使知之。'你的看法又如何？"

陈天华说："民可使由之，对也；'魏征以德'，重视教化，要求百姓都能自觉的不做坏事。'不可使知之'，非也！这是愚民政策，几千年来，让我中华民族，堂堂大汉，积弱不浅。反过来，孟子的民贵君轻思想，倒闪耀着仁政的光辉！"

这些话使王先谦、叶德辉惊讶，一个刚入岳麓书院不久的学生，他的某些观点已经这么成熟、独到，确实是一个不可小觑的人物，看来以前的奖学津贴并无虚发。

现在还需考验的是他对新政的态度，这是遴选接班人的最基本的态度。

"那么，你对新政、新学的问题是怎么看的。"叶德辉单刀直入。

这么敏感的话题，陈天华想到了入学之初，周宇宽先生说过的，王先谦、叶德辉两人对新政的恨之入骨，想到刚才周先生告诫自己王先谦是一个城府很深的人，再加上叶德辉这个心狠手辣的毒角色，自己一定得小心应付，既不能轻易得罪眼前的这两个人，又不能违心改变自己的观点，现在只能含而不露，迂回自己的情怀。

"老子曰：反者道之动，强为之名曰大，大曰逝，逝曰远，远曰反。这也即老子的：'曲则全，枉则直，洼则盈，敝则新，少则得，多则惑。'《易传》则如此说：'穷则变，变则通，通则久'……我也不知自己引用的对不对？还请两位前辈指教。"陈天华首先抛出了自己的观点，但又把这些观点正确与否的决策权交给了王先谦和叶德辉，意即你们认为对就接受，你们认为不对，可以给我更正，反正现在你们是先生，我是学生。

听了陈天华的引经据典的一番说辞，叶德辉是早已心生不满，但这些确实又出自经典，都是有据可查的，自己能推翻吗？显然是不可能的。

"这样说来，你也是赞成新政、新学的咯！"叶德辉的口气有些不屑。

陈天华坦然道："学生不敢妄自下结论，都是书上说的，学生只是据实说而已。"

王先谦叹道："新政、魔政，新学、邪学，尔类中毒弥深，奚可指望国泰民康与社会？异端邪说，本起西洋，何可借变而学也？尧之天下，舜之天下，岂不是如此过来的吗？"

陈天华回道："山长大人，孟子说：'圣人与我同类者'，'尧舜与人同耳'。"

叶德辉脸上的麻子都要炸开了，他大声训斥道："狂妄！狂妄！！！"

见面闹得不欢而散，陈天华回百泉轩，周宇宽和周婕正在花园散步，陈天华把刚才与王先谦与叶德辉的对话说给了周宇宽听。

周宇宽思索良久，说道："人能弘道，非道弘人。"

周婕则说："能把王先谦、叶德辉气成这样的人并不多，星台哥，你还是小心为妙。"

陈天华知道周婕说的没错，不禁也心生怅然。

时至盛夏节气，天气越来越热，号称"火炉"的长沙城热得让山区来的陈天华有些喘不过气来。湘江边虽然也时常有风，但带着一股热浪，吹在人身上让人觉得热气腾腾，像是刚揭开的蒸包子的蒸笼。他很是怀念资江边上的习习凉风，怀念被河风吹得哗哗作响的古楸树林。

家乡的夏天，陈天华家旁的古楸树林是最热闹的。吃完晚饭，只要没下雨，乡亲们或摇着蒲扇或晃着艾条（新化农村一种传统的驱蚊方法。割下来的野艾枝绑成小儿手臂大的小捆晒干，点燃后灭掉明火，生成的烟有很好的驱蚊效果。）纷纷来到古楸树林纳凉。陈天华在家的时候每晚都能听陈天华讲故事，自陈天华去县城读书后，这种场景就没了，只有那一片楸树林子愈发茂盛。

陈天华心里还在惦记着父亲和大哥，来省城读书后，父亲茶摊生意越来越淡，加之身体不好，又回到了老家，不知道父亲的病怎么样了？他们在家乡过得还好吗？什么时候还得抽时间回家看看父亲他们才好。

陈天华跟父亲的感情，不是一般的父子之情。有时候像朋友，有时候像师生，有时又是父子。小的时候，陈天华最喜欢的事情是跟父亲去钓鱼，父亲的钓鱼技术很好，只不过一般不允许儿子把时间花在他认为是闲情的事情上。母亲去世后，等明白母亲永远不会再回来的时候，父亲有段时间成为了陈天华思念母亲的感情寄托。在县城读书的时候，陈天华跟父亲又成知己和同学，在学校里一接触到什么新鲜的事物，总喜欢跟父亲聊，心里有什么不愉快的事情跟别人无法诉说的也是向父亲倾诉，父亲总是能及时找到问题的症结所在，通过一番沟通，最终能让陈天华心里的不愉快释放掉。俩人有时睡在一张床上一聊就是一整晚，父子俩虽然年龄相差有点悬殊，但思想却能够达到高度一致。

第二十二章　父回家乡

　　儿子陈天华去省城读书后，陈宝卿开始收拾自己的家当准备回下乐村。家当不多，两床破得不行的被子，自己和大儿子的几件破衣服，剩下的就是锅、碗、瓢、盆，这些东西一副箩筐就可以担完。原想着走旱路回去的，走路虽然慢一点，累一点，反正自己不着急，可以走走歇歇，那样可以省下两个人的船费，可肝部的疼痛越来越厉害，现在别说担了行李，就是空手也很难走回去，看来只能坐船了。

　　担着相对于陈宝卿这个已年过七旬的文弱书生来说有些沉重的箩筐，来到船码头。时间有点早，距开船还有一个多时辰，陈宝卿想碰碰运气看有没有村里人驾的便船。因为靠近河边，下乐村人除了种地，家庭盈实一点的人家还会置一艘船，小一点的船是为了出行方便，大一点的则是为了长途贩运，贩运一些地方的土特产去县城或下游更远一些的益阳、武汉这些资江流域能到达的地方。

　　如果坐客船，因为有专门的码头停靠，从码头到家里还有一段不算短的山路，那段路对于此时的陈宝卿来说也比较为难。如果能碰到刚好回下乐村的便船，不仅能省下不算小的一笔船费，还能直接到家门口下船。

　　陈宝卿刚到河边就碰上了小时候跟天华一起放牛的志诚。除了表哥亮毛，志诚就是天华最好的朋友和兄弟了。小时候志诚经常在陈宝卿家里玩，因为家里穷，志诚没上过私塾，跟天华在一起玩的时候，天华教会他识了不少的字，所以，尽管好几年没见面了，陈宝卿还是认识他。

　　"宝卿叔，您这是要去哪里？"志诚老远就认出了陈宝卿，抢先打招呼。

　　"是志诚啊，我要回下乐村去，你是不是也回下乐村？"陈宝卿问。

　　"是的，我来县城办点事情，现在准备回下乐村去。宝卿叔，您不是在县城陪星台哥读书吗？怎么就回下乐村呢？"志诚看陈宝卿担着的行李，这是搬家的架势。

　　"星台去省城的岳麓书院读书了，我在县城没什么事干就准备回下乐村住。"陈宝卿说。

"恭喜宝卿叔，星台哥真有本事，还能去省城念书，我可是塾馆门都没进过，现在能识几个字，写自己的名字，还是星台哥小时候教的，能读书真好。"志诚说。

"志诚，叔要回下乐村了，现在也没事可做，如果你还想多识几个字，可以来找叔，叔免费教。"陈宝卿说。

"真的吗？那太好了！志诚小时候只知道读了书能考功名，没想到长大后在外面做事也处处要识字，不识字的人在外面要多吃很多哑巴亏。"志诚兴奋地说。

"是的，能识字在外面做事就能少走很多弯路，少上很多当。"陈宝卿说。

"宝卿叔，我看您脸色很不好，是不是哪里不舒服了？"志诚注意到了陈宝卿的脸色，不仅黑得有些异常，还满脸的汗珠，虽然是挑着担走路，但这还是初春，怎么会这么热呢？

"身体有点不舒服，没事，过下就会好的。"陈宝卿坚持说。

"您身体不舒服，我来帮您挑箩筐吧。"志诚不由分说抢过了箩筐担在自己肩上。

陈宝卿正好感觉到肝部痛得厉害，就随他了。

"志诚，你这是往哪里走？"陈宝卿看志诚担着箩筐并没有往搭船的码头方向去，而是径直往河边走，忙喊道。

"宝卿叔，我自己有只船，在县城拉了一些货，现在正好要回下乐村，您就坐我的船回去好了。"志诚说。

"噢！志诚，原来你自己买船跑生意了？不错！不错！年轻有为！"陈宝卿赞道。

没想到还真碰上便船了，陈宝卿心中一喜。

"与星台哥比，差远了，我这买船的钱很大一部分都是借的。"志诚憨笑道。

"跑船这生意来钱快，只要努力，钱很快就会还清的。"陈宝卿说。

"嗯，等把借的钱还了，我要好好攒一笔钱供我儿子读书，让他将来跟星台哥一样做一个有出息的人。"志诚说。

"志诚，你星台哥离有出息还早呢，现在还不知道他将来能怎样？"陈宝卿道。

"叔，我相信星台哥他一定会成为一个有出息的人。您不知道，我从小就拜服星台哥，愿意跟他屁股后面跑，小时候的星台哥是我们的头儿，他在哪里放牛，我们一大帮放牛娃就跟他去哪里。"志诚说。

"志诚，小时候的事情你还记得这么清楚？"陈宝卿说。

"怎么会记不得？小时候跟星台哥放牛是我们最开心的事，星台哥每天都有讲不完的故事，我们是听着星台哥的故事长大的。"志诚说。

"哈哈！是的，他小时候就是最爱给别人讲故事。"想起天华小时候到处讲故事的情形，陈宝卿也笑了。

一路上有伴，时间就过得快，不知不觉船就到了下乐村。志诚把船靠在正对陈宝卿家门口的河边，然后又担了行李，把他们父子俩直接送到了家。

"感谢你啊！志诚，这么快就到了家，如果我自己回来，还不知道要花多长时间呢。"陈宝卿在心里对志诚多了一份感激，心想，如果有机会，一定要多传授一些学问给这个年轻人。

"宝卿叔，不必感谢！举手之劳呢。星台哥不在家，以后有什么事情需年轻人去做的找我就是，把我当作星台哥使就好了，不要有所顾虑。我如果没出去跑船，您有空的时候我就来您家跟您识几个字。"志诚微笑说。

"好的，志诚，叔现在随时有空，你来就是了，感谢你这个星台的好兄弟。"陈宝卿感激说。

"陈先生回来了？星台呢？"刚从门口路过的凤嫂看见陈宝卿回来了，赶紧迎了上来拉话。

"凤嫂，好久不见，星台去省城岳麓书院念书了。"陈宝卿说。

"啊呀！星台去省城念书了，有出息！有出息！省城的学堂多好，星台可是我们下乐村第一个进省城学堂的，以后保准能考个状元回来，到时你跟他去省城住着，就有得福享咯！"凤嫂口气中满是羡慕。

"谢谢凤嫂吉言，我这次回来，是要在村里长住，哪里都不去了。"陈宝卿说。

"以后如果星台硬要接你去省城呢？也不去？"凤嫂说。

"星台还要几年才能念完书呢，能不能考中是另外一回事，但不管星台以后怎样，我都要住在这里了，落叶归根嘛！"陈宝卿说。

"对！对！对！甜不甜家乡水，亲不亲故乡人，不管人在哪里，最终根还是在家乡的。陈先生，以后有什么需要帮忙的，打个招呼就好，还像以前一样，都是乡里乡亲的，我们又住得这么近。"凤嫂热情地说。

"好的，远亲不如近邻，以后别嫌我烦你们就行。"陈宝卿说。

"怎么会呢？我们这么多年的邻居了，先生难道还不了解？是不是去县城久了，有点分生了？"凤嫂故意嗔道。

"哪里啊！真的是怕以后麻烦的事情多。"陈宝卿赶紧申辩。

"好了，好了，开个玩笑，以后有事尽管开口，我们不怕麻烦的，我们曾经也麻烦过你们。"凤嫂笑笑说。

第二十三章 不治之症

陈宝卿回村后，肝部的疼痛又加剧了，他赶紧去找刘郎中。

"陈先生，你这病有多久了？"刘郎中切着脉搏，让陈宝卿左手、右手地换了几个来回，眉头越皱越高，最后脸色凝重地问。

"也不是很久啊！开始只是觉得肝部稍微有点不适，现在感觉到有点痛了。"陈宝卿说。

"有没有去县城的医馆看过？"刘郎中问。

"没有，开始只有一点点的不适，去大医馆看病不仅需要很多钱，还怕星台知道了担心。"陈宝卿说。

"您回下乐村住是星台去省城念书了吧。"刘郎中好像是问了一个无关紧要的问题。

"对，去省城的岳麓书院念书了，刚走几天，他去省城，我们就回乡下了。"陈宝卿说。

"唉！您如果能早点来乡下就好了。"刘郎中叹了口气说。

陈宝卿心里一沉，刘郎中这口气非常的不妙，记得他以前给堂客看病的时候神情也是这样子的。

"刘郎中，莫非我的病很严重了？可我这病才生不久啊！"陈宝卿试探着问。

"陈先生，我也不想瞒您了，您的病是有点严重，看能不能叫星台回家一趟。"刘郎中忧心忡忡地说。

"不行！不行！那怎么行？星台好不容易去到省城，板凳还没坐热，我怎么就能把他叫回来呢？"陈宝卿连连摇手，表示坚决的不同意。

"那您给他捎封信去？"刘郎中建议。

"也不行，我们父子俩平时都在一起无话不说，没有什么书信往来的，我这一去信，他一定会猜到我的病很严重，肯定会放弃学业跑回来。"陈宝卿还是不同意。

"也是，星台这孩子很懂事、很孝顺，他真的会为您放弃学业的。"刘郎中看劝不过陈宝卿，只好放弃。

"刘郎中，我能知道我究竟得的是什么病吗？"陈宝卿此时的心里也没觉得有多紧张，他想，自己七十岁的人了，已到了古稀之年，现在死也算是个高寿的人。人反正要死一次，现在死了，可以去陪陪过早离开人间的堂客。星台这孩子志向高远，他的世界将来一定不会限制在自己头顶上这小小的一片天空。现在唯一放心不下的是残疾的大儿子，自己走了，星台还在念书，能走动的亲戚只有亮毛一家和三个女儿，三个女儿已外嫁，管不了家里的事情，星台读书这段时间不知道该把大儿子放哪里。

"陈先生，我知道您是个有学问的人，有些事情让您明白也许比不明白更好。"见陈宝卿这么问，刘郎中知道没必要再瞒着他。

"没事的，您就跟我实说吧，反正家里现在就我一个人能做主，有事情也只有我自己能扛。"陈宝卿说。

"您得的病在我们中医里叫'积聚'，在西方医学里叫'癌症'。"刘郎中说。

"'积聚'？'癌症'？没听说过，这病很严重吗？"陈宝卿问。

"唉！这是绝症，这种病没发作一般看不出来，一旦发作几乎是没有什么治愈的希望的，只有时间长和时间短的区别。"刘郎中叹了一口气说。

"哦！我明白了，那您能帮我延长一些时间吗？我不想影响星台的学业。"陈宝卿说。

"唉！陈先生，这病很难控制，我只能尽力而为。"刘郎中又叹了口气说。

"好吧！既然是这样，那以后是尽人事，由天命，多活一天赚一天。"陈宝卿还显轻松地笑了笑。

"我会尽力帮您减少一些痛苦的。"刘郎中用低得只有自己能听见的声音说，他清楚肝癌晚期是非常痛苦的。

知道自己的病情后，陈宝卿明白与世长辞的这一天很快就会到来，虽然刘郎中说会尽力而为，但也知道，病得真了，不是常人能改变得了的，郎中只能疗生，不能救死，现在只有顺其自然。

自己去世肯定不能像堂客去世时一样手忙脚乱，身后事自己可以先安排妥，免得天华回来安葬的时候又缺东少西的。棺材在上次云帆公的建议下已经备好，最主要的一样东西有了，其他的东西抓紧时间办应该还来得及。为了以防万一，他把自己的病情告诉了以前关系较好的刘姓塾馆的刘先生，让他等自己过世去县城邮政局拍封电报通知儿子回来。

"什么？你得了不治之症？"刘先生很是惊讶，在他记忆里，陈宝卿虽然有些文弱，但身体还是蛮好的。

"是的，刘郎中给我看过了。"陈宝卿点点头说。

"你不去县城的医馆看看，复诊一下？"刘先生说。

"不用去了，刘郎中的医术我知道，如果没有一定的把握，他是不会给我这么肯定的答案的。"陈宝卿说。

"如果万一错了呢？"刘先生说。

"我并没有放弃生的希望，所以，我才来求你，一定等我过世后才告诉星台。"陈宝卿说。

"好吧，只是我希望你一定振作，不要被这个诊断压垮了精神，心情好是最好的良药。"看着眼前脸色有些晦暗，神情有些疲惫的陈宝卿，刘先生说道。

"放心，自我堂客过世后，我把生死看得很淡了，所以，得了这个病我没有感到特别紧张，一切听凭天意。"陈宝卿说。

"好，要有这个心态，我也记住了你的嘱托，但我仍然希望这个诊断有误。"刘先生点点头说。

自己的身后事安排妥了，大儿子的事情陈宝卿思来想去只能去找族长云帆公。

听说陈宝卿得了绝症，云帆公也很是意外，知道陈宝卿的来意后，云帆公也是很快说："陈先生，你们家现在的情况我也是很清楚，既然现在星台还在念书，那你的大儿子可以先住在祠堂里，由族里养着，等星台念完书再交由他去抚养如何？"

"族长，是陈宝卿无能，给族里添了这么多的麻烦。"听了族长的安排，陈宝卿满怀歉意说。

"陈先生，你不要这么说，有些事情也不是你能左右的，现在唯一希望的是你能放下心来，好好养病，争取多活一些时日，让星台能安心念书。"云帆公说。

"谢谢族长，我也是这么想的，多活一天赚一天。"陈宝卿说。

依照与陈宝卿的约定，志诚跑完船就去陈家跟陈宝卿识字，还经常给他从外面带一些日用品回来，他知道陈宝卿刚从县城搬回来，有些东西需要重新购置，自己正好给城里的店铺拉货，就顺便多拉了一点，这比在鹊桥街上的铺子买便宜多了。

这次志诚是去益阳，益阳的松花皮蛋很有名，所以，这回志诚给陈宝卿带了一篮松花皮蛋回来。

"宝卿叔，宝卿叔在家吗？"志诚提着皮蛋，兴冲冲赶去陈家。

"是志诚吗？"屋里传来陈宝卿有气无力的声音。

"是我，宝卿叔，你怎么啦？"志诚一听声音不对，赶紧推开门进去，却看到陈宝卿躺在床上，脸色苍白，豆大的汗珠直往下淌，几天不见，人消瘦了很多。

"叔，你这是怎么啦？几天时间就瘦了这么多。"志诚惊诧地问。

"志诚，不好意思，叔怕是不能教你识字了。"陈宝卿很吃力地说。

"叔，你到底是怎么了？生病了吗？我赶紧给你去叫郎中。"志诚急问。

"郎中已经看过，没用了。志诚，本来叔是想教你多识几个字的，这辈子恐怕是不能了……，叔得了绝症，将不久于人世，对不起啊！……叔食言了。"陈宝卿好不容易才把这段话说完。

"叔，您别说了，我明白你的意思了。"看到陈宝卿这么痛苦，志诚忍不住落下泪来。

"叔，我去省城把星台哥叫回来吧。"志诚说。

"不用了……，志诚，不能耽误你星台哥的学业的，我已经托人了……，等我死后通知他回来帮我下葬就是。"陈宝卿说。

"那我去叫亮毛哥，看您还有什么事要交代他的。"志诚说。

"好，麻烦你把亮毛叫来，我真的有事要交代他。"陈宝卿点点头说。

听说舅舅得了绝症，亮毛也是很震惊，因为他以前没听舅舅说过他生了病，于是赶紧随志诚赶了过来。

"亮毛啊！……本来这件事舅舅是不敢麻烦你的，但你表弟星台正在读书，他没有办法做这件事情。"陈宝卿说。

亮毛好像知道舅舅要说什么事，赶紧说："舅舅，您就说吧，我和星台虽然不是亲兄弟，但从小一起长大，胜似亲兄弟，他的事情就是我的事情。"

"亮毛，舅舅先谢谢你了！我要托付你的就是我的身后事，虽然我是有星台这个儿子的，但他现在正在念书，我不能耽搁他的学业，所以只有你们能帮我忙了。我想等我过世后才通知星台回来奔丧，星台从长沙赶回来要三四天时间，在星台没回来的这段时间，我想你们帮忙处理下我的后事，等星台回来再把余下的事情交给他。"陈宝卿艰难地说。

"舅舅，我说什么也是您的外甥，帮忙也是应该的，您放心，我一定会帮您把事情办妥的。"亮毛说。

"宝卿叔，您放心，星台哥不在，您就把我当星台哥好了。"志诚也说。

"亮毛，你舅母去得早，她在那边一个人孤苦伶仃，我去那边后，你要告诉星台，把我葬在他娘身边，我们两个在一起有个照应。"陈宝卿说。

"我记住了的，舅舅，您就放心好了。"亮毛答应道。

"我去那边的寿料和寿衣都准备好了的，丧事尽俭办理，我们一家欠族人太多了，不要再麻烦大家。"陈宝卿又说。

"好的，都照您的意思办。"亮毛噙着眼泪答应道。

"亮毛、志诚，我陈宝卿欠你们的只好让星台以后还了，星台还不了，我就下辈子还。"说到这里，陈宝卿已经老泪纵横。

亮毛和志诚也陪着掉眼泪，看陈宝卿的样子，亮毛和志诚也不敢离开了，生怕陈宝卿有什么三长两短也没个人在身边。

第二天，陈宝卿溘然离世。

第二十四章 回家奔丧

这天，是周先生上历史课，陈天华老是感觉到心神不宁，先生讲的东西一点都没听进去，对于陈天华来讲，这是从没有过的事情，是不是有什么事情发生？能发生什么事呢？

"星台，这封电报是你的吗？"下了课，周宇宽拿了一封电报过来。

"电报？谁的电报？"陈天华心里一跳。

"这上面写的收件人是陈显宿，门夫找了好几圈，书院没有一个叫陈显宿的，最后看地址是你老家的，让我拿来问你，看是不是你的。"周宇宽说。

"是的，先生，这是我的，陈显宿是我原来的名字。"陈天华接过电报说。

谁会给我拍电报呢？陈天华纳闷了，父亲虽然也是一介书生，但从来都没有与自己用书信沟通的习惯，怎么会突然来电报呢？再说父亲已经回下乐村了，他干吗还跑去县城发电报？有这么急的事情吗？刚来省城的时候，父亲身体不是很好，该不是父亲的病严重了去县城看病了吧。

陈天华怀着忐忑不安的心情拆开了电报。电报不是父亲拍的，是家乡刘姓塾馆的那位曾经与父亲关系较密切的刘先生拍的，陈天华还记得自己曾经丢失过他的一本《唐诗三百首》。电报只有薄薄的一页纸，内容也很简单，仅十几个字："星台，你父亲因病过世，望速回家办理后事。"却有如一声惊雷在陈天华头顶炸响，父亲病逝了？怎么可能？几个月前自己与父亲离别的时候父亲并没什么大病，只是一场小伤寒而已，怎么会因病过世了呢？再看看电报上的名字，没错，确实是自己的名字，电报地址也没错，确实是新化县知方团下乐村，看来事情千真万确。

陈天华怎么都没想到几个月前跟父亲的分离竟成了诀别，临走时父亲身体虽然有恙，但也不是那么严重啊！到底是什么样的病让父亲几个月时间这么快人就没了？父亲病情这么严重，怎么不早点通知自己呢？不知他老人家临终前经历的是怎样的一种痛苦，早知道不来省城念书，就可以在家陪父亲走过人生的最后一段路，陈天华这时肠子都悔青了。

"周先生，我得回老家一趟。"陈天华声音有些颤抖。

看到陈天华脸色突变，周宇宽担心地问："星台，家里出事了吗？"

"是的，我父亲病故了。"陈天华噙着眼泪说。

"啊！这么大的事情？那你赶紧回去，这里的事情我给你处理一下。"周宇宽也吃了一惊。

听说陈天华父亲病故了，周婕也不知道该怎么安慰他，只是赶紧做了一点干粮，让他带在路上吃。

陈天华一刻都没有停留，收拾一下东西连夜回新化。

夏天的夜晚虽然比白天凉爽，但陈天华却是心急如焚，天气这么炎热，父亲在等着自己回家办理后事，自己得抓紧时间赶回家看能不能见到父亲最后一面。

一路奔波，渴了就近找一口井或一条水沟喝上两口水，饿了吃一块周婕做的干粮。盛夏的白天，太阳很毒，一路上都是挥汗如雨，衣服没有干的时候。晚上路过无人居住的地方，草丛里蚊虫肆虐，手上的棍子还要不断挥舞，打草惊蛇，以防被毒蛇咬伤。为了赶时间，陈天华什么都顾不上了，昼夜兼程，走了两天三晚，眼看就要到新化县城。突然，陈天华感到了身体的不适，肚子痛得难受，在路边的野地里拉了一泡稀，这一拉就没完没了，走不了多远又要拉，直拉得浑身都快虚脱，还是坚持拖着两条越来越沉重的腿往前赶，心里只有一个信念：赶快回家，见父亲最后一面，父亲的丧事还等着自己去办。

当陈天华筋疲力尽赶到家的时候，并没有再见到父亲，只看到了父亲的浮丘。因为天气太热，怕父亲的尸身腐坏，族长云帆公只得让人把陈宝卿的棺木暂时用土堆起来，等他儿子天华回来再择日下葬。看到父亲的浮丘，陈天华心里攒着的那股劲一下松懈，人往地下倒去……

旁边帮忙守灵的表哥亮毛眼疾手快，赶紧拉住，一接触到他的身体，手像是被烫着了一样："星台，怎么身子这么烫？是不是生病了？"

陈天华虚弱地点点头。

"星台生病了，快，谁去帮忙请刘郎中？"亮毛问道。

"我去，我腿快。"应答的是志诚，从陈宝卿去世到现在，他一直没离开过。

"要快，他浑身热得像火炭一样，看样子是病得不轻。"亮毛叮嘱说。

很快，志诚领着背药箱的刘郎中到了，刘郎中给陈天华把了一会脉，又问了陈天华这些天的情况，然后叹了一口气说："星台，这些天顶着烈日赶路，又喝了不干净的生水，你这患的是热痢，还好，你坚持到了家，如果是倒在路上，那后果就不堪设想了。"

"路上不能倒的，父亲还等着我回家，只要还有一口气，我爬都要爬回来，只是我再也见不到他老人家了。"陈天华说着爬到父亲的浮丘面前号啕大哭起来，看见的人无不为之动容。

哭了好一会儿，总算把几天来积攒的眼泪全都倒了出来，陈天华才缓过一口气。

"郎中叔，我记得父亲说过要回家乡找您看病的，我父亲究竟得的是什么病呢？去得这么快？"陈天华问。

"星台，对不起！你父亲得的是'积聚'，就是他们西医说的'癌症'，怪叔没本事，回天乏术。"刘郎中惭愧地说。

"癌症？"陈天华也听说过这种病，一旦发现就等于被判了死刑，怪不得才短短几个月父亲就没了。

"郎中叔，这不能怪你的，是我父亲命薄，得了这种不治之症。"陈天华说。

"哎！如果能早点发现，也许还能多活几年。"刘郎中说。

"也怨我，让父亲这么大年纪陪我去县城操心劳累，却没办法减轻父亲的负担。为了能让我好好读书，能继续读书，他一个铜板都恨不得掰开花，根本舍不得去县城医馆花钱看病，以至于生病这么长时间都没发现。"陈天华自怨说。

"生死有命，富贵在天，很多东西都是命中注定的，星台，你已经够优秀了，你是你父亲的骄傲。你父亲一直想的是不耽误你的学业，所以知道自己得了'癌症'，活不了多长时间了，都不肯叫你回来。再说，人死不能复生，所以，我希望你能看开一点，不要因为这件事而感到愧疚。"刘郎中安慰说。

"谢谢郎中叔，我明白父亲的心愿的。"陈天华含泪点点头说。

陈天华又问亮毛和志诚父亲临终前有什么交代没有，亮毛就把陈宝卿对自己的后事的安排做了详细的说明，陈天华含泪要给这两位替自己尽孝的童年伙伴磕头，志诚赶紧拉住他认真说："星台，如果你认为我们是你的兄弟，就不要磕这个头，因为你父亲就是我们的长辈，我们是在尽做晚辈的责任。"

陈天华只好作罢。

头七过后，父亲的棺椁终于要下葬了，根据父亲的遗愿，父亲是要跟母亲葬在一处的。因为在县城的几年没时间回家扫墓，此时，母亲的坟头早已长满高高的蒿草，坟旁的那棵皂角树也已长得高高大大。这棵树是母亲下葬的时候陈天华特意种上的，母亲爱干净，每次洗头都要自己去村里那棵高高的皂角树上摘皂角清洁头发。陈天华每次都在想，我得摘几颗种子在楸树林子里种下，以后母亲洗头需要皂角，只要在楸树林子里摘就好，但一直没有种成功。那天母亲下葬的时候，口袋里刚好有母亲去世那天摘的几颗皂角树种子，听父亲说以后母亲再也不回家永住这里，就把几颗皂角树种子撒在了这里，他想如果在这里长一棵皂角树，那母亲洗头就方便了。没想真的有一颗种子发了芽，第二年来给母亲上坟的时候已经长成了一棵小树。从此，每年给母亲上坟，陈天华都要带上柴刀，把母亲的坟修整一番后再给皂角树修整一番，让它像一把张开的伞，给母亲遮风避雨。

　　父亲的墓穴在皂角树的另一边，坟垒好后，这棵皂角树另一边的树荫刚好盖住了父亲的坟，就像是一柄大伞，撑在两座坟上。想着父亲和母亲以后能在一起互相照应，陈天华心里才有了些宽慰。

　　在给父亲办理丧事期间，陈天华因为伤心和劳累过度，是几度晕倒，又因为痢疾反反复复，身体一天比一天虚弱，就差点没跟着父亲走。幸亏有亮毛和志诚鼎力相助，才渡过这个难关。身体这么虚弱，这个时候再回省城读书，身体是肯定吃不消的，何况还要给父亲守孝，陈天华只好给周宇宽和王先谦各写了一封信，申请休学。

第二十五章　老友相见

熬过闷热的夏天，天气转凉后，陈天华的痢疾才渐渐好转，这时身子也瘦得只剩下皮包着骨头，但陈天华并没有放弃自己的学业，身体一好转又抓紧时间把岳麓书院发的课本自学完，功课完成后，陈天华才有闲暇想些别的事情。

自从新化实学堂分别后，陈天华是再也没见过苏鹏，上次在长沙与杨源浚见面后，两人很快聊到苏鹏，都不知道他的现状如何，有没有再找学堂念书。还有他的舅舅周辛铄和谭胡子，那次逃走后有没有被官府抓住。趁现在在家闲着还是去苏鹏家看看，看他有没有在家，如果他跟自己一样外出求学了，也可以问问地址，以便联系。

苏鹏的家在大同镇柳篁村毛易铺，毛易铺是个地名，并不是一个铺子。毛易铺地方不大，周边全是石灰岩的山，有一条浪花飞溅的小溪穿村而过，村人的房子依溪而建，每户人家从后门出去就到了小溪边。溪水很干净，小溪周边的人不仅喝溪里的水，用溪里的水，有时还可以在溪里捞一种身体圆圆的，肉质透明，有些棕褐色斑纹，几乎没有骨头的小鱼，那种鱼听说是从小溪源头的阴河里流出来的，用茶油炸酥脆下酒，那满口溢香的味道是毛易铺的老人们津津乐道的话题。

苏鹏的家是溪边一栋石院石屋的房子，房子很宽敞，院子里也收拾得整整齐齐。因为取石容易，院子里的东西好像都是石头做的，石桌、石凳、石磨、石头砌成的花坛，地上铺的也是正方形的石砖。

苏鹏不在家，家里人说他去后面的小溪里捞鱼去了。

陈天华找到苏鹏的时候，他正在屋后的小溪里用"罐"（新化特有的一种竹条编的捞鱼工具）捞小鱼。他把小溪两边用石头垒一道坝，中间按着"罐"口的大小留一道缺口，所有的流水都要经过"罐"，流水带来的小鱼就被堵在"罐"里了。想到当时在新化实学堂的时候雄心勃勃，只想着解救国家于危难的苏鹏，如今竟像老人、小孩一样在小溪里捞小鱼，陈天华不禁苦笑了一下。

"凤初兄，今天有收获不？"陈天华调侃道。

正在专心捞鱼的苏鹏抬头一看是陈天华，赶紧扔了手中的工具跑上岸来惊叫道："星台兄，怎么是你？听说你去岳麓书院读书了的，现在怎么有时间回来？而且都瘦成这个样子了？是不是身体有恙？"

听到苏鹏一连声的询问，陈天华鼻子一酸，沉声道："家父去世了，我是回来奔丧的，不幸又染上热痢，差点没命，幸亏表兄及朋友照顾，现在总算痊愈了。"

"我怎么一点都不知道呢？星台，你要给我捎个信，我也可以来照顾你的。"苏鹏说。

"一听到父亲去世的消息马上赶回来的，身体又有病，什么事情都做不了。"陈天华说。

"真是遗憾，也不能送伯父最后一程。"苏鹏说。

"我也没能见他老人家最后一面，是我终身的遗憾。现在事情都过去了，已于事无补。凤初，看你现在的样子，日子过得很悠闲的，你在家里都干些什么？"陈天华问。

"唉！别说了，我现在是等于被家里人软禁了。"苏鹏叹了一口气说。

"什么？软禁？"陈天华很是惊讶。

"是的，实学堂分别后，我回到了毛易铺，家里人就不再准我出门，说现在清理'康梁乱党'，新化县城内的复辟势力非常猖獗，正在到处抓人，他们是不会让我出去冒险的。"

"那你在家里日子是怎么过的？"陈天华问。

"现在每天在家无非是几件事情：睡觉、起床、穿衣、吃饭、背诗词古文、习字、作诗、陪老人们下棋，那些事情腻了，我现在就搞这个。"苏鹏自嘲地指着身边装小鱼的鱼篓说。

"哈！你倒是很会找事做的。"陈天华差点要笑出声。

"唉！星台，你就别嘲笑我了，我人都快憋出病来了。家里人为了拴住我，还给我说了一门亲事，妹儿是蓝田的，我跟她见过面，长相不错，家境跟我家也是门当户对，我也没有什么可挑剔的，就应承了下来，以为这下该给我放松一点了，但还是无法自由活动。"苏鹏深深叹了一口气说。

"你有家人关爱是幸事，也不是幸事；我没有家人关爱不是幸事，也是幸事。人，为什么总是那么矛盾啊！"陈天华感叹道。

"其实，我很羡慕你的自由。"苏鹏知道陈天华又想自己的父亲了，宽慰道。

"这种自由像是无根的浮萍，无依无靠，让人有种轻飘飘，不踏实的感觉。"陈天华道，心中有一种说不出的落寞。以前尽管也是一个人在外飘荡，但心里还是有一种维系，飞得再远再高，只要把线收起来，自己还是能落地。现在爹走了，收线的人走了，自己就像是一只断了线的风筝，只能四处飘荡。

"凤初，你舅舅和谭先生有消息吗？"陈天华想到逃走的周辛铄和谭人凤。

"我舅舅他们一直没有消息，不知他们现在怎么样了，不过新化城里也没有听到有关他们的坏消息，这也是我家里不准我出门的原因，他们认为这件事情还没过去。"苏鹏说。

"但愿他们没事。"陈天华担心道。

"放心！我舅舅和谭先生都是胆大心细的人，要抓到他们也不是那么容易的。"苏鹏倒是很淡定。

"你知道我在长沙遇到谁了吗？"陈天华转移了话题。

"谁呀？是不是伯笙兄？"苏鹏猜道。

"凤初，你真是聪明，被你猜中了。"陈天华笑道。

"能够让你星台兄这么在意的人还能有谁？伯笙兄在长沙干什么？"苏鹏急切地问。

"他也在岳麓书院念书呀。"陈天华说。

"哎呀！你们又成同窗了，真是羡慕，我都被他们关成一只呆鹅了。"苏鹏满心的感慨。

"呵呵，那你就跟那个蓝田妹儿赶紧成亲，生几个孩子，慢慢享受天伦之乐吧。"陈天华笑道。

"星台兄，还在打趣我，我都快被烦死了。"苏鹏高声抗议道。

"你也别烦了，时也、命也、运也，很多东西不是我们自己能掌握的，像我父亲去世，根本就在我的意料之外。"陈天华说。

"是呀！天有不测风雨，人有旦夕祸福，明天的事情谁都无法预料。"苏鹏像是自言自语地说。

陈天华告辞的时候，苏鹏母亲硬要留陈天华在毛易铺多住些时日，她说："星台，你跟凤初是同窗好友，凤初回家常说，数你和杨伯笙、罗瀚溟与他最相知。今天既然来了，就多住些日子，跟凤初叙叙，凤初这段时间被关在家里，我知道他也是苦闷得很，但我们只有这么一个儿子，不能让他有什么闪失的。"

"感谢伯母的挽留，但星台重孝在身，家里有些琐事还需处理，以后有时间再来探望伯母。"有孝在身，陈天华不能在苏鹏家长时间逗留，只能匆匆告别。

送陈天华的路上，苏鹏气呼呼地说："真是气人，回来这么长时间了，哪都不让我去。"

"其实你家里人也是为你好，为了你的安全着想，你没必要生那么大气。"陈天华劝道。

"'生于忧患，死于安乐'，'大丈夫不成功便成仁'我这么下去会彻底变成废物的，想想我们曾经在资江边立下的宏愿，这个样子我还怎么去实现呀？"苏鹏说。

"哈！我还以为你把这些都忘了，准备讨个堂客过自己的小日子了。"陈天华开心地笑了，原以为苏鹏已经被家软化了的，没想他的雄心还在那里。

"去你的！星台，我苏凤初是那么容易妥协的人吗？我也只是想让我父母不要为我操心太多。"苏鹏道。

"好，既然凤初兄还没改初心，还有满腔的热血，那我陈天华不枉结交你这个好朋友。现在你既然不能自由行动，我和伯笙兄都在省城，一有什么好的机会就写信告诉你，希望我们还能像当初一样并肩战斗。"陈天华说。

"嗯，这才是我的好兄弟嘛！"苏鹏这才转忧为乐。

在家的这段时间，陈天华家里又开始热闹起来。现在的亮毛已经成了一男一女两个孩子的父亲，志诚也有一个儿子，两人一有空，就带着孩子来陈天华家陪伴他，原来很久都难得见一次面的两家人现在是经常在一块，两家的孩子也成了很要好的小伙伴，屋边的楸树林子又成了孩子们玩耍的地方，像小时候的天华、亮毛、志诚和梅子一样。

想到梅子，陈天华说："很多年都没见过梅子了，不知梅子现在过得怎样？"

亮毛一直待在村子里，对村子里的情况比较熟悉，他说："梅子早嫁人了，嫁的是鹊桥街上杂货铺老板的儿子，但那男人是个短命鬼，结婚第二年就死了，梅子的婆家把她男人的死赖在梅子的头上，说梅子克夫。听鹊桥街上的人讲，他男人从小就是个痨病鬼，以前有给他看病的郎中预言，他活不过二十岁，他是十八岁时跟梅子成的亲，说是冲喜，看他能不能冲过二十岁这一关，没想过完十九岁的生日不久就一命呜呼。"

"梅子她娘不知道他男人从小就有病这件事吗？"陈天华问。

"开始是不知道，媒人隐瞒了，后来知道了又收下人家的彩礼了，彩礼太重，她家舍不得退，说是想也许冲下喜，病就会好的。"亮毛说。

"真是愚蠢至极，好端端的女子被坑害了。"陈天华气愤地说。

"更可气的是，那男人死后，梅子娘家怕她年纪轻轻就守寡太苦，准备把她接回来往前走一步再寻夫家，哪知那家人不肯放，有传言，她公公扒灰呢。"亮毛说。

"可气！可恨！梅子这辈子是永无出头之日了。"陈天华一拳砸在桌子上，桌上的碗都差点蹦到了地上。

"唉！这也许就是梅子的命。"亮毛叹了一口气说。

自从听爹说陈天华因病不能按时回书院，得休学时，住在百泉轩的周婕像完全变了个人似的，全没了往日活泼的样子，变得沉默寡言起来。有时一个人坐在花园的草坪上一待就是半晌，周宇宽回家吃饭时她竟忘记做，有时炒菜忘记了放盐，在书房给爹爹研墨的时候竟弄得满桌都是，刚铺开的宣纸一下就废掉了，这可是以前从没有过的事情。

周婕的这些反常行为，周宇宽是看在眼里，痛在心里。早先从陈天华的字里行间及平素的一些谈话中就知道陈天华是个志向极高的人，一个小小的百泉轩岂能困得住他？前次他醉酒跟周婕说过的那段话不是也证实了这一点吗？所以，一直以来，他都害怕自己的宝贝女儿爱上他，平时看她大大咧咧有口无心的样子，还以为她已经对自己说的话有所领悟，把陈天华当成哥哥了，没想到她还是没能从这个死胡同里走出来，看来还得找她好好谈谈才行。

"婕儿，这段时间你是怎么了？魂不守舍的？"周宇宽说。

"爹，星台哥休学了，如果他以后不来岳麓书院了怎么办？"周婕说得可怜巴巴的。

"婕儿，我前次不是跟你说过吗？我们这个百泉轩是困不住星台的，你怎么就不听话呢？"周宇宽说。

"爹，我就是控制不住地想他，以前他在这里的时候还没觉得，他这一走，我觉得整个心里空落落的，做什么都没意思了。"周婕眼泪汪汪地说。

"明知不可为的事情你还要为之，婕儿，你这样会害死自己的，还不趁现在星台不在，断了这个念头。"周宇宽说。

　　"爹，这是说断就能断的吗？我心里难受呀！"周婕对着爹痛苦地吼道。

　　周宇宽何尝不知道这种痛这种苦？婕儿她娘和自己才成亲的时候，两地分居，一年才能见一次面，很多时候自己是在思念中度过。后来好不容易一家团聚，才过几年好日子，婕儿她娘又去世，很长一段时间，自己是陷在悲痛中难以自拔。所以，对于周婕的无礼，他也没有计较，如果她能把痛苦发泄出来，也许是件好事，不是说时间是最好的疗伤良药吗？这么多年过去，自己对妻子的思念也慢慢沉入了心底，只是偶然的触碰才想起。陈天华来信说要休学半年，说不定时间久了，婕儿也会慢慢淡忘这件事。

第二十六章 再回长沙

第二年春天，陈天华身体恢复后，准备再度去省城念书。

想着之前跟王先谦、叶德辉之间不愉快的对话；想着岳麓书院严令禁止学生参加有关新政和新学的活动，自己像一只井底之蛙，整天困守在书院里面；想起刘揆一与船山书院的不辞而别；想起杨源浚后悔选错了书院，他觉得自己应该趁此机会去寻找一片新的天空，能够让自己自由翱翔的天空。

唯一让陈天华放不下的是周宇宽和周婕，周宇宽对自己有恩，周婕对自己有情，虽然平时自己装作什么都不在意的样子，但周婕对自己的一片痴情自己又何尝不懂？只是自己以后迟早会投身到为解救中华民族于水深火热的事业中去，早已把生死置之度外，一个连自己生死都不知道的人，岂能谈婚论嫁？那不是害了周婕吗？所以，话里话外自己都流露出一种不娶亲的思想，希望周婕不要把感情浪费在自己身上。但他也知道，对于一个未涉世俗的少女，这种感情不是说忘就能忘的，只希望离别的时间久了，她能淡忘自己，希望能有一个比自己更好、更合适的人来照顾她。既然这样，也许自己越早离开对周婕的创伤越小。想到这，陈天华更坚定了离开岳麓书院的决心。

为了自己的不告而别，陈天华给周宇宽写了一封长长的信，把自己的观点和想法全盘托出，希望能得到周先生的原谅，并拜托周先生一定把周婕的心结解开，给她找上一个好的夫婿，给她一个最好的归宿。很快，就收到了周宇宽的回信，陈天华没想周宇宽和自己的观点竟是非常相似，他鼓励自己去寻找能实现自己的理想和抱负的新天地，真不愧是自己的老师，能把自己的思想了解得这么透彻。

既然退出了岳麓书院，陈天华选择了自己早已心仪的由长沙时务学堂改成的长沙求实书院。虽然因为新政失败，长沙时务学堂改成了长沙求实书院，但它从开办之初，就深深打下了新政时期留下的烙印，现在只是把名头改一下，换汤没换药，所以书院里还是有一股浓浓的新政时期的气氛，不像在岳麓书院，学生们谈新政而色变。

在求实书院，陈天华觉得自己就是一只挣脱了笼子的鸟，可以在广阔的天空里自由自在飞翔了。

同学周来苏，字瑟铿，号东山，新化大同团筱坪村人，性格严肃耿直、沉默寡言，他先于陈天华来到求实书院。在书院里，因为性格原因，他少与同学来往，陈天华到来后，因为都是新化人，便成了好朋友，在陈天华的带动下，周来苏吸收了一些西方的文化和新思想，眼界渐渐开阔。

这些日子，长沙城里的风向又开始变了，街头巷尾到处都在议论时局，说前段时间对新政痛下杀手的慈禧太后，又要开始变法了。慈禧太后这种阴晴不定的做法让所有人都觉得不安，她是不是想把水搅浑，把谋划着搞新政的人都搅出来，然后一网打尽？所以，对于慈禧的新政，很多人都抱着将信将疑的态度。

陈天华来求实书院一开始也没告诉刘揆一，他怕刘揆一提到周婕的事情，想等再过一段时间，周婕把自己彻底忘了的时候再跟他联系，哪知他倒是自己找上门来了。

"星台兄，我们好不容易才找到你，怎么回长沙了也不告诉我们一声？你是不是想躲起来？"果然，刘揆一一见面就毫不客气，连珠炮般数落起来，像是来为他表妹周婕讨公道的，同来的杨笃生听了也是偷偷地一笑。

"霖生，你是怎么知道我在这里的？"陈天华惊诧道。

"难道你不知道江湖上人家称我'通天教主'吗？何况长沙时务学堂是我的老根据地，尽管现在名字改了。"刘揆一洋洋得意地说。

是啊！我怎么就忘了呢？周婕说过他表哥江湖上人称"通天教主"，陈天华想。

"噢！真的，我怎么把霖生兄的这本事给忘了？"陈天华故作惊讶道。

"放心！星台，我不是来找你麻烦的，你跟表妹的事情姑父也跟我说了，我认为你做得很坦荡。"刘揆一说。

听刘揆一这么一说，陈天华才放下心来。

"那你们两位今天来所为何事？"陈天华问。

"没事就不能来找你玩？你没见现在长沙城因为慈禧的新政闹得沸沸扬扬吗？"刘揆一说。

"我也正在寻思，她慈禧要变什么法？该不是要变什么戏法吧？"陈天华诙谐地说。

"嘻！嘻！星台兄真会开玩笑。"陈天华这一说把杨笃生逗笑了。

刘揆一说："让我来告诉你吧，慈禧变法的内容共有三条：第一是提倡和奖励私人资本办工业。"

"这跟原来维新志士的主张是一样的呀！炒冷饭而已，她难道忘了，她还下过杀掉维新志士的令。"陈天华说。

"没错，慈禧她就是这么反复无常。"杨笃生说。

"在这里，我还是要说一句公道话，其实，在八国联军入侵之前，慈禧是平衡地使用封建守旧派的官僚和主张洋务派的官僚的，但因为新旧之间的矛盾冲突，所以守旧派和洋务派的斗争也是你死我活，很多人都是这两种斗争的牺牲品。被八国联军重创后，可以说，她已经是使朝廷变成了洋务派的朝廷，从此没有了洋务派和守旧派之争。她之所以高调唱变法，一是为了讨好洋人，二是平息因为镇压新政在民间所引起的怨怼。"刘揆一说。

"霖生兄分析得有理，那第二条变法是什么？"陈天华问。

"第二条是废除科举考试制度，设立学堂，提倡出国留学。"刘揆一说。

"这第二条看上去还有点意思。"陈天华说。

"是啊，是这样的。只可惜，出国留学，难以轮到我和霖生兄。"杨笃生说。

"这话怎讲？"陈天华问。

"我和霖生兄都不是书院中人，如果要官方选派就很难选派上我们。"杨笃生说。

刘揆一赶忙插嘴说："不哦！你毓麟兄是有出国留学的机会的，只是，只是要自掏腰包。"

杨笃生一听，顿时面露喜色说："对呀！我怎么把这档给忘了，我回去跟家里人商量去。"

陈天华对刘揆一说："那你同样也可以出国啊！反正你家有良田百亩，卖掉几亩就可供你留学了。"

刘揆一说："我呀！难着呢，我爹娘倒好说，我怕我婆姨不放我走。"

陈天华和杨笃生听了，都大笑起来。

"既有今日，何必当初？"杨笃生说。

"我现在也后悔了呀！可后悔有用吗？"刘揆一自讥道。

"如果你坚定了信念，还是能够去的。"陈天华说。

"是的，我一定争取去。"刘揆一说。

"如果是这样，我们三个人有可能在国外相聚。"陈天华说。

"嗯，我和霖生都会努力争取。"杨笃生说。

"我也一样，需要努力才能争取到。"陈天华说。

"霖生，慈禧的第三条变法又是什么来着？"陈天华问。

"第三条是改革军制，就是逐渐撤裁旧式的绿营、防勇，组建新军。"刘揆一说。

"听来，这也是富国强兵之道，只可惜那朝廷已是病入膏肓，洋人又很猖獗，恐怕已无回天之力。"陈天华道。

杨笃生说："现在的朝廷是株病黄的白菜，施再多肥也是白搭。"

"是啊！这些我们不能现在就相信她，只能骑驴看唱本走着瞧。"刘揆一说。

果然，长沙城内真是闹起了变革，首先是那个镇压新政最凶的巡抚余廉山被调走，朝廷又派了一个叫赵尔巽的来做巡抚。赵尔巽上任后，首先是安抚躁动不安的民众，他四处视察民情，看到不少地方因为天灾人祸，出现很多饥民，就下令开仓赈粮，以解民众燃眉之急。然后就是改变军队建制，将防勇改为协标管带。全省的各书院也开始选派留学人才了。

赵尔巽的这些措施虽然取得了民众的一些拥护，但因为官民之间积怨太深，洋人们的嚣张，侵略者的跋扈，朝廷在列强面前的软弱，慈禧对新政的阴晴不定，让理智的人们痛定思痛，还是无法全然相信清政府的这一系列措施。

陈天华就是这样想的，他痛恨朝廷，但新巡抚赵尔巽上任后的一系列举措在他心里也留下了好感，觉得变法总比不变法好。再有，新变法提出的废除科举、设立学堂、选派留学生也是教育改革的基础，如果能够坚持下去，中国在至暗中还是看到了一丝曙光。军队如果能变革使用火枪、火炮的话，总比拿着长矛、梭镖去跟洋鬼子的洋枪、洋炮硬拼强。陈天华特别希望的是出国留学，他想亲自去看看外面的民主是什么样的民主，外面的自由是怎样的自由，外面的先进又是如何的先进，他知道只有熟知了别人的长处，才能弥补自己的短处。

第二十七章 婉言拒婚

在求实书院，陈天华出众的才华也不无例外地显露了出来，每次考试都是名列前茅。陈天华突出的成绩引起了调到湖南任职的一位官员的关注，官员也是科考出身，很爱才，他从陈天华的文章中不仅看出了他的才气，也看出他的高远志向，他认为这个出身寒门的年轻人今后一定前途无量，有大鹏展翅的一天。

官员不仅在人前赞许陈天华的才华，在家也时常提起这个叫"陈天华"的年轻人，说他相貌堂堂、才华横溢，将来的出息定是不会小，流露出来的口气是满心的赞许。他的话潜移默化引起了另一个人对陈天华的兴趣，那就是官员养在深闺中的女儿，小姑娘仰慕陈天华的才气，竟向爹爹提出要见见这个爹爹嘴里的大才子："爹爹，听你每天都在家里叨叨这个叫陈天华的年轻人，他究竟是个什么样的人呢？能不能带他来家让我见见啊？"

姑娘年方二八，正是怀春的年纪，官员自然知道女儿的一片心思，自从见过陈天华的文章和人后，自己心里也有把陈天华招为女婿这打算，没想父女俩的心思竟然不谋而合。官员欣然答应了女儿的要求："难得有让我家宝贝闺女感兴趣的人，那我就择时间请他来家吃顿饭让你们见见面如何？"

"好啊！谢谢爹爹！"小姑娘高兴雀跃，怀春少女的神态显露无遗。

"姑娘家的，也不知道端庄一点。"旁边的官员夫人呵斥道，虽然她也从心里赞同丈夫和女儿的决定。

"呵呵，夫人，她还是个小姑娘，家里没别人，就让她自由一些、任性一些，不要弄得太拘束，现在不是提倡解放妇女吗？"官员倒是通情达理的。

"嗯，嗯，还是爹爹疼我。"小姑娘赶紧点头。

官员夫人白了这父女俩一眼，摇了摇头："女儿都是被你宠坏的。"

"看你说的，我家女儿不是挺好的？知书达理，漂亮聪慧。"官员像是欣赏珍宝一般看了女儿一眼说。

"嗯！嗯！还是爹爹了解女儿，哪像娘，一天到晚就看见女儿满身都是缺点。"小姑娘得意地睨了官员夫人一眼说。

"好啦！好啦！娘教你怎么做女孩倒是惹你不高兴了，你爱怎么着就怎么着吧，别我在这里做丑，你爹却在那里做好。"官员夫人调侃说。

看着这一对宝贝父女，官员夫人也只能无可奈何，只希望父女俩都中意的陈天华能不负期望。

"星台，我想请你去我家吃顿饭，不知你是否赏脸？"在一次照例去求实书院巡视时，官员向陈天华发出邀请。

陈天华心里很是诧异，但表面上还是没有动声色，躬身作揖道："星台何德何能，竟能得到大人如此垂爱。"

"星台，我也是科考出身的，很欣赏你的才华，你也知道，我们这些吃朝廷俸禄的人，平时说话做事都得循规蹈矩，很难有旁逸斜出的机会，我看你说话做事都是个有自己想法的人，所以想跟你聊聊天，也算是给自己一个自由思想的机会吧。"官员也不能直说，只好临时编了个理由。

陈天华也听说过此官员为官清廉，也知道他饱读诗书，这样的人是陈天华一向敬佩的，所以，也没多想，欣然答应前往。

宴席上，两人果然是酒逢知己千杯少，海阔天空聊了半天，急得一旁的小姑娘直对父亲使眼色，她怕爹爹只顾聊天，忘了正事。官员这才记起此番宴请陈天华的目的，他看女儿着急的神情，知道女儿是看上了这个年轻人，使了个眼色让女儿回避，自己好进入正题。

"星台，今天请你来家还有一件很重要的事情要跟你商量，不知你能不能应允。"官员说。

陈天华有些蒙了，堂堂的大人请我一个穷学生吃饭就够给面子了，现在居然还有事情商量，有什么事情是他做不到，而我竟能做到的呢？

"大人这么看得起星台，星台恭敬不如从命，只要是星台能办到的事情，星台赴汤蹈火，在所不辞。"陈天华立起身，一副诚惶诚恐的神态。

"星台，不必这么拘谨，我们这是在家里，是家宴，就当是家人在一起聊天好了。"官员摆手示意陈天华坐下。

"大人，是什么事情呢？星台洗耳恭听。"陈天华只好重新坐下，但神态已没有刚才的泰然自若。

"其实也不是什么难事，哈哈！星台，你今年贵庚？"官员看陈天华这么紧张，笑道。

"二十有六了。"陈天华有些莫名其妙，但大人问了，只得如实回答。

"二十有六？该是成家的年纪了，家里有没有定亲？"大人又问。

"没有，我父亲去世后，家里就我和哥哥，都没谁想这事儿。"陈天华如实回答。

"你家里只有一个哥哥了？"官员问。

"是的，我娘在我十岁那年就已去世，我爹是去年过世的，三个同父异母的姐姐早已出嫁，我哥哥是个残疾，快五十岁了，至今还没成家，虽然他跟我是同父异母，但我爹不在了，我就有照顾他的责任。"陈天华说。

听了陈天华对自己家庭人员的介绍，官员更加喜欢陈天华了，他觉得他不仅坦荡，更是一个有担当、有责任心的男人，女儿如果能嫁给这样的男人，就是一辈子的幸福了。

"噢！这个没关系，以后也可以把他接到这里来，反正家里有下人帮忙照顾。"官员说。

听官员这么说，陈天华很愕然。

官员也知道自己话没说明白，赶紧解释说："是这样的，星台，我家有一小女，年纪小你几岁，刚才你也见着她人了，她很仰慕你的人品和才华，所以我想把她许配于你，不知你意下如何？"官员抚摸着下巴上的短须，微笑着望着陈天华，等待他应承这桩喜事。

陈天华万万没想到自己刚刚拒绝了周婕，现在又碰上这样的事情。这事如果换上别人，能做官员的乘龙快婿，自然是喜从天降，老鼠掉进米箩了。因为论家世，论长相，现在的陈天华能娶到官员家的漂亮女儿，绝对是高攀了。但陈天华却觉得又碰上了一桩难事，虽然自己家从太爷爷到爷爷到父亲是三代单传，到自己虽然不是单传，但二哥已过世，大哥是残疾，只有自己才能担负起陈家传宗接代的责任。陈天华也知道古语说：不孝有三，无后为大。可自己曾经立下的誓言："国不安，吾不娶，"怎么能因为官员的一席话而改变呢？

陈天华是个轻易不改变自己主意的人，何况现在国家的动荡与霍去病所处时期相比有过之而无不及。国家危难之际，正需要一批有志之士去改变它、振兴它，自己不能在祖国最需要的时候结婚成家，让婚姻把自己拴住，守在家里过舒适、安逸的生活，那样会丧失一切斗志，不仅违背了曾经许下的诺言，自己的理想和抱负也会灰飞烟灭。

"蒙大人与小姐错爱，星台不胜感激，只是现在世道艰危，本人又在求学阶段，暂时还不能娶亲。"陈天华婉拒道。

官员以为陈天华是认为自己家境贫寒，现在娶不起亲的一种托词，就劝慰道："星台，小女看上的就是你的人品和才华，其他的一切，你无须考虑，我当自有安排。"

通过短时间的接触，官员夫人也喜欢上了这位聪明、有上进心，为人又谦恭的年轻人，她也说道："星台，如果你现在要专心读书，晚点成亲也没关系的，我们现在只是把事情定妥，你觉得什么时候合适成亲就什么时候成亲，我家小女年龄尚小，可以等的。"

官员夫人这么一说，陈天华没有退路了，他可不能因为自己而让官员的女儿耽搁了婚姻大事，只好照实说："夫人，真的不好意思，我曾经给自己立下过誓言：'国不安，吾不娶，'现在国家正处于动乱时期，如果国家不能稳定下来，振兴起来，我辈岂能贪图安逸，享受生活？国家不安定，我是不会娶妻成亲的。"

"哦！我明白你的意思了，星台，我知道你是一个有志向、有抱负的青年，我欣赏你，也尊重你，并希望有朝一日你能达成自己的心愿。"官员终于知道了陈天华心中所想，接过话说。

官员知道，陈天华的这个回答是没有期限的，要让这个腐败、落后的国家安定、振兴不是一年、两年能成的，它需要几年、十几年、几十年甚至上百年的努力，需要一代人、两代人甚至几代人的艰苦奋斗。自己总不能让女儿这样无限期地等下去，陈天华的这句话等于就是拒绝了这门亲事，所以，只好作罢。

"谢谢大人的理解，星台一定谨记大人对星台的教诲。"陈天华从心底里感激官员的宽宏大量。

时间飞逝，转眼，陈天华在求实书院又度过了一年。这一年，国家的形势时时都在发生翻天覆地的变化，其中影响最大的要数"义和团"运动所引起的一系列连锁反应。

1900年5月28日德国驻华公使克林德被义和团处决。此举让英、美、法、德、俄、日、意、奥恼羞成怒，以保护侨民为由组成八国联军一起出兵中国。1901年清政府在八国联军攻入北京以后，被迫签下了中国近代史上赔款数额最大，主权丧失最严重的《辛丑条约》。《辛丑条约》是列强强加给中国的空前严重的不平等条约。列强勒索巨额赔款，加剧了中国的贫困和经济衰败；外国军队长期驻扎在中国的战略要地，严重破坏了中国的主权完整和国防安全；设置特殊性质的使馆区，以武力为后盾的公使团，开始凌驾于清政府之上，改变清政府外交机构的地位，更加强了列强向中国勒索、发号施令的权利；严厉"惩凶"以及为德公使建立牌坊等，极大地损害了中国人的民族自尊心和自信心，禁止中国人民的反帝斗争，企图永远奴役中国人民。这个条约的订立，标志着中国半殖民地半封建社会完全形成。

第二十八章 柳暗花明

清光绪二十八年（1902年），正逢三年一次的乡试。陈天华知道，这次考试成绩好的，有可能被推荐出国留学，所以，他格外慎重，一切顺利，试卷被推荐了上去，只等秋后发榜。哥哥现由族人照顾，家里没有其他人，陈天华暂时没打算回下乐村，待在书院里等结果。

九月桂花开的时候，终于发榜了。发榜的那天，陈天华清早起来洗了一个头，又换了一身干净的衣衫，精精神神跑去看榜。一路的桂花香让陈天华心里感到特别愉悦，十年寒窗苦读，今日终于可以看到结果了。

陈天华赶到的时候，榜单前早已挤满了人，根本无法挤近前去。好不容易等人少了一点，陈天华才上前去查看，可榜单从头看到尾又从尾看到头，除了看到杨源浚榜上有名，始终没有自己的名字，难道名字被写漏了？但听旁边也有几个试卷被推荐的人说自己榜上无名，这才知道自己和他们一样是落榜了。陈天华的神情一下子暗淡下去，求实书院学习成绩的翘楚却榜上无名，这对陈天华来说是个天大的打击，从小到大，成绩一贯被认可，也一路畅通进入了求实书院，关键时刻却榜上无名，这怎么对得起资助自己读书的父老乡亲？怎么对得起临终都没见上一面的父亲呢？失去了考试这一条路，既没背景又家贫如洗的自己又能做什么？失去了考试这条路，自己怎样才能有机会为拯救这个垂危的国家出一份力？从小家到国家，从家人到乡亲，陈天华一下想了很多很多，他觉得自己遭遇了从没有过的失败，可现在事情已成定局了，自己又没有能力去挽回，只能背起行囊，灰头土脸回家乡。

回到家乡下乐村的陈天华每天都躲在家里，几乎不敢出门。因为出门就会碰到熟人，遇到熟人就会有各种提问，譬如："星台，桂榜已经出来了，你这次科举高中了吧！"

"没有。"陈天华回答说。

"什么？没考中？你这么聪明，平时成绩这么好，怎么会考不中呢？该不是考官把你的试卷遗漏了吧？或许是阅卷的先生水平太差，有眼不识荆山玉，你可是我们下乐村的天才，是文曲星下凡。"熟人唠唠叨叨地说了一大通。

自己没解释落榜原因，别人倒是替自己想了很多的理由。此时的陈天华有种无地自容的感觉，恨不得有条地缝能钻进去，真后悔回到家乡，可不回家乡，自己又能去哪里？

晚上，亮毛过来看望落榜归来的陈天华。

"哎呀！亮毛哥，你说我这是什么死脑筋，该聪明的时候不聪明，不该聪明的时候倒是聪明得很。"亮毛现在是陈天华唯一能倾诉的对象。

"星台，你这是什么意思？没听明白。"不知原委的亮毛一脸的蒙。

"你说我平时考试也是一贯不错的，怎么到了大考的时候这么不争气呢？我现在榜上无名，无脸见人啊！我是把我父亲的脸都丢尽了。"陈天华无比痛苦地说。

"有这么严重吗？星台，你书读得比我多，有些道理你应该比我懂，俗话说：'塞翁失马焉知非福'，这次没考上，也许是给你一个机会下次考得更好。"亮毛说。

"哎！这你就别安慰我了，这次都没考好还说什么下次。"陈天华说。

"我这不是安慰你，星台，这次没考好，你只能等下次了，不然还能咋的？其实，这考试也是有考运的，也许是你今年考运不好。再说，全国这么多人考，一考就中的人也是凤毛麟角，很多有本事的人也是经过了多次考试才上去的，有的人考到七八十岁还没考上呢，你成绩这么好，大不了三年之后再去考，一定会考中的。"亮毛安慰道。

这句话对于陈天华来说不是安慰，而是刺痛，现在是为国出力的大好时机，却要把三年大好的时光花在应试上面，想想都可悲。

"唉！人生中有几个三年？何况现在正值青春年华，很多事情等着我们去做，我们却要把三年的时间白白浪费。"陈天华叹了一口气说。

"但你现在除了参加考试，还有别的路可以走吗？"亮毛反问道。

陈天华知道表兄说的话一点都没错，但他就是不甘愿自己整天埋在那堆只能应试，没什么实际用途的八股文里。国家动乱之际，自己一个热血青年，怎么能静下心读这些毫无用处的东西？

杨源浚得到陈天华落榜的消息后，也很是震惊，陈天华的成绩一贯比自己优秀，无论在岳麓书院还是求实书院，他的成绩都是前茅，每回都能拿到奖学津贴，让他得以靠自己的奖学津贴把书继续念下去，现在居然落榜了，这让他情何以堪？

知道他回乡之后，杨源浚本想去下乐村看看他，又怕他看见自己之后，更刺激了他落榜的痛苦，想想还是作罢。

过不久，收到官费去日本振武学堂留学的通知后，杨源浚还是写了一封信给他，告诉他自己即将去日本留学，并希望他振作起来，争取下次取得好成绩。

果然，杨源浚的信让陈天华更加难过，下次，下次考试还要等三年，这三年自己怎么过呀？陈天华在痛苦中苦苦挣扎了很久，越想越觉得心有不甘。

书也无心看，事也无心做，烦恼至极的陈天华想去河边钓鱼平复一下心情。

"哟！这不是星台哥吗？什么时候回来的？听亮毛哥说你今年参加考试，桂榜已经出来了，考得怎么样？高中了吧？"耳边突然有人在问。

真是哪壶不开提哪壶，陈天华心里正窝火，抬头一看却是发小志诚。对于志诚，陈天华心里是怀着感激之情的，父亲生病、给父亲办丧事的那段时间，志诚一直替他这个发小尽着自己没尽到的儿子的责任。

"噢，是志诚，惭愧啊！真的很惭愧！这次榜上无名。"陈天华说这话的时候，满脸的羞愧。

志诚一下知道自己问错话了，原以为考试对于陈天华来说是囊中取物，手到擒来，没想却落榜了，连忙解围："星台，一次失败不要紧，大家都知道你满腹才华，是金子总有发光的时候，千万不能气馁。"

"志诚，我是觉得愧对乡亲们啊！乡亲们送我念书，我却没能考上。"陈天华说。

"这次没考上不是还有下次吗？"志诚安慰说。

"下次？下次在三年后，这三年我怎么熬啊！"陈天华悲哀地说。

"也是，宝卿叔去了，现在家里就剩下你，孤孤单单的。要么你跟我去跑船吧，现在是淡季，船上也就我一个人，寂寞的时候连个说话的人都没有，我们可以搭伴，白天我驾船的时候你看书，晚上有时间我可以跟你学几个字，这样我们两个既做伴，我又跟你学了字，你也没浪费时间，多好！"志诚的提议让陈天华心动了，这个可以考虑，跟着志诚跑船既不用面对乡亲们，又可以安下心来看书，再者，志诚的船经常在宝庆、武汉、益阳这些繁华的地方跑动，自己也可以出去长长见识，比整天窝在家里强，陈天华想。

"志诚，这倒是个很好的提议，你什么时候跑船，到时叫上我。"陈天华说。

"好，星台哥，我一接到生意就喊你。"志诚见陈天华答应了，很是高兴。

过了两天，志诚果然上门来喊陈天华说是有一趟去益阳的货。新化到益阳不是很远，但来回也得两天，陈天华带上了两本书，一本是自己看的，一本是父亲以前用的教材，这是用来教志诚的。

陈天华第一次上志诚的船，船不是很大，但被整理得井井有条，虽然船上装了不少的货物，却并不显得拥挤，货物均匀地装在船的两端，中间空了一块地方，靠左放的是铺盖，靠右放了一张矮脚的小方桌，这是吃饭用的，做饭用的家什都放在船尾。从船舱到甲板，地面都是干干净净的，可以席地而坐，也可以随意而躺。陈天华躺在志诚船头的甲板上，风从船两边蹁跹而过，船行到河面窄的地方时，资江两岸的青山像西洋镜里的美景，源源不断地往船后跑去。青山不见的时候是到了河面宽的地方，这时陈天华就看上面的天空，天空很高远，很辽阔，瓦蓝色的天幕下，一朵朵白云正像波涛般翻滚着，陈天华感到思维一下开阔起来。回忆起落榜后这段时间的遭遇，陈天华越来越觉得心有不甘，试卷明明推荐上去了的，为什么会榜上无名呢？其中会不会有什么蹊跷？难道就这么认命了吗？不！我不能认命，我不能坐以待毙，我要去弄个清楚明白。

陈天华一骨碌爬起来，把正在划桨的志诚吓了一跳："星台哥，怎么了？"

"不行，我不能这么死等，我不能白白耗费三年的时间。"陈天华像是自言自语。

"你想出什么办法了吗？"志诚明白陈天华指的是什么。

"我得想办法找人去问问。"陈天华说。

"找谁呢？谁有能力办这件事？"志诚问。

陈天华也在想这件事，找周宇宽先生吧，不好意思，自己不能有事就上门去，没事就远离，尽管是情有可原，再说也不好意思见到周婕。找王先谦和叶德辉吧，更不可能，说不定自己没录取上还与他们有关呢，因为王先谦是湖南学术界泰斗，叶德辉在长沙有很大的影响力，选拔人员他们肯定会给出意见。这时，陈天华突然想到了新化实学堂的邹代钧先生，他既是自己的老师，又是有名的地理学家，他如果能够出面一定管用。

想到这，陈天华毫不迟疑对志诚说："志诚，你有去湖北武汉的货吗？我想去湖北找以前新化实学堂的监督邹代钧先生。"

"有啊！刚好过几天我要送一批茶叶到汉口，到时叫你。"志诚说。

"茶叶？"

"是呀！就是我们新化产的红茶'渠江薄片'。"志诚说。

"噢！这个可是我们新化出产的名茶。新化红茶历史悠久，始于晋，兴于唐宋，昌于明清，至今已有一千多年历史。据五代（935 年）毛文锡《茶谱》中记载：'潭邵之间有渠江，中有茶……其色如铁，芳香异常，烹之无滓也。'渠江起源于新化境内的奉家山。渠江薄片是中国贡茶历史最悠久的茶品，也是红茶中最古老最尊贵的茶品。"一想到问题有了解决方案，陈天华觉得整个人都轻松了起来，话语也多了。

"新化的渠江薄片真的有这么好？它跟普通的红茶有什么区别？"志诚好奇地问。

"新化地处湘中腹地、资水中游、雪峰山东南麓，位于北纬 27°至 28°之间，正处北纬 30°全球优质茶核心带附近。境内多为山丘盆地、山高溪多、海拔高温差大、山林覆盖广，气候温和湿润，特别是高山常年云雾缭绕，得天独厚的地理、气候环境和土壤条件，孕育出新化红茶'乌油紧实、蜜香悠长、甘鲜醇爽、橙黄明亮'的天然品质。

明代，新化茶叶经历一个大的发展时期，茶叶种植、生产处于高峰，茶市盛旺，渠江薄片更是被列为贡品，分官阶御赐，满朝皆以饮之为荣。

在上千年的历史沉淀中，新化红茶形成了独特的种茶、制茶、饮茶和茶道、茶俗、茶礼、茶歌、茶调等茶文化，有以茶待客的习惯，各种祭祀也是必用香茶。"陈天华说。

"星台哥，你懂得真多？真是羡慕你们这些有文化的人，一片小小的茶叶都能说出这么多的子丑寅卯。"志诚的口气里满是崇拜。

"我们中国的茶文化历史悠久，中国是茶的故乡，中国人发现并利用茶，据说始于神农时代，少说也有四千七百年了。直到现在，中国民间还有以茶代礼的风俗。"陈天华接着说。

"这点我倒是清楚，那些有钱人家请客送礼，不像我们穷苦人家，送的是鸡、鸭、鹅、鱼、肉之类的，人家送的是上好的茶、上好的酒。这我就弄不明白了，那些树叶子做成的茶，怎么就这么招人喜欢。"志诚还是没想明白。

"其实，中国的茶文化，不仅仅是那几片茶叶，中国茶文化是中国制茶、饮茶的文化。作为开门七件事（柴、米、油、盐、酱、醋、茶）之一，饮茶在古代中国是非常普遍的。中国的茶文化与欧美分别很大。欧美的茶文化讲求效率、方便，他们不愿为冲泡茶叶、倾倒茶渣而浪费时间和动作。日本的茶文化倒是与我们有很多相似之处，特别是日本的禅茶文化。中华茶文化源远流长，博大精深，不但包含物质文化层面，还包含深厚的精神文明层次。唐代茶圣陆羽的茶经在历史上吹响了中华茶文化的号角。从此，茶的精神渗透了宫廷和社会，深入中国的诗词、绘画、书法、宗教、医学。几千年来，中国不但积累了大量关于茶叶种植、生产的物质文化，更积累了丰富的有关茶的精神文化，这就是中国特有的茶文化，属于文化学范畴。

种茶、饮茶不等于有了茶文化，仅是茶文化形成的前提条件，还必须有文人的参与和文化的内涵。唐代陆羽所著《茶经》系统的总结了唐代以及唐以前茶叶生产、饮用的经验，提出了精行俭德的茶道精神。陆羽和皎然等一批文化人非常重视茶的精神享受和道德规范，讲究饮茶用具、饮茶用水和煮茶艺术，并与儒、道、佛哲学思想交融，而逐渐使人们进入他们的精神领域。在一些士大夫和文人雅士的饮茶过程中，还创作了很多茶诗，仅在《全唐诗》中，流传至今的就有百余位诗人的四百余首，从而奠定中国茶文化的基础。"

说到茶文化，陈天华可是有了话题，以前在长沙岳麓书院百泉轩与周宇宽一起饮酒、喝茶的时候，精通历史的周宇宽往往会沿着中国的茶文化、酒文化溯本追源，把历朝、历代一些有关茶和酒的趣闻轶逸事都翻出来，这些可是饮酒、喝茶最好的佐料。周宇宽本不善交际，虽然有满肚子的学问，却很难找到一个能把所有的知识倾囊相授的对象，自陈天华到来之后，他觉得自己终于有了一个可以衣钵相传的人，所以，两人在一起喝茶聊天的时候，无所不聊，陈天华的知识面也无形中拓宽了许多。想到周宇宽又想到了周婕，陈天华心里有些黯然，不知何时才能与这待自己如亲人的父女俩再见了。

陈天华的这一番说，可是把志诚听得一愣一愣的，满眼的惊诧，他说："真是白活了这么多年，今天才知道原来我们到处都能看到的茶叶，内里还有这么多乾坤，怪不得茶马古道上行走的绝大部分都是茶叶了。"

"我们新化是红茶之乡，所以，在这里，也许你觉得它很平常、很普通，甚至是随处可见、随手可摘，但在别的没茶的地方，它可是身价百倍。"陈天华道。

"听你这么一番说道，我也知道，我们新化的红茶可是非同小可，身价不菲啊！"志诚像是顿悟了似的。

几天后，陈天华和志诚一起去漕船码头装茶叶。下乐村到漕船码头水路只有两三里地，陈天华对这个地方很熟悉，以前在家的时候，一年总要去上这么几趟。通向漕船码头的是茶马古道，漕船码头是茶马古道运茶的终点，也是资江漕运的起点。

茶马古道的起点位于雪峰山脉北段的大熊山，大熊山又叫神山，传说中是战神蚩尤的故里。他曾带领他的九黎部落生生息息繁衍于此。涿鹿之战，蚩尤被黄帝杀死后，蚩尤的九黎部落为了躲避黄帝的追杀，分散到了大熊山周边的溶洞中，仍以部落的形式生存着，十八个部落，称为十八峒（中国南方地区的"峒"，也记为"洞""峿"指四面环山的山间盆地）。大熊山及周边属于大梅山地域，又是汉、苗、瑶、土多民族杂居，所以，这里的人又被称为"梅山峒蛮"，也叫"梅山蛮"。

很长时间，因为远离尘世，这群"梅山蛮"根本不知道山外还有皇帝，自顾自过着与世隔离的生活。直到唐末五代战乱之际，"梅山蛮"才开始崛起于湘中南江地区。唐僖宗光启二年，石门峒酋向瓌参与潭州闵顼与衡州周岳的利益之争，"向瓌召梅山十峒獠断邵州道，顼掩其营。""梅山蛮"此时才开始被记载。五代时期"梅山蛮"频繁反乱，从而进入封建王朝的视野，"梅山峒"被视为草寇之窟穴。至宋太宗太平兴国年间，潭州地方兵多次出动镇压"梅山蛮"。对于朝廷大军的征剿，"梅山蛮"从来就没当过一回事，因为他们有自创的梅山功夫，长期的野外生存锻炼出了他们强健的体魄，战神蚩尤那种不惧强暴、不畏生死、勇往直前的精神已经植入了他们的骨血，他们有一种与生俱来的反抗精神。所以，每次都将地方兵杀得丢盔弃甲，朝廷对他们也是无可奈何。

直到北宋熙宁五年（1072年），汉人章惇向朝廷提出用怀柔政策来"开梅山"，并亲自主持此事。梅山人自与外界接触过之后，也深感梅山区域的封闭与落后，希望引进外面先进的生产技术，改善梅山区域的生存环境，享受跟外面的人一样的新生活。所以，得到了朝廷的一些优待后，也就着朝廷的意思"顺坡下驴"归顺了朝廷。为了更好地管理梅山地区,让"梅山蛮"不能再起来闹事,当年的梅山区域,被朝廷分置两个县来治理,大熊山之南设"新化"县,含有"王化之新地"的意思,属邵州府;大熊山之北设"安化县",含有"人安德化"之意,属潭州府。分而置县,分而治之的方法,大大削弱了"梅山蛮"的力量。巩固了朝廷对"新化""安化"的统治。

梅山置县后,在梅山犹如迷宫的大山褶皱之间,原来几乎不通往来的各峒之间,尤其是梅山与外面的汉人地盘,一条条官道,通过官府的主持,次第修了起来。府道和县道,大都用青石板铺就。有了官道,就有了驿站,往来商贾、行人来去方便多了。外面的时新商品、先进生产资料,也被肩挑马驮,渗透到了梅山峒的千家万户。这些官道,便是进出梅山的重要交通要道。

新化与安化核心区域的分境,以大熊山为界。同为一座大熊山,山南属新化县,山北属安化县。新化与安化,开梅山之前的亲兄弟,被官府划到两个府分而治之,并因为大熊山的阻隔,慢慢疏远。

即使是这样,在更深层次的文化层面上,他们的血液里,依然流淌着梅山人的文化基因。这些文化基因的联系纽带,就是绵延于大熊山南北两侧峰壑之间的茶马古道。

茶马古道其实是府与府之间的官道,只是因为行走于这条路上的人,多是经销茶叶的客商,以及更多的肩挑马驮茶叶、茶饼的挑脚人及贩夫走卒。茶叶贩出后,换回来的是马匹。所以这条古道被渐渐喊成了"茶马古道"。

茶马古道沿着陡峭的山腰和阴森的沟壑,一直从潭州府的安化延伸到大熊山另一边的邵州府的新化。青石板全是长条形的,一块挨着一块,亲如兄弟,就像安化和新化多年前的故事。

安化和新化各个山峦的陡峭的山坡上,土少地薄,大多又不聚水,种植粮食几乎全是靠老天爷恩赐。唯有茶叶,既耐干旱,又不怕土地贫瘠,于是,它就成了山里人活命的重要支撑。

在很长的时期里,茶叶是朝廷重要的战略物资,多是用来与西边各外蕃交换马匹。古时军队的战马是重要的军事装备,而国内产的马,总是比不上西北边境各外蕃产的那么剽悍。西蕃各国嗜茶如命,却不产茶叶。于是朝廷便用产于国内的茶叶,去外蕃换取军队装备必备的战马。在那个时期,梅山腹地所生产的茶叶,源源不断地从这条青石板官道上被马匹驮着,被挑夫挑着抵达资江边，再通过漕运，送往西北边境、西南边境的茶马互换市场。

这里的茶叶，从外蕃换来了多少骏马，现在已经无法统计。鼎盛时期，新化红茶年产约三万担，可以肯定的是，中国在与外蕃的历次战斗中，能够取得战争的胜利，大熊山腹地所产的茶叶，茶马古道的贩运，做出了不可磨灭的贡献。当地百姓也用茶叶换来了生存所需的粮食与用品，让山旮旯里的日子尽管卑微，仍然安静。

过街亭是茶马古道上的老街，也是茶马古道通往漕船码头的最后一段路，走完这段路茶叶就开始装船，茶马古道完成使命。过街亭也是由青石板铺就，这条街被称为过街亭是为了方便茶客马帮通行，为此，还特意在街亭一侧圈起四丈见方的马厩。

每年谷雨后，过街亭、鹊桥两地挂牌收购茶叶，这时的过街亭和鹊桥是热闹非凡，因为多了很多外地茶商和外地演出班子，比平日里的鹊桥赶集更热闹。过街亭比鹊桥更近，每每这时候，陈天华都要到这里来凑热闹，看外地人与本地人不同的各种演出。陈天华对茶马古道、对过街亭也是非常熟悉。

一包包的茶叶被船工们装上船，想着这包包茶叶将要由志诚的船运到武汉，然后漂洋过海去完成它们的使命，陈天华对这条历尽了艰辛和沧桑的茶马古道有了一种深深的敬意。除了茶叶，这条古道还有更重要的作用，那就是将大熊山两侧的梅山子民联系起来，让梅山文化的基因一直植根于他们的心中，生生不息。有了这条古道通往山外，更是把山里人的理想与抱负，与山外紧密联系起来，让他们的天空更宽广，视野更辽阔。

因为是远航，船上装的货比平时要多，志诚还请了两个帮手，船一下就变得拥挤起来。志诚一直在船尾掌着舵，两个帮手则在船头一左一右划着桨，陈天华无事做又无心看书，就在船尾帮忙做饭。船上的当家菜是鱼，航行的路上，有遇到打鱼的，打个手势让鱼划子靠拢就能做成买卖。船上买鱼不用过称，通常都是论堆或者条计算。船上买的鱼是绝对新鲜的，把鱼肚子剖开都还能活蹦乱跳。从陈天华手上逃生的鱼也不少，因为鱼太活，剖鱼的时候一个不小心鱼就从手上滑进河里，逃之夭夭。

从漕船码头再往前走几里地，资江河就属于安化地段了。安化多山，且河面狭窄，暗礁丛生，跑了多年货船的志诚也是小心翼翼地掌着舵，船头一忽儿左，一忽儿右，在暗礁丛中绕行。

"哦，哦哦哦哦，嗨！咳嗯呦，咳！船回来了鱼仔饭，船冒回来盐菜饭；船冒回来打烂了，打烂合落（'合落'新化方言：没事），回头做只丛波落（'丛波落'新化方言：一种用松树做的小船）；丛波落，不赚钱，再来做只毛板船。"。高亢的、抑扬顿挫的船工号子从身后传来，一艘吃水很深的大货船在纤夫们的牵引下，缓缓跟在志诚的船后面，陈天华记得这艘船在新化地界的时候还是跑在前面的，来到安化地界后，它在一个小码头上泊了一下，估计是在找纤夫，所以落在后面了。

"赚到钱了吃好菜，没赚到钱吃盐菜；大船烂了改小船，小船不赚钱改毛板船。船老板还是蛮看得开的。"仔细听清了船工号子后，陈天华笑道。

"这是苦中找乐，自我安慰而已。在资江上讨生活的，有几家能扛得住船毁人亡的风险？一旦出事，最后只能落得个人财两空的下场。'小心驶得万年船'，所以，在资江河上跑船得小心、小心、再小心。你不知道我们这些跑船的，只要人在船上，都没睡过安稳觉，有时在家睡觉，如果梦到在船上，也会被惊醒。"志诚苦笑道。

志诚这么一描述，陈天华霎时懂得了"驾船是碗沙子饭"的含义，心里也在暗暗为志诚祈祷，希望他的船永远平平安安。

船经过三天两晚的航行从益阳进入洞庭湖，然后驶入长江。长江可比资江宽阔了许多，志诚的船在资江还算是比较大的，到了长江上就只能算是小船了，特别是长江江面上时常有一些外国的大轮船，它在几十米开外的地方驶过，激起的浪花能把志诚的船晃得东倒西歪的。望着那些横冲直撞的外国轮船，志诚常常感叹，中国的船与外国的船相比，实在是差得太远，不知什么时候，中国人才能像外国人一样开上自己造的大轮船。

船顺利到达湖北汉口的码头，船一靠岸，码头上一大群人围了上来，有喊吃饭、住店的，有手拿扁担、麻绳帮忙卸货的，也有拉着板车、人力三轮车准备接人、送货的，说的是清一色的新化话，让人有些迷惘自己到底到了哪里。

按照平日里的性格，陈天华一定是要细细探寻一番的，但此时的陈天华无暇顾及这些，只想尽快找到邹代钧先生。

"中国舆地学会"在武昌的巡道岭，武汉到武昌还有几十公里的路程，为了节省时间，陈天华咬咬牙买了张小火车票，一个多小时后便到了武昌。

巡道岭乍一听还以为是一座山，其实它就地势高一点，跟别的地方一样有花圃、有绿树、有楼宇，有珠光宝气的阔太、有金发碧眼的洋人、有衣衫褴褛的乞丐、有步履匆忙的行人。

根据路人指点，陈天华到达一栋低矮、灰暗、陈旧的房子前的时候，赫然就看到了"中国舆地学会"的牌子，他有些不敢相信自己的眼睛，这难道就是赫赫有名的"中国舆地学会"吗？走近那个门房里的小老头一问，没错。

当陈天华告诉小老头想找邹代钧先生时，小老头看了他一眼说："你找邹先生有何贵干？"

陈天华赶忙解释自己是邹代钧先生的学生，刚从他的家乡湖南新化千里迢迢赶来，找他有些事情。

"什么？你是从湖南新化来的？"小老头眼里顿时有了喜气，改用新化土话说。

"是的，我是新化人。"陈天华说。

"噢，我也是新化人，我们是老乡，邹先生不在家，去外头考察地形了，要三四天才能回来。后生家，幸亏你来得早，朝廷已来函，过几天邹先生要调去北平充编书局总纂兼学务处提调官了。"小老头热情地说。

"啊！这么巧？您也是新化的？"在这里能遇到老乡，陈天华也很是惊讶。

"汉口有一个'宝庆码头'，那里有很多的新化人，我是从汉口那边过来的。"小老头说。

陈天华猜他所说的"宝庆码头"就是刚才自己下船的地方，很多新化人在那做生意，主要是服务于在资江、长江流域驾船的宝庆府的船夫们的生活起居及码头的装卸业务，刚才船靠岸时围上来的就是这个群体。陈天华小时候就很向往这个号称第一新化县城的"宝庆码头"，今天终于得以一见却无暇顾及。

要等三四天？囊中羞涩的陈天华有些紧张起来，这得要多少旅费呀？本来临下船的时候志诚还问过他要不要带点钱，想着自己要快去快回的，又怕麻烦志诚，只说自己有带，不用了，没想遇到了意料之外的事情。

小老头看出了这个年轻人的为难："你很着急见到邹先生吗？"

"那倒不是，只是要等三四天，我在这里人生地不熟，不知住哪里好。"陈天华不好说自己没钱。

"只要你不嫌弃我这个糟老头，就跟我住在这门房里，我也好久没回家乡了，正好可以跟你聊聊家乡的事情。"小老头说。

"那太好了！"陈天华惊喜道。

陈天华就在门房住下了。白天就在门房看看报纸，晚上跟小老头聊聊天。从小老头的嘴里，陈天华了解到小老头的父亲曾在李鸿章的江南制造总局里做过事，他本来有三个兄弟，都毙命在曾国藩的剿捻阵列里。他未曾娶妻，老乡邹代钧见他身世可怜，就留他在"中国舆地学会"做了门房，让他有了一个养老的地方。

好不容易过了三天，终于在第四天的下午，风尘仆仆的邹代钧回来了。看到陈天华，邹代钧也很是惊讶，问道："星台，你怎么在这儿？"

"老师，我在这里等您三天了。"陈天华说。

邹代钧听了，知道事情不寻常，忙拉了陈天华去自己楼上的书房。

"星台，只怪我出去得不是时候，害你久等了。"邹代钧抱歉地说。

"老师别这么说，是学生不才，远来惊扰，实感不安！"陈天华连忙说。

邹代钧的书房兼着卧室，房间里也是很简单，除了一张床，一张书桌，其他剩下的就只有书和地图了。

"星台，你来这里所为何事？"进得房间，邹代钧直问道。

陈天华把自己的情况给邹代钧做了一个详细的说明。

邹代钧沉思了一会，说道："星台，我给你呈一封书信给赵尔巽巡抚吧，前次他去湖南赴任的时候经过湖北，湖北巡抚苏道南与他有交情，于黄鹤楼设宴为他饯行。其时我正为湖北绘制全省地图，恰巧被赵尔巽看到，他面邀我日后为他绘制湖南地图，我答应了。你这事情是合情合理的，不是什么徇私舞弊，此事求他应该不难。"

陈天华闻言大喜："谢尊师！太感谢尊师了！"

"不用谢！星台，既然是你老师，能帮上忙肯定会帮忙的，况且这也是一种维护正义。"邹代钧说。

邹代钧当即挥毫修书。

拿到书信后，陈天华拜别了邹代钧，又给门房的小老头作了个揖，感谢他这几天的收留，匆匆返回汉口，他知道志诚一定等急了。

果然，还没到船上，远远地看到志诚迎了过来："星台哥，你快急死我了，我还以为你走岔道了呢，都三四天了。"

"哈！刚好碰到邹先生出差了，三四天才回来，这不，我一拿到书信就回来了。"陈天华扬了扬手中的书信说。

"拿到了？拿到就好，等再久都值得。"志诚高兴地说。

从湖北回来后，陈天华马不停蹄赶往长沙，把邹代钧的书信呈给赵尔巽巡抚后，回到新化等消息。

过不久，求实书院传来消息，陈天华被省城师范馆录取。省城师范馆不是陈天华的目标，他的目标是官费留学，但能录取总比落榜好，况且第一批留学生都已经出国了，陈天华只好来到省城师范馆报到。

不久，又有消息传来，省抚辕部院从那些荐卷里面挑选试卷，准备选派第二批学生去国外留学，陈天华获得了预取资格。这一消息让陈天华顿时喜出望外，出国留学的愿望终于要实现了，只是，这还是预取，不知何时才能等到真正的录取通知，只能在师范馆耐心等候。

次年二月，陈天华终于接到了获官费留学日本的通知。

第二十九章 东渡日本

三月初，还是春寒料峭的时候，上海滩的夜晚虽然华灯璀璨，但也是寒气逼人。此时的黄浦江也是繁忙的，耀眼的汽灯下，货船忙着装卸货，客船忙着上下客。一艘准备驶往日本的"博爱丸"号客轮上，一群梳着长辫，穿着长衫，提着藤条箱的青年学子，正排着长队依次往舷梯上走。

河岸上，送行的人挥舞着手里能挥舞的帽子、手绢等，向即将登船的亲朋们示意，希望上船的人能看见人群中送行的自己。

那些上了船的人又拥挤在靠岸边的船舷，用手里能够挥舞的东西向岸边送行的人群示意，希望岸上的亲人能看见自己顺利登船，船上、岸上都是人头攒动。

"大家别急，不要拥挤，排好队按顺序来，每个人都要上船的。"舷梯边，有人在维持秩序。

经过一段时间的骚动，人慢慢归了位，船上变得有了秩序。

长长的汽笛声中，轮船慢慢驶离长江口岸，在黑暗中缓缓行进。天亮的时候，轮船已经进入东海，船上的人们也渐渐从船舱里走出来，迎着海上那一轮刚升起的太阳，舒展舒展身子。此时，一个面容清瘦，身材高大的青年人站在甲板上正往来处眺望，他就是陈天华。眼望着越来越远离的故土，一抹离愁也在他脸上由浅变深。

"星台，别这么多愁善感了，不就是去外面读几年书吗？又不是不回来了。"耳边的声音好熟悉，怎么像是刘揆一的声音？

陈天华转身一看，真的是刘揆一。

"霖生，你怎么也在这条船上？你也去日本？"陈天华惊喜地问。

"难道日本只许你去，不许我去吗？"刘揆一嬉笑道。

"不是！不是！只是你突然出现在我面前，让我太感意外了。"陈天华忙解释说。

"看把你愁的，你呀，是堂堂正正的官费留学生，我还是私费的呢，都没有你这么愁。"刘揆一说。

"霖生兄也是去日本留学吗？没想你真的成功了。"陈天华道。

"你不知道我出国有多么的难。首先是父母这一关，我娘一把鼻涕一把眼泪拉着我说：'你这是心跑野了，不管家里的父母、妻儿，不管家里的田地，不管家里的宅子，就是成天往外跑，原来还只是在国内跑，现在居然要跑国外了。'我那才三岁的儿子则抱着我的腿说：'爹，我不准你去，我不准你去，你不在家的时候我看见我娘流眼泪呢。'我的老父亲倒好，他话不多说，干脆就来硬的，把我锁在房里不准出门。没办法，我只好拿绝食来威胁，饿了三天三夜后，他们看拗不过我，怕我真的饿出什么毛病，只好给了我几百两银子，放我走了，你说我这学留的是不是特可怜？我感觉我真的对不住我的父母和妻儿。"刘揆一刚刚还笑意盈盈的脸也晴转多云，眼里还有泪光闪过。

"我不是愁这个，我是想我们要留学三年，希望这三年里，国家的情况不要再往坏的方面发展才好，它已经再也禁不起折腾了。"陈天华说。

"这个哪是我们左右得了的？但是，只要是国家有事，我就要回来，哪管什么三年不三年。"刘揆一说。

"还是你这私费的自由，想咋的就咋的。"陈天华说。

"花钱买来的自由啊！"刘揆一说。

"哟！你们两位兄弟也是湖南的吧？"两人身后又传出了一个长沙口音。

回头一看，是个身材比较魁伟，满脸的胡子，看上去年龄比他们成熟一点的年轻人。

"是啊！"两个人不约而同点了点头。

"你们也是去日本留学的？"年轻人问。

"是的，刚选上的。"陈天华说。

"读的是哪所学校？"年轻人又问。

"东京弘文学院。"陈天华说。

"我也是东京弘文学院。"刘揆一说。

"这么巧？我也是东京弘文学院的学生，我们以后是同窗了，我叫黄兴，字克强，湖南善化人。"年轻人自我介绍说。

黄兴，原名轸，字廑午，同治十三年(1874年)十月二十五日，出生于湖南善化一个书香门第，父亲黄筱村是晚清秀才。黄兴幼年时思想受湖南的明末清初大儒王夫之的影响很深。光绪十九年(1893年)，黄兴入长沙城南书院读书。光绪二十二年(1896年)，考中秀才。光绪二十四年(1898年)，黄兴由长沙湘水校经堂新生，被保送到武昌两湖书院深造。两湖书院是一所比较新式的学堂，课程除经史文学外，还有天文、地理、算学、测量、化学、博物学以及兵操等新学科。黄兴在校期间，"笃志向学，而于地理一科及体操尤为精勤"。他还于"课程余闲，悉购西洋革命史及卢梭《民约论》诸书，朝夕盥诵"，初步接触到西方资产阶级的民主学说。光绪二十七年(1901年)毕业于武汉两湖书院。

光绪二十八年(1902年)春，湖广总督张之洞从两湖、经心、江汉三书院选派学生三十多人，赴日本东京宏文学院速成师范科留学。黄兴这位两湖书院的优秀毕业生，成为这批留学生中唯一的湘籍学生。

"我叫陈天华，字星台，湖南新化县人。"

"我叫刘揆一，字霖生，湖南衡山县人。"

陈天华和刘揆一也分别对自己做了一番介绍。

"星台，第一次离开家乡吧，一脸的离愁别绪。"黄兴开玩笑说。

"呵呵，第一次远渡重洋，难免心生离愁。"陈天华憨憨一笑，有些不好意思。

"别愁，日本有很多中国留学生呢，这一批就有五十人。"黄兴说。

"克强兄也跟我们是一批的？"陈天华问。

"不是，我是去年来的，是两湖书院选派的，那一次我们两湖、经心、江汉三书院选派学生三十多人，就我一个是湖南人，那才叫孤单呢，后来认识了其他省份的一些同学才好了一些。"黄兴说。

"啊！五十？怪不得我在船上到处都能听到汉语。"刘揆一说。

"不仅这里到处能听到汉语，以后在校园里也是能到处听到汉语的，东京弘文学院是日本教育家嘉纳治五郎在东京牛込为中国留学生创办的学校，大部分人都是中国留学生。"黄兴说。

"噢！那太好了，我们像是在家里一样。"陈天华开心地说。

"唉！中华文化博大精深，如果不是腐朽的封建制度阻滞了中国的发展，我们也不至于这么多人都跑出来学习人家的先进经验了。"说到这些，黄兴的脸色暗淡了下来。

"是呀，如果不是我们落后，就不会被人家跑上门来欺侮，落后就要挨打呀！"陈天华说。

"嗯，你这说法很恰当，通俗易懂，因为我们落后就被人家跑上门来欺侮。"黄兴很是欣赏陈天华这种说话的语气，很接地气，没有一丝一毫的那种整天埋在书堆里的书呆子气。

"嘿嘿！我就喜欢我们家乡的梅山古文化，讲我们家乡的俗语，说我们家乡的弹词、唱我们家乡的山歌，每个人都能听懂。"陈天华有些羞涩地说。

"梅山古文化？"黄兴感兴趣地问。

"是的，我们新化地处湘中地区，古时称'梅山'，自古至今流传着一种古老神奇的文化形态，似巫似道，尚武崇文，杂糅着人类渔猎、农耕和原始手工业发展的过程，因为来自民间，是古梅山文化千百年进化的结果，所以接地气。"陈天华解释说。

"嗯，我也听说过'新化'这地名的含义是"王化之新地"。如果没有它自成一派的文明积累，应该是早就被王化了的。你这种接地气的表达方式很好，我们不仅要唤醒社会的中上层，更要唤醒社会底层的普通民众，普通民众所能接受的就是你这种接地气的文化，那些充满酸腐之气的'之乎者也'不符合他们的口味。"黄兴再一次赞道。

"是啊！我们新化人在古代称为'梅山蛮'，是很难驯服的一群人，至今都保留着自己的文化形式，就像我们的中华民族，是一个不可屈服的民族。"陈天华说。

"说得好！中华民族是不可屈服的。"黄兴紧握了一下自己的拳头。

陈天华望着年龄比自己才大一岁的黄兴，顿时有了一种找到了兄长、找到了温暖的感觉，记得以前跟父亲在一起聊天的时候，也总是会有这种感觉。

"这不是克强兄吗？"从船舱里又出来了一个留学生模样的，看见黄兴招呼道。

"笏棠兄，是你？你也是这批留学生里面的吧。"黄兴看到来人也很惊喜。

"是的，我这次被选派公费留学，读振武学堂。"那个叫笏棠的同学说。

"正好，我也给你们引荐一下，这位是廖名缙，字笏棠，湖南芦溪县人，我在两湖书院读书时的同窗。"黄兴说。

"这位叫陈天华，字星台，湖南新化县人。这位叫刘揆一，字霖生，湖南衡山县人。"黄兴又给廖名缙介绍了陈天华和刘揆一。

"真高兴，在船上就认识了两位老乡。"廖名缙抱拳施礼说。

"笏堂兄，你要去的振武学堂，我也有一位好友，叫杨源浚，字伯笙，他是去年来日本的。"陈天华说。

"好啊！我正担心自己一个人太孤单呢，谢谢星台兄引荐，我到了学堂马上去找他。"廖名缙高兴地说。

经过三天的航程，"博爱丸"终于抵达日本横滨港，横滨港的码头上，跟上海的黄浦港一样挤满了人，但这回不是送行而是迎宾，听说第二批留学生今天到，第一批留学生们早早就来到了港口迎接。

陈天华第一眼看到的竟然是苏鹏，苏鹏身边还有一个少年，他怕认错，直走到跟前才敢相认："风初，真的是你？"

苏鹏看到陈天华也很是惊讶："星台，你也来日本了？"

"是的，我被录取到东京弘文学院师范科学习，你什么时候来的？"陈天华问。

"不会这么巧吧？我也在东京弘文学院师范速成科，去年来的。"苏鹏说。

"你比我还早到日本？你家什么时候把你放出来的？"陈天华很是惊奇。

"你走后不久，我舅舅就来我们家了。"苏鹏说。

"你舅舅？周辛铄先生？那次匆忙离别后他没什么事吧？"陈天华关切地问。

"没有，我这舅舅和谭胡子可是胆大得很，那次他们逃离新化县城，在谭胡子的家乡福田村躲藏了一段时间，风声一过，又四处发展会党去了。"苏鹏说。

"呀！这两位先生是真够大胆的，居然就躲在家里。"陈天华的口气可是佩服极了。

"可不，风声一过还到处跑，他来我家也是路过，顺便来看看我娘，他看见我父母管得我这么严，把我父母都说了一通。他说：'你们是不是要把风初养成一只关在笼子里的金丝鸟？你们生的可是一个男孩啊！男孩要有安邦治国平天下的气概，你们现在希望的是他走你们的老路，整天守在自家的一亩三分地里转悠，这样你们是可以每天都能看到他在你们眼皮子底下晃，可男子汉大丈夫这样活着又有什么意思？一点远见都没有。'

舅舅说的真解气，我父母也被他说得心生惭愧，就问舅舅他们现在该怎么做？舅舅说：'蔡松坡现在正到处招揽人才，蔡松坡是个能人，我建议凤初去投奔他。'我就按我舅舅的意思投奔了蔡松坡。

不久，蔡松坡因为参加唐才常领导的'自卫军'失败，跑到日本来了，被他的老师梁启超安排到日本陆军士官学校学习，我就跟着他来了日本。"苏鹏说。

"哈哈！真的没想到，凤初你争取自由的经历还这么传奇，原以为在新化实学堂分别后再难同窗的，没想又在日本东京弘文学院同窗了，这世上的事情，真的很难预料。"陈天华说。

"那是我们同窗之情还没了。"苏鹏笑着说。

"噢！对，我想也是。"陈天华点点头。他乡遇故知，还真应了小说中的那句话。

"只是我还有点不明白，你投奔蔡松坡，有一种'投笔从戎'的感觉，可为什么又跑来读师范了？"陈天华问。

"这个说来真是气愤。刚来日本的时候，要填志愿，我本来跟蔡松坡一样填的是陆军士官学校，以期今后跟他一起征战沙场，殊不料志愿表交上去之后竟被驻日公使馆横加改变，将我派到了弘文学院师范速成科。"说起这个，苏鹏满心的愤懑。

"不过这于我来说还是件好事，以后我们能天天见面，像在新化实学堂一样，哈哈！"陈天华打趣道。

"也是，如果知道你也读的是弘文学院，我不会这么气的。星台，我听说我们新化实学堂一班有不少同学来了日本，只是实学堂解散后，许久没通音信了，不知道他们在哪里学习。"苏鹏说。

"我只知道杨源浚也来了日本，他读的是振武学堂。"陈天华说。

"真的吗？振武学堂是军校，他也读军校？"苏鹏说。

"是的，不知他今天来了没有。"陈天华说。

"没来我们就去找他，振武学堂也在东京，东京就那么大的一块地方，我不信找不到他，以后有时间约他一个月见一次面，几个好友在异地他乡能经常见面，那将是一件多么惬意的事。"苏鹏说。

"对，我们还能像以前在新化实学堂一样，坐在一起谈谈时事，聊聊故乡。"陈天华说。

聊了半天，苏鹏才记起身边的少年，忙向陈天华推介说："这是方鼎英，字伯雄，是我们新化时雍团的。"

"时雍团离我们知友团很近啊！有的地方还接壤。"陈天华望着这个比自己低了半个头，嘴上刚刚生出一圈淡黄色绒毛的少年说。

"是的，我早就听凤初大哥说过星台大哥，说起你们在新化实学堂的一些趣事，一直盼望能见到你，今天得偿所愿啦！"一直看着他们寒暄插不上嘴的方鼎英终于说话了。

"伯雄小弟今年几岁了？怎么这么小年纪就来了日本？我像你这个年纪的时候还在放牛呢。"陈天华笑问道。

方鼎英还没来得及回答，旁边的苏鹏指着前面不远的地方叫道："星台，你看，你看，伯笙兄，伯笙兄在那里。"

陈天华抬头一看，果然，杨源浚此时和一个身材魁梧，相貌堂堂的年轻人正穿过拥挤的人群往这边走来。

"哎！伯笙兄，我们在这里呢，快来这里。"苏鹏挥着手，扯着嗓门大喊。

杨源浚他们像是听到了苏鹏的声音，挤的速度加快，旋即来到了三个人身边大笑道："哈哈！星台，真没想到，我前脚刚到，你后脚就跟过来了，真是人生何处不相逢。"

"用凤初兄的话来讲是我和他同窗之情未了。"陈天华说。

"凤初，我们很多年都没见面了，没想却相遇在日本！"杨源浚道。

"有缘千里来相会，我们也是缘未了，哈哈！"苏鹏笑道。

"不，这应该是不远万里来相会，伯笙，这位是？"陈天华更正说，又指了指杨源浚身边的年轻人问。

"自我介绍一下，我叫曾继梧，字凤岗，新化县亲睦团珂溪村人，跟伯笙兄一样，现在在振武学堂学习。"年轻人抢先说。

"哈！又是同邑，想不到我们新化这么多人来了日本。"陈天华笑道。

"是啊！我听伯笙兄说你们实学堂很多同学来日本了，我还知道新化的'不缠足运动'就是你们这群人发起的，真了不起！"曾继梧说。

"凤岗兄过奖了！如果你在，也一定会跟我们一起做这件事的。"陈天华说。

"对，我跟你们的观点是一致的，就像现在我跟伯笙兄，什么都能聊到一块，虽然我们不是同学，但以后我们都是志同道合的好朋友，"曾继梧说。

"都是为振兴中华，抵御外敌而寻求真理的一群人。"陈天华接过话说。

几个人相视一笑，不约而同点了点头。都说"老乡见老乡，两眼泪汪汪"，现在这群人心里并没有这种感觉，有的是满腔的热血。

　　"哎！凤初、伯笙、凤岗兄你们怎么都把大辫子剪了？"陈天华忽然像哥伦布发现了新大陆。

　　"嗨！嗨！你不知道，日本人在报纸上称我们的辫子为'猪尾'，留日学生走在街上，常有日本小孩追逐身后，嘲骂'猪尾奴''半边和尚'。"杨源浚说。

　　"可恶的日本人，可恶的大辫子。"苏鹏骂道，不知道该把责任归咎到日本人还是大辫子头上，所以一齐骂。

　　"我也好讨厌这条辫子，既然你们已经剪掉了，我还留它何用？等我回到东京，马上剪掉。"陈天华说。

　　旁边的方鼎英还留着一条小辫子，看着他们一个个声讨辫子，没有作声。

　　"喂！伯雄小弟，别人都把辫子剪掉了，你怎么还留着？"陈天华见状问。

　　"星台大哥，古人云：'身体发肤，受之父母，不敢毁伤，孝之始也。'没得到我娘允许，我不敢剪掉辫子。"方鼎英小声说。

　　"伯雄老弟年纪还小，有些事情不敢自己做主也在所难免，等以后再说吧。"杨源浚替他说道。

　　"对，只要我娘允许，马上剪掉。"方鼎英声明说。

　　"哈哈！小弟，这个不勉强你。"陈天华捋了一下方鼎英的小辫子说。

　　这边，陈天华、苏鹏、杨源浚、方鼎英、曾继梧他们聊得火热。那边刘揆一、黄兴、廖名缙在人群中看到了杨笃生和禹之谟前来迎接，也是热情之至。刘揆一本来在国内和杨笃生、禹之谟是知己，黄兴在日本和杨笃生、禹之谟是同学，大家都是圈子里的人，所以，都有聊不完的话题。

　　陈天华把苏鹏、杨源浚、方鼎英、曾继梧都拉了过来，一一介绍彼此认识，并特别给杨源浚、曾继梧和廖名缙做了引介。

　　"'莫愁前路无知己，天下谁人不识君。'你们现在懂得前人高适的高见了吧？亏有的同学刚离开家时还悲悲寂寂的，满心的离愁别绪。"黄兴调侃道。

　　陈天华知道黄兴暗指自己刚上船时的丑态，不好意思笑了。

　　三月的日本，是樱花即将盛开的时节，一路上，满眼看到的都是缀满粉红色花蕾的樱花树。这些含苞待放的樱花并没有引起这批祖国正处在内忧外患中的中国学子的兴趣，他们一路上都是忧心忡忡地小声谈论国家正在发生的变化。

"你说，中国是泱泱大国，政府竟派我们到这样的一个小国家来学习他们先进的管理和技术，是不是有点不可思议？"有人说。

"你可别小瞧了这日本国，虽然他们的国土面积比我们少得多，可你看，哪个国家敢欺侮它？"有人回应说。

"这倒也是，我们国家虽大，但现在自己能有多少发言权？全是那些列强说了算，无论受多大委屈，我们也只有点头认错的份儿。"有人说。

"我们的国家现在真的是窝囊透顶了，如果政府再这么腐败无能，这国家迟早是要变成别人的。"有人说。

"哎呀！小声点，我们可是大清国派出来学习的，怎么能先倒了自家的威风。"有人小声阻止道。

"我们说的都是实话，又没有夸大事实。"有人嘟囔说。

"对啊，我们只有承认自己的短处才能学到别人的长处，取长补短嘛，倘若连自己的弱点都认识不到，那还出来学什么？"有人说。

"其实啊！这日本国以前跟我们国家也是一样的，后来人家派人在外面学习了一些外国人的先进经验，再在自己的国家进行改革，所以现在变得强盛起来。"有人又说。

"嗯，希望我们学好之后也能把国家改革一番，让国家变强大。"有人说。

"唉！我们现在的皇帝哪有这日本明治天皇的魄力啊？慈禧就只顾着抓权揽政，光绪帝又是软弱无能。"有人深叹一口气说。

这句话好像说到了大家的心坎里，声音一下就沉默了。

听到这些议论，陈天华皱紧了眉头，是啊！他们说的也是自己所想的，自己虽然是清政府公费派来日本学习的，但中国的路在何方，要选择一条怎样的路走下去，才能让这个国家走出沼泽，走出自己的一片新天地，还是一片迷茫。说到改革，"戊戌六君子"不也是想对国家进行改革吗？结果怎样？被清政府砍了头。看样子，对于一个腐败到了极点的政府，光靠秀才们的呼吁是远远不够的。

第三十章 同乡小弟

日本神田神保町中国留学生会馆。按照惯例，留学生们从国内出来，首先要去那里办理有关的手续，接受一些例行的训示，才能回到各自的学校。

接待留学生的是学监姚文甫。姚文甫个头不高，肥头大耳，手脚跟身材一样圆圆胖胖的，说话满口的官腔，没有一句实在的。比如说："听信朝廷者荣，悖逆朝廷者亡""你们要好好听朝廷的安排，我们大清国，我们大清帝国，靠你们这些学子去振兴。"一听就是一个顽固的保守派，还大清帝国呢，现在都任人践踏，陈天华心里在想。

陪陈天华一起来的苏鹏，虽然是自费留的学，但对官费留学生的事情也是略知一二。他说听官费留学生常常在背地里说这个姚文甫不是个东西，不仅克扣留学生的奖学金，甚至连留学生的生活费都要侵吞，贪污的钱却用来泡东洋女子。

陈天华想，这样的酒囊饭袋、贪官污吏却被清廷派来做学监，这是留学生的悲哀，也是清朝政府的悲哀。

进到东京弘文学院，果然像黄兴所说的，东京弘文学院到处都是中国人，下课的时候，操场像是一个大型的车站，说话南腔北调，什么口音都有。

弘文学院的环境很优美，一条条花径把空地环绕成形状各异的花圃，花圃里栽满各种花卉，花径两边栽满了樱花树，樱花盛开的时节，整个校园都隐在一片粉红的云彩里面。陈天华很喜欢这里的环境，他除了白天上课，晚上大部分时间也都是待在图书室、阅览室、自修室里。跟他一样喜欢待在这些地方的还有方鼎英。方鼎英年纪很小，他出身贫寒，四岁的时候父亲就去世。他天资聪颖，十岁便读完四书五经应幼童考，十二岁入长沙明德学校，十五岁便被明德学校选拔为官费留学生送往日本留学。

方鼎英听苏鹏说了很多有关陈天华的故事，对陈天华很是仰慕，所以一直称陈天华为大哥，陈天华也很喜欢这个爱学习的小弟弟。

一日，陈天华、苏鹏、方鼎英正沿着花径散步，一阵清风吹来，樱花花瓣雪花似的飘下来落在苏鹏的头发上，苏鹏不经意地甩了甩剪短的头发，花瓣又轻飘飘飞了出去，看上去很是潇洒。

"哎！我怎么就把剪头发这件事给忘了。"走在后面的陈天华看着这个动作突然记起。

"哈！我还以为你又舍不得剪了呢。"苏鹏笑道。

"哪有？这些日子忙，把这件事给忘了，这东西纯粹就是个累赘，还留它干什么？凤初，哪里有快剪？给我找一把来，我立马行动。"陈天华急得跟猴子似的。

"你等一下，我马上给你去找。"苏鹏也是火急火燎的，好像生怕慢了陈天华会反悔。

一会儿，苏鹏就找了把剪刀过来。

陈天华接过，把辫子甩到胸前一把抓住，然后"咔嚓"，头发应声成了两节，他把辫子弃于樱花树下的垃圾桶里，然后又盯上了方鼎英的小辫子："伯雄，你的辫子也剪掉吧。"

方鼎英迟疑了一下，看到自己仰慕的大哥这么决然，还是下决心要把辫子剪掉，他颤声道："星台大哥，我听你的，你剪吧。"说着把身子扭过去，把辫子呈到陈天华面前。陈天华也是毫不犹豫，"咔嚓"一声，一个英俊的、朝气蓬勃的少年出现在了大家眼前。

"哇！伯雄，你剪掉辫子多好看，英气逼人啦！"苏鹏赞道。

"真的？"方鼎英一脸的兴奋，刚才的犹疑一扫而光。

"后生家，剪掉辫子真的是潇洒俊朗，没有以前的拖拉之气了。"陈天华也赞道。

"噢！我得赶紧去拍张照片寄回去给我娘看看，免得以后回家她感觉太突兀。"方鼎英却说。

"真是个孝子！"陈天华赞许道。

夜晚的图书室，橘黄的灯光下，陈天华和方鼎英各自捧着一本书在细细阅读。

陈天华读的是一本《民约论》。《民约论》中卢梭主要阐述的内容就是：人生而自由，但却无时不在枷锁之中。这个枷锁就是国家。卢梭提出国家创建的理性逻辑："人类想要生存，个体的力量是微薄的，个人的权利、快乐和财产在一个有正规政府的社会比在一个无政府的、人人只顾自己的社会能够得到更好的保护。可行的办法就是集合起来，形成一个联合体，即国家。国家的目的就在于保护每个成员的人身与财产。国家只能是自由的人民自由协议的产物。人生而自由与平等，人们通过订立契约来建立国家，国家就是人民契约的结合体。""创建一种能以全部共同的力量来维护和保障每个结合者人身和财产的结合形式，使每一个在这种结合形式下与全体相联合的人只不过是他本人，而且同以往一样自由"，这就是社会契约要解决的国家与个人的根本关系问题。有了这种公约和权利的保证，每个人对所有的人承担了义务，所有的人也对每一个人承担了义务，这就使得人与人之间虽然可能有体力与智力的不平等，但是他们却拥有了权利的平等。

陈天华认为，《民约论》让人拨开迷雾，看到社会的本质，人与人之间应该都是平等的，专制制度是统治者强加在人民头上的枷锁，民主制度才是人类社会发展的正确方向。一个国家，如果不平等发展到了极端就会导致人民要求平等的思想爆发。怎样才能谋求到平等？只有用新的暴力去消灭维护统治阶级的暴力，才能建立新的、符合社会发展的制度，那就是民主制度。新的暴力即是革命。

方鼎英读的则是《力士参孙》。《力士参孙》是英国文学家约翰·弥尔顿所作长篇诗歌。以色列的大力士参孙被情人腓力斯人大利拉出卖，以色列人的统治者是腓力斯人，他们弄瞎了他的双眼。参孙念念不忘复仇。后腓力斯人逼迫参孙演武，参孙推倒庙宇，与敌人同归于尽。参孙充满献身精神，轻率的婚姻导致了不幸，虽双目失明却毫不屈服，这些使人们联想到作者本人的经历，以及作者在复辟时期内心的痛苦和决不屈服的斗志。这首诗剧以希腊悲剧为典范写成，突出地表现了人物的内心感受，具有震撼人心的力量。

读完《力士参孙》，方鼎英对陈天华说："星台大哥，假设清朝的朝廷是一个大宴会场，我们则都是力士参孙，我们拼尽全力拔了他宴会厅的几根柱子，那宴会厅就会崩塌。"

陈天华为方鼎英这个天真而又新奇的比喻所折服，他称赞道："伯雄小弟，你这想法很独到，我们都是力士参孙，总有一天我们会拔倒这个根基已腐朽的清朝政府。"

夜深了，陈天华还无法入睡，《民约论》里的每一个段落，每一句话，都好像是针对清朝政府的治病良方，看来唯有革命，才能把病入膏肓的中国拯救回来，才能建立平等、自由的中国。

第三十一章 统一思想

通过黄兴的介绍，陈天华还认识了秦毓鎏、苏曼殊等不少外省的留学生。

秦毓鎏，江苏无锡人，光绪二十三年（1897 年）入东林书院，光绪二十四年（1898 年）考取上海南洋公学，后停学返锡在张泾桥顾氏学馆授课。光绪二十七年 (1901 年) 入南京水师学堂，次年留学日本早稻田大学政治科。与张继、苏曼殊等组织"青年会"，以"民族主义"为宗旨，以"破坏主义"为目的，宣传革命。

苏曼殊，广东香山县南溪乡沥溪村，原名戬，字子谷，学名元瑛（亦作玄瑛），法名博经，法号曼殊，笔名印禅、苏湜。光绪十年（1884 年）生于日本横滨，父亲是广东茶商，母亲是日本人。

1903 年苏曼殊留学日本，曾在东京早稻田大学预科，成城学校等处就读。一段时间的接触后，陈天华知道这些人都和自己有同样的理想、同样的抱负，都是些不甘心祖国落后、挨打的爱国青年。

弘文学院的学生也是各式各样，有的是来镀金，有的纯粹来玩，有的想学一些真本领回去富国强兵，有的则是来追求革命真理的。

所以，有些人沉溺于东京的繁华，有的人喜欢东京的自由，有的人爱上了温柔、开放的东洋女人。唯有陈天华、黄兴、刘揆一他们一群人很自律，极少玩乐，但有时会因为观点不同、意见不统一而争得面红耳赤。争论最多的话题是奉行君主立宪制还是民主共和制。君主立宪制也就是有限君主制，是在保留君主制的前提下，通过立宪，树立人民主权、限制君主权力、实现事务上的共和主义理想但不采取共和政体。民主共和指的是资本主义国家的一种政体形式，国家权力机关的组成人员和国家元首由选举产生并有一定的任期。

主张君主立宪的，自然是保皇党，他们认为只要把像光绪帝这样的人拥立起来，有个开明的皇帝，国家自然就会走上正轨，各行各业就会顺利发展起来，就能让人民安居乐业，无疑这是一种很美好的愿望。主张民主共和的则是激进的革命派，他们认为清朝政府根基已经完全腐朽，在已经腐朽的基础上进行君主立宪就像是让一株已经枯死的树上再开出美丽的花朵，根本是不现实的，清朝政府已经无法扭转中国的局势，只有通过革命，暴力摧毁这个已经腐败不堪的政府，建立新的民主政权，才能给民众新的生活。

黄兴、陈天华、刘揆一他们自然是拥护暴力革命的，他们认为只有通过流血、暴动等赶走清朝统治者，恢复中华，才是拯救中国的唯一办法。

这些争论一般不会在校园里面，有时是在黄兴、禹之谟他们在外面租住的房子里，更多的是在东京郊外的大森海湾。

大森海湾，一个美丽而静谧的地方，蔚蓝的天空下，海鸥在天空翱翔，微风携着细浪，轻拍着银色的沙滩，归航的船儿也怕扰了这番梦一般的景色，在远远的海面上停泊，只留下点点帆影映在辽阔的蓝天背景上。

时间已至暮春，东京经过了有些漫长的寒冷季节，渐渐暖和起来，遍野的樱花也已落尽，归于泥土。

大森海湾的海滩上，此刻聚集着一群浑身朝气，充满活力的年轻人，他们中不仅有黄兴、陈天华、刘揆一、禹之谟、苏鹏、杨笃生、方鼎英等熟悉的面孔，还多了一个身材瘦弱，但英俊潇洒的年轻人，他就是蔡锷也就是蔡松坡，自立军起义失败后，他改名"锷"，立志"流血救民"。受苏鹏的邀请，蔡锷第一次参加弘文学院的留学生们的这种讨论。

戊戌变法失败后，蔡锷跟随老师们的脚步来到日本，被梁启超安置到了他本人正任校长的大同高等学校，后来梁启超迁居横滨办《新民丛报》，他也时常过去帮忙。庚子年，唐才常邀他回国举行起义，唐才常惨遭杀害，蔡锷侥幸逃脱。唐才常的惨死，使再度逃亡到日本的蔡锷弃文从武，决心以高超的军事谋略置慈禧于死地。梁启超非常支持他，向他的朋友士官学校教务长佐藤义夫推荐，于是被编进了日本士官学校第三期骑兵科。

"这不是松坡兄吗？很久不见。"看到蔡锷，刘揆一满脸的惊喜。

"霖生兄，你也在日本？时务学堂解散后，你都去了哪里？"看到刘揆一，蔡锷也是很高兴。

"我呀！到处流浪。"刘揆一自讥道。

"记得当初唐才常老师组织'自立军'的时候，还去找过你。"蔡锷说。

"是的，唐才常老师是动员过我参加'自立军'，但我是主张排满的，不支持'勤王'，所以没参加。"刘揆一说。

"那次起义惨遭失败，唐才常老师等二十几位义士被满清政府残忍杀害，我也是侥幸才逃了出来。"蔡锷说话的时候，眼里充满愤恨。

"听说了，我还跑去滋阳湖畔拜祭过老师他们。回想那场面，真的是惨不忍睹，二十多个人，一个个都是身首异处，没有一个人的眼睛是闭上了的，周围的沙滩都被血染成了红色。"刘揆一也是满脸的悲愤。

"所以，来到日本后我就进了军校，我发誓一定要学好过硬的军事技术，要这些杀人不眨眼的刽子手们血债血偿。"蔡锷紧咬着牙关说道。

"不是不报，时候未到，他们会受到应有的惩罚的。"刘揆一说。

"霖生，我真没想到，才这么短的时间，一切都变得面目全非，还记得我们在时务学堂一起出去招学生的情景吗？"蔡锷说。

"怎么会不记得呢？回想起来，好像就是昨天发生的事情。"刘揆一说。

那是刘揆一从船山学院逃出来，刚进入长沙时务学堂不久，因为学堂刚成立，很多人对长沙时务学堂还不是很了解，所以，刘揆一就拉了蔡锷去宣传。

巡抚衙门的空地上，一大群人围在一个角落里，像是在看什么西湖景，被围在正中间的人正是刘揆一和蔡锷。此时的刘揆一正站在一条凳子上大声宣讲："父老乡亲们！告诉大家一个好消息，我们时务学堂大量招收学生，欢迎有理想、有抱负的士子们加入。"

"我家很穷，时务学堂要交学费吗？"一个看上去学生模样的人问。

"学堂只收食宿费，不用在学堂食宿的不用交。"蔡锷正好站在年轻学生旁边，帮忙回答说。

"时务学堂收童生吗？"又一个年纪较轻的学生问。

"收，时务学堂分高班、低班，秀才、举人编高班，童生编低班。"刘揆一回答说。

"我听说时务学堂搞的是西式教育，这个能不能持久呀？"有一个年纪有点大的中年人问。

"怎么不能持久呢？时务学堂是赵巡抚和江学台他们支持办的，现在江学台奉旨进京，皇上都要跟他商议全国变法大计，你们说会不会长久？"刘揆一说。

人群中立刻响起了一片议论声。

"江学台一定会高升，皇上都找他商议事情。"有人说。

"皇上英明，我们是该改改祖制了，因为我们国家的落后，现在外国人都骑在我们头上拉屎撒尿了。"又有人说。

"江学台是个大有作为的好官，此番进京，皇上必委以重任。不是说：'百年大计，人才第一'嘛，时务学堂就是一个培养人才的地方，我和这位蔡同学才进时务学堂不久，就学到了很多有用的知识，所以我们才出来做宣传的，我真心地希望有志青年们加入我们时务学堂，让我们一起成为对社会有用的人才。"刘揆一的话很有鼓动性，不少年轻人都举手表示要进时务学堂，刘揆一忙要蔡锷把名字都登记了，并告知他们时务学堂的门大敞着，随时欢迎他们入学。

回学堂后，刘揆一和蔡锷把报名表交给唐才常，唐才常满心欢喜地对他们说："不错，好好干，我们的学生越多越好。学生越多，对我们的变革越有利。"

刘揆一和蔡锷正在叙旧，黄兴他们这群彻底的民主革命的拥护者，在怎样使用暴力上因持有各自不同的观点，正在争论不休。

"由于立宪派大肆宣扬他们君主立宪的观点，很多以前支持我们观点的人都跑去支持立宪派了，而我们现在除了争吵，根本就没有让别人信服的东西，所以我们必须团结一致，做出一点让别人对我们刮目相看的成绩来，这样才能让大家重拾信心。"黄兴说。

"我也认为激烈的争吵于我们所支持的民主革命一点意义都没有。我们应该从心灵上唤醒国人，用民主革命的思想去武装人们的灵魂。毓麟兄不是写了一本《新湖南》吗？我认为是时候把它拿出来，散发出去了。还有《游学译编》[《游学译编》又称《湖南游学译编》。清光绪二十八年十一月十五日 (1902 年 12 月 14 日) 在日本东京创刊。月刊。湖南留日学生主办，熊野萃主编，黄兴、杨毓麟、杨度、陈润霖、周家树等编译。'专以输入文明，增益民智为本'。分学说、教育、历史、地理、外论、外交、时事等栏目。初以译述为主，后兼刊论著，宣传教育、实业救国，'苏报案'后渐次鼓吹革命。]这本杂志还可以扩大版面，增加影响范围。"陈天华说。

"我赞成星台兄的意见，我们要用语言、用文字去唤醒沉睡的灵魂，召回那些误入歧途的民众。"禹之谟说。

"星台兄既然要我把《新湖南》拿出来，我就拿出来试试，文字的力量有时也是不可小觑的。"杨笃生答应道。

"依我的观点，干脆使用武力，先搞几件震天动地的事情，比如说，暗杀顽固不化的清廷贪官，在朝堂里埋个炸弹什么的，来一个敲山震虎，让那些老顽固醒醒脑。"苏鹏说。

"我很欣赏凤初兄的胆识，别跟那些清廷走狗文绉绉的讲道理、谈理想，他们都是些老顽固，跟他们讲道理就是对牛弹琴，得给他们点颜色看看。"刘揆一说。

"松坡兄，说说你的看法，你刚接触我们这个团体，可以说是旁观者清嘛！"黄兴对一直沉默不语，静静聆听的蔡锷说。

此时的蔡锷看似很平静，看着这群正在激烈争执的年轻人，淡然地一笑。

"各位兄弟说的都有道理，但我私下以为，攻心为上，不到万不得已，不要使用暴力，因为我们的革命组织毕竟还是初始发展阶段，势单力薄，现在还无法与清朝政府分庭抗礼，如果贸然激进，难免会被消灭在萌芽状态。"蔡锷说。

"松坡兄说的有道理，先礼后兵，先洗脑，等时机成熟了再革命，不知大家意见如何？"陈天华说。

"好！那就先把毓麟兄的《新湖南》印出来，然后再扩大《游学译编》杂志的版面，现在多了这么多留学生，看杂志的人多了，撰稿的人也多了，我们一定能把这刊物做大做强。"黄兴说。

"我们有信心。"杨笃生说。

"坚决支持！"陈天华说。

"我们都支持！"

这回大家的思想很统一，一致赞成。

第三十二章 拒俄运动

"星台，不知你有没有听到消息，俄国又来闹事了。"一天，秦毓鎏来到陈天华的宿舍。

"晃甫兄，俄国又闹什么事了？"陈天华问。

"你知不知道《中俄交收东三省条约》？本来，1902 年 4 月中俄签订的《中俄交收东三省条约》里规定，协议签订后，沙俄必须在一年半之内把军队全部撤走的，今年四月是最后的撤离期限了，但沙俄丝毫没有要走的意思，十几万军队仍然霸占着东三省。它们不仅不撤一兵一卒，反而增兵南满，并节外生枝，向清政府提出'七项要求'，表示其'保持 在满洲独立势力的决心'。"秦毓鎏说。

"岂有此理！这不是明显的耍赖吗？《中俄交收东三省条约》本来就已经很不公平了，沙俄还变本加厉，想长期霸占东三省。"陈天华很是惊讶，在国内的时候，就知道八国联军入侵，清朝政府跟八国联军签了《辛丑条约》等很多丧权辱国的不平等条约，被别人侵略了还又是割地又是赔款，没想沙俄更是贪得无厌，还想继续霸占中国的领土。

"是啊！沙皇欺侮清政府软弱无能，它想一步一步蚕食我国。"秦毓鎏说。

"这么下去怎么得了？我们的国家岂不变成了砧板上的肉，任人宰割了？我们应该起来反抗啊！"陈天华说。

"对，我们就是要起来反抗，现在国内拒俄情绪很高，很多地方都在集会、游行、通电表示反对，我们留学生也已经开始行动了，正在准备组织一个拒俄敢死队。"秦毓鎏说。

"拒俄敢死队？这样的组织好！能不能介绍我参加？"陈天华急忙问。

"当然可以的，每一个爱国的留学生都可以参加。过段时间，我们将举行一个集会，正式成立拒俄敢死队，到时你就可以报名参加了。"秦毓鎏说。

"好啊！要得，我还可以写一篇演讲稿，到时在会上演说。"陈天华神情激动，好像自己此刻就站在了拒俄抗俄的最前沿。

"很好！我们拒俄敢死队就需要像星台兄这样的人，有正义、有理想、有抱负、有担当。"秦毓鎏紧紧握着陈天华的手说。

"只要是为了我们的国家，凡用得着我陈星台的地方，我都会义无反顾去做。"陈天华说。

陈天华虽然与苏鹏不住在一间宿舍，但陈天华马上把这个消息告诉了苏鹏。

"凤初，你听说了拒俄运动吗？"陈天华说。

"我们那里也是闹得沸沸扬扬的，据说秦毓鎏、叶澜、钮永建他们要成立拒俄敢死队，现在正到处宣传，星台，你准备参加吗？"苏鹏问。

"秦毓鎏已经来找过我了，我是必须参加的，这样的事情哪少得了我陈星台？我还要准备一份演讲词。"陈天华说。

"星台，你真了得，以前在新化实学堂搞'不缠足运动'你是一马当先，现在参加拒俄运动你也是当仁不让。"苏鹏说。

"嘿嘿！我就是脾气急，什么都想做在前头，这也是我们'梅山蛮'的特点。"陈天华笑道。

"嗯，你可以说是革命的急先锋。"苏鹏说。

"哈哈！我们都是。"陈天华笑着说，对于这个称呼，陈天华还蛮能接受的。

四月二十九日，天气还有点阴冷，日本东京神田锦辉馆挤满了清一色剪掉了辫子，穿着黑色学生制服的中国留学生，这里，中国留学生在举行拒俄动员大会。会上陈天华和黄兴都进行了激情昂扬的演说，他们的演说博得了全场一阵又一阵的喝彩。

"……东北，我们之东北也，岂能让虎狼之沙俄就这么强占去？我们要起来抗争！抗争！同学们，我们的国家到了生死存亡的关键时刻，我们必须团结起来，共同对敌！"黄兴说。

立刻台下一片呼声。

"抗争！抗争！我们中华民族到了最危险的时刻，我们要起来抗争！"

"……东北，我们之东北也！沙俄，虎狼之沙俄也！我们不争谁争？我们不拒谁拒？"

"我们力争！我们力拒！"

……

黄兴刚走下台，陈天华就敏捷地跳了上去。

"……同学们，我们光有一腔热血，在这里呼喊是不行的，我们还必须有自己的组织，有强健的体魄，有随时上战场与侵略者决一死战的决心。"陈天华挥舞着拳头说。

"我们要以血肉之躯，与沙俄抗争到底。"刘揆一在台下的人群中奋力喊道。

"对，我们要组织敢死队，随时准备奔赴保卫国家主权的战场。"苏鹏接着喊。

"组织敢死队！组织敢死队！"全场的呼声此起彼伏，同学们的拒俄情绪达到了沸点。

陈天华刚从演讲台上下来，黄兴、苏鹏、刘揆一、杨笃生他们从人群中挤过来祝贺。

黄兴伸出大拇指说："星台，讲得很好，很有鼓动性。"

"不都是受了克强兄演讲的感染嘛？"陈天华说。

"星台，你的演讲真不错，听得我们每个人都热血沸腾了。"苏鹏说。

"星台，真有你的，演讲口才这么好。"刘揆一也说。

"克强、凤初、霖生、毓麟，过奖了，你们都参加敢死队吗？"陈天华环顾了一下几个人问。

"我就不用说了，第一个报名的是我。"黄兴说。

"当然要参加的了，我们都是有血有肉的中国人，岂能允许祖国这么受人欺凌，我们是要并肩战斗的。"苏鹏搂住陈天华的肩膀说。

"对，并肩战斗，我们既是同窗又是战友。"陈天华握住苏鹏的手说。

"宁可站着死，不可跪着生，只要我们还有一口气，绝不能让祖国山河任人践踏。"刘揆一紧握拳头说。

"我一定参加敢死队。"杨笃生说。

……

"看今天的场面，同学们抗拒俄国侵略者的呼声很高，应同学们的要求，我们今天就组织一个敢死队，名字叫拒俄义勇队。现在开始报名，报名处在前台的右侧，请同学们排好队，一个一个来。"台上，会议主持人在说。

"走，我们报名去。"陈天华拥着几个人一起往报名处走。

人群一阵晃动之后主席台右边设的报名处前很快排起了长龙，黄兴、陈天华、刘揆一、杨笃生、蔡锷、苏鹏都排在了队伍当中。轮到陈天华的时候，秦毓鎏又特别说了："星台，你刚才的演讲很好，很能鼓动人心，我们希望以后你能多做演讲。"

"这个没问题，只要大家支持我。"陈天华说。

"我们当然是支持你的，以后你就是我们义勇队的演讲员，也就是我们义勇队的喉舌，我们希望喉咙里发出我们义勇队的最强音。"秦毓鎏说。

陈天华点头说："嗯，这是我的使命，这是我的职责，我一定尽力发出我们有正义感的中国人的肺腑之声。"

会场，报名者非常之踊跃，当天报名参加的留学生达两百多人。女留学生则组成赤十字社，报名参加随军看护工作。大会还决定派钮永建、汤栖为特派员回国宣传拒俄，赴天津促使袁世凯主战，并致电上海各爱国团体及派人到南洋各地宣传拒俄。留学生们纷纷表示愿"为火炮之引线，唤起国民铁血之气节""头可断，血可流，躯壳可糜烂，此一点爱国心，虽经千尊炮、万支枪之子弹炸破粉碎之，终不可以灭""宁为亡国鬼，不为亡国人"。

会后，陈天华的心情还是难以平静，想到祖国的大好山河正在被外国列强践踏，祖国人民正处在水深火热之中，光有这些热血澎湃的留日学生还是有点势单力薄，还应该做点什么事情才能唤起广大民众的拒俄热情呢？他首先想到了自己的家乡湖南。湖南人杰地灵，维新运动的发起人谭嗣同等都是湖南人，因为他们先前做了很多维新的宣传工作，民众基础比较好，如果在这里播下拒俄的火种，那势必形成燎原之势，于是他连夜写了一封《敬告湖南人》的公开信。

敬告湖南人（1903 年 5 月 24 日）

某敬告于所至亲至爱至敬至慕之湖南人：呜呼！我湖南人岂非十八省中最有价值之人格耶！何以当此灭亡之风潮而无所动作也？吾思之，吾重思之而不能为诸君解也。

谓将有所待乎？则台湾、胶州、旅顺、威海、广州之割，亦曰将有待也，何以惟闻日蹙百里，投袂而起者不闻有人也。人之断吾手足也，吾不之较，直待断吾首，然后起而与抗，不已晚乎？东三省、广西之失，不特手足也，直断吾首，而犹曰有待，不知如何而始无待也。试思东三省归俄、广西归法，英、日、美、德能甘心乎？瓜分实策，数月间事也。斯时诸君怅怅何之？欲图抵抗乎？抵抗死也；欲作顺民乎？杀顺民者亦有人也。死，一也。

死于今日，或可侥幸于万一；死于异时，徒死无补。且为同种人而死，虽死犹荣；为异种人戕同种人而死，则万死不足以偿其罪。诸君纵生不过数十寒暑，此数十寒暑何事则极悲之惨剧也，印度、波兰、非洲之故事，将于我中国演之。台湾、胶州、旅顺、威海、广州之民，先睹一出，已有欲观不耐、欲罢不能之慨。诸君其何乐留此七尺之躯，以观此惨剧也。曷若轩轩昂昂排去此等惨剧，以奏我和平之曲，讵非大丈夫之所为乎！

诸君所畏者死也。然而死，人孰不畏，如某者，贪生之尤者也。避死之方，百死不得，始敢为此以卵击石之举。填海精卫，惟持血忱，成败利钝，非所逆睹。诸君其有免死之良策乎？则某愿执鞭从之也。倘若是宁玉碎者碎，希瓦全者亦不全，则某愿诸君审所择也。元之得天下，杀人一千八百万。苟此千八百万之人，豫知其不免，悉起与敌，吾知死不及半，元已无种类矣。惟其人人畏死，而死者乃如是之多。元人不畏死，而始能以渺小之种族，奴隶我至大之汉种。我中国数千年来为外人所屠割如恒河沙，曾无一能报复之者，则何以故？以畏死故。中国人口号四万万，合欧洲各国之数也，苟千人之中有一不畏死者，则天下莫强焉。而奄奄有种绝之虞，则何以故？以畏死故。是故畏死者，中国灭亡一大原因也。诸君于此等关头尚未打破，则中国前途真无望也。

诸君勿以此日之灭亡为前日灭亡之比也。前此之灭中国者，其文明不如我，其蕃殖力不如我，故为我所化，而于种族界之膨胀无损焉。今则非其伦也，民族帝国主义渐渐推广，初以我为奴隶，继将以我为牛马，终则等诸草芥，观于澳、美之土人及中国之苗、瑶，可以省也。人日加增而土不加辟，欧洲于百年之中人民陡增一倍之外，本国既不能容，殖民地又无间隙，其旧不去，其新何居？然此亦未必草剃兽狝也，于我之生计界上渐竭其源，久而久之，民之能婚娶者愈少，不期绝而自绝也。自通商以后，我民不日穷一日乎？近于路、矿二事，争相染指，此即实行灭绝中国种族之遗策也，故今日中国之亡，岂仅亡国，实亡种也。国亡诸君何托？种亡诸君何存？诸君或犹以奴隶外族为习惯之举，无庸足怪，甚至谓前此野蛮之外族，尚可奴之，今日文明之外族，岂不可奴，而何必排之。不知今日欧美列强，对于内者文明，对于外者野蛮。如英人最言自由平等者也，而印人不能与英之齐民齿，英人之幸福，印人不与焉。英国尚然，况虎狼之俄、德、法哉！吾未见为人所制而能平等于人者也。慈父之视其奴，必不如其子，奴而甘之，他又何说。且为奴而即可无辜乎？列强瓜分中国之后，非能相归于好者也。异日者，以疆场之故，俄、德则驱北人以攻南，英、法则驱南人以攻北，已则凭轼而观，彼此死者，中国人也。列强之争无已时，中国人之死亦无已时，当斯际也，吾中国人于列强，人人有当兵之义务，欲求安逸不可得也。

诸君此际不为同种人排外族，他日必为异种人诛同族。诸君于排外族则辞焉，于诛同族则任焉，不知诸君何心也？诸君之灭丧天良者，必有谓文天祥、史可法等之死无救于宋、明之亡，徒多杀生灵为借口者，为斯言者，真吾中国之蟊贼也。谓恭顺即可以免杀戮乎！则革命之际宜所杀者，惟执戈执殳之徒耳。林林总总之俦，固不敢抗颜于强暴之前，何以此辈之死者百倍于战场之死者也？盖敌人之所欲者，子女玉帛，不杀则将焉取之！盗贼入门，岂可以揖让退之哉。彼外族之入中国也，不敢歼绝吾种者，正缘其初尚有抵拒力，操之过急则恐铤而走险，故汉种虽伏处外族政府之下，权力亦未至全失。是谁之赐？无数烈士捐身命以得之者也。使人尽若夫已氏，吾恐汉种之无久矣。

昔者法灭于英，全国皆靡，一呼而法国复者非一女子耶！今中国尚未至如法之地步也，诸君之位置又不仅一女子也。苟万众一心，舍死向前，吾恐外人食之不得下咽也。中国之存亡系于诸君，诸君而以为中国亡则中国亡矣，诸君而以为中国不亡则孰能亡之！抑诸君湘人也，吾请与言湘军。湘军之起，都三十万，死者半焉，可谓惨焉。然湘军死十五万人，而获无穷之名誉，其余死于发、捻之乱者，无虑数千万，则皆烟消云灭，归于无何有之乡。诸君其欲赴先哲之后尘乎？则其功岂仅曾、左。盖曾、左所杀者同胞，而我所排者外族耳。

诸君乎！诸君乎！以湖南运动中国之言，不尝出诸诸君之口乎！何他省先为之，而我尚欲逡巡以避之也。诸君其欲勉践前言也，惟诸君；诸君其欲甘让人为善也，亦惟诸君。但使异日青史氏书曰，中国之亡，湖南与有力焉，则吾所万不忍受者也。

写完《敬告湖南人》，又复读了几遍。每读一遍，想到正处在水深火热中的祖国，心就要疼一次，想到那些贪生怕死之徒，心就要紧一次，想到那些贪得无厌的侵略者，心就要恨一次。陈天华觉得还是无法表达自己此刻心中的悲愤，无法平息心中的怒火，他又咬破手指，把信写成一封封血书，有好几次，因为流血过多，差点晕过去，喝几口盐水缓和一下又继续写，直到最后晕倒。

同宿舍的方鼎英一觉醒来，看到晕倒的陈天华，不知道发生什么事了，后来看到桌上的血书，才知道他是流血过多晕倒了，赶紧倒了一杯热水放点盐和糖给他灌下去，才幽幽醒转过来，醒来后，陈天华嘴里还在不停地念叨："救国！救国！把民众发动起来，一起救国！"

吓得方鼎英慌忙去找苏鹏，苏鹏看到陈天华一脸的苍白躺在床上心疼地说："你怕是要把血流光才心甘。"

陈天华说："只要能救国，流这点血算什么？我可以为祖国流尽最后一滴血。"

所有人都被他的一心救国的精神所感动，帮他把血书一封封寄往湖南各学堂。接到陈天华用鲜血写成的公开信，很多人都被感动，一颗颗淡漠的心被激活。

周来苏在家乡听说了陈天华的事，赶紧写信给陈天华，询问有关拒俄运动的具体情况。陈天华回信让他过来跟自己一起感受。于是，周来苏带上自己的外甥谢国藻一起来到日本，周来苏考入了东京振武学堂，一心想振兴实业的谢国藻则入了早稻田大学经济科，然后，一起加入了拒俄义勇队。

当时任湖南巡抚的赵尔巽也接到了陈天华的血信，很是激动，没想到区区一个青年留学生，对国家的命运是如此的担忧，对民众的心理是这么的彻悟，对侵略者的行为是如此的痛恨，为国家的前途是这么尽心，这对于为官为宦的权贵们是多大的一个警醒啊！如果每个人都能像陈天华一样以天下为己任，那这个国家就有救了，就不会被外国列强任意践踏。他想，自己作为一方的父母官，更得为这个年轻人鼓气、加油才行，于是，他不仅吩咐在《湘报》刊登陈天华的《敬告湖南人》，还亲自拿着陈天华的血书去各学堂宣读展示。

"……同学们，我想大家最近听得最多的就是沙俄拒不交还东三省的事情了，现在不仅国内很多地方兴起了拒俄运动，国外的留学生们也都自发组织义勇队准备回国参加拒俄运动。我给你们读读这封信，这是我们湖南留学日本的陈天华同学写的《敬告湖南人》，这不是一封普通的书信，大家看看！大家看看！它是用鲜血写成的。同学们，在祖国生死存亡的紧急关头，一位普通的留学生竟然能做到这一点，我们在座的各位是否有所感触？有所感动呢？……"赵尔巽说。

"誓死保卫东三省！"

"我们也组织义勇队！"

"与侵略者血战到底！"

"用我们的鲜血保卫我们的祖国！"

全场响起一阵阵的怒号。

听过、看过《敬告湖南人》的人很多流下了眼泪，大家义愤填膺，纷纷要求组织、参加拒俄运动。一时间府、州、县各级衙门都开设武备讲习所，训练士兵，湖南全省拒俄运动士气空前高涨。

第三十三章 遭遇镇压

为了更好地组织留学生的拒俄行动，五月二日，留日学生在东京锦辉馆再次开会，把拒俄义勇队更名为学生军，并制定《学生军规则》，正式组编学生军队伍。

"学生军"成立后，由蓝天蔚担任队长。蓝天蔚，字秀豪，1878年1月出生于湖北黄陂县蓝家大湾。蓝天蔚幼读于汉阳，秉性聪慧，曾应童子试。少有大志，倜傥不羁，喜任侠，通文学，尤酷爱军事，他说："文事必兼武备。"曾跟随湘军宿将陶树思、周苏明学习军事。

蓝天蔚的青少年时代，正是中国人民面临民族危机的时代。1894年到1895年间爆发的甲午中日战争，给蓝天蔚以巨大的震动。他暗自立下救国志愿，发愤读书，慨然以天下为己任。

1896年1月，署两江总督张之洞从南京调回湖广总督本任，将在南京编练的自强军中的护军前营带到湖北，编练新军，蓝天蔚决心从军习武，强国雪耻，遂投笔从戎，入武昌新军工程营为卒。

1897年2月，张之洞奏请设立湖北武备学堂。蓝天蔚被选送入武备学堂学习，先后受到德国和日本式的军事教育及训练，很快成为湖北武备学堂的一名优秀学生。

1899年冬，蓝天蔚以优异成绩被湖广总督张之洞选送赴日本留学。他东渡日本，先入士官学校的预备学校——成城学校，结业后又到日本陆军联队实习半年，于1902年升入日本士官学校工兵科，为中国第二期留日士官生。蓝天蔚在校期间，结识了吴禄贞、张绍曾，三人学习成绩突出，志趣不凡，被人们称为"士官三杰"。

蓝天蔚在日本留学期间，受孙中山民主革命思想影响，开始走上革命道路。1902年底，蓝天蔚与刘成禹、李书城等鄂籍留日先进青年十余人在东京组织了同乡会，并创办了留学生界第一个以省名命名的刊物—《湖北学生界》，以"输入东西学说，唤起国民精神"。

天气越来越热，像极了热血已经沸腾的学生军们。大森海湾此时一片阳光灿烂，把沙滩照得泛着耀眼的白光，海鸥在大海与蓝天之间轮番冲刺，一下钻入海水里，一忽儿又冲向蓝天。

虽然海水温度越来越高，因为地处偏僻，来海边游玩的人也没有几个，四周寂静得只有海浪声、蝉鸣声，及远处传来的海鸥间或的叫声。高高的椰子树下，蓝天蔚、秦毓鎏、黄兴、陈天华、叶澜、刘揆一、苏鹏、蔡锷等正在讨论。

"学生军组织起来了，我们下一步该怎么做呢？"秦毓鎏说。

"既然准备回国参加战斗，我认为应该先进行一些军事训练，比如：射击、投弹、格斗等等，这些既能锻炼身体，一旦上了战场也能有所发挥。"蔡锷说。

"松坡兄不愧是学军事的，一句话就说到了点子上。"秦毓鎏赞道。

"秀豪兄是大队长，以后由秀豪兄带领我们操练如何？"黄兴说。

"既然是学生军，就要按照部队的模式进行分组管理，我决定把队伍分成三个区队，每个区队设四个小分队，按现在的人数规模，每个小队大约十人左右，当然，我们的人数是不断增加的，以后根据情况我们可以增加小队。"蓝天蔚说。

"我赞成，我本来就想去学军事的，这下也圆了我的当兵梦。"苏鹏马上站起来表示拥护。

"听说克强兄原来也是想上军校的，结果被分配到了弘文学院？"蓝天蔚问。

"是的，以前在两湖书院读书的时候，学校有兵操课，我很感兴趣，来日本报的就是军校，却被分配到了弘文学院。既然去不成军校，有时间我就去东京的一些大娱乐场学习格斗、射击和驭马。日本人崇尚'武士道精神'，这里的大娱乐场都有这些训练设施，也有专门的教导员教大家怎么练习，所以，现在一些基本的动作我还是知晓。"黄兴说。

"那就请克强兄担任军训大队长如何？"蓝天蔚说。

"只要大家信任，我绝对执行命令。"黄兴很干脆地说。

"既然要进行军训，我们要不要准备一些装备什么的？比如刀、枪、子弹等。"秦毓鎏问。

"真枪实弹？日本政府会不会允许啊？"蓝天蔚说。

"我认为秀豪的担忧不无道理，因为我们毕竟不是正规的军事训练，还是隐蔽一点好。我们可以做些木枪、木刀什么的，别人要问，只说是锻炼身体。"蔡锷说。

"松坡说得有道理，我们平时只是掌握要领，把身体练强壮一些就好，必要的时候可以去大娱乐场进行实弹训练。"黄兴说。

"那操练的地址选哪里好呢？"秦毓鎏问。

"我看这里就好啊，天高地阔，人烟稀少，环境又好。"陈天华说。

"对，这地方操练真的不错。"蔡锷环顾了一下四周说。

"好，那就说定了，以后我们每天早晨都到这里来操练一番，休息日也可以来操练。"蓝天蔚说。

大家都没异议。

每天早晨，天刚蒙蒙亮，学生军们就跑步来到这里，摸、爬、滚、打，练得不亦乐乎，把原本寂静的沙滩搅得一片凌乱。

做总训导的陈天华从不错过训练时间，每次滚得一身的沙子，流一身的大汗，回去还是干劲冲天的。

"同学们，我们光练这些步兵作战的基本功还不行，我们还要学习骑兵的作战方法，要学当骑兵，首先要学习骑马，今天我带大家去学习骑马。"一天，黄兴提议说。

"我们这么多人，哪里有这么多马呀？"陈天华问。

"郊区北有个大娱乐场，里面什么娱乐活动都有，还有一大片驭马场，够我们练的。"黄兴说。

"好啊！我正想学呢。"苏鹏首先欢呼。

"我也想学，俄国不是有很多骑兵吗？到时我们跟他们在马上拼杀。"刘揆一说。

"我小时候给人家放过牛，骑牛挺厉害的，马没骑过，我也想学。"陈天华说。

骑马这一项，同学们都格外喜欢，练过几次后，基本上都掌握了骑马的技术。

除了参加学生军的训练，陈天华还要与湖南的拒俄运动做互动，他写信给同学、同乡、友人，把自己的活动轨迹及抗俄心得随时告诉大家，同时还要参加学生军组织的集会、演讲，每天忙得不亦乐乎。正如当时所说的，陈天华成了学生军的喉舌，很多人通过他的宣传、演讲了解了拒俄抗俄的意义，纷纷报名参加学生军，积极参加军训活动，随时准备开赴东北前线，与沙俄侵略军抗争。

学生军的活动日益频繁，响应的人数迅速增加，引起了清政府的恐慌。学生军的组成人员基本都是留日学生或知识分子，如果他们"醉翁之意不在酒"，学生军发展成为与清政府为敌的"义和团"，那比义和团对清朝政府的威胁有过之而无不及。参加"义和团"的一般是农民及社会的最底层民众，他们大多没有文化，也没有自己的观点，更不消说有自己的思想，只能人云亦云。他们有的是勇敢、顽强及血性，却没有什么谋略，只能听命于少数几个领头者。而学生军差不多都是社会的精英，他们头脑聪明，思维活跃，知识面广，眼界宽。他们有理想、有抱负、有眼光、有谋略，如果他们团结起来造反，那清朝政府的地位就岌岌可危了。现在他们还处在萌芽状态，只有在他们还没成气候之前连根拔掉，才能永绝后患。于是，清政府一方面对国内的拒俄人员进行残酷镇压，强行解散拒俄组织，另一方面动用官方手段与日本政府进行交涉，驱赶在日本的学生军。

这是一个异常晴朗的日子，又是礼拜天，学生军们照例来到大森海湾的沙滩上。

炎炎烈日下，学生军在听军训队长黄兴讲话："同学们，孟子在《先秦》里面说过：'天将降大任于斯人也，必先苦其心志，劳其筋骨，饿其体肤，空乏其身……'时至今日，我们为了共御外敌，而选择了吃大苦、耐大劳，是因为历史赋予了我们使命，是天将降大任于我们，我们的大任是什么？是拯救我们的国家，拯救我们的民族……。"

训导陈天华接着道："同学们，我们不畏艰险，我们不畏苦难，是为了什么？就是为了中华民族这个大家园。同学们，当我们翻开民族一页一页的受难史时，怎么能不心痛？远的不说，就说那沙俄强盗，他们血洗我海兰泡，惨焚我六十四屯，占领我大面积的国土，猖獗到了极致，他们甚至当着父老乡亲的面，在光天化日之下，枪杀我们的国人，奸污我们的妇女，我们能不悲耶？怒耶？悲愤交加耶？"

"杀！杀他沙皇！"

"杀！杀他俄国鬼子！"

"把强盗们赶出中国！"

原本宁静的沙滩被一阵怒吼声撕破。

隐隐地，从远处传来了"哒、哒"的马蹄声和机动车的轰鸣声。

当黄兴、陈天华他们能准确听清楚这些声音是朝着海滩来的时候，日本人的马队已冲到了海滩上，警车也在岸边停了下来。

从马上、警车上下来的不仅有荷枪实弹的士兵，还有清政府驻日公使杨枢和学监姚文甫。

姚文甫跟学生军可说是仇人见面，分外眼红。四川巴县来的留学生邹容也是学生军，他虽然年纪小，但很有胆识，且很具有正义感。他早就看不惯姚文甫贪污留学生的生活费、扣留学生的助学金，贪了钱就经常出入妓院、泡东洋女子的行为，查实了姚文甫的一些贪污腐化的证据，想着要整治他一番。1903 年 3 月 31 日，邹容发现姚文甫又带了一东洋女子回宿舍，他联合张继、陈独秀等人，晚上掌灯时分，闯入姚文甫的宿舍，乘姚文甫不备，由张继抱腰，邹容抱头，陈独秀挥剪，剪掉了姚文甫的辫子。回到学生会馆后，邹容还将姚文甫的辫子挂到梁上，旁边写一副字："禽兽姚文甫之辫。"把姚文甫气得暴跳如雷，当即以抗拒朝廷命官罪，勒令他们回国了。

那次，陈天华也深为邹容他们的勇敢精神所感动，没想到一个才十几岁的青年就有这么大的勇气和胆量。

果然，姚文甫走上前来，左手叉腰，伸出胖胖的右手食指指着学生们的脸，尖着嗓子叫道"你们这是在干什么？在干什么？你们还是学生吗？是清国的留学生吗？你们来日本的目的是什么？是念书！念书！明白吗？可你们不好好坐在教室里念书，跑到这里来舞枪弄刀、大吼大叫，成何体统？你们哪像是学生？简直就是一群散兵游勇。"

毫不畏惧的陈天华站了出来，迎上去说："什么散兵游勇？我们是一群拒俄抗辱爱国爱家的学生军！"

姚文甫看到陈天华敢公然称他们为学生军，认为自己已经抓到了他们任意妄为的把柄，愈发气势汹汹："学生军？谁批准你们的？你们居然敢自己组建军队，你们眼里还有没有王法？你们这么做不仅是藐视朝廷，而且惊扰了友邦，严重破坏了本地的社会治安。"

"什么破坏社会治安？我们就是用木枪木刀锻炼身体而已，在这么个偏僻的地方，我们惊谁扰谁了？海浪、沙滩、椰树、还是海鸥？"黄兴马上站出来怼道。

"你们，你们简直是一群乌合之众！"姚文甫被黄兴的回话气得脸色铁青。

一看姚文甫把气氛闹得很僵，杨枢赶忙出来打圆场："同学们，我知道，大家对俄国军队拒不交还东三省的行为很不满，你们也是为国家担忧，但使枪弄刀，非王道也，我大清帝国素来以德服人，不在兵威。诸位同学爱国热情可嘉，杨某深感佩服。但是，你们是学子，不是愚夫，你们这样子去与沙俄军队斗，无异于以血肉抗大炮，以徒手拼刺刀，是以卵击石，自寻死路。生命可贵呀！你们认为这样做值得吗？更何况我们是在异国他乡，在别人的领地里面，惊动了日本政府，我们是要吃亏的。好汉不吃眼前亏，你们还是把枪械交给警察吧。"

那群日本警察也是在旁边虎视眈眈的，时不时在旁边"嗨"上一句。

姚文甫趁机又威胁说："我们官方该做的事情做了，如果还有顽抗的，后果自负。"

黄兴和陈天华互换了个眼色。

黄兴怅然道："不过是些木刀、木枪而已，交了就交了吧。"

学生军们把手里的木枪、木刀纷纷扔到地上，杨枢忙命人捡了，放到车上，扬长而去。

虽然"武器"上交了，学生军们还是迟迟不肯散去。

陈天华愤愤地说："诸君，难道我们的拒俄爱国义举，就这样轻而易举被瓦解了？"

"怎么可能？我们可以另寻他途。"刘揆一马上回道。

"我看我们还不如回国去闹，干脆搞炸药炸死慈禧那个老妖婆算了。"杨笃生更是简单粗暴。

苏鹏热烈拥护："我也是这么想的，射人先射马，擒贼先擒王，慈禧死了，一切该重新开始。"

"既然清廷不让我们拒俄，我们干脆武力反清算了"黄兴听了大家的意见说道。

"武力反清？怎么个反法？我们都是手无寸铁的学生。"陈天华不解地问。

"国内不是组建了新军吗？我立即回国运动新军，形成国内的武装反清势力，诸君则在这里继续活动，组建外围的物资和精神上的反清势力。"黄兴说。

杨笃生说："我马上去试制炸妖之炸药，支持武装反清。"

苏鹏马上响应："我报名参加试制炸药。"苏鹏在弘文学院学的是理化课程，对制造炸药特别感兴趣。

黄兴激动得拉住两人的手大声说："好啊！我们来个里应外合，炸弹遍地开花，让那清廷、那满虏焦头烂额，防不胜防。"

"嗯，以后就不操练了，大家各自去安排自己的下一步行动。"黄兴又说。

第三十四章 各行其事

为了试制炸药，杨笃生和苏鹏他们决定去横滨，同去的还有陈天华、刘揆一、方鼎英、何海樵和胡晴崖。何海樵，江苏常州人，早年考入南京水师学堂，准备服役于北洋水师，后又进入日本士官学校学习，他跟杨笃生和苏鹏一样非常支持用炸药去炸慈禧。胡晴崖是广东人，就读东京医科大学，略懂化学，他找来了一些原料和器材，准备跟杨笃生、苏鹏、何海樵一起制造炸药。

下了火车，几个人来到横滨郊外的一间小酒馆。几杯酒下肚，大家的话语就多了起来，因为地处偏僻，老板娘和老板又是地道的日本当地人，听不懂汉语，所以大家毫无顾忌地用汉语谈论起制造炸药的计划。

杨笃生说："我们此行不把炸药试制成功，决不回国。"

"我想，以我们从书本上学来的知识，还有马君武、梁慕光、李植生教授给我们的一些经验，制造炸药是一定能成功的，只是书上有两种炸药配方，一种是黑色的，一种是黄色的，我们决定做哪一种呢？"胡晴崖满怀信心说。

"这要看我们带来的原料适合做哪种，如果原料不够的话，哪种容易采购一点，这地方太偏僻，还不知道到哪里能采购到原材料呢。"何海樵说。

"我认为，黑炸药的配方里面有硝酸钾、硫黄和木屑，爆炸时烟雾很大，容易暴露，而且威力比黄色炸药小，我认为做黄色炸药好些。"苏鹏说。

"我也认为黄色炸药好，黄色炸药是烈性炸药，威力大，一旦使用，够那些满虏喝一壶的。"杨笃生说。

刘揆一本来没打算来制炸药的，被他们这么一说，兴致就来了："管它黑的、黄的，只要能做出来，能把满虏们炸成红红白白的就行。你们四人够吗？不够我也来加入你们的队伍，虽然我不会做炸药，做饭总行吧，我来给你们搞后勤，你们专心做炸药就是。"

"真的吗？我们可是一言为定，不许反悔的哦！"杨笃生说。

"君子一言快马一鞭，我决不反悔。"刘揆一坚定地说。

"热烈欢迎霖生兄加入。"其他三个人说。

"那好，星台兄，我跟他们一起去，就不陪你们回东京了。"刘揆一对陈天华说。

"既然霖生兄有此意愿，我也不会拖你们的后腿，我虽不懂炸药，但非常支持兄弟们的行动。"陈天华说。

"那好，预祝我们的炸药试制成功！干杯！"杨笃生说。

几个人说得正起劲，"当啷"一声，门被推开。

众人大惊，抬眼一看，进来的是一位精神矍铄、须发银白，身材粗壮，腰间系着一张豹皮，猎户打扮的老人。老猎人肩上扛着一把火药枪，枪头上挂着一只野兔、一只山鸡。

来了不速之客，本来欲发作的众人看见老猎人这身打扮便安静了下来，满脸的惊诧。

老猎人看出了大家的惊诧，用流利的汉语解释说："诸位不必惊慌，老朽是汉人，没有恶意，老朽是听说你们想制造炸药去炸那恶贯满盈的慈禧才跟踪你们的。"

听到老猎人是跟踪而来，几个人更加惊异，一路上这么多人竟未发现被人跟踪，看来几个人的警惕性还有待提高，特别是现在的实验都是秘密进行的。

"您是谁？所来为何？"陈天华问道。

"老朽本朱由检第七代孙，先朝灭亡的时候，先祖为了逃脱清朝的屠戮，就避到东海岸边，然后在一个月黑风高的夜晚，偷藏在一艘海盗船内，随船来到东瀛，隐居在横滨的这座深山，后代就繁衍于此了。虽然老朽现在居住在日本，但跟你们是同仇敌忾。假若各位不嫌弃，可随老朽去住地试制炸药，那地儿非常隐蔽，保证不会出什么意外。"老猎人说。

大家听了，面面相觑，竟有这样的奇遇？难道真是天要灭清？

苏鹏叹道："看来这是满房气数已尽，天助我们也。"

老猎人道："清朝早就该灭了，它现在只是苟延残喘。"

"老朽住家的那里离横滨路途有点远，你们最好在横滨多备些硝药上山，黑色炸药易试，黄色炸药可不容易，而且黄色炸药的原料也难找。"老猎人指点道，显然他把他们前面讨论的话听了个清清楚楚。

至此，大家的疑虑已打消，邀老猎人入席共饮一杯。

饭后大家就要分手了，留下杨笃生、苏鹏、何海樵、胡晴崖、刘揆一随老猎人入山，陈天华和方鼎英则乘火车返回东京。

学生军虽然取消了每周的操练，但集会还是时时有，陈天华仍然担任学生军的喉舌，一有集会就去演讲。

"星台，今天的演讲取消。"陈天华又如约准备出去演讲，秦毓鎏过来通知他说。

"为什么？我们前几天的演讲效果不是很好吗？学生军的人数也是越来越多了。"陈天华不解问道。

"你不知道，朝廷对学生军又下手了，他们动用官方手段跟日本政府进行交涉，欲强行解散学生军。"秦毓鎏说。

"这就奇怪了，清朝政府他不去对付沙俄的侵略，却花心思来对付我们这些反对沙俄侵略的手无寸铁的学生？你说他们究竟安的是什么心？"陈天华说。

"我估计，清朝政府是怕我们走义和团的老路，起来造他们的反，他们要防患于未然。"秦毓鎏说。

"哼！他们就是怕丢掉他们腐朽的政权，他们也不想想是什么原因让我们的国家成为了列强们争相侵吞的肥肉？又是什么原因让我们国家的民众对他们的政权恨之入骨？就是因为他们的对外无能，对内凶残。"陈天华说。

"是啊！清朝政府已经到崩溃的边缘了，他们是在做垂死挣扎。"秦毓鎏说。

"那我们现在该怎么办？这些活动还要不要继续坚持下去？"陈天华说。

"我就是找你来商量的，走，我已经通知了蓝天蔚、叶澜、钮永建、黄兴……他们了，我们几个人讨论一下，看以后该怎么办。"秦毓鎏说。

讨论会上秦毓鎏说："为了躲避清朝政府的追杀，避免不必要的牺牲，我们将解散学生军。"

"什么？解散学生军？这个怎么行？学生军是我们好不容易组织起来的，这么轻易就把它解散掉？我们又没有做什么违法乱纪的事情，难道就怕了那腐败的清朝政府不成？我们可以起来跟他们抗争呀！"听说要解散学生军，陈天华有些激动。

"星台，你放心，不是真的要解散学生军，我们只不过是把公开转为秘密，暂时避开锋芒。"秦毓鎏解释说。

"孙子兵法三十六计里面不是有一条叫'明修栈道，暗度陈仓'嘛，我们准备改头换面，再续前情。"叶澜说。

"改头换面？就是说把名字改一下，活动的内容依然不变。"蓝天蔚说。

"是的，但以后要从地面转入地下了，大家可以讨论一下，要起一个什么样的名字，才能不引起官府的注意。"秦毓鎏说。

"要么就叫'军国民教育会'吧。"黄兴提议。

"'学生军'被清政府禁止了，难道'军国民教育会'就不会被清朝政府追查吗？"陈天华反问道。

"区别就在于，我们对外宣传'军国民教育会'以'养成尚武精神，实行爱国主义'为目的，我们鼓吹的是'尚武''爱国'，这样，清政府一时也摸不透我们这个组织的意图，所以我们就可以名正言顺地进行活动。"黄兴解释说。

"其实，一直以来，我们的宗旨也是'尚武''爱国'，只是此国非彼国，我们爱的是中华民族而非大清皇朝。"叶澜说。

"确实如此！我们都爱我们的祖国。"黄兴赞同说。

"噢！这样也好！这样也好！不与清政府硬碰硬，既保存了实力，又在与清政府、与沙俄进行秘密斗争。"恍然大悟的陈天华连忙赞道。

"是的，要与腐败的清朝政府做斗争，蛮干是不行的，因为他们手上现在不仅有绿营、团练，还有正在操练的新军，我们要巧干，要准备做长期不懈的斗争。"钮永建说。

"我的想法是，既然要武装反清，我们就要去军队里面搞策反，我在两湖书院读书的时候，结交了一些朋友，他们现在在新军里面，要么我回国去运动新军吧。"黄兴说。

"我也在想，要与清朝政府做斗争，光靠我们这些留学生力量太薄弱了，克强兄既然打算回国去运动新军了，我以前是学生军的喉舌，那现在我来做反清运动的'运动员'吧，我去民间，多发动一些民众参与进来，壮大我们的队伍。"陈天华毛遂自荐说。

"好啊！我们正有此想法，克强兄说回去运动新军，我们认为军队的力量固然很重要，但民众的力量不容小觑，我们要发展民间的反清势力，既要给腐败无能的清政府一些威慑力，又要让民众看到拯救中国的希望，这样才能万众一心，推翻腐败无能的清政府。"秦毓鎏说。

"星台，去国内发展反清势力还须晚一步，现在运动资金不足，我们正在筹措，等资金筹足了再去吧。"叶澜说。

　　"要么我自己去筹措吧，我以前联络过一些华商，他们有支持我们的意向，我筹到资金就去国内做策动，以配合你们的行动。"陈天华说。

　　"那更好，星台，谢谢你！有你这样的一位得力干将，是我们军国民教育会的骄傲。"秦毓鎏赞道。

　　"国家兴亡，匹夫有责。只要能让国家振兴起来，让我陈星台去死都愿意。"陈天华豪气干云地说。

　　送别了准备回国运动新军的黄兴、蔡锷等一干人，陈天华开始筹措自己回国做策反运动的资金。

　　连续几天的雨，把每一朵云都泡得湿漉漉沉甸甸的，从天上低低地压下来，仿佛随时会砸在人的头上。陈天华此刻的心情就像这天上的云朵，阴沉沉的。这几天走访了几个曾经答应资助自己去国内搞反清运动的华商，都是无功而返。

　　"星台啊！不好意思，不是我不想帮你，实在是现在手头有点紧。前几天海上刮台风，我的一艘货船被刮搁浅了，现在货都没到，商行都无法做生意了。"芝华商行的夏老板是这么说的。

　　"噢！既然是这样，那对不起！打扰了！"陈天华连忙说。

　　"真是不好意思！不好意思！"夏老板低垂着头，嘴里连声说着不好意思，把陈天华送出了门。

　　告别了芝华商行的夏老板，陈天华又奔润华商号，润华商号的卢老板曾经给义勇队赞助过活动经费，并且答应只要是有利于祖国的事情，他一定鼎力支持。

　　看到上门的陈天华，卢老板似乎少了往日的热情。听到陈天华说要筹款回国组织反清运动时，卢老板面露难色说："星台，不是我食言，实在是有难处。现在国内对义勇队的人员查得很厉害，听说抓到了就要杀头，跟义勇队人员有瓜葛的人，一旦查获要连坐。"

　　"卢老板，我们学生军都解散了，哪还有什么义勇队人员？我们现在是'军国民教育会'，宗旨是'养成尚武精神，实行爱国主义'合理合法。再说了，如果万一有什么事情也是我们自己承担，不会把卢老板您说出来的。"陈天华赶紧解释说。

"话是这么说，可'义勇队''学生军'和'军国民教育会'只是改了名字，'军国民教育会'现在是合法的，说不定哪一天政府说不合法了呢？你也知道现在的政府虽然在外国人面前没什么本事，但对民众是厉害得很啦！他们翻手为云覆手为雨，对、错都是他们说了算，一有什么风吹草动，马上如临大敌，我资助你们的事万一走漏风声就不得了了，我在国内还有一大家子的人，我不想因为我的一个举动而让他们陷入危险当中。"卢老板说。

　　"卢老板的顾虑我们能理解，还是先谢谢卢老板先前对我们的支持！"陈天华无奈地说。

　　"呵！呵！星台，以前的事情千万别再提了，我们就当没发生过好吗？希望你能明白我的意思。"卢老板搓着双手，神情有些焦虑地看着陈天华。

　　"放心！卢老板，我们不是忘恩负义的人，知道什么事情该说，什么事情不该说。"陈天华说。

　　"好！好！有你这句话，我就放心了。"卢老板擦了一把额头上冒出的汗珠。

　　走出卢老板的家，望了一眼越来越低沉的天，陈天华叹了一口长气，看来清政府的高压政策很是奏效。回国的费用一分都没筹到，一时无计可施的陈天华不知不觉中回到宿舍。

　　"星台大哥，看你一脸的苦闷，是不是有什么事不开心？"看到闷闷不乐的陈天华，方鼎英问道。

　　"伯雄，去国内做动员的事情恐怕办不成了。"陈天华说。

　　"为什么？出什么意外了吗？"方鼎英关切地问。

　　"事情确实出乎我的预料，走访了几位曾经答应支持我的商号，现在没有一家答应给我钱，我连回国的路费都没筹到，更不用说活动经费了。现在是白色恐怖时期，清政府大肆抓捕国内的拒俄人员，有钱人都怕受连累，不怕连累的人又没钱。唉！"陈天华说。

　　"也是，那就先别去吧，没钱怎么去？"方鼎英说。

　　"可我已经答应了晃甫兄他们的，怎么能食言呢？"陈天华说。

　　"那也只能照实说了，不然你现在去哪里找钱？我家也是很穷的，没法助你一臂之力。"方鼎英说。

　　"唉！好吧，也只能这样了，谢谢小弟！"陈天华叹一口气说。身边的人走的走，散的散，没想这时候只有这个小弟弟陪在身边开解自己。

晚上，参加军国民教育会的秘密碰头会，陈天华把自己这几天的活动情况做了汇报。

"实在是不好意思，这几天出去筹款都是无功而返，原来答应的几家商号因为各种原因都拿不出钱。"陈天华说。

"星台，怎么回事？关键时刻他们都食言了？"秦毓鎏问。

"是的，其中最主要的原因是清政府在国内对拒俄运动人员的围剿。"陈天华说。

"星台，按你说的情况，我认为你现在也不宜去国内活动。既然现在国内的风声这么紧，想要策反大批的人肯定难度比以往大，人数太少又没有多大的影响力。再说，如果你现在回国，自己的处境也很危险。"叶澜说。

"有危险我倒是不怕，要革命就会有牺牲，如果都怕死，这些危险的事情就没人去做，那国破家亡也没人管了。"陈天华说。

"星台，你的心情我们理解，我认为叶澜说的没错，还是缓一段时间吧。虽然中国处在最危急的时刻，但现在去不仅缺少经费，行动也有些仓促，这样不仅收不到想要的效果，相反还可能会打草惊蛇，波及到"军国民教育会"的其他行动，不如我们先把这里的准备工作做好，慢慢筹措一些资金再行动，反正策反也不是一时半会就能成功的，你说呢？"钮永建也说。

"是的，我们要努力保存现有的力量，减少不必要的牺牲。"秦毓鎏说。

"好吧，我时刻准备着，只要是为了救国，为了汉人同胞，我愿随时奔赴最前线，也愿意随时献出自己的生命。"陈天华说。

"星台，可别这么说，我们是革命的急先锋，我们是革命的有生力量，我们的生命是宝贵的，不能轻易献出。"秦毓鎏很严肃地说。

第三十五章 笔当武器

迫于清朝政府的高压和筹资活动的失败，回国内做策反运动的计划只好暂时放下。但陈天华对清政府针对拒俄运动的残酷镇压悲愤难平，寝食难安，有一种不吐不快的感觉。他想，决不能就这样罢手，武的不行，我就来文的，现在在行动上武装不了民众，就在思想上先把民众武装起来。他决定拿起自己手里的笔作为武器，跟腐朽的清政府进行不屈不挠的斗争。

湖南是陈天华的家乡，也是陈天华最为关注之地。《湖南官报》是湖南的地方报纸，它是由清政府各部门主办的近代形态的机关报刊。政治上，它完全服务于清朝政府统治者的需要，所以从内容到形式都充满了腐败气息。为了揭露《湖南官报》为腐朽的清朝政府歌功颂德的真实本质，陈天华撰写了《论〈湖南官报〉之腐败》予以抨击："报馆者，发表舆论者也。舆论何自起？必起于民气之不平。民气之不平，官场有以激之也。是故舆论者与官场乃不相容者也。既不相容，必发生冲突，于是业报馆者，以为之监督，曰某事有碍于国民之公利，曰某馆不能容于国民，然后官场有所忌惮，或能逐渐改良，以成就多数之幸福。此报馆之天职也。此天职者，即国民隐托之于报馆者也。苟放弃此天职，即不得谓之良报馆。况以此国民敬谨崇奉高尚完美、独一无二之特权，背而献之于反对国民、腐败顽劣专制蠚毒之官场，受彼委托，丧我天良，反主为宾，认贼作子，腼然标之曰官报，颜之曰官报馆，则其弊岂止不良而已哉！太阿倒执，杀尽国民之权利，死尽国民之生气，使中国国亡，万劫不能复者，皆此报之罪也。

吾为此言，非谓官场人人与国民反对，事事与国民反对也，若以报馆而论，则官场视之当如神圣不可侵犯，而业报馆者之应付官场，当如严父之教训其劣子，丝毫不肯放过，则岂有官场与报馆合而为一者哉。以泰西宪法之精美，权限之确立，而□报馆犹视为绝大之政监。拿破仑曰：有一反对报馆，其势力之可畏，比四千支毛瑟枪尤甚焉。此其尽报馆之天职者为何如？况以吾国之官吏腐败顽劣，专制蠚毒达于极点，而各报馆掊击而打消之者，毫无所闻，乃至有献其狐媚、忍其狼心、为虎作伥、视民如寇之《湖南官报》出现于报界。呜呼，此何为哉！此何为哉！

湖南之有日报也，自戊戌维新始也（时另有旬报，曰《湘学新报》，亦有宗旨，此专论日报），熊秉三为干事，为民流血之浏阳二杰为主笔，有南学会、时务学堂以为机关，一时议论风发，举国若狂。湖南之进步极猛，至驱数十辈志士于庚子国难中者，皆此报之力。王先谦、叶德辉、孔宪教种种顽绅之猬缩而不敢出，听志士之若何改革者，皆此报之力。此报既风行湖南，全省之人皆震动，学堂、演说会、不缠足会等到处响应。西洋人至呼为湖南狮子吼，则其时《湘报》之势力可知也（至今犹有所谓《湘报文编》者，为戊戌维新之纪念碑）。后政变，有封禁各处报馆、严拿报馆主笔之诏，余廉山在湘省实行之，湖南志士皆遁去。

……

报也者，文明之现象也。报归官办，文明国之所绝无者也。文明国之所无，野蛮国或有之。今吾国既出此野蛮之报，然则报尚得谓之文明之现象也耶？呜呼，此就广义言之也。若就狭义言之，则号称私办，如某某报，其在可诛之列者，已不可胜指，况堕落十八层地狱，极黑暗无一线光明之《湖南官报》乎？吾今有一言奉告业报诸君：救中国之前途、唤醒世人之迷梦者，报之力最大，诸君如担任此力，则宜尽其天职，毫无失放，以监督扑责内外大小无数辈之官吏。如有混乱其界说，做报界之卖国贼，以灰堕我同业之价值而滞塞国民之耳目者，决不与之相容。故湖南之官，吾不之责，只问为湖南之官之伥之傀儡者何人。吾他日无杀人之权则已，若有杀人之权，不杀办此种官报之奴才，誓不立于社会。

湖南人者，最有魄力者也。凡事有果必有因。庚子之放出异常光彩，以《湘报》为原动力。然则近获之腐臭不堪之官报，挟其官力挨户而送之，挟人而阅之，浸灌既久，保无变换，其性质对于死刑之宣告而自愿署名者乎？呜呼！往日之英雄何在？吾知湘人之必不然也。湘人乎、湘人乎，且读此论之感情果何如乎？"

这篇文章与湖南创办《国民报》的秦力山所写的《阅〈湖南官报〉》遥相呼应，批评该报从形式到内容充满腐败，报纸通篇都只有反动专制统治者的政治舆论，丝毫没体现国民的所思、所想，更别说有关民众对官府不满的文章。

报纸本来是一种对统治者的监督工具，报纸应该把民众反映的统治者统治过程中产生的弊端揭露出来，然后监督其改正、改变，以达到民众满意的效果。《湖南官报》却是官府所办，它与官府沆瀣一气，臭味相投，做报界之卖国贼，阻挡民众的视听。这样的报纸怎么能唤醒中国人的迷梦？如何能为扭转当今中国的局势，抵制外国列强的侵略出策出力？

我们湖南的报界不是没有过辉煌，曾经的《湘报》让多少国人清醒，曾鼓舞了多少有志之士为中国之振兴而不惜牺牲一切。现在难道我们就任由《湖南官报》这样的报纸继续为虎作伥下去吗？我们就不应该起来反对它吗？陈天华的这篇文章就是对反清运动的宣传和支持。

反清运动不仅在国外蓬勃发展，在国内也是风起云涌。

邹容被姚文甫退学返回上海，回国后的他不仅没有被清朝政府的高压政策吓住，反而更加积极参与爱国学社活动。五月，他在上海发起组织中国学生同盟会，并撰写了《革命者》一书，倡导最有觉悟的知识分子乘时振作，肩负起反清民主革命的历史任务。

邹容的这一系列活动引起了陈天华的共鸣，他认为学生是革命的生力军，他们思维活跃，行动敏捷，反应迅速，能接受新思想、新知识、新技术，对中国的兴亡起着无可替代的巨大作用。

当代的部分学生因为所接受的教育腐朽、陈旧，素质很低。很多人读书就是为了考取功名，升官发财，从来都没考虑过国家的安危、人民的利益。如果继续这样下去，那中国的灭亡，要不了多久了。所以，"中国之亡，亡于学生"。现在有一部分学生开始觉悟，但需要更好的组织和引导，中国学生同盟会的诞生，正是抓住了这个有利时机，把学生引往正确的道路。如果学生普遍觉悟起来，愿意为国家担责任、尽义务，成为反清兴国的中流砥柱，那"中国之兴，兴于学生"。

陈天华虽然没能亲自回国参加中国学生同盟会，却马上写了《论中国学生同盟会之发起》以示支持。他的"中国之亡，亡于学生；中国之兴，兴于学生"的论述在学生中引起了巨大反响。

清政府在国内镇压拒俄运动，宣扬"拒俄有罪"，救亡运动遭到严厉的禁止。陈天华前段时间说去国内发动更多民众参加拒俄运动的行动又没有成行。国内很多受陈天华思想影响与陈天华有书信往来的同学感到有些迷惘，纷纷来信询问："拒俄运动究竟怎么了？难道错了吗？不然清政府为什么要镇压？""星台，你说回来组织我们参加拒俄运动的为什么又没回来？是不是拒俄运动被清政府彻底扼杀了，那我们还需不需要继续坚持拒俄、抗俄？"……如雪片般飞来的问询信，陈天华无法一一回复，为了消除同学们的疑虑，鼓励同学们继续支持、参加拒俄运动，陈天华在 1903 年 6 月 14 日的《苏报》上发了一封公开信《复湖南同学诸君书》。

同学诸君鉴：接函具悉。华等以瓜分祸迫，拟以血肉之躯，亲御强俄，为国民倡。后以俄事渐缓，改为军国民教育会，至日本体育会学习体操，以备有事之秋，稍尽义务，自谓于意无恶。不谓内地当道，不谅其心，反加以多事为【之】名。不思学生军设立之初，报告监督，通电政府，名正言顺，别无他意。以此为罪，将谓俄不可拒乎？俄国于远东之义勇舰队，日本于对俄之社会，则奖励之，中国则严禁之，何其相反之甚也？至于体育会，日本几遍地皆是，留学生一人其会，则遂大惊小怪，屡索而不得其解。我政府之识见如此，我国民之程度如此，此诚可为痛哭流涕者也。

若以弟言为不可信，则请将学生军之章程，及弟所做之《敬告湖南人》观之，有一字违悖否？弟签名之时，已置死生于度外，徒以川资无出，故尔稽迟，实深抱歉。倘有机会，仍当归梓。设遇不测，亦只先诸君一步耳，乞勿代为过虑。此事发起者为江、浙，湖南人应之者甚少，新化除华一人外，别无他人，万勿惊疑。

东京现在异常平静，而内地如此慌张，风声鹤唳，几于草木皆兵，岂非怪事？乍闻之下，殊觉得其可怜可笑。各国聚数十万之精兵图谋我，当道诸人熟视无睹，若不足介意者，独于区区数学生，全国戒严，如临大敌，其重视我留学生过于英、俄、法、德，留学生万万不配也。

然以留学生之举动，归之于康、梁之党，则失实已甚。夫康、梁何人也？则留学生所最轻最贱而日骂之人也。今以为是康、梁之党，则此冤枉真真不能受也。国之亡也，必有党祸，吾非欲解免此名也，独奈何加我所不足之人乎？今使曰康、梁是留学生之党尚且不可，况曰是康、梁之党！康、梁何幸而得此名也？留学生何不幸而得此名也？

今政府于留学生之一举一动而疑忌之，夫留学生则何求？欲求富贵乎？举人、进士之上谕固已降矣，毕业之后数十百金之馆地固无忧也；岂有于至安至稳者不之求，而求之侥幸不可必得之数乎？恐虽下愚，亦不出此。其所以然者，保国急于一人之富贵也，国不保则一人之富贵将焉取之？故我等当以保国为第一义，一人之富贵为第【二】等义。政府诸公果能以保国为心，而不以吾侪割送与人，则吾等岂有不为其易者而为其难者？否则吾等又安能甘作亡国之民也！彼亡国不恤，而惟一人之富贵是急者，亦不过于各国多一顺民也，于政府何益？此日之志士多杀一人，则他日之捍国难者少一人，此无异自戕其手足也，于志士何损！盖志士迟早一死，不死于政府，必死于外敌。死，一也，又何择焉！

华萎靡不振，深恐有所牵染而不果死，致贻口实；若真有死之一日，则弟之万幸也。可为弟幸，何悲之有？

海天万里，各自勉旃！诸君其幸留有用之身，以担任异日艰难，是为至盼。书不尽言，伏乞珍重。天华白。

陈天华写此信，一方面谴责清政府对外国列强的侵略之举视而不见，却给留学生的抗俄运动却扣上莫须有的罪名，对抗俄运动进行残酷镇压。清楚说明了为什么要组织抗俄运动的原因，抗俄运动并不是清政府所宣扬的"康、梁之党"，学生们自发组织操练是为了强身健体，以备对抗俄国侵略者的侵略。另一方面告诉同学们拒俄运动并没有停止，鼓励同学们继续支持拒俄运动，同时也告诉大家自己早已把生死置之度外，表达自己誓死卫国的决心。这对于处在清政府高压下的"抗俄运动"，无异于是一种强有力的支撑。

第三十六章 猛回头

陈天华一篇又一篇的文章，像是扔进死水中的一颗颗石头，每一颗都激起了一片涟漪。

但是，这些文章只是针对某件事、某个群体而言，它能涉及的范围很小很小，现在需要警醒的不仅仅是小范围的一群人，而是整个国家，整个民族。中华大地惨遭列强凌辱，纷飞的战火，遍地的尸骸，曾经的天朝大国已是满目疮痍，曾经的高贵民族被践踏成"东亚病夫"，可民众却还在做着泱泱大国的迷梦，梦想着已经腐朽的清政府能抵御列强的侵略，梦想着大唐时期的盛世会从天而降。如果民众再这么迷蒙下去，那国都将无存，哪还有什么天朝大国？哪还有什么太平盛世？现在该是让民众猛醒的时候了，该是让民众回头的时候了。

对，就起这个名字《猛回头》，在通往衰败，通往亡国的路上猛回头，让整个中华民族不要再滑向灭亡的深渊。

大地沉沦几百秋，烽烟滚滚血横流。

伤心细数当时事，同种何人雪耻仇？

陈天华写了这几句诗，把它们作为全文的中心思想，然后展开论述。因为文章针对的是普通的民众，他怕白话文看上去太枯燥，想起了童年时候在鹊桥上学唱过的弹词，决心运用一种新的写作方法：用白话文写，弹词穿插期间，起到总结、概括和枢纽的作用，增加了整个文章的趣味性和可读性，不管你是高高在上的权贵，还是田间劳作的农人，每一个人都能接受它，阅读它。

陈天华在《序》中先写了《黄帝肖像后题》《人种概述》《地理概述》，以便读者更能理解后面文章的内容。

序

俺也曾，洒了几点国民泪；俺也曾，受了几日文明气；俺也曾，拔了一段杀人机；代同胞愿把头颅碎。俺本是如来座下现身说法的金光游戏，为什么有这儿女妻奴迷？俺真三昧，到于今始悟通灵地。走遍天涯，哭遍天涯，愿寻着一个同声气。拿鼓板儿，弦索儿，在亚洲大陆清凉山下，唱几曲文明戏。

纪元二千四百五十五年 群学会主人书

《黄帝肖像后题》……

《地理概述》……

《人种概述》……

猛回头

大地沉沦几百秋，烽烟滚滚血横流。

伤心细数当时事，同种何人雪耻仇！

俺家中华灭后二百余年一个亡国民是也。幼年也曾习得一点奴隶学问，想望做一个奴隶官儿。不料海禁大开，风云益急，来了什么英吉利、法兰西、俄罗斯、德意志，到我们中国通商，不上五十年，弄得中国民穷财尽。这还罢了，他们又时时的兴兵动马，来犯我邦。他们连战连胜，我们屡战屡败。日本占了台湾，俄国占了旅顺，英国占了威海卫，法国占了广州湾，德国占了胶州，把我们十八省都划在那各国的势力圈内，丝毫也不准我们自由。中国的官府好像他的奴仆一般，中国的百姓好像他的牛马一样。又有那一班传教的教士，如狼似虎，一点儿待他不好，遂办起教案来，要怎么样就怎么样。我中国虽说未曾瓜分，也就比瓜分差不多了！那时我们汉人中有一班志士，看见时势不好，热心的变法，只想把这国势救转来。那里晓得这满洲的政府说出什么"汉人强，满人亡"的话儿，不要我们汉人自己变法，把轰轰烈烈为国流血的大豪杰谭嗣同六个人一齐斩了；其余杀的杀，走的走，弄得干干净净。不上两年工夫，出了一个义和团。这义和团心思是很好的，却有几件大大的不好处。不操切实本领，靠着那邪术。这邪术乃是小说中一段假故事，那里靠得住！所以撞着洋人，白白的送了性命。兼且不分别好丑，把各国一齐都得罪了，不知各国内也有与我们有仇的，也有与我们无仇的，不分别出来，我们一国那里敌得许多国住！我们虽然恨洋人得很，也只好做应敌的兵，断不能无故挑衅。说到那围攻公使馆，烧毁天主堂，尤为无识。自古道："两国相争，不斩来使。"我无故杀他的使臣，这是使他有话说了。我们要杀洋人，当杀那千军万马的洋人，不要杀那一二无用的洋人。

226

若他们的军马来，你就怕他，他们的商人教士，你就要杀害他，这是俗话所谓"谋孤客"，怎么算得威武呢！义和团不懂这个道理，所以弄出天大的祸来，把我们中国害得上不上，下不下。义和团真真是我们中国的罪人了！当时那一班顽固的大臣，满怀私意，利用义和团，等到八国兴兵问罪，束手无策，弃了北京，逃往陕西，不顾百姓的死活。可怜北京一带，被八国联军杀得尸体遍野，血流成河，足足杀了数百万。俄国乘势占了东三省，无故地把六千人赶入黑龙江。列位，你道好惨不好惨！可惜这无耻无能的中国人，大家扯了八国顺民旗，接迎八国的兵马进城。还有那丧尽天良的，引着八国的人，奸淫掳掠，无所不至。咱家说到此处，喉咙也硬了，说也说不出来，只恨我无权无力，不能将这等自残同种的混账王八蛋千刀万段，这真真是我的恨事了！列位，你道各国占了北京，怎么不就把这中国实行瓜分了？不晓得各国相貌不同，言语不通，兼且离我中国很远，那里有很多人镇服我们！不如留着这满洲的政府，代他管领，他又管领这满洲的政府。汉人做满洲的奴隶是做惯了的，自然安然无事，我们是奴隶的奴隶，各国是主人家的主人家，何等便当！岂不比这实行瓜分要自己费力的好得多吗？果然这满洲的政府感激各国了不得，从前赔款数次，差不多上十万万了，此次赔各国的款，连本带息，又是十万万，我们就是卖儿卖女，也是出不起来的。又自己把沿海的炮台削了；本国的军营请各国来练；本国的矿产请各国来开；本国的铁路听各国来修；还有那生杀用人的权柄都听各国指挥。列位，你看满洲的政府，只图苟全一己，不顾汉人永世翻不得身，件件依了洋人的，你道可恨不可恨！我们若不依他的，他就加以违旨的罪，兴兵剿洗，比草芥也比不上。十八省中，愁云黯黯，怨气腾霄，赛过那十八层地狱。他又见从前守旧的惹出祸来，才敷衍行了一段新政，不过是掩饰人的耳目。他且莫讲，京城修一个大学堂，要费三十万银子，政府说费用大了，至今未修；皇太后复修颐和园，数千万银子也办出来了，每年办陵差，动辄数百万，亦是有的，独有这三十万难道说寻不出来呢？我们百姓家里，要一个钱买水吃也没有，去年荣禄嫁女，他的门房得门包三十二万，这银子是那里来的？都是那贪官剥削我们的脂膏，献与荣禄的。荣禄之外，还有那太监李莲英，皇太后最信用他，最相好的，他的家财比荣禄多了十倍。当今的官府多半是他的门生、小门生。列位，你看这个情形，中国还保得住吗？到了今年，俄国就要把东三省实归他有了；法国也要这广西省。中国若准了他两国，这英国少不得就要长江七省，德国少不得就要山东、河南，日本少不得要福建、浙江。还有那一块是我们的？我想这政府是送土地送熟了的，不久就是拱手奉纳。我们到了那个时节，上天无路，入地无门，还有什么好处呢？咱家想到此际，把做官的念头丢了，只想把我们的同种救出苦海。无奈我们的同胞沉迷不醒，依然歌舞太平，大家自私自利，全无一点团结力，真真是"火烧到眉毛尖子上尚不知痛"。好叹呀！咱家闲下无事，编成了几句粗话，叫做"猛回头"。列位若不厌烦，听咱家唱来，消消闲好么？

拿鼓板，坐长街，高声大唱，
尊一声，众同胞，细听端详：
我中华，原是个，有名大国，
不比那，弹丸地，僻处偏方。
论方里，四千方，五洲无比；
论人口，四万万，世界谁当；
论物产，真是个，取之不尽；
论才智，也不让，东西两洋。
看起来，那一件，比人不上？
照常理，就应该，独称霸王。
为什么，到今日，奄奄将绝，
割了地，赔了款，就要灭亡？
这原因，真真是，一言难尽，
待咱们，细细数，共做商量。
五千年，俺汉人，开基始祖，
名黄帝，自西北，一统中央。
夏商周，和秦汉，一姓传下，
并没有，异种人，来做帝皇。
这是我，祖宗们，传留家法，
俺子孙，自应该，永远不忘。
可惜的，骨肉间，自相残杀，
惹进了，外邦人，雪上加霜。
到晋朝，那五胡，异常猖獗，
无非是，俺同种，引虎进狼。

自从此，分南北，神州扰乱，
到唐朝，才平定，暂息刀枪。
到五季，又是个，外强中弱，
俺同胞，遭杀戮，好不心伤！
宋太祖，坐中原，无才无德，
复燕云，这小事，尚说不遑。
难怪他，子孙们，懦弱不振，
称臣侄，纳贡品，习以为常。
那徽宗，和钦宗，为金捉去，
只岳飞，打死仗，敌住虎狼。
朱仙镇，杀得金，片甲不返，
可恨那，秦桧贼，暗地中伤，
自此后，俺汉人，别无健将；
任凭他，屠割我，如豕如羊。
元鞑子，比金贼，更加凶狠，
先灭金，后灭宋，锋不可当。
杀汉人，不计数，好比瓜果，
有一件，俺说起，就要断肠！
攻常州，将人膏，燃做灯亮，
这残忍，想一想，好不凄凉！
岂非是，异种人，原无恻隐，
俺同胞，把仇雠，认做君王。
想当日，那金元，人数极少，
合计算，数十万，有甚高强！
俺汉人，百敌一，都是有剩，
为什么，寡胜众，反易天常？
只缘我，不晓得，种族主义，
为他人，杀同胞，丧尽天良。
他们来，全不要，自己费力；
只要我，中国人，自相残伤。
这满洲，灭我国，就是此策，

吴三桂，孔有德，为虎作伥。

那清初，所杀的，何止千万！

那一个，不是我，自倒门墙！

列位！你看中国数千年来，只有外国人杀中国人，只有外国人到中国做皇帝，断没有中国人往外国做皇帝的。这是甚么缘故？因为中国地方大得很，人口多得很，大了就不相往来，多了就难于亲热，又不晓得是一个祖宗发出来的，把做别人相看。太平久了，没有祸患来逼迫他，自然是游手好闲，不习武艺。外国地方既小，人口又少，所以最相亲爱，合数十万人为一个人。他们又没有别项出息，全靠着游猎掳掠为生，把武艺做性命，人人都操得好，一可敌十，以攻我这一人，是一全无气力的中国人，怎么不有胜无败！况且又有我这忘着自己本族的人，替他尽死，怎么不就做了中国的皇帝呢？从前做中国皇帝的，虽然朝代屡易，总是我汉人，总是我黄帝的子孙，只可称之为换朝，算不得灭国。惟有元鞑子灭了中国，后来赖有朱太祖恢复转来了，如今这满洲灭了我中国，难道说我们这些人就不想恢复了吗？

俺汉人，想兴复，倒说造反，

便有这，无耻的，替他勤王！

列位，你道这"造反"二字怎么样讲的？他强占了我们的国，我们自己想恢复起来，是正正堂堂的道理，有什么造反！好比那人家有一份产业，被强盗霸去了，到后来，这人家的子孙长大了，想要报这个仇，把从前的产业争转来，也可说他是不应该的吗？那人家的子孙，若是有一半倒要帮这个强盗，把自己的亲兄弟杀害了，到那强盗处讨功，这还算得一个人吗？列位，你看这勤王党，岂不是与这个杀害自己的亲兄弟，到那强盗处讨功的人一样吗？列位，列位，这都忍得，还有那一件忍不得的呢！

还有那，读书人，动言忠孝，

全不晓，"忠孝"字，真理大纲。

是圣贤，应忠国，怎忠外姓？

分明是，残同种，灭丧纲常。

转瞬间，西洋人，来做皇帝，

这班人，少不得，又喊"圣皇"。

想起来，好伤心，有泪莫洒，

这奴种，到何日，始能尽亡！
还有那，假维新，主张立宪，
略畛域，讲服重，胡汉一堂。
这议论，都是个，隔靴搔痒，
当时事，全不懂，好像癫狂。
倘若是，现政府，励精图治，
保得住，俺汉种，不遭凶殃。
俺汉人，就吞声，隶他宇下，
纳血税，做奴仆，也自无妨。
怎奈他，把国事，全然不理，
满朝中，除媚外，别无他长。
俺汉人，再靠他，真不得了，
好像那，四万万，捆入法场。
俄罗斯，自北方，包我三面；
英吉利，假通商，毒计中藏；
法兰西，占广州，窥伺黔桂；
德意志，胶州领，虎视东方；
新日本，取台湾，再图福建；
美利坚，也想要，割土分疆。
这中国，那一点，我还有分？
这朝廷，原是个，名存实亡。
替洋人，做一个，守土官长，
压制我，众汉人，拱手降洋。

列位：你道现在的朝廷，仍是满洲的吗？多久是洋人的了。列位！若还不信，请看近来朝廷所做的事，那一件不是奉洋人的号令？我们分明是拒洋人，他不说我们与洋人做对，反说与现在的朝廷做对，要把我们当做谋反叛逆的杀了。列位，我们尚不把这个道理想清，事事依这朝廷的，恐怕口虽说不甘做洋人的百姓，多久做了尚不知信。朝廷固然是不可违拒，难道说这洋人的朝廷，也不该违拒么？

俺汉人，自应该，想个计策，
为什么，到死地，不慌不忙？

痛只痛，甲午年，打下败阵；

痛只痛，庚子年，惨遭杀伤；

痛只痛，割去地，万古不返；

痛只痛，所赔款，永世难偿；

痛只痛，东三省，又将割献；

痛只痛，法国兵，又到南方；

痛只痛，因通商，民穷财尽；

痛只痛，失矿权，莫保糟糠；

痛只痛，办教案，人命如草；

痛只痛，修铁路，人扼我吭；

痛只痛，在租界，时遭凌践；

痛只痛，出外洋，日苦深汤。

列位！你看洋人到了中国，任是什么下等人，我们官府都要把做上司相看。租界虽说租了，仍是我的地方；那里晓得到了租界内，中国人比禽兽也比不上，一点儿不到，任是什么大官，都要送到工部局治罪。守街的巡捕，比那虎狼还凶些。中国人打死外国人，一个人要完十个人的命，还要革许多的官员，才能结案；外国人打死中国人，他就送往本国去了，中国的官府半句话也讲不得。上海的西洋人有一个花园，上贴一张字："只有狗和支那人不准进入！"中国人当狗都当不得了！南洋群岛一带，以及美洲、澳洲，中国有二三百万人在那里做苦工营生，那洋人异常妒忌，每人上岸，就要抽五十元的税。每年还有种种的税，少（稍）不如他们的意，他就任意打死。有一个地方，叫做檀香山，有中国万多人的街。病死一个妇人，也是常事，那洋人说是疫死的，怕传染他们外国人，就放火把这街全行烧了。这街的人不敢做声，大家都到河边树下居住。列位，你道伤心不伤心！那洋人看见中国的人，仍来他国不止，又想出一个法子；上岸的时候，不能写五十个洋字的，不准上岸，把五十元的身税，加至五百元，其余的毒辣手段都高涨了，差不多中国人不能有一个配出洋的。这一条苦生路，都将没有，还有别项生路吗？中国人尚未为洋人所瓜分，已到这个情形，等到他们瓜分中国之后，他们还准我们有一碗饭吃吗？

怕只怕，做印度，广土不保；

怕只怕，做安南，中兴无望。

列位！你道印度这大的地方，怎么灭的？说来真是好笑。三百年前，英国有几个商人，集十二万的小小公司，到印度通商，不上百年，这公司的资本就大了。到乾隆年间，这公司的一个书记叫做克雷飞的，生得有文武全才，他就招印度人为兵，就印度地方筹饷，把印度各国全行灭了，归他公司管辖。列位，你道稀罕得很罢？这印度是出佛菩萨的国，其地方比中国小不得几多，其人口也有中国四分之三，为什么被英国一个公司所灭？不晓得是印度人自己灭的，全不要英国费力，怎么怪得英国！我们中国人和这印度人好像是一槽水冲出来的。英国在我国的势力，比当初在印度大得多。列位！试想一想，我们今日骂印度人，恐怕印度人就要骂我们了。安南是越南国，从前是进贡我中国的，和云南广西隔界，有中国三省地方之大，光绪十年为法国所灭。这安南国王仍有个皇帝的空号，只没有权柄，受气不过，悔恨而死。临死的时候，叫道："欧洲人惹不得。"呜呼！晚了！

怕只怕，做波兰，飘零异域；

怕只怕，做犹太，没有家乡！

列位！道这波兰国是个什么国？数百年前，它也是欧洲一个最著名的大国；后来内政不修，贵族当权，上下隔绝，遂为那俄罗斯、德意志、奥大利三国瓜分了。俄罗斯得的地方更大，那暴虐的政府，真是笔不能述。波兰的人民受虐不过，共起义兵，恰好有了基础，那贪生怕死的贵族，甘心做外族的奴隶，替俄人杀戮同胞，正如我国太平王起义兵，偏偏有这湘军替满洲平定祸乱。那俄国人得此势力，遂乘势把波兰人杀死大半，其余杀不尽的，不准用波兰的语言和波兰的文字，波兰的教门，一切都要用俄罗斯的。四处有俄罗斯的警察兵，波兰人一言一行都不能自由。又把这贵族富户以及读书的人，都用囚笼囚了，送往那常年有雪的西伯利亚，共数三万，每一队有兵一队押送。起程之际，各人都舍不得自己的安乐家乡，抱头大哭，天昏地暗，就使铁石人听了也应掉下泪来。独有这如狼似虎的兵卒，不管你舍得舍不得，不行的皆用鞭子抽，顷刻间血肉横飞，死了无数。有一个妇人，抱着孩子啼哭，那兵卒从怀中抢去，掷出数丈之外，那孩子口含馒头，遂跌死了，那妇人心如刀割，亦就抢（撞）死在地。一路之上，风餐露宿，忍饥受打，足足行了数月，方到彼处，已只救得三分之一。满目荒凉，凄惨万状；回想前日的繁华，真如隔世，都是梦也做不到的。那波兰人到此地步，思想早知如

233

此，何不同那国民军共杀异族，纵然战死疆场，也落得个干干净净，何至如此受苦，真个悔之无及。列位！这岂非是波兰人自作自受吗？至若犹太国更与波兰不同，是数千年前一个名国，那耶苏（酥）即生在这个地方。其人最是聪明，文章技艺，件件俱精，尤善经商。只因行为卑鄙，没有政治思想，张三来也奉他做皇帝，李四来也奉他做君王。谁晓得各国只要土地，不要人口，把犹太人逐出在外，不准在本地居留。可怜犹太人东奔西窜，无家可归，纵有万贯家财也是别人的，即是绝顶才学也无用处。各国都见他是一个无国的人，不把做个人相看，任意欺凌。今年俄罗斯有一个地方，住有数千犹太人，素安本分，近日俄人失掉了一个小孩子，哄传是犹太人杀了祭神，聚集多人，把犹太人房屋放火烧了。犹太人也有自投河的，也有自吊梁的，其余的被俄人或砍其手，或断其足，或把身体支分节剖。又将小儿掷在空中，用刀承接，种种残虐，惨无天日。那俄国的官府不但不禁，反赞道应该如此；俄国的绅士以及传教士，都坐马车往观以为笑乐。列位！试想一想，人到没有国的田地，就是这个模样！那一国不是俄罗斯？那一个不是犹太人？好叹呀！好怕呀！

怕只怕，做非洲，永为牛马；

怕只怕，做南洋，服事犬羊。

列位呵，莫道中国地是很大，人是很多，任从洋人怎么样狠，终不能瓜分中国。这非洲也就不小了，天下五大洲，亚细亚洲最大，第二就是非洲，人口也有二万万，只蠢如鹿豕，全不讲求学问，欧洲各国，遂渐渐把他的地方瓜分了。又将人口掳回，叫他做最粗的工，好比牛马一样。西洋人看待此处的人，如草芥一般。享福的是西洋人，受苦的是此处人。这是何故？都缘其人概不读书，愚蠢极了，所以受制于人，你看中国的人，有本领有知识的有几个？就是号称读书人的，除了"且夫""若曰"几个字外，还晓得什么？那欧美各国以及日本，每人到了六岁，无论男女，都要进学堂，所学的无非是天文、舆地、伦理、化学、物理、算学、图画、音乐，一切有用的学问。习了十余年，还有那陆军、海军、文科、农科、医科、师范，各种专门学问。他的极下等人，其学问胜过我国的翰林进士。所以他造一个轮船，我只能当他的水手；他立一个机器厂，我只能当他的粗工；他们安坐而得大利，我们劳动而难糊口。此时，大家尚不送子弟讲求切实的学问，等到洋人瓜分了中国，一定是不要我们学他的，恐怕是求为牛马都不可得了！

怕只怕，做澳洲，要把种灭；

怕只怕，做苗瑶，日见消亡。

列位！你道如今灭国，仍是从前一样吗？从前灭国，不过是把那国的帝王换了坐位，于民间仍是无损。如今就大大的不相同了，灭国的名词，叫做"民族帝国主义"。这民族帝国怎么讲的？因其国的人数太多，本地不能安插，撞着某国的人民本领抵挡他不住的，他就乘势占了。久而久之，必将其人灭尽，他方可全得一块地方。非是归服于他，就可无事，这一国的人种不灭尽，总不放手。那灭种的法子，也是不一：或先假通商，把你国的财源如海关等一手揽住，这国的人，渐渐穷了，不能娶妻生子，其种自然是要灭；或先将利债借与你国，子息积多，其国永远不能还清，拱手归其掌握；或修铁路于你国中，全国死命皆制在他手；或将你国的矿产尽行霸占，本国的人倒没有份。且西洋人凡灭了一国，不准你的国人学习政治、法律、军事，只准学些最粗浅的工艺，初则以为牛马，终则草芥不如。其尤毒者，则使某国的人自相残杀。那澳洲的土人凶悍不过，英国虽占领此处也无法可治；最后乃想出一个绝好的妙计，土人之中有自将同类杀害来献者，每一头赏银五角。那土人为着五角银子，纷纷相杀，这人杀了那人，其头又被他人取去。不上几十年的工夫，其人遂没有种了，银子丝毫仍归英国人。列位，你看我们中国的人为着每月一二两饷银，便甘心为异族杀害同种，岂不与这澳洲的土人一样吗？那西洋人灭人国的法子那一条没有向中国用过呢？就使不瓜分我们中国，但如此行去，不上百年，我们中国也没有种了。这是何故？你看自通商以来，我们中国的人不是日穷一日吗？每年因通商要送他四五千万银子，洋烟一项又要送他无数万。中国就是金山也要用尽，况且近来又添出五六千万两的赔款，那里有这项大款呢？记得我前年在本省省城居住，市上生意尚为繁盛，新年度岁，热闹非常；到了去年，因要出这项赔款，倒了多少钱号；及至今年新正，冷淡多了。仅只一年，已是如此，再过二三十年后，可想得吗？洋人在中国的轮船、铁路，日多一日，那靠着驾船、挑担为生者，再有路吗？洋人在中国的机器织布等局，愈推愈广，那靠着手艺纺织为生者，再用得着吗？这轮船、铁路、机器织布，最能富国，无奈中国的人，自己不做，甘心送与洋人做，岂非是自寻死路吗？中国的矿产，随便一省，足敌欧洲一国，也都送与洋人，还有那里可生活呢？洋人得了中国的钱，就用来制中国的命，英国施于澳洲的手段，又施之于中国。俄

235

国在东三省，英国在威海卫，德国在胶州，法国在广州湾，即招中国人为兵，与中国开起战来，把此等的兵当作先锋。将来各国瓜分中国之后，又不能相安无事，彼此仍要相争。此国驱这省的人，彼国驱那省的人，彼此死的都是中国人，洋人不过在后做一个指挥官，胜了败了，都与他无涉。各国战争没有休止，中国人的死期也没有休止。等到中国人杀完了，其实洋人终未动手，仍是中国人杀中国人。人数虽多，不过比澳洲多杀得几年，哪里还有种呢？列位不要错认蒙古、满洲灭了中国，中国人种虽当时杀了十分之九，不久又复了原，将来洋人分了中国，也不过是一例。须晓得蒙古、满洲，本地人数很少，中国人数很多，没有中国人，他得一块荒地，有何用处？兼且他是野蛮，我是文明，无一件不将就中国的人。这非他有爱于我，为势所迫，不得不然。那蒙古初得中国的时候，本意要将汉人杀尽，把其地做为牧场，以便蓄养牛马。耶律楚材说，不如留之以出租税，是以得免。汉种之不灭，岂不侥幸得很吗？洋人的文明，比中国强得远，他得了中国，除充下等的奴隶，哪一项要用你这无用的东西。文明当他不住，他就不杀，也是要灭的。这中国先前的主人翁岂不是那苗、瑶吗？这十八省哪一处不是他的？我们汉族自西北方来到中国，也与西洋人自泰西来的差不多。他们战败了，渐渐退出黄河一带，让与我们汉人，又被我们汉人由大江一带把他赶到那闽、广、云、贵等处居住，不久又被我们汉人占了。到了今日，除深山穷谷外，尚有些少苗、瑶，其余的平原大地，还有苗、瑶的影儿吗？当汉人未来之先，这苗、瑶也是泱泱大族，他族内的事情，他也办得井井有条，只因撞着我们这文明的汉族，就如雪见太阳，全不要理他，自行消灭。我汉族对于蒙古、满洲、苗、瑶自然是文明的，对于欧美各国又是野蛮。倘不力求进步，使文明与欧美并驾齐驱，还有不灭种的理吗？

左一思，右一想，真正危险，

说起来，不由人，胆战心惶。

俺同胞，除非是，死中求活，

再无有，好妙计，堪做主张。

第一要，除党见，同心同德。

列位，我们四万万人都是同胞，有什么党见呢？常言道得好："兄弟在家不和，对于外仇，一根喉咙出气。"我看近来，也有守旧的，也有求新的，遂闹出多少的意见。其实真守旧是很好的，他的意思，总要守着那祖宗相传的习惯，恐怕讲习时务就变了外国的模样，我实在佩服得很。但可惜没有到实事上用心去想，不晓得这时务是万要讲的。比如冬天有冬天的事情，夏天有夏天的事情，一点儿都要守那冬天的样子，可行得去吗？我们从前用弓箭交战，他如今变了洋枪，我们还可以拿弓箭与他交战吗？我们用手织布，他用机器织布，一人可以抵得千人，我又不能禁人不穿洋布，还可不学他的机器吗？凡他种种强过我们的事件，我那一件不要学他的呢？不把他们的好处学到手，可抵得住他吗？犹如邻家恃着他的读书人多，武艺高强，银钱广有，欺凌我到极步，我恨他是不消说得的。但任你如何恨他，也奈他不何，少不得也要送子弟读书、习武，将他发财的道理一切学习，等到件件与他一样，才可以报他的仇。这样看来，不想守旧则罢，要想守旧，断断不能不求新了。那真求新的，这种守旧的念头，也就很重。祖宗旧日的土地，失了数百年，仍想争转来，一草一木都不容外族占去，岂不较那徒守旧的胜得多吗？至若专习几句洋话，到那洋人处去当一个二毛子，遂自号求新党，这是汉种的败类，怎么说得是求新呢？那守着八股八韵，只想侥幸得一个功名以外一概不管，这是全无人心的人，怎么说得是守旧？这两种人都可不讲，只要这真守旧、真求新的会合起来，这利益就很大了。从前只有守旧、求新二党，到了晚近，即求新一党又分出许多党来：有主张革命的，有主张勤王的；有主张急进的，有主张和平的；有主张陆军的，有主张科学的；比那从前两大党的争竞，还激烈一些。不晓得都没平心去想，革命固是要紧，但那勤王的只是一时见不到，久后一定要变。除非是两军阵前，总不可挟持意气，只可将真理慢慢的讲明。今日的时势，急进是万不可无，然没有和平一派，一败之后，遂没有人继起了。要把现在的江山从那虎狼口中抢转来，怎么不要陆军呢？但江山抢转来了，没有科学，又怎么行得去呢？外国人的党派虽多，然大宗旨都是与他国他族做对，全是为公，并没为私。撞着他国他族的事件来了，他一国一族的人同是一个心，并没有两个心。故我等但求莫失这与外族做对的大宗旨，其余下手的方法，也就听各人自便，毫不能相强的。此外又有私立的党会，算来不下数千百起，都不相联络，此处起事，彼处旁观，甚或彼此相仇，也是有的。列位啊！昔日有一个番王，他有十九个儿子，到了临死的时候，把十九个儿子都喊到面前，每人赐一支箭，叫把一支箭折断就折断了；又把十九支箭扎合起来，就不能折断半毫。那番王言道："孩儿呵，你们须晓得分开易断，合聚难折。你们是兄弟，假若一人是一人，别人就不难把你们灭了；你们若是合聚起来，如一个人一般，那一个能灭得了你们！"这十九个人听了他父亲的言语，果然国富兵强，没有一国敢小视他。今日无数的外族都要灭我们这一族，我们四万万人，就合做一个，尚恐怕敌他不住，怎么一起是一起的，全不相关！等到各起都灭完了，难道你这一起能保得住吗？依了鄙人的愚见，不如大家合做一个大党，凡是我汉族的人，无论是为士、为农、为工、为商，都不可丝毫扰害，都要极力保护。不使一个受外族的欺凌，方可对得祖宗住，岂不是大豪杰所做的事吗？

第二要，讲公德，有条有纲

列位！你看我们中国到了这个地步，岂不是大家都不讲公德，只图自利吗？你不管别人，别人也就不管你，你一个人怎么做得去呢？若是大家都讲公德，凡公共的事件，尽心去做，别人固然有益，你也是有益。比如当他人穷困的时候，我救了他，我到了穷困的时候，他又来救我，岂不是自救吗？有一个物件，因为不是我的，不甚爱惜，顺便破坏，到了我要用那物件的时候，又没有了，岂不是自害吗？我看外国的人，没有一个不讲公德的，所以强盛得很，既如商业一项，诚实无欺，人人信得他过；不比中国人做生意，奸盗诈伪齐生，没有人敢照顾。这商务难道不让他占先吗？列位！为人即是为己，为己断不能有益于己的。若还不讲公德，只讲自私，不要他人来灭，恐怕自己也是要灭的。

第三要，重武备，能战能守

列位！今日的世界，什么世界？是弱肉强食的世界。你看如今各国，那国不重武备？每人到了二十岁，就是王子也要当兵三年。不当兵的，任是什么贵族，也没有个出身。这兵的贵重，比中国的举人、秀才还贵重一些，兵丁的礼信，中国的道学先生多当他不得。平日的操练如临战一般，到了两军阵前，有进无退，若是战死了，都到死者家庆贺，这家也就不胜荣宠，全无哀戚的心思。假若临阵脱逃，父遂不以为子，妻遂不以为夫。所以极小的国，都有数十万精兵，任凭何等强国都是不怕。不比中国"好儿不当兵，好铁不打钉"，把兵看得极贱，平时操练一点没有，到开差的时候，妇啼子哭，恐怕就不生还，一路奸淫掳掠，闻风就跑。列位！你看外国的兵是那个样子，中国的兵是这个样子，怎么不有败无胜？若不仿照外国的法子，人人当兵，把积弊一切扫除，真真不可设想了！

第四要，务实业，可富可强。

列位！中国从前把工艺人做下等人物看待，那里晓得各国的富强，都从工艺来的。于今中国穷弱极了，若没有人做枪炮，何能与外国开战？没有人做一切的机器，何能把通商所失的利权争转来？铁路、轮船、矿务都可以富国，若没有人学习此等的专门，又何以办得呢？列位！你们有子弟的，何不赶紧送出外洋学习实业，不过费一二千金，立刻可以大富，并且有大利于国，何苦而不为呢？

第五要，兴学堂，教育普及。

列位！各国的教育，前已讲明过了。中国此时，尚不广兴学堂，真是无从救了。

第六要，立演说，思想遍扬。

列位！演说是开通风气第一要着，外国有了三四人，就要演说一番，要想救国，这是万不可不立的。

第七要，兴女学，培植根本。

列位！那女子无才便是德的谬说，真正害人得很！外国女子的学问跟男子一样，所以能相夫教子；中国的女子一点知识都没有，丈夫、儿子不但不能得她的益，且被她阻挠不少。往往有大志的人，竟消磨与爱妻慈母，男子半生都在女子手里，女子无学，根本坏了，哪里有好枝叶呢？

第八要，禁缠足，敝俗矫匡。

缠足的害，已经多人说了，不消重述。但大难临头，尚不赶紧放足，岂不是甘心寻死吗？

第九要，把洋烟，一点不吃。

洋人害中国的事，没有毒于洋烟的。然而洋人自己不吃，这是怪得洋人吗？吸烟明明有损无益，都不能戒，也就没有话说了！

第十要，凡社会，概为改良

列位！我们若不把社会一切不好之处，大加改变，无论敌不住外族，就是没有外族，又怎么能自立呢？外国人好，非是几个人好，乃是全国的人都好。比如一家只有一二个好人，其余都是无恶不做的，那家怎么能兴呢？列位，照现在的人心风俗，恐怕是万事俱休的景况，可痛呀！

这十要，无一件，不是切紧，

劝同胞，再不可，互相观望。

还须要，把生死，十分看透，

杀国仇，保同族，效命疆场。

杜兰斯，不及我，一府之大，

与英国，战三年，末折锋芒。

何况我，四万万，齐心决死，

任凭他，什么国，也不敢当！

看近来，怕洋人，到了极步，

这是我，毫未曾，较短比长。

天下事，怕的是，不肯去做，

断没有，做不到，有志莫偿。

这杜国，岂非是，确凭确证，

难道我，不如他，甘做庸常！

列位呵！你看从前听得"洋人"二字，心中便焦，恨不将空拳打死他，全不晓得他人怎么样强，只恃着我一肚子血气。俺家曾劝道：不要无理取闹，恐怕惹出祸来，没有人担任。不意近来一变而为怕洋人的世界，见了洋人，就称"洋大人""洋老爷"，预先存一个顺民的意思。列位呵！从前的行为，虽然有一些野蛮，尚有一点勇敢之概，照现在的情形，是做了一次的奴隶不足，又要做第二次的奴隶，真个好哭呀！这也无非因打下几个败阵，遂把洋人看得极重。其实洋人也不过是一个人，非有三头六臂，怎么就说不能敌他！近数年有一段故事，列位听了，就不要惧怕那洋人：南阿非利加洲有一个小小的民主国，名叫杜兰斯，那国的地方，也有中国数府大，只是人口仅有四五十万，不及中国一县。这国的金矿很多，世界第一强国英吉利惯灭人国的，怎么不起了贪心，想要把这国归他管辖。那里晓得杜国人人都是顶天立地的大国民，不甘做他人的奴隶，遂与英国开战。这英国灭过多少的大国，那里有杜国在眼里！不意杜国越战越猛，锋不可当，英国大惊，调各属地的大兵三十万，浩浩荡荡，向杜国进发。可怜杜国通国可当兵的，不过四五万人，尽数调集，分头迎敌，足足战了三年，丝毫都没有退让。英国晓得万不能灭他，遂与杜国讲和退兵。列位呵！那英国的属地，比本国大七十六倍，个个是杜兰斯，英国能占得他人一寸地吗？中国的人比杜国多一千倍，英国要灭我中国，照杜国的比例算起来，英国须调兵至三万万，相战至三千年，才可与他言和。杜国既然如此，难道我就当不得杜国吗？"天下无难事，只怕有心人"，这两句难道列位未曾听过吗？

要学那，法兰西，改革弊政

列位！你看如今那个不赞道法兰西的人民享自由的福。谁晓得他当二百年以前，受那昏君赃官的压制，也与我现在一样。法兰西通国只有中国一二个省大，却有十三万家的贵族，都与那国王狼狈为奸，把百姓如泥似土的任意凌践。当明朝年间，法国出了一个大儒，名号卢骚，是天生下来救渡普世界的人民的，自幼就有扶弱抑强的志气。及长，著了一书，叫做《民约论》，说道这国家是由人民集合而成，公请一个人做国王，替人民办事，这人民就是一国的主人，这国王就是人民的公奴隶。国王若有负人民的委任，这人民可以任意调换。法国的人先前把国认做是国王的，自己当做奴隶看待，任凭国王残虐，也不敢怨；闻了卢骚这一番言语，如梦初醒，遂与国王争起政来。国王极力镇压，把民党杀了无数，谁知越杀越多，一连革了七八次命，前后数十年，终把那害民的国王贵族，除得干干净净，建设共和政府，公举一人当大统领，七年一换。又把那立法的权柄归到众议院来了，议员都从民间公举。从前的种种虐民的弊政一点没有，利民的善策件件做到。这法兰西的人民好不自由快乐吗？人人都追想卢骚的功劳，在法国京城巴黎为卢骚铸一个大大的铜像，万民瞻仰，真可羡呀！

要学那，德意志，报复凶狂。

列位呵！"有恩不报非君子，有仇不报枉为人"，这两句话岂不是我们常常讲的吗？试看我们的仇一点报了没有？不独没报，有这个报仇的心思没有？这德意志就与我们不同。法国的皇帝名叫拿破仑第一，恃着他的英雄，把德国残破到极步。那德国的皇帝威廉第一与宰相俾士麦，想报法国的仇，用全国皆兵的制度。人民到了二十岁，即当正兵三年，退为预备兵，到了五十岁，方可免役。不上几十年，人人都是精兵。到了咸丰年间把法国打得大败，拿破仑第一的侄儿拿破仑第三扯下白旗，向德国投降，又割了七城及五千兆法兰格，与德国讲和息兵。德国便做了第一等的强国，岂不真可佩服吗？

要学那，美利坚，离英自立。

列位！你看那五洲万国，最平等，最自由，称为极乐世界者，岂不是美利坚吗？列位！须晓得，这个世界也不是容易做得来的。这美利坚原是北美洲一块荒地，自前明年间，英国有数人前往开荒，自后越来越多，到乾隆时候，有了三百万人。时英国与法国连年开战，兵饷不足，把美利坚的地税加了又加，百姓实在出不起了，向那官府面前求减轻一些，不但不准，反治了多少人的罪。人人愤怒，共约离英自立，公举华盛顿挂帅，与英国一连战了八年。英国奈他不何，只好听其自立一国，公举华盛顿为王。华盛顿坚不允从，说道："岂可以众人辛苦成立的国家，作为一个人的私产！"因定了民主国的制度，把全国分为十三邦，由十三邦公举一个人做大统领，四年一任，退任后与平民一样。其人若好，再可以留任四年，八年后，任凭如何，不能留任。众人公举了华盛顿为大统领，后又做过一任，即住家中为农，终身未尝言功。列位！这岂非是大豪杰、大圣贤的行径吗？美利坚至今仍守此制，人口有了七千余万，荒地尚有五分之四未开，全国的铁路一十六万里，学堂的费用每年八千余万，其国的人民好像在天堂一般。列位！这美利坚若不是八年苦战，怎么有了今日呢？

要学那，意大利，独自称王。

列位！这意大利从前是一统的大国，后来为奥大利占领，分做无数的小邦，都受奥大利的节制。有多少志士，思想恢复，终是不成。前数十年，有一个志士名叫玛志尼，因为人所灭，终身穿着丧服，著书立说，鼓动全国的人民报仇复国，人人都为他所感动。又有一个深明韬略的加波里，智胜天人的加富耳，辅着那撒尔丁王，一统意大利，脱了奥大利的羁绊。于今意大利有人口三千万，海、陆精兵五十余万，在欧洲算一个头等的国，岂不是那三杰的功劳吗？

莫学那，张弘范，引元入宋。

列位呵！你看好好一个中国，被那最丑最贱的元鞑子所灭，谁不痛心切齿。那晓得就是枭獍为心的张弘范带领元兵灭的。这张弘范虽把他千刀万割，也不足以偿其罪！但恐怕如今要做张弘范的正是很多，何苦以一时的富贵，受万古的骂名，也很犯不着。就是要倾倒那满洲，只可由我所为，断不可借外洋的兵。那引虎进狼的下策，劝列位万万莫做。

莫学那，洪承畴，狠心毒肠。

列位呵！奸淫的人，见了美貌女子，莫不甘言哄诱；及到了手，又嫌她是不贞的妇女，常存鄙薄的心思。那强盗取人的国，就是这个情形。要他人投降，便以高官厚爵相哄；降了之后，又要说他不忠。比如洪承畴是明朝一个大学士，督统天下的兵马征伐满洲，战得大败，满洲把他捉去。其初也有不降的心思，满洲苦苦相劝，他遂变了初节，又做了满洲的阁老，捉拿残明的福王、唐王、桂王，都是他的头功。哪里晓得满洲的统帅个个封王赐爵，独有洪承畴白白亡了明朝的江山，一爵俱无。到了乾隆年间，修纂国史，把他放在贰臣传第一。列位，那洪承畴死后有知，岂不埋怨当初吗？

莫学那，曾国藩，为仇尽力。

列位呵！当道光、同治年间，我们汉人有绝好自立的机会，被那全无心肝的人，苦为满洲出力，以致功败垂成，岂不是那湘军大都督曾国藩吗？俺想曾国藩为人也很诚实，只是为数千年的腐败学说所误，不晓得有本族、异族之分，也怪他不得。但可怜曾国藩辛苦十余年，杀了数百万同胞，仅得一个侯爵。八旗的人，绝不费力，不是亲王，就是郡王。而且大功才立，就把他兵权削了，终身未尝立朝，仅做个两江总督，处处受人的挟制，晦气不晦气！若是当日晓得我的世仇万不可不灭的。顺便下手，那天下多久是我汉人的，曾国藩的子孙如今尚是皇帝，湘军的统领都是元勋，岂不好得多吗？列位！你道可惜不可惜呢？

莫学那，叶志超，弃甲丢枪。

列位：对于自己不可为满洲杀同胞，对于他人又不可不为同种杀外种。日本与我国在朝鲜国开战，淮军统领叶志超，带领数十个营头不战而逃，以致朝鲜尽失，又赔日本的款二万万两，台湾割送。中国自此一败，便跌落到这一地步，岂不是叶志超的罪魁吗？

或排外，或革命，舍死做去，

孙而子，子而孙，永远不忘。

这目的，总有时，自然达到，

纵不成，也落得，万古流芳。

文天祥，史可法，为国死节，

到如今，都个个，顶祝馨香，

越怕死，越要死，死终不免，

舍得家，保得家，家国两昌。

那元朝，杀中国，千八百万，

那清朝，杀戮我，四十星霜。

洗扬州，屠嘉定，天昏地暗，

束着手，跪着膝，枉作天殃。

阎典史，据江阴，当场鏖战，

243

八十日，城乃破，清兵半伤。

苟当日，千余县，皆打死仗，

这满洲，纵然狠，也不够亡。

无如人，都贪生，望风逃散，

遇着敌，好像那，雪见太阳。

或悬梁，或投井，填街塞巷，

妇女们，被掳去，拆散鸳鸯。

那丁壮，编旗下，充当苦役，

任世世，不自由，赛过牛羊。

那田地，被圈出，八旗享受，

那房屋，入了官，变做旗庄。

还要我，十八省，完纳粮饷，

养给他，五百万，踊跃输将。

看起来，留得命，有何好处？

倒不如，做雄鬼，为国之光。

列位呵！你看元朝入中国以来，前后共杀人一千八百万，这是有册可考，那未入册的，又不知有几多。假若这一千八百万人，预先晓得这一死是不能免的，皆起来与他做敌，这元朝总共只有数十万人，就是十个拼他一个，不过死数百万人，他也没有种了，又怎能灭中国呢？就是清朝，自明万历以来，日在辽东一带，吵闹有数十年之久，所杀的人已不知多少了。自顺治元年到康熙二十二年，共四十年，无一时一刻不是杀汉人。扬州一城，已是八十余万，天下一千六百余城，照此算来可以想了。现在人口四万万，明朝休养三百年，亦必有了此数。康熙年间查点天下的人口仅二千余万，是二十个只救得一个，其余的小半是张、李二贼所杀，大半是满洲所杀。列位，你道可惨得很吗！这被杀的人，都不是在阵前杀的，人人都想逃死，各人只顾各人。那满洲杀了这一方，又杀那一方，全没有人抗拒。仅江阴县有一个阎典史，名叫应元，纠集民兵数百，死守县城。那满洲提兵二十五万，日夜攻打，应元临机应变，满洲人死了无数。直攻打八十日，其城乃破，应元手执大刀，等在巷口血战，所杀的鞑子数百余个，始为满兵所捉。满洲的头目苦劝其投降，许以王侯之贵。那位阎典史只是骂不绝口，仍不敢杀他，幽在一寺，半夜间自行死了。一城的男女都皆战死，无一个投降的。满洲自犯中国以来，从未损兵折将，这回死了一王、二贝勒，及兵将十余万。列位，假若人人都是应元，县县都是江阴，那满洲怎么能入中国呢？可惜人皆怕死，这一死是万不能免的。杀不尽的妇女，被满洲掳去，任意奸淫，有钱可以赎回，无钱永不相见。丁壮赶往北方，交八旗人为奴，牛马也比不上；如有私逃的人，匿留一晚，就要全家诛戮，往往因一人株连数千家。离北京横直五百里，都圈做八旗的地。从前的业主赶出本境，房屋一概入官，做为旗庄。此外又要十八省的人公养他五百万，至今不农不工，只是坐食汉人。列位，这岂非可恨之及吗？

　　这些事，虽过了，难以深讲，
　　恐将来，那惨酷，百倍萧凉。
　　怎奈人，把生死，仍看不透；
　　说到死，就便要，魂魄失丧。
　　任同胞，都杀尽，只图独免；
　　那晓得，这一死，终不能禳。
　　也有道，是气数，不关人事；
　　也有道，当积弱，不可轻尝。
　　这些话，好一比，犹如说梦，
　　退一步，进一步，坐以待亡。
　　那满人，到今日，势消力小，
　　全不要，惧怕他，失掉主张。
　　那列强，纵然是，富强无敌，
　　他为客，我为主，也是无妨。
　　只要我，众同胞，认清种族；
　　只要我，众同胞，发现天良；
　　只要我，众同胞，不帮别个；
　　只要我，众同胞，不杀同乡。

　　列位呵！那满洲只有我百分之一，怎么能压制汉人？都因不知汉人是同祖的骨肉，满洲是异族的深仇，倒行逆施，替仇人残害同种，所以满人就能安然坐了二百余年的天下。岂是满人的才能，乃我汉人愚蠢极了。试问那一处的祸乱，不是汉人代他平息的；假若汉人都晓得种族，把天良拿出来，不帮他了，只要喊一声，那满人就坐不稳了。列位，你也晓得家有家帮，族有族帮，县有县帮，府有府帮，难道说对于外国异族，就没有帮口吗？有人叫列位把自己的兄弟杀死，虽有多少银钱，列位谅不愿的。怎么为着数两银子，就甘心替仇人杀同胞！列位，试自问有良心没有？他要杀人的时候，就叫列位来，他没有人杀，就不要列位了。列位有半点不是，他又叫人来杀列位。列位所吃的粮，虽说是满洲所出，其实他吃的都是汉人的，哪里有粮与你吃？吃汉人的粮仍杀汉人，列位可想得去吗？列位，若是替同种杀了异种，那个不报你的功劳呢？列位！列位！前此错了，如今可以转来了。至若替那数万里外的西洋人杀害同胞，不消说得，这是万不可行的。

那怕他，枪如林，炮如雨下；

那怕他，将又广，兵又精强；

那怕他，专制政，层层束缚；

那怕他，天罗网，处处高张。

猛睡狮，梦中醒，向天一吼！

百兽惊，龙蛇走，魑魅逃藏。

改条约，复政权，完全独立，

雪仇耻，驱外族，复我冠裳。

到那时，齐叫道，"中华万岁"！

才是我，大国民，气吐眉扬。

俺小子，无好言，无以奉劝，这篇话，愿大家，细细思量。

瓜分豆剖逼人来，同种沉沦剧可哀！

太息神州今去矣，劝君猛省莫徘徊！

匈奴未灭，何以家为？

这年夏天，一篇名字叫《猛回头》的文章在留日归国学生所办的《湖南俗话报》上刊载，《猛回头》里面的唱词极具弹词特色，读来朗朗上口，易懂易记。这篇白话文一出，在全国引起了极大的反响，它不仅宣扬了中国的地大物博，悠久的文明历史，分析了历代皇朝政权的成功与失败的原因，又直面当今的社会现状，细数哪些外国列强正在侵略我国，列举了外国列强侵略我国的各种卑鄙行径，抨击了满清政府腐败无能，对外任由列强对中国的瓜分，对内却对反瓜分、反侵略的民众组织实行残酷镇压。文中还列举了很多国外反列强侵略、反种族灭亡的成功案例，鼓励大家起来反侵略、反压迫。同时也一针见血指出了中国时下存在的各种弊病及拯救的方法，并对中国如何变革提出了自己的观点。

　　一时间，全国上下，从老到小都在诵读这篇文章。一篇文章惊醒了梦中人，文章告诉国人，外国列强的侵略已到了忍无可忍的地步，如果再任其发展下去，整个国家都会惨遭荼毒，会被灭亡、灭种。劝大家不要再存有私心，沉湎于当下个人的安逸和侥幸，"倾巢之下安有完卵？"只有大家团结起来，万众一心，一起抗拒外国列强的侵略，才能不当亡国奴，才能不被绝种。

第三十七章 醒世雄文

陈天华的《猛回头》不仅在国内引起了强烈反响，在日本的留学生中间也得到广泛传播。

方鼎英是《猛回头》的第一个读者，陈天华刚写完，为了确认读者对《猛回头》这种写法的反应，他先请方鼎英看一遍，没想把方鼎英看得泪流满面，抑制不住地抽泣起来。

陈天华见方鼎英这神态吓住了，忙问："伯雄，你怎么啦？我的文章有什么不对吗？"

"不，星台哥，你误会了，是你的《猛回头》写得太感人，我虽然也处在这乱世，也是个留学生，但有的事情根本就没能理解得像你那么透彻，没有你那么深的感悟，我想，读了你的《猛回头》后，任何一个有良知的中国人都该醒了，该回头了。"方鼎英忙解释说。

陈润霖也是湖南新化人，并且也在长沙求实书院读过书。但他是两耳不闻窗外事，一心只读圣贤书的那种，他潜心的是经世之学，与新化实学堂时的同学罗元鲲颇为相似，只是罗元鲲活在历史里，陈润霖活在书本中。陈润霖在求实书院读没多久就被选送到日本弘文学院攻读师范科。在国内的时候，陈天华与他并不相识，直到来弘文学院后，经苏鹏介绍才有了交往。陈润霖来到日本弘文学院后，成了《游学译编》的编译，《游学译编》是一本进步杂志，长期的浸染，陈润霖的思想有了明显的变化，渐渐领悟到了那些激进学生为什么要实行民主革命的真正原因。

陈天华没想到的是陈润霖对《猛回头》也是赞赏有加："星台，不错！不错！《猛回头》不仅很有韵味，且笔锋犀利，可以当刀和枪使了。以前人们说：凡饮井水处，皆能歌柳词，现在把这句话引用一下就是：凡饮井水处，都在读《猛回头》。柳永的词毕竟还是流于艳情俗套，写的都是市井小故事，你的文章却把精神提升到了一种新的高度，提升到有关国家和民族的命运和前途，人民的生存与幸福，读后能让人们痛彻痛悟。都说中国是一头睡狮，这回你是在睡狮头上猛敲了一记。"

"夙荒兄，没想能得到你这样的评价，可让我刮目相看了。"陈天华满脸的惊讶。

"近朱者赤，近墨者黑。我的思想是被你们浸润了，也可以说你的文章深入了人心。"陈润霖笑道。

"夙荒兄，你太抬举我了，我只不过是把心里想说的，民众想知道的事情用纸和笔写了出来。"陈天华说。

"只有懂得民众的心声的文章才能引起民众的共鸣，才能起到它应有的宣传效果。"陈润霖说。

"我们就是要为民众的安全利益，国家的主权完整鼓与呼，我们要用纸和笔唤醒那些麻木和沉睡的灵魂。"陈天华说。

"星台，你真是名副其实的鼓动家，我相信你的笔的力量。"陈润霖赞道。

"这是时代赋予我们的使命，我们必须努力完成。"陈天华铿锵地说。

《游学译编》是留学生中很受欢迎的丛书，它出版了陈天华的《猛回头》，初版五千部，没想因为《猛回头》的影响太大，远远不够市场的需求。

"星台哥，星台哥，不得了！不得了了！"一天，方鼎英手拿一本书边喊边走了进来。

陈天华正在宿舍埋头疾书，听到方鼎英的喊声忙抬起头来："伯雄小弟，出什么大事了？"

"你在《游学译编》丛书里出版的《猛回头》初版五千部已经销售一空。"方鼎英说。

陈天华一听，长舒了一口气，说道："你这家伙，一惊一乍的，我还以为是国内又有什么惊人消息传来呢。"

"这消息也惊人啊！你看，《游学译编》刊登了《猛回头》再版的消息。"方鼎英扬一扬手里拿着的书。

陈天华接过书，看了一下，果然《游学译编》上刊着一则再版《猛回头》的广告，广告称："是书以弹词写述异族欺凌之惨剧，唤醒国民迷梦，提倡独立精神，一字一句，一语一血，诚普度世人之宝筏也。初版五千部，不及兼旬，销罄无余，因增订删改（视原本约增加四分之一）再版。"

"这个我知道，克强兄找过我，问我还有什么新的文字需要补充，好重新整理出版，这不，我正在修改稿子呢。"陈天华指了指桌面的稿纸。

"嘿嘿！星台哥，怪我孤陋寡闻，我还以为你还不知道这个消息呢。星台哥，没想你的文章销量这么好，我看你这一篇文章也可抵千军万马的。"方鼎英有些不好意思说。

"我哪有那本事？只不过是讲明了一些普通民众不清楚、不明白的道理，说出了一般人看不见、听不到的话语，道出了很多人似明白又不明白的心事。"陈天华说。

"就是因为你的文章接地气，才这么受欢迎的。星台哥，你知道吗？你文章中的那些弹词，让我又回到了我们的家乡——新化，记得小时候乡下赶集的时候，还有过年的时候，经常有卖唱的艺人用这种形式说唱。"方鼎英说。

"是的，我小时候也非常喜欢弹词，凡听说有艺人在集上说唱弹词，我必须跑去看。"陈天华说。

"可惜，我们现在再也回不到当时的那种心境了，国家内忧外患，不知什么时候才能让百姓们过上安稳的日子。"陈天华又说。

"星台哥，只要我们共同努力，我想一定会让我们国家重新兴旺的。"方鼎英说。

"你这小鬼，真是一天一进步。"陈天华赞许说。

《猛回头》所引起的反响中，最让陈天华激动的还是收到了实学堂的教习罗仪陆的来信，罗教习是看到了陈天华写的《猛回头》才知道陈天华也在日本留学的。他说新化实学堂关闭后，他被宝庆府聘为郡立中学堂教长，去年才来日本留学，读的是东京法政大学。像当初评价《述志》一样，罗教习给了《猛回头》很高的评价，这让陈天华更加有了信心。

弘文学院的课室内。下课了，同学们大都走了，陈天华还在座位上冥思苦想。

"星台君，下课了，你还不走？"说话的是松焦霞子，陈天华在日本的同学，也是陈天华在日本的老师松焦先生的女儿。

"哦！霞子小姐，你先走吧，我还坐一会。"陈天华说。

没想松焦霞子不仅没走，反而来到陈天华身边坐下说："星台君，你的《猛回头》写得真不错。"

"霞子小姐，你喜欢中文吗？你看得懂我写的《猛回头》？"陈天华没想到老师的女儿对自己的文章也感兴趣。

"我很喜欢中文，父亲也很喜欢中文，所以，父亲让我来这里跟你们中国留学生一起学习。父亲说中国的汉语博大精深，日本的很多文字都是从汉语转化而来的。"松焦霞子说。

"霞子小姐，松焦先生说得对，汉语确实很伟大、很神奇，但学好汉语很难。"陈天华说。

"是的，星台君，我父亲说学汉语，不是简单的认识几个汉字就能学好的，还必须跟你们中国人多接触、多沟通、多了解，才能真正意义上懂得汉语。"松焦霞子说。

"没错！认识几个汉字，那只是汉语的皮毛，要懂得汉语的骨血还必须深刻地了解中国，中华民族有着几千年的文化沉淀，不是几个书面上的汉字就能读懂的。"陈天华说。

"对！对！对！我父亲也是这么说的，所以，他要我多向你们学习。"松焦霞子像是遇到了知音，激动地说。

"你读过中国的哪些书？你喜欢中国的什么类型的书？"陈天华问。

"我读过《红楼梦》《水浒传》《三国演义》《西游记》，还有《聊斋志异》。"松焦霞子说。

"不错，都是中国的名著。"陈天华说。

"这些都是父亲教我读的，有些我还不大读得懂。但我更喜欢星台君的《猛回头》，不仅有内涵、有气势，而且朗朗上口，像是唱歌。"松焦霞子小姐眼睛里有一种热切，让陈天华不敢直视。

"父亲说星台君的文章很大气，是你们这些留学生里不可多得的才子。"松焦霞子接着说。

"松焦先生过奖了，我中华民族人才济济，我只不过是芸芸众生中的一员。"陈天华赶紧说。

"可在我的眼里，星台君是最好的。"松焦霞子越来越露骨的赞美让陈天华如坐针毡，他害怕霞子小姐会有进一步的表示，那样自己肯定会像伤害官员的女儿一样伤害一颗纯洁的心。

正当陈天华尴尬的时候，陈润霖兴冲冲走了进来。

"夙荒，你来了？"陈天华赶忙站起来招呼道。

"星台，怎么你还没下课？你们同学都走完了，走，今天我请客，庆祝你的《猛回头》大卖。"

一看到陈天华旁边还坐着松焦霞子，陈润霖感觉自己来得不是时候，赶紧说："噢！不好意思，是不是打扰到两位了？"

松焦霞子顿时一脸的绯红。

陈天华则好像遇到了救兵，赶紧站起来说："好呀！我都好久没打牙祭了，这回我得狠狠撮你一顿，霞子，要不要和我们一起去？我们一起去把他的钱袋子清理干净？"

松焦霞子见陈天华这么说，赶紧站起来告辞："不！不！星台君，凤荒君，我就不影响二位的雅兴了，霞子告辞！"说着匆匆走了出去。

"喂！星台兄，你是不是有什么事情想跟我说的。"路上，陈润霖故意调侃道。

"哪有什么说的？今天是你说请客的，我就想狠撮你一顿呗。"陈天华故意装作不懂。

"还跟我装，我们这么久的同学了，这事情难道还要瞒着我吗？我看出来，霞子小姐喜欢你。"陈润霖说。

"凤荒兄，你可别乱说啊！你说我们国家现在这样子，我还能想别的事情吗？"陈天华说。

"星台兄，你这么想就有点过了，国家是国家，你是你，国家的危难跟霞子小姐喜欢你，这并不相矛盾呀！"陈润霖说。

"谁说没有矛盾？我是一个准备随时为祖国献身的人，如果哪一天我把自己给献出去了，不是耽误人家一辈子吗？再说'国不安，吾不娶'是我曾经立下的誓言，我怎么能背弃自己的誓言呢？"陈天华说。

"哎呀！星台兄，你真是犟，你别时时把为祖国献身做你的座右铭好不好？祖国不一定需要你献身，错过了这么好的一个女子，过了此渡就再无舟了。"望着固执己见的陈天华，陈润霖只能叹气摇头。

第三十八章 试制炸药

话说杨笃生、苏鹏、刘揆一、何海樵、胡晴崖他们五个随老猎人进了深山。

这里确实是一处人迹罕至之地，三面环山，一面濒水，从山下到住地最少有四十里的山路，像杨笃生他们不熟悉地形的人，出山一趟来回得走一天，幸亏老猎人提醒，临上山前买了足够的硝药，才不至于又要经常来回跑。

老猎人的家虽然在深山里，但也是靠近海边，依山傍水，风景也是很优美。房子是就地取材，用白桦树做的，里面的生活用具也是能用天然的就尽量用天然的，只有极少的物品是从山下采购回来的，住在里面有一种回归自然的感觉。屋内的设施是中国模式，有木床、木桌、木凳还有烧柴火的灶，不像日本人进屋就是榻榻米。灶房的房梁上挂满了野鸡、野兔、野猪肉等，有的被柴火烟熏得黑乎乎的，有的还只有一层浅浅的褐色。屋旁种满了果树，都是常见的桃树、梨树，柑橘之类的，桃树、梨树上挂满了果，正开始成熟，柑橘花期刚过，树上满是绿豆大小的果实。再远一点的地方种了一些稻米和蔬菜，一派世外桃源的景象。

老猎人在山上就靠种田和打猎为生，如果需要购买其他生活用品就用猎物去山下换，这次下山本来是要用野兔和野鸡去换双鞋的，结果碰上杨笃生他们，一路跟踪，把事情给耽搁了，野鸡、野兔又扛了回来。

"真是一个隐居的好地方！如果不是祖国正遭受列强侵略，我真愿意在这屋子里待上几年。"杨笃生感叹说。

"我的老伴故去很多年了，两个女儿也都嫁到了横滨，我之所以还留在这里也是因为不愿意离开这里。"老猎人说。

"为什么呢？您一个人在这深山老林的，多不方便呀？"苏鹏问。

"才逃到这里的时候，不止我们一家的，我们几代人在这里已经生活两百多年，我们的先祖刚来这里的时候，一直是立志反清复明的，可一年又一年，一代又一代，离这个愿望不是越来越近，而是越来越远。现在人都散尽了，只剩下我一家，我又后继无人，这个愿望也会随着我的逝去而烟消云散，没想到这个时候碰上了你们，也是老天垂怜，要我在有生之年能看到清朝政府的彻底覆灭。"老猎人说。

"一定能够的，我们只要研制出了炸药，炸死了慈禧那个老妖婆，清朝灭亡的日子也就指日可待了。"杨笃生说。

"我相信你们这一群年轻人，为了支持你们研制炸药，家里能吃的尽管吃，能用的尽管用，也算是我朱氏家族对反清的最后一点贡献。我现在的任务是带着我的猎犬给你们去巡山，以保证你们的实验顺利进行。"老猎人微笑说。

"我现在的任务是后勤保障工作，负责你们几个人的吃、喝、拉、撒。"刘揆一接着说。

"哈！吃、喝你可以保障，拉、撒你就免了吧，我们去这么远的地方做实验，难道拉屎、撒尿还要回来请示你？"苏鹏笑道。

"那就是脱裤子放屁，多此一举了。"平时不大言语的何海樵冷不防来上这么一句，惹得大家哄堂大笑。

可事情做起来远没有想的那么简单。胡晴崖用自己从东京带来的天平秤按照书上的配方，把所有的原料称好配好，一份一份装在铁罐里面，安上引线，然后密封。第二天，四个人带着晚上装好的铁罐，去到一个更隐蔽的地方。点燃引线，等了半天，一点反应都没有，最后胡晴崖忍不住了，跑上去一看，引线早烧没了，铁罐子一点动静都没有，只好把铁罐带回去重新研究。

刘揆一每天把饭做好后，就给做实验的人去送饭，顺便打探一下实验的进展情况，可每次得到的答案都是懒洋洋的三个字"没成功"。

胡晴崖每次不成功回来之后，总是要调整一下原料的配比，核实一下原料的重量，检验一下引火线安放的位置。这样实验了很多次，眼看着实验用的原料即将殆尽，而实验的进展一点都没有。

苏鹏都有些气馁了："我们这样做好像是在慢慢摸索，这要多久才能摸索出来啊？"

只有杨笃生还是信心十足："没关系，慢慢来，第一次不成做第二次，第二次不成做第三次……第九次不成做第十次，直到做成为止。"

"我也相信，有志者事竟成。"何海樵说。

"霖生兄，我们的原料快没了，麻烦你明天下山去采购点，可不能因为原料供应不上而影响实验。"杨笃生吩咐刘揆一说。

"好的，刚好我们的生活用品也缺少了一些，一起补上，我们做好打持久战的准备。"刘揆一说。

第二天，刘揆一一大早就下山了。他先去采购了炸药原料，然后买了生活用品，路过书局的时候，又拐进去看了一下。在山上待了很长一段时间了，与世隔绝，不知近段时间又有什么事情发生，他想买几份报纸上山看看。突然，在书局最显眼的位置，他看到了一本汉字的书，题目叫《猛回头》，一看作者竟是陈天华。哇！没想到短短的一段时间，陈天华竟出书了。又看了几份华文报纸，报纸上也有不少对陈天华写的《猛回头》的褒奖文章。他赶紧把书和报纸都买下，急急忙忙返回住地。

走到离住地不远的地方，猛听到一声巨响，地动山摇。刘揆一猜想，这一定是炸药实验成功了，于是三步并做两步往住地走去。

果然，在路上就碰到了一身尘土的四个人。

看到刘揆一，苏鹏就嚷嚷道："霖生，好险，我们差点就见不到你了，没想到这炸药的威力这么大。"

"是啊！当时只觉得地都要陷下去了。"杨笃生说。

"我是紧紧抱住身边的一棵树才没让自己飞出去。"何海樵说。

三个人表情生动地在描述当时的情景，全然不顾自己的灰头土脸。

只有胡晴崖，嘴里在反复念叨："成功了！成功了！我的炸药终于试制成功了！"

再远一点的地方，一声声狗吠传来，大家知道，这是老猎人跟他的猎犬回来了。

"首先，我要恭喜各位仁兄实验成功，然后我还要告诉大家一个好消息。"刘揆一满脸兴奋说。

"什么好消息？"苏鹏急问。

"还有更好的消息吗？"杨笃生说。

"那是双喜临门了。"何海樵说。

"赶快告诉我们，我们现在太需要好消息了。"胡晴崖这会也清醒了过来。

"你们看，这是什么？"刘揆一亮出了本书。

"一本书？"胡晴崖疑惑，该不会是被他又找到了一种炸药的配方吧。

"什么书？谁写的书？"杨笃生问。

"书名叫《猛回头》，作者你们猜猜看。"刘揆一故作神秘说。

"该不会是星台兄写的吧。"苏鹏说。

"还是凤初兄厉害，此书正是星台兄所写。"刘揆一说。

"我就知道星台兄有这本事。"苏鹏笑道。

"你们看看，你们看看，这些报纸上好多人都在评论这本书，说什么：'是书以弹词写述异族欺凌之惨剧，唤醒国民迷梦，提倡独立精神，一字一句，一语一血，诚普渡世人之宝筏也。'反正是好评如潮。"刘揆一说。

"星台厉害呢！我们在这里来武的，他就在那里来文的，这叫什么？文攻武卫。"杨笃生说。

"星台的《猛回头》也是一颗炸弹，扔向了清廷的心脏。"胡晴崖说。

"威力可比上百颗炸弹了。"何海樵说。

"快！把报纸分给我们看看。"苏鹏急不可待了。

刘揆一则打开《猛回头》朗读起来：

大地沉沦几百秋，烽烟滚滚血横流。

伤心细数当时事，同种何人雪耻仇？

……。

正当杨笃生、苏鹏他们为炸弹试制成功而欢欣鼓舞的时候，横滨发生了鼠疫，警察挨家挨户进行防疫检查，连老猎人那偏僻的房子也没有逃脱，杨笃生他们为了应付警察的搜查，急忙将刚配制好，还没装罐的炸药倒在水缸内，因为炸药是粉末状的，浮在水面上，一时难以下沉，为了让药粉尽快下沉，他们用玻璃管搅拌，不料却引起爆炸，爆炸的冲击力把桌子都炸散了架，屋顶的楼板也冲毁了几块，杨笃生和苏鹏的眼睛被炸伤，幸好水缸是敞口的，爆炸力未横发，伤势不是很重，他们回到东京，治疗一段时间才得以痊愈。

第三十九章 警世钟

《猛回头》在国内外引起的反响更加坚定了陈天华用文字唤醒中国这只沉睡中的雄狮的决心，紧接着，他又写出了醒世雄文《警世钟》。

长梦千年何日醒，睡乡谁遣警钟鸣？

腥风血雨难为我，好个江山忍送人！

万丈风潮大逼人，腥膻满地血如糜；

一腔无限同舟痛，献与同胞侧耳听。

哎呀！哎呀！来了！来了！什么来了？洋人来了！洋人来了！不好了！不好了！大家都不好了！老的，少的，男的，女的，贵的，贱的，富的，贫的，做官的，读书的，做买卖的，做手艺的，各项人等，从今以后，都是洋人畜圈里的牛羊，锅子里的鱼肉，由他要杀就杀，要煮就煮，不能走动半分。唉！这是我们大家的死日子到了！

苦呀！苦呀！苦呀！我们同胞辛苦所积的银钱产业，一齐要被洋人夺去；我们同胞恩爱的妻儿老小，活活要被洋人拆散，男男女女们，父子兄弟们，夫妻儿女们，都要受那洋人的斩杀奸淫；我们同胞的生路，将从此停止；我们同胞的后代，将永远断绝。枪林炮雨，是我们同胞的送终场；黑牢暗狱，是我们同胞的安身所。大好江山，变作了犬羊的世界；神明贵种，沦落为最下的奴才。唉！好不伤心呀！

恨呀！恨呀！恨呀！恨的是满洲政府不早变法。你看洋人这么样强，这么样富，难道生来就是这么样吗？他们都是从近二百年来做出来的……

恨的是曾国藩，只晓得替满人杀同胞，不晓得替中国争权利……

恨的是前次公使随员、出洋学生，不把外洋学说输进祖国，内地的人为从前的学说所误，八股以外没有事业，五经以外没有文章，这一种可鄙可厌的情态，极顽极固的说话，也不用怪……

恨的是顽固党遇事阻挠，以私害公，我不晓得顽固党是何居心？明明足以利国利民的政事，他偏偏要出来阻挠。我以为他不讲洋务一定是很恨洋人的，哪里晓得他见了洋人，犹如老鼠见了猫一样，骨都软了……

这四种人到今日恨也枉然了。但是使我们四万万人做牛做马，永世不得翻身，以后还有灭种的日子，都是被这四种人害了。唉！我们死也不能和他甘休的！

真呀！真呀！真呀！中国要瓜分了！瓜分的活，不从今日才有的。康熙年间，俄罗斯已侵入黑龙江的边界。道光十八年，英吉利领兵三千六百人侵犯沿海七省，破了许多城池；到了道光二十二年才讲和，准他在沿海五口通商；割去香港岛（属广东省），又前后赔他银子二千一百万两。从此那传教的禁条也解了，鸦片烟也任他卖了。照万国公法，外国在此国，必依此国的法律。那时中国和英国所订的条约，英国人在中国犯了罪，中国官员不能惩办他；就是中国人在租界，也不归中国管束，名为租界，其实是英国的地方了。又各国于外国进口的货物，抽税极重，极少值百抽二十，极多值百抽二百，抽多抽少，只由本国做主，外国不能阻他。独有英国在中国通商，值百抽五，订明在条约上面，如要加改，不由英国允许了不可；并且条约中还有利益各国均沾的话，所以源源而来的共有十六国，都照英国的办法。从此中国交涉的事日难一日，一切利权都任洋人夺去，亡国灭种的祸根，早已埋伏在这个条约里了，可怜中国人好像死人一般，分毫不知。……

痛呀！痛呀！痛呀！你看中国地方这么样大，人口这么样多，可算是世界有一无二的国度了，哪里晓得自古至今，只有外国人杀中国人的，断没有中国人杀外国人的。这是什么缘故呢？因为中国人不晓得有本国的分别，外国人来了，只要稍微比我强些，遂拱手投降，倒帮着外国人杀本国人，全不要外国人费力……

耻呀！耻呀！耻呀！你看堂堂中国，岂不是自古到今四夷小国所称为天朝大国吗？为什么到如今，由头等国降为第四等国呀？外国人不骂为东方病夫，就骂为野蛮贱种，中国人到了外洋，连牛马也比不上。美国多年禁止华工上岸……

杀呀！杀呀！杀呀！如今的人，都说中国此时贫弱极了，枪炮也少得很，怎么能和外国开战呢？这话我也晓得，但是各国不来瓜分我中国，断不能无故自己挑衅，学那义和团的举动。如今各国不由我分说，硬要瓜分我了，横也是瓜分，竖也是瓜分，与其不知不觉被他瓜分，不如杀他几个，就是瓜分了也值得些儿……

奋呀！奋呀！奋呀！如今的中国人，怕洋人怕到了极步。其实洋人也是一个人，我也是一个人，我怎么要怕他？有人说洋人在中国的势力大得很，无处不有洋兵，我一起事，他便制住我了。不知我是主，他是客，他虽然来得多，总难得及我。在他以为深入我的腹地，我说他深入死地亦可以的。只要我全国皆兵，他就四面受敌，即有枪炮，也是寡不敌众……。

快呀！快呀！快呀！我这人人笑骂个个欺凌将要亡的中国，一朝把国势弄得蒸蒸日上起来，使他一般势利鬼不敢轻视，倒要恭维起来，见了中国的国旗，莫不肃然起敬。中国讲一句话，各国就奉为金科玉律。无论什么国，都要赞叹我中国，畏服我中国，岂非可快到极处吗？我这全无知识全无气力要死不死的人，一朝把体操操得好好儿的，身子活活泼泼，路也跑得，马也骑得，枪也打得，同着无数万相亲相爱的同胞，到了两军阵前，一字儿排开，炮声隆隆，角声呜呜，旌旗飘扬，鼓声雷动，一声喊起，如山崩潮涌一般，冲入敌阵，把敌人乱杀乱砍，割了头颅，回转营来，沽酒痛饮，岂非可快到极处吗？就是不幸受伤身死，众口交传，全国哀痛，还要铸几个铜像，立几个石碑，万古流芳，永垂不朽，岂非可快到极处吗？世间万事，惟有从军最好。我劝有血性的男儿，不可错过这个时代。照以上所说的，列位一定疑我是疯了，又一定疑我是义和团一流人物了。不是！不是！我生平是最恨义和团的。洋人也见过好多，洋国也走过几国，平日极要人学习洋务，洋人的学问，我常常称道。但是我见那洋人心肠狠毒，中国若是被洋人瓜分了，我汉人一定不得了，所以敢说这些激烈的话，提醒大家，救我中国。但是要达到这个目的，又有十个须知。

第一，须知这瓜分之祸，不但是亡国罢了，一定还要灭种……

第二，须知各国就是瓜分了中国之后，必定仍旧留着满洲政府压制汉人……

第三，须知事到今日，断不能讲预备救中国了，只有死死苦战，才能救得中国……

第四，须知这时多死几人，以后方能多救几人……

第五，须知种族二字，最要认得明白，分得清楚……

第六，须知国家是人人有份的，万不可丝毫不管，随他怎样的……

第七，须知要拒外人，须要先学外人的长处……

第八，须知要想自强，当先去掉自己的短处……

第九，须知必定用文明排外，不可用野蛮排外……

第十，须知这排外事业，无有了时……

十个须知讲完了，又有十条奉劝。

第一，奉劝做官的人，要尽忠报国。我这报国二字，不是要诸君替满洲杀害同胞，乃是要诸君替汉人保守疆土……

第二，奉劝当兵的人，要舍生取义。列位！这当兵二字，是人生第一要尽的义务。国家既是人人有份，自应该人人保守国家的权利；要想保守国家的权利，自应该人人皆兵……

第三，奉劝世家贵族，毁家纾难。世家贵族，受国家的利益较常人多些；国家亡了，所受的惨也要较常人重些……。

第四，奉劝读书士子，明是会说，必要会行。我看近来的言论发达到了极处，民权革命，平等自由几成了口头禅。又有什么民族主义、保皇主义、立宪主义，无不各抒伟议，都有理信可执，但总没有人实行过。自瓜分的信确了之后，连那议论都没有人发了。所谓爱国党，留学生，影子都不见了……

第五，劝富的舍钱（日本自开战以来，国人捐助军饷已有数万万元，多的数百万，少的三十文。有极贫的小孩，在学堂屡次取超等得赏银两元，也献出充军饷。救助军人家室随处皆是。贫民如是，富户更不用说了）。世间之上，最能做事业，最能得名誉的，莫过于家富的人。盖没有资本的人，随便做什么事，都是力不从心……

第六，劝穷的舍命。中国的穷民，最占多数，于是他们常常想天下乱。以为天下乱了，这些富户与他一样的受苦。更有不肖之辈，存一个乘浊水捉鱼的心事。不知天下乱了，富户固然吃亏，穷民也没有便宜可占……

第七，劝新、旧两党，各除意见。如今的时候，有什么新旧？新的也要爱国，旧的也要爱国，同是爱国，就没有不同之处。至于应用的方法，总以合时宜为主，万不能执拗。即有不合，彼此都要和平相商，不可挟持私见。《诗经》上说得好："兄弟阋于墙，外御其侮。"现在什么时候，还能做那阋墙之事吗？我有新旧之分，在洋人看起来，就没有新旧，只要是汉人，一样的下毒手。故我剖心泣血，劝列位总要把从前的意见捐除，才是好哩。

第八，劝江湖朋友，改变方针。那些走江湖的，种类很多。就中哥老会、三合会、各省游勇，最占多数。想做大事，也有不少。没有志气，只想寻几个钱度日的，也有好多。这等人就是起事，也没有什么思想，不过图奸淫掳掠四字。或者借个名目，说是"复明灭清"，或者说是"扶清灭洋"。一点团体没有，上的上山，下的下水，一切事做不出来。穷而无计的时候，丧灭天良的，也就降了洋人，替洋人杀起同胞来，和东三省的马贼一样……

第九，劝教民当以爱国为主。教与国不同，教可以自由奉教，国是断断不能容别人侵夺的。欧洲各国，一国之中有数教，毫不禁制。无论何教的人，都爱自己生长的国……

第十，劝妇女必定也要想救国。中国人四万万，妇女居了一半。亡国的惨祸，女子跟男子一样，一齐都要受的。那救国的责任，也应和男子一样，一定要担任的。中国素来重男卑女，妇女都缠了双足死处闺中，一点学问没有，哪里晓得救国？但是现在是扩张女权的时候，女学堂也开了，不缠足会也立了。凡我的女同胞，急急应该把脚放了，入了女学堂，讲些学问，把救国的担子，也担在身上，替数千年的妇女吐气……

我的话讲到这里也讲完了，我愿我同胞呀！

醒来！醒来！快快醒来！快快醒来！不要睡得像死人一般。同胞！同胞！虽然我知道我所最亲最爱的同胞，不过从前深处黑暗，没有闻过这等道理。一经闻过，这爱国的心，一定就要发达了，这救国的事，一定就要担任了。前死后继，百折不回，我汉种一定能够建立个极完全的国家，横绝五大洲。我敢为同胞祝曰：汉种万岁！中国万岁！

写完《警世钟》，陈天华特意把书稿拿去给罗仪陆评点，罗仪陆看了满是感叹："星台，当初你写《述志》的时候就知你志在千里，真的没有看错你，你现在正沿着自己设定的目标前进。你的《猛回头》和《警世钟》可是一篇比一篇有力量，用洪荒之力给中华大地敲响了警钟。"接着，罗仪陆给《警世钟》题了一阕词：

孔子铸颜之，冶黄帝首山之铜，以锻以熔，造警世钟，坚其外洪其中，有大放夏声之效力，而使汝哀鸣于二十世纪荒荒大陆之东。呜呼！警世钟，吾铭汝功。

云浓浓，天梦梦，扬州春梦何年终？刀霍霍以加颈兮，欹枕从容。无可奈何春去了，杜鹃泣血唤空空。呜呼！警世钟，吾悲汝穷。

小叩小鸣，人谁启聪；大叩大鸣，人斥汝凶；不叩不鸣，人益为聋。故园西望，双袖龙钟。呜呼！警世钟，将谁适从？

炮声隆隆，剑声铿铿，帝国主义何其雄，欧风美雨驰而东，哀我黄种黑甜朦朦，苟迷楼之撞破，悔九死其无庸。呜呼！警世钟，吾慕汝忠。

陈天华看了罗仪陆的题词，深深感叹："知我者，殷潘先生也！"

陈天华的《警世钟》一刊登出来，不得了了，不仅在留日学生中疯传，在国内也疯传起来。开始，书局拟定印送数十万册，因为他们认为，现在的中国，像是一大死海，并且深不可测，如果没有排山倒海的气势，根本无法改变腐败掩盖下的死海般的平静。自甲午战争以来，中国屡屡遭受巨创，就是有三两个志士奔走呼号，也已经心力交瘁了，中国的现状已到了不在沉默中爆发就在沉默中灭亡的危险时刻。现在中上层社会的人，能看透世事，明白事理的人，一百个人里面也就那么一二个，其他的都在自己的安乐窝里享受着荣华富贵，下层社会的人就更不消说了，整天疲于奔命，为了生存打拼，哪管国家的死活？

《警世钟》可说是应时而出，它的极其通俗又犀利无比的白话语言，就像是邻里之间、兄弟之间，朋友之间、师生之间讲事实，摆道理，每一个人都能看懂、听懂，每一句话都能深入浅出让世人明白当今社会面临的各种危险。文章犹如醍醐灌顶，把人们被禁锢了几百年的思想解放出来；它像一通闷棍，敲醒了在自己的小天地里自得其乐的国人；也像一道黑暗中的闪电，充分暴露了中国人思想中丑陋的、自私自利的一面；更是一记警钟，告诉人们，中华民族危在旦夕，人们如果再不团结一致，起来维护自己的国家，那以后将再没有中国，中国没有了也就失去了汉种生存的空间，没有了生存空间的汉种，就只有灭亡一条路可走，亡国亡种的危险已经迫在眉睫，中国人该猛醒了。它更是一面旗帜，指出了人们怎样才能摆脱被瓜分、被灭种的危险，争取独立、自由的方向和方法。

书局第一批送出一万本，正准备继续印送第二批的时候，却收到全国各地的来信，说《警世钟》已翻刻数十个版本，印出的册数以百万计，可见《警示钟》受欢迎的程度。

一天，陈天华的宿舍来了一位不速之客，他自我介绍叫汪兆铭，祖籍浙江，生于广东三水，现求学于东京法政大学，是看了陈天华的《猛回头》和《警世钟》后慕名而来的。

陈天华看着这个人有点年轻，二十岁左右，中等身材、面庞饱满圆润、肤色皙白、鼻梁挺直、眉清目秀，很是俊朗，说他貌似潘安应该也不过分。

"兆铭君找星台，有何见教？"陈天华问。

汪兆铭先是施了一礼，然后侃侃而谈："中华腥膻，满人掠我。自努尔哈赤、爱新觉罗，窃我神器，篡我江山，我等还有宁乎？扳指算起，二季春秋，莫乎我等，皆已成冷血动物乎？非也，非也！我等须以暴力，须以长城，去与其抗衡之！至若列国诸暴，强食弱肉，外强中干，我等亦宜以枪炮对付之！愚生一直溺于书墨，星台兄竟能以热血大作振聋发聩唤醒我们。在下能不来请教吗？"

陈天华觉得此人才貌俱佳，且坦诚直率，开口直陈革命，而且见地与自己有很多相似之处，来了兴趣，便说道："兆铭君，说说你对革命的看法。"

汪兆铭道："驱除异族，民族主义之目的也！我中华民族，炎黄后裔之第一要义，就是要还我大汉，复我冠裳，翳除异人的越俎代庖。要达此目的，就须颠覆专制，实现国民主义。颠覆专制的手段，就只有靠革命、靠暗杀、靠恐吓。"

"靠恐吓？靠暗杀？"陈天华反问道。

"是的，这些都是革命手段，像俄国的虚无党、民意党，就是以暗杀沙皇为主旨。这就是俄国虚无党女杰苏菲亚的肖像，就是她在一八八一年指挥炸死了沙皇亚历山大第二。难道我们就不能效法她，炸死慈禧吗？"汪兆铭边说边拿出一张报纸，上面有一个俄国女人的肖像，随身携带一张刊有肖像的旧报纸，看样子，他对她是极其崇拜的。

汪兆铭的话让陈天华想起了杨笃生、苏鹏、刘揆一等那几个制造炸药的人，他们一有机会，便是要去暗杀慈禧的。

"兆铭君见解颇深，除此之外，不知还有无他法。"陈天华道。

汪兆铭直接地说："别无其他终南捷径。即使如星台君、卓如先生，舞文弄墨，以笔为旗，也比不上暗杀的马到成功，垂名于世。"

没想到眼前的汪兆铭年纪轻轻，不仅思维敏捷，善谈革命，而且极具冒险精神。

"依君所志，莫非就将去实施暗杀不成？"陈天华试探着问。

"那倒不是，星台君文笔了得，我想请星台君先写些暗杀的文章，以制造氛围，激励斗志。"汪兆铭说。

陈天华尴尬道："暗杀的文章？星台不擅于此，倒是听说有一位叫吴樾的，他极想写一篇《暗杀时代》，不过我只是听说过其名，未见过其人。"

"哦！既然如此，那就不勉强了，如果有机会，还望星台君给兆铭引介吴樾君。"汪兆铭显然有点失望。

"兆铭君放心，既然都是同道中人，星台自当乐于成全。"陈天华道。

送走汪兆铭，陈天华也没回宿舍，为了赶写《警示钟》，很久没出门了，陈天华想着要给自己放松一下，就信步来到了热闹的东京夜市街头。果然是日本最繁华的地方，夜市上人头攒动，彩灯璀璨，一时间让陈天华有点恍惚起来，记得第一次跟父亲到新化县城的时候，也是被这种街头的灯光迷惑，不知道脚下路的深浅高低，那次是父亲给自己指点了迷津，现在可不能再被迷惑了，还是回宿舍写文章去。正要往回走，却看到前面有三个熟悉的背影。

"伯笙兄！笏棠兄！凤岗兄！"陈天华追着三个背影喊道。

那三个人果然回过了头来，没看错，真的是杨源浚、廖名缙、曾继梧，那次在码头相识后，三人成了好朋友。

"星台兄！"三个人几乎同时喊道。

"你们三个也在逛夜市呀？"陈天华问。

"可不是，为了买你的书，我们白天没时间就晚上来了。"杨源浚说着晃了晃手里提着的一捆书说。

"怎么买这么多？"陈天华惊讶道。

"你不知道你的书多么受追捧？我们学校里面的人不管老师还是学生都在看。还有啊，伯笙兄说怕以后没得卖，他要买一些存在那里，以后带回国内去。"廖名缙说。

"星台，你的书这么受欢迎，现在领不少稿费了吧，可得请我们客哦！"杨源浚打趣道。

"必须的！走，我们喝酒去。"陈天华立马大手一挥，领着三人到一小酒馆坐下。

几杯清酒下肚，杨源浚却告诉了陈天华一个令他吃惊的消息，廖名缙要回国了。

"笏棠兄，你真的要回去了？"陈天华问。

"是的，韶光易逝，扶桑难留，我应该回去了。本来，我们是先去你宿舍找你，把消息告诉你的，去到你宿舍，伯雄说你上街了，所以我们也跟着来街上买书了，想着兴许能在夜市碰上你，果然，看来我们真是缘分不浅呀，可惜我们就此又要分别了。"廖名缙说。

"'相见时难别亦难，东风无力百花残，春蚕到死丝方尽，蜡炬成灰泪始干。'为了我们的国家，为了我们的民族，我们可以耗尽华年，沥尽心血，何况还只是暂时的分离，我相信，我们以后一定会再见面的。"陈天华说。

"哈！星台，这是一首情诗，被你用在这里也未尝不可。"曾继梧笑道。

"我最喜欢的是'春蚕到死丝方尽，蜡炬成灰泪始干'，能为自己钟爱的事业彻底献出自己的一切。"陈天华说。

"星台，你不知道，自你的《猛回头》《警世钟》出版后，有人称你是革命党之大文豪。"杨源浚说。

"谁啊？我怎么敢当此称呼？"陈天华惊问，他明白，敢说此等断语的人定非等闲之辈。

"这个人虽然你不认识，但你一定听说过。"杨源浚故意卖了个关子。

"伯笙兄，你这么说，这一定是个非同小可的人物了。"陈天华故意说。

"嗯，你猜对了，这个人就是孙中山先生。"杨源浚说。

"孙中山先生？名字如雷贯耳啊！"听说是孙中山先生，陈天华还是有些惊讶，在留日学生里面，孙中山当时是最有影响力的人物之一啊！

"是的，孙中山先生看了你的文章后不仅对你的文采，你的文思赞不绝口，对你所提的那些争取独立、自由的方向和方法也是非常赞同。"杨源浚说道，语气里满是羡慕。

"伯笙兄，你这是听谁说的？"陈天华急切地问。听说孙中山先生这么称赞自己，陈天华心里很是激动。

"我也是听别人说的，难道你不知道你的《警世钟》影响力有多大吗？听说已印刷上百万册了，洛阳为之纸贵呀！"杨源浚借用了一个典故。

"伯笙兄夸张了，只是孙中山先生也读我的书倒是第一次听到。"陈天华笑道。

"星台，你的书既然影响力这么大，对革命肯定是有推动作用的，这些革命家读你的书也是很正常的啊！"曾继梧说。

"嗯，也许是吧，能得到他们的认可，也是对我写书的一种莫大支持。"陈天华说。

"加油！我的老同学，我的大文豪，多多写，将来全国的图书馆里面到处都有我的老同学陈星台先生的书。"杨源浚鼓励说。

陈天华听到这句话，心里有所触动，"爹，将来我要写书，我要写很多很多的书"。陈天华想起小时候跟父亲说的那句话，心里在默念：爹，您儿子没有辜负您的期望，终于写出自己的书了。

第四十章《苏报》案发

国外,群情激昂,反侵略的呼声日益高涨;国内,清政府对反清势力的镇压并没有随着外敌入侵的愈加厉害而停止,相反它变本加厉加强了对义勇军的镇压,对反清势力的清剿,以此取媚列强。

1903年,上海发生了著名的"苏报案"。

《苏报》,1896年6月26日创办于上海公共租界。初创时,由胡璋的日本籍妻子生驹悦任"馆主",邹弢任主笔。在日本驻沪领事馆注册。多刊社会新闻。1900年原主无力维持,让给陈范。陈范聘汪文溥为主笔,一度致力于保皇立宪的宣传。

1902年起,陈范逐渐倾向革命,《苏报》态度也明显转变。该年冬特辟"学界风潮"专栏,公开支持学生的爱国运动和革命活动,并约请中国教育会和爱国学社成员撰写评论,成为两个革命团体的讲坛。

1903年初,《苏报》聘请章士钊为主笔,章太炎、蔡元培为撰稿人,报道各地学生的爱国运动。之后,《苏报》又陆续刊登了许多激烈地宣传革命的文章,支持资产阶级革命的旗帜更加鲜明。

这期间,邹容和章太炎分别写出轰动全国的《革命军》和《驳康有为论革命书》。《苏报》连续发表《读〈革命军〉》《序〈革命军〉》《介绍〈革命军〉》等文章,大骂皇帝和清朝政府,高呼革命为神圣"宝物",要求建立资产阶级"中华共和国",推荐《革命军》为国民必读的第一教科书。为此,1903年夏,清政府照会上海租界当局,以"劝动天下造反""大逆不道"罪名将章太炎等逮捕,章太炎是邹容的老师,邹容激于义愤,自动投案。在狱中,章太炎和邹容没有因为清政府的施压而害怕,而是在狱中为坚持真理继续斗争。清政府的鹰犬们为了博得主子的欢心,愈发对狱中的章太炎、邹容实施迫害,不久,邹容在狱中被迫害致死。

"苏报案"纯粹是清朝政府为镇压资产阶级民主革命思潮取媚英帝国主义而制造的"文字狱"。

章太炎是著名的学者和著作家，也是反对清朝政府，支持民主革命的急先锋，邹容是他的学生。陈天华本来就仰慕章太炎，欣赏邹容，上次写的《论中国学生同盟会之发起》在《苏报》刊登后，邹容马上给他回了信，信中称："星台君毅勇，与不才同想。吾等当以血裔同心，以共摧枯拉朽为终极目标……"陈天华虽然从未与他谋面，但早已是知己。

　　陈天华在埋头写《猛回头》的时候，邹容也同时在加紧写他的《革命军》，当陈天华的《猛回头》传到国内时，邹容的《革命军》也同时传到日本，两人的著作同时在国内外引起了轰动，所以，对于章太炎与邹容的受迫害，陈天华有一种惺惺相惜的感觉。

　　清政府对列强的奴颜婢膝，不仅没能阻止列强的侵略，反而更加速了侵略步伐。日本的新闻报纸在显要位置刊登的，往往是有关各国侵略中国的新闻。这段时间日本的《朝日新闻》和《时事新报》都在争先恐后报道英、美、日、德、俄等国又与清政府签订了《税则》和《通商行船条例》，这两大条约一签订，意味着中国将门户大开，列强侵略的脚步将更加顺畅。

　　留日学生们都被这一消息惊呆了，纷纷拥到驻日清公使馆去质询："我们要求回答《税则》是怎么一回事？《通商行船条约》又是怎么一回事？"

　　"我们要求回答，帝国主义跟我们签订的条约怎么都是这么不平等？"

　　"我们要求回答，通商行船，门户都大开了，我们中国是否还有一点点主权。"

　　留学生们愤怒的吼声一浪高过一浪。

　　杨枢和姚文甫眼看躲不过去了，只好站了出来。

　　"同学们，我们是来日本留学的，不可如此吵闹！不可如此吵闹！"杨枢清了清嗓子说。

　　"国都快卖完了，求学有啥用？皮之不存，毛将焉附？"有人吼道。

　　有人带头大声念起了陈天华的《猛回头》中的弹词，于是大家一起合念：

俄罗斯，自北方，包我三面；

英吉利，假通商，毒计中藏；

法兰西，占广州，窥伺黔桂；

德意志，胶州领，虎视东方；

新日本，取台湾，再图福建；

美利坚，也想要，割土分疆。

陈天华听到大家念到这里，灵机一动，又加了一句：

这朝廷，原是个，名存实亡，

清政府，只不过，替洋人，

做一个，守土官长。

众人又跟着念：

这朝廷，原是个，名存实亡，

清政府，只不过，替洋人，

做一个，守土官长。

听到这一句，杨枢的脸色难看极了，他转身丢下姚文甫拂袖而去。姚文甫知道这个场面他更加控制不住，赶紧跟了过去，命令守门的卫兵赶快关门："快！关门。"

"快！快！把大门关上。"

清公使馆的大门在留学生们的眼前，匆匆关闭。

使馆的人员就这样撤了，留学生们很不甘心，继续在使馆门口大声喊道：

这朝廷，原是个，名存实亡。

清政府，只不过，替洋人，

做一个，守土官长。

大门仍然紧闭，以沉默来对抗留学生们的呐喊。

"他们不理我们，我们在这里待下去也没什么意义了，还是回留学生会馆去，从长计议吧。"陈天华见状劝道。

大家觉得这话有道理，只好回到留学生会馆再商议对策。在这样临时发起的聚会上，大家一时也想不出更好的办法，只是强烈地感觉到清政府的无能，清王朝的统治已是强弩之末。清王朝的统治者慈禧是祸国殃民的祸首，她的存在对国家社稷是一种危害，她多存在一天，国家就多一份危险，列强就多猖狂一天，只有打倒她，推翻她，杀掉她，中国才有转机，才有新的希望。然而，事情到底要怎么样才能进行，大家还是一点头绪都没有。只有周来苏站出来说："我们组织一个暗杀团，杀了那狗日的慈禧。"

可周来苏提出的这个暗杀计划，因为没有具体的实施方案，响应的人也是不多。

陈天华不禁想起了杨笃生、苏鹏、刘揆一、胡晴崖、何海樵他们，不知他们是不是还在横滨试制炸弹？炸弹试制成功了吗？

也许是心有灵犀，晚上，陈天华回宿舍的时候，竟看到杨笃生他们几个人在宿舍里等了。

"真是说曹操，曹操就到，你们几个是什么时候回来的？炸药试制成功了吗？"陈天华兴奋地问。

"当然是成功了的，不然我们哪好意思回来呢？"苏鹏抢着说。

"你们在山上待了这么久，可知俄还未拒，列强们又与清政府签订了很多不平等条约了吗？"陈天华问。

"当然知道，霖生在街上买了报纸我们都看了，不然我们星夜赶回来干什么，就是要赶紧去炸了那狗日的慈禧，让她永远闭嘴，免得她继续祸国殃民。"杨笃生恨恨地说。

"那你们下一步准备怎么办？"陈天华问。

"组织暗杀团，马上回国。"杨笃生说。

"暗杀团也算上我吧，我跟你们一起回国。"陈天华请求道。

"你就别进暗杀团了，这可是提着脑袋干的事情，你还是耍你的笔杆子，你的笔杆子比我们暗杀团还重要。我们针对的是肉身，你针对的是思想，留下来继续写你的文章，我们看到你的文章才有激情去杀慈禧。"杨笃生说。

这时，周来苏也找上门来。

"毓麟说得对，星台，你还是留下来写文章吧，等我们把慈禧炸死了，你可以大肆赞扬我们，如果我们不幸遇难，你也给我们写篇祭文，记住我们曾经为中国革命奋斗过。"周来苏接过杨笃生的话说。

"什么？瑟铿兄，你也是暗杀团成员？"陈天华问。

"不只我，还有江西德安的汤重希。"周来苏说。

"英雄！英雄！你们都是视死如归的英雄，我就等着给你们写赞美的文章吧。"陈天华竖起大拇指赞道。

夏秋之交，杨笃生、苏鹏、胡晴崖、何海樵、周来苏、汤重希六人组成"横滨暗杀团"，赴国内执行暗杀任务。刘揆一虽然没加入暗杀团，但也跟他们一起回了国。

第四十一章 回国斗争

1903 年 10 月,沙俄增调重兵侵入我国东北,国家的危难更加急重。

闻听这个消息,可是把陈天华急坏了,他整晚整晚地睡不着,人也明显地消瘦。每次与人聊到国家的安危问题,他总像小孩失去父母,弱女失去依靠一样痛哭一场,然后一次又一次把沙俄入侵的消息告诉所有的人,中华民族到了最危急的时候,大家唯有准备最后的死拼,才有可能拯救这个生命垂危的祖国。又咬破手指写下血书寄回祖国,号召国内的同胞组织起来,与侵略者血拼到底。

原来还想用手中的笔做刀、做剑,宣传救国道理的陈天华再也坐不住,他决定回国亲自参加到这场反压迫,反侵略的革命洪流中去。

回国前一天,陈天华去跟他的老师松焦先生告别。松焦先生是陈天华最敬重的日本老师,因为赏识陈天华的才华,松焦先生从没把他当学生看,而是把他当成忘年交,当成自己的知己。有闲的时候,松焦先生还会邀陈天华去家里品茗交谈。

松焦先生不在家,只有他的独生女松焦霞子在。想起前次与松焦霞子的对话,陈天华心里打开了鼓,生怕她接上前次的话题。

看到陈天华,松焦霞子也有些羞赧。跟陈天华同窗半年多,她早已被陈天华堂堂的外表和出众的才华所吸引,只不过出于少女的羞涩而未敢表露出来。前次本想有所吐露的,没想半路杀出个程咬金,被陈润霖叫走了,只能暂时把心思搁下来。原以为与陈天华同窗共读还有很多的时间,迟早会找到合适的时机表露心声的,没想他现在突然要回国,这下可让她心焦了。

"星台君,你真的要回国吗?"松焦霞子问。

"是的,霞子,我的国家正处在亡国灭种的边缘,我不能眼睁睁看着它灭亡,我要回国去参加革命,保卫祖国!"陈天华说。

"难道,难道你就不能为我留在日本吗?"松焦霞子终于说出了自己的心声。

陈天华看了松焦霞子一眼。其实他也知道松焦霞子是真心爱自己的。每次去松焦先生家，松焦霞子都特别高兴，忙前忙后的给自己斟茶倒水递水果。松焦先生见爱女这么热情，也总是笑眯眯的，也许他在心里也把陈天华当成了自己爱女的心上人，只是暂时没表露出来而已。可此时的陈天华心里只有"爱国"两字，并没有"爱情"两字。

"霞子，谢谢你！但我现在不能接受你的爱，我没有资格接受你的爱，因为我的祖国现在正在苦难中，我没有权利丢下它去追求自己个人的幸福。"陈天华拒绝道。

"可是，可是你的祖国有难这并不妨碍我们的感情呀？我会继续支持你去做你想做的事情的。"松焦霞子说。

"霞子，你不明白，一个人只有无所牵挂的时候，才能全身心投入到他的事业中去。"陈天华说。

看到陈天华坚定的目光，松焦霞子知道自己无法改变他的选择。"好吧，星台君，既然你有这么宏伟的目标，我只能祝福你了，但愿星台君能实现自己的理想，也愿星台君的祖国能早日脱离苦难。"松焦霞子祝福说。

"谢谢霞子！你是个好女孩，我不能耽误你，愿你找到自己的幸福，拜托你跟松焦先生说，我感谢他这些日子对我的教育和关照。"陈天华说完赶紧离开了松焦先生的家，因为他不知道接下来怎样跟松焦霞子相处，他怕看到松焦霞子失望的眼神。

1903 年 10 月，陈天华回到湖南，都等不及回一趟家乡，即与先前回国的黄兴取得了联系。

黄兴归国几个月来，一直在湖北的新军和社会圈子里头活动，他已经结识了蒋翊武、刘复基、彭楚藩、孙武、居正等一些活动频繁的反清人物，大家纷纷表示支持黄兴行动，只要湖南发动了起来，他们在湖北积极响应。在此期间，他还在母校两湖书院认识了来自湖南常德的同乡宋教仁。

宋教仁，字得尊，号遁初，出生于湖南常德桃源。光绪十四年（1888 年），六岁的宋教仁进入私塾读书。光绪二十五年（1899 年），宋教仁入读桃源漳江书院。

光绪二十七年（1901 年），宋教仁考中秀才。光绪二十八年（1902 年），宋教仁赴武昌投考美国圣公会文华书院普通中学堂，被录为第一。翌年入学，在校期间，由吴禄贞等人组织的革命团体在武昌花园山的聚会吸引了他，常与同学议论时政。

这位个子瘦高，眉黑如漆，目光如炬的年轻人，谈吐也是十分的凌厉，经过一番推心置腹的长谈，宋教仁完全接受了黄兴的思想，并愿意接受黄兴交代的任务，在武昌积极开展发动起义人员的活动。

不久，陈天华的《猛回头》《警世钟》传到了国内，黄兴也得到了两本，他看了之后连声叫好，并拿去"楚天书局"复印了很多册，秘密发到湖北新军的很多士兵手里，自此，《猛回头》和《警世钟》在新军里又流传开来。

把湖北那边的工作交给宋教仁之后，黄兴回到了湖南，为了方便活动，他通过日本东京弘文学院的先期留学生、长沙明德学堂校长胡元倓的介绍找到了一份在明德学校教书的工作。

见到陈天华，黄兴很是兴奋："星台兄，你也回国了？欢迎你啊！"

这段时间，他一直在联络一些知识分子，特别是日本回来的留学生，准备组织一个反清的革命团体"华兴会"，陈天华回国，以他的才华和影响力，对于自己准备筹备的华兴会无疑是如虎添翼。

"现在国家的情况这么危急，哪还坐得住？我听说克强兄在家乡也没闲着，正在发动一些知识分子起来革命，所以，我一回国就赶忙来找你了，看有什么用得着我的地方。"一路的奔波并没有让陈天华疲惫，此时的他还是精神抖擞。

"星台兄，你回来得正是时候，我正在筹备一桩大事。"黄兴的话语带着明显的兴奋。

"克强兄，什么大事？只要用得着我陈星台的地方，赴汤蹈火，在所不辞。"陈天华拍着胸膛说。

"这桩事我筹划好久了，我们准备筹备成立一个革命组织，取名'华兴会'，现在参加的有宋教仁、刘揆一、章士钊、周震鳞、翁巩、秦毓鎏、柳聘农、柳继忠、胡瑛、徐佛苏、苏鹏等人，成立时间定在十一月四日，因为那天是我的生日，为了掩人耳目，趁我过生日的时候把大家召集来把事情落实了。现在你回来了，我也正式邀请你参加。"黄兴说。

"既然克强兄邀请了，又是革命组织，我是定当参加的，只是不知这华兴会的宗旨是什么？"陈天华说。

"华兴会的宗旨是：振兴中华、扫除帝虏、驱除列强。"黄兴说。

"这宗旨好！大气磅礴，代表了中华儿女共同的心愿。"陈天华兴奋地说。

"是的，这是我们大家共同商议的结果。"黄兴说。

"哈哈！看来我是落后一大截了。"陈天华说。

"还没落后，你回来得很及时，筹备方面很多事情还需要你去做呢。为了宣传我们的华兴会，我准备创办一份报纸，正缺少像你这样的人才，你可是大名鼎鼎的'革命党之大文豪'啊！"黄兴说。

没想到在国内的黄兴也知道这个评价，陈天华谦虚道："克强兄过奖了，徒有虚名而已。"

"什么徒有虚名？实至名归！你不知道你的《猛回头》和《警世钟》在国内外的影响有多大？看了的，哪一个不是深受感动？拍手称好？"黄兴说。

"只是说出了民众的心声罢了，不知克强兄要办一份什么样的刊物？能否先告知星台，好有所准备。"陈天华问。

"我想啊，我们华兴会的主要人员大部分都是湖南人，我们华兴会是以湖南为根据地，首先发动起来的自然也是湖南人，所以，我们要办一份湖南人自己的刊物，用湖南人自己的语言写，这样通俗易懂，刊名嘛，我想就叫《俚语报》好了。我记得星台兄以前跟我说过：'我就喜欢我们家乡的梅山古文化，讲我们家乡的俗语，说我们家乡的弹词、唱我们家乡的山歌，每个人都能听懂、看懂。'这《俚语报》是不是正合了你的理念？"黄兴说。

陈天华没想到自己与黄兴第一次见面说的话他竟然记得这么清楚。

"正是，用家乡的语言读家乡的报纸很有亲切感，很具亲和力，很能唤醒民众的认同感。"陈天华说。

"我也是这么想的，那事情就这么定了，等华兴会正式成立后开始办，报纸由我负责它的出版，你是主笔，其他的人员暂时还没定，你可以在华兴会的人员里面选拔。"黄兴说。

"好的！好的！只是我还有一个疑问，组织一成立，就要准备起事，不知在这方面克强兄做过打算没有？"陈天华说。

"当然有做过这方面的打算，我们华兴会人员大部分都是湖南人，家乡遍布湖南各府、县，发动群众比较容易，所以，我们认为起事的方法是从湖南开始发动起义，然后号召各省响应，最后长驱直入直捣清政府的巢穴。"黄兴知道陈天华是一个彻底的、坚定的反清爱国主义者，所以对于他没什么可隐瞒的，就把自己的计划和盘托出。

"好啊！这可正对了我的思路，对于这个腐败到了极点的清朝政府，我们只有拿起武器来跟他们对着干，才能打破眼前的这种民众任由腐败政府的欺压，国家任由外国列强欺辱的局面。"陈天华激动得挥舞着拳头，看来此次回国回得正是时候，终于有机会与腐败的清朝政府，与那些日益猖獗的侵略者面对面大干一场了。

"是啊！大家都是忍无可忍了，一听说来真的，都是摩拳擦掌，但是要与清朝政府做对，与他们真刀实枪地干，光靠我们这些知识分子是不行的，所以我想着多找些人帮忙发动民众，凭你的演讲水平和笔底功夫，我相信你一定能助一臂之力。"黄兴说。

"克强兄，有用得上我陈星台的地方，你吩咐就是，我回来可不是想闲着的，就是要投身到这场救国救民的火热的革命运动中去。"陈天华激动地说。

"好样的！星台，你是一个坚定的爱国主义者，也是一个坚定的革命者，如果每个中国人都像你，咱们国家就不愁没希望了。"黄兴兴奋地说。

"国家兴亡，关系到每一个中国人，维护国家的主权，支持民族的振兴，是每一个中国人的责任。"陈天华说。

"说得好！这是每一个中国人的责任，所以此次活动，我们不仅要联络那些留日回来的及在国内学堂读过书的知识分子，这些人有见识、有理想、懂谋略，而且要发动底层的民众，他们有勇气、有热血、有胆量。这样才是有勇有谋，才能保证计划的顺利实施。"黄兴说。

"说得极是，国家的兴衰，种族的存亡与每一个中国人息息相关，只有唤醒广大民众，众志成城，才能抵挡得住外敌的侵略，才能建设强大的祖国。"陈天华说。

"哈哈！星台，你终于也回来了？"正说着，门外传来一阵爽朗的笑声。

一听这声音，陈天华知道是苏鹏。

"我就说星台兄是一个不甘落后的人，这不，一听到风声就赶回来了。"这说话的人一定是刘揆一了。

果然，两个人并排站在了陈天华面前。

"是呀，这次活动，凤初兄和霖生兄走在星台前面了。"陈天华笑着说。

"谁让我们比你早回国。"苏鹏说。

"早回、晚回都没关系，星台是我们急需的人才，他的演讲水平可是一流的，而且他写的《猛回头》《警世钟》早就深入民心了，如果让他去发动民众，肯定效果显著。"黄兴说。

"嗯，星台一回来就可以行动了，你不仅以前是义勇队的喉舌，军国民教育会的运动员，现在变成华兴会的演说家了。"刘揆一说。

"万变不离其宗，总归是一个地地道道的革命者，用邹容的话来说是革命军中的马前卒。"苏鹏说。

"依我说，他是在用他的激情，他的斗志，唤醒中华民族这头大睡狮。该是睡狮猛醒的时候了，我想只要我们中华民族这头睡狮醒了，一定会发出这天地间的最强音。"黄兴说。

"睡狮猛醒，哈！这比喻好！"苏鹏跷出大拇指称赞。

"对，这比喻好，我下一篇文章的题目想好了，就叫《狮子吼》，我们要彻底唤醒这头东方的雄狮，让它的吼声威震四方。"陈天华说。

"好啊！好啊！这题目有气势，对于你的新作，我们拭目以待。"刘揆一说。

"不过，从目前的形势看，我认为星台还不宜大张旗鼓地搞演说。我们是秘密起事，不能让朝廷过早察觉，如果让朝廷察觉到了蛛丝马迹，他一定会想方设法制止、破坏，那我们成功的难度就会大很多。星台现在只能去民间与民众私下交流。"黄兴说。

"克强兄说得对，我们要在清政府的眼皮底下先神不知鬼不觉把人员联络好，然后突然起来给它一个迎头痛击，这样取胜的机会就会大大增加。从今天开始，我就去民间秘密发动群众。"陈天华点点头说。

第四十二章 民间联络

为了掩饰自己的行踪，陈天华又重操旧业扮成做小生意的货郎，挑着货郎担开始走村串户。他手持一面小锣，把《猛回头》编成梅山山歌，边走边敲边唱："哭一声我的始祖公公！叫一声我的始祖公公！想当初大刀阔斧，奠定中原，好不威风。到如今，飘残了，好似那雨打梨花，风吹萍叶，莫定西东。受过多少压制，做过了数朝奴隶，转瞬间又要为牛为马，断送躯躬。怕的是刀声霍霍，炮声隆隆，万马奔腾，齐到此中。磨牙吮血，横吞大嚼，你的子孙，就此告终。哭一声我的始祖公公！叫一声我的始祖公公！在天有灵，能不忧恫？望皇祖告诉苍穹，为汉种速降下英雄。

"哭一声我的同胞弟兄！叫一声我的同胞弟兄！我和你都是一家骨肉，为什么不相认？忘着所生，替他人残同种，忍心害理，少不得自己们也要受烹。那异族非常凶残，把汉族当作牺牲，任凭你顺从他，总是难免四万万共入了枉死城。俺同胞，到此地，尚不觉醒，把仇雠，认做父，好不分明！想始祖，在当日，何等威武。都只缘，这些不肖子孙，败倒名声。哭一声我的同胞弟兄！叫一声我的同胞弟兄！又是恨卿，又是想卿。弃邪归正，共结同盟，驱除外族，复我汉京。昆仑高高兮，江水清清，乃我始祖所建国兮，造做五兵。我饮我食兮，无非始祖之所经营，誓死以守之兮，决不令他族之我争。子子孙孙兮，同此血诚。……"

看着人群开始向自己靠近，他放下货郎担，把小锣放一边，从箩筐里拿出副快板敲起来，山歌又变成了弹词：

拿鼓板，坐长街，高声大唱；尊一声，众同胞，细听端详：

我中华，原是个，有名大国；不比那，弹丸地，僻处偏方。

论方里，四千万，五洲无比；论人口，四万万，世界谁当？

论物产，本是个，取之不尽；论才智，也不让，东西两洋。

看起来，那一件，比人不上；照常理，就应该，独称霸王。

为什么，到今日，奄奄将绝；割了地，赔了款，就要灭亡？

这原因，真真是，一言难尽；待咱们，细细数，共做商量。

……

立刻人群就被他的弹词吸引，很多人停下脚步来细听。

"这个真好听，爹爹，我要那个竹板，我也要唱。"一个骑在父亲脖子上的小孩闹着要陈天华的快板。

父亲拗不过，只好问："货郎，你这快板卖不卖？"

"卖啊！卖啊！"陈天华从箩筐里找出一副快板并拿出一本小册子说："只卖快板，这本快板书免费相送。"

父亲把孩子放下来，停下脚步看小册子，看完小册子后说："这清政府真的是要死了，这么腐败无能，这么下去怎么得了？如果有哪位英雄揭竿起义，我们一定响应。"

陈天华说："等着吧，很快了。"

父亲望了陈天华一眼，心照不宣点了点头说："我想是一定会有人站出来的。"

"各位父老乡亲，你们以为现在的朝廷还是满洲的吗？早就不是了，早就卖给洋人了，如果大家还是不相信，那我就给大家讲讲事实，摆摆道理。你们看近段时间朝廷做的事情，哪件不是为洋人做？哪件不是为洋人想？哪件又是为我们自己着想了呢？不说远的，就说俄国占领我们东三省不还的事情吧，大家都是起来反俄、抗俄，保护自己的领土。早先时候，很多地方还组织了义勇军，要与俄人血战到底，结果怎么样？义勇军遭到朝廷镇压，反俄人士被一个个关进了监牢或被杀。而俄人却依然占领着我们的领土，还变本加厉。你们说朝廷还是我们自己的朝廷吗？虽然我们表面上还是中国人，事实上我们恐怕早就变成洋人的奴隶了，因为我们的努力付出，最后得到的成果都是洋人的。你们说这样的朝廷我们还能顺承，这样的朝廷我们还不能反抗吗？……"

一农户家晒谷坪里，一大群人围着陈天华，正在听他讲述为什么要反抗朝廷的道理。

"喂！这位货郎大哥，你到底是卖货的还是讲故事的？"有人问道。

"哈哈！我卖货讲故事两不耽误，我不仅讲故事，还写故事，我叫陈星台，大家听说过《警示钟》和《猛回头》吗？这两本书都是我写的。"陈天华为了增加演讲的吸引力，故意说出了自己的名字和自己写的书。

果然，人群马上有人响应起来。

"啊！原来您就是陈星台先生啊！敬佩！敬佩！我们读过您的这两本书，写得好啊！写到我们民众心里去了！"一位读书人模样的人听了陈天华的介绍，站起身来双手抱拳说。

"林先生都这么尊敬的人肯定是个了不起的人物。"有人窃窃私语说。

"对，这个人可能比林先生更有学问，还写书呢。"有人附和。

原来这人是村里教私塾的先生，听到村里的私塾先生这么一说，人们眼里立刻充满敬佩。

"对，我也读过这些书，我们书院里的同学都读过这些书，有的同学因为没买到原本，还手抄着呢。我还听我们先生说您还在我们书院念过书，您是我们的学长。"一个看着像在外面求学的小伙子也这么说。

"小同学，你在哪念书？"陈天华问。

"长沙岳麓书院。"小伙子神气地回答。

"他是我们村里的才子呢。"有人抢着回答。

"真的？我是在那里念过一段时间的书，后来因为家里有事休学了。"陈天华惊喜地说。

说到长沙岳麓书院，陈天华想到了自己的恩师周宇宽，喜欢自己的师妹周婕，不知道他们现在怎样了？周婕找到了如意夫婿吗？这次回去长沙一定要看看他们才是。

"没想到的是，今天居然能亲眼看到学长，我如果回去跟同学们一说，他们不羡慕死我才怪。"小伙子一脸的激动。

村里的人没想到站在面前的货郎竟是个这么有学问的人，都很激动很用心地听着。

"我们是粗人，大字不识一个，不懂看书，要么您就给我们讲讲吧，我现在有时在城里也听人说那些洋毛子要把我们中国分掉了，如果中国被分掉了，那我们怎么办呢？我们今后给谁种田去？"有人说。

"好，我今天就给大家说仔细了，那些外国的狗强盗们正在瓜分我们的国家。他们今天跟朝廷签个协议，要什么权利，要什么港口，明天又跟朝廷签个协议，要哪块地方，要什么地方的修铁路权，就这样，今天一口、明天一口，不管是多大的一块饼，也会被他们慢慢啃掉的。饼被他们啃完了，国家就是亡了。现在的亡国还不像从前的亡国，从前的亡国只是一个政权消灭另一个政权，一个朝代换成另一个朝代，比如说：夏、商、周、秦、唐、宋、元、明，换来换去只是皇帝变了，我们中国人还是中国人，对于我们做百姓的也没有很大的利害关系，田还是种自己的田，日子还是过自己的日子，也就是大家说的'窝里斗'，关起门来打架，架打完了，最后还是一家人。但现在的瓜分可就不同了，那是近来洋人因为人数太多，无地安插，四处寻找地方，得了一国，不把敌国的人杀光死尽，他总不肯停手，如果我们都被杀掉了，我们的子孙后代都被杀掉了，那国还是我们自己的国吗？那就是别人的国了。你们不知道土地被别人侵占后的人的惨状，前些日子我在日本亲身听说过一件事情。

有一个日本人，去考察东三省的事情，回来向我说道：'那里的汉人，受俄人残虐可是惨不可言啦！一日在火车上，看见车站旁边立着一个中国人，一个俄国人用鞭子抽他，他不敢哭，只用两手擦泪，再一鞭，就倒在铁路上了，恰好有一火车过来，把这人截为两段，火车上的人却毫不在意。'我问道：'这是什么缘故呢？'一个中国人在旁答道：'没什么缘故，因为俄国人喝醉了。'到后来也没人根究这事，这中国人就算白死了。一路上中国的人被俄国人打得半死不活的，不计其数，即使是疼痛，也不敢哭，倘若哭了，不但俄国人要打他，旁边立的中国人，也都替俄国人代打。倘若打死了，死者家里也不敢哭，倘若哭了，地方官员就要当最重的罪办他，讨俄国人的好。路上不许中国人两人相连而行，若有两个人连行，俄国的警察兵，必先行打死一个，他们恐怕一个俄国人撞着两个中国人，要遭中国人的报复，所以预先提防。俄国兵每到一处，就把那处的房屋烧了，奸淫掳掠，更不消讲。界外头的汉人，不准进界，界里的汉人，不准出界。不出三年，东三省的汉人（东三省的人口共一千六百万，有汉人十分之七），一定是没有了。"陈天华说。

这时有人打岔道："这是什么世道？挨打了还不能喊痛，不能哭，家里死人了也不能哭，自己家的房子不仅自己不能住，还要被烧掉，这哪有一点王法？这俄人还是人吗？简直是饿狼了。"

"他们是侵略者，他们要想让你们臣服，就要想方设法折磨你们，消灭你们，他们哪里还跟你们讲王法，他们就是王法。"陈天华说。

"这惨景还不算，将来中国瓜分之后，我们中国人的处境更加不堪设想了。"陈天华又说。

"什么？还有比这更悲惨的事吗？"有村民问。

"有，各国瓜分中国之后，又不能相安无事，彼此又要相争，他们的人离得远，又金贵，所以都要中国人做他的兵，替他们去死。你们想想，如果那些瓜分我国的列强们都招中国人当兵，不仅把战场设在中国，战场上还都是中国人杀中国人，死的都是中国人，这些中国人又不是为自己的国家而战，而是替侵略中国的国家而战，这是怎样的一种场景？中国人能禁得起多久折腾？

还有一种比战争更可怕的，那就是用那比较温和的手段，假仁假义，把中国人都变成他们的顺民。如果每个国家都像俄国一样，在中国胡乱杀戮，也许会激起中国人团结一心，拼死反抗，中国还可能死里逃生。如果是外表和平，内里使坏，杀人于无形，那就更加可怕。这灭种就一定免不了了。

他们不是直接杀你，而是要把你们的生路绝了，使你们不能婚娶，不能读书，由半文半野的种族，变成极野蛮的种族，再由野蛮种族，变为最下等的动物。

日本人早就看到了这一点，日本有名的报纸《日本周报》上说中国十年灭国，百年灭种。但看现在的样子，不要十年，国已灭了，不要百年，这种一定要灭。

各位如果还不相信，就想想看，自从通商以来，只有五十年，中国已弄得民穷财尽。若是各国瓜分了中国，一切矿山、铁路、轮船、电线以及种种制造，都是洋人的，中国人既没了家财，又没有职业，拿什么来养妻活儿？即使在洋人那里得了个极粗重的下等工作。一年辛苦所得的工资，纳各国的税还不够，哪里还能娶妻成家？不能成家就无法生儿育女，中国的人会日少一日，而别国的人日多一日，等到中国的人口全灭了，中国的地方他们就全得了。

所以，现在不拼命舍死保住几块地方，世界虽然广大，只怕没有中国人住的地方了，不但中国人没有地方可以住，恐怕到后来，世界上连中国人种的影子都没有了！"陈天华说。

"我的天老爷，这瓜分这么可怕？那我们不仅没地种，连命都要没有了？"有人说。

"是的，只要是被瓜分了，肯定是没命了的。"陈天华说。

"难道这皇帝老子，人们称天子的，他就这么是非不明？这么浅显的道理他都不懂吗？"有人提出疑问。

"他不是是非不明，也不是不懂道理，他心里明白得很，他是怕洋人，也怕民众。他怕洋人侵略灭了他的政权，更怕民众造反夺了他的政权。他要死死抓住他的政权，所以对手无寸铁的民众就采取残酷镇压的方式，而对有坚枪利炮，他们打不过的洋人就唯命是从，奴颜婢膝。"陈天华说。

"这哪像个做皇帝的样子？一个国家就像一个大家庭，皇帝就是大家长，做家长的在孩子受到别人欺侮的时候只能保护自己的孩子，把欺侮自己孩子的人赶跑，在别人要霸占自己的家的时候，拼死反抗，保住自己的家。看现在这样子，他们不仅不保自己的家，反过来因为害怕别人而打自己的孩子。这样下去还得了，我们岂不是都要变成洋人的奴隶了。"又有人说。

"对，这位大叔的比喻很恰当，现在变成洋奴还只是第一步，第二步就是要被洋人亡国、灭种。"陈天华说。

"啊！有这么严重吗？那以后不就没有中国？没有汉种了？"有人说。

"西洋人都是狼子野心，他们就是想霸占我们的国家，灭我们汉种，我们不能让他们的野心得逞。"有人大声说道。

"对，我们中国人就是要自己团结起来抗拒洋人，不能上洋人的当。"陈天华大手一挥，说道。

"我的娘呀！多恐怖的计谋，如果这样下去，我们家族不是就要被灭了？我们祖祖辈辈传下来的产业要落到洋人手里了？那些洋人怎么这么恶毒啊！先生，你们可要想法子救救我们呀！呜！呜！"有个老人拉着陈天华的手竟然哭起来。

"大爷，先别急，现在不是都在想法子吗？我们现在最要紧的是要团结起来，推翻这个腐败无能的清朝政府建立民主的新政府，才能与洋人对抗，才能争取到一线生机。"陈天华说。

"呀！不对！推翻清朝政府？先生，你说的这不就是造反吗？造反是要被杀头的。"有人好像是醒悟过来，惊讶地说。

"造反又怎么的？反正都是死，这样等下去只有死路一条，如果起来造反，可能还有一条生路。"一个身材高大，满脸英武气的年轻人轻蔑地瞥了那人一眼说。

陈天华欣赏地点点头问："小哥叫什么名字？"

年轻人回答说："鄙人姓陆，单名一个'武'字。"

"这位陆武兄弟说得对极了，与其坐以待毙，不如起来拼死一搏。"陈天华说。

"对！拼死一搏，先生，如果要起事，我们拥护你，我们统统都加入。"那个私塾先生说。

"男子汉大丈夫，死也要死得轰轰烈烈，不能在那洋人的欺压下，夹着尾巴做人，受尽苦难，最后还要被灭种。"那个学生也凑过来说。

"既然大家反清灭洋的情绪这么高，我给大家介绍一下，我们现在正准备筹备一个组织，商量如何推翻这腐败的清政府，建立新的民主共和国，组织的宗旨是'振兴中华、扫除帝虏、驱除列强。'，如果组织起事，到时一定通知大家一起行动。"

"啥叫帝虏？啥叫列强？"有人不解地问。

"帝虏就是腐朽的清朝政府，列强就是外来的侵略者。"陈天华解释说。

"一个小小的满族，统治我们这么庞大的汉族这么多年了，早就应该赶他们下台了。"学生说。

"如果他们统治得好还情有可原，可你看现在咱中国像个什么样子？好的地方都被洋人占了，还要在我们的土地上烧、杀、抢、掠，像那圆明园，老祖宗留下多少宝贝在里面，被他们抢劫一空还不算，还要一把火烧了毁尸灭迹，掩盖他们的罪行，这比强盗还可恨啦！"私塾先生说。

"是的，所以大家一起行动，推翻这腐败的清政府，把那些侵略我们的洋人赶出中国去。现在麻烦大家给我留下联络方式，起事时我一定派人通知大家，但这件事现在还不宜公开，还请大家保守秘密。"陈天华说。

"我们明白，这件事如果事先让官府知道了是要掉脑袋的事情，大家肯定会保守秘密的。"私塾先生说。

"嗯，我现在想请这位林先生和那位陆武兄弟以后做我们这个地方的联络员，不知两位是否愿意？"陈天华指了指私塾先生和那位高大英武的年轻人。

私塾先生和年轻人同时点了点头："我们愿意。"

"好，你们以后愿意服他们管吗？"陈天华指了指刚指定的联络员对众人说。

"愿意，他们两位一个是我们村子里的私塾先生，一个是我们村子里的'打师'，一文一武，刚好，先生，看来你眼力还是很不错的。"人群里有人说。

陈天华也没想到这么巧，自己指定的人身份还都有些特殊。

"嗯，如果成功了，大家都是大功臣，到时一定会论功行赏。"陈天华继续鼓励大家。

"呀！呀！我们都是功臣，那就是开国元勋了，等新皇帝登基后，我要皇帝给我们赐黄马褂，保世代子孙。"有人说。

"我要新皇帝给我封个官做，一辈子享尽荣华富贵。"又有人说。

"我才不要加官晋爵呢，你当官只能保一代人，我要新皇帝赐良田百亩，我的子孙们可以世世代代传下去，种下去。"先前哭的老者急忙说道，此时他的脸上已有了幸福的憧憬。

"我们以后建立的可是民主政权，叫总统，不再有皇帝。"陈天华解释说。

"什么民主政权？不懂。"有人问。

"民主政权就是由广大民众自己当家做主的政权。君主不是世袭制，而是由民众选出来，每隔几年选一次，做得好的可以连任，做不好的几年之后就下台做回普通民众。民众人人都有选举权和被选举权。什么叫选举权和被选举权呢？就是你有选举别人当总统和被别人选为总统的权利，谁有能力让民众过上幸福的日子，民众就选谁来当这个家做这个主，没有什么贵贱高低之分，只要你得到广大民众的认可，你能够为民众办事。"陈天华解释说。

"不是说皇帝是天子是老天派来的吗？怎么现在人人都可以当了。"有人嘀咕说。

"那是骗人的鬼话，都是他们编造出来麻痹大家的思想的，蒙骗大家不要起来造他们的反，争他们的权。"陈天华说。

"没有皇帝，那谁给我们加官晋爵？"又有人问。

"由民主政府啊！放心，只要大家有参与，有立功，一定会给大家论功行赏的。"陈天华说。

"如果大家支持我，那我是不是也可以当总统？"那学生开玩笑说。

"好小子，有志气，只要你有那本事，当然可以当总统，只是你现在得好好念书，练就一身的真本领，只有有了真本事，人们才会选你为他们当家做主，你也才能为大家谋福利。"陈天华说。

"我懂了，学长，您真有本事，以前读您写的书的时候就觉得你是一个有本事的人，现在看到真人了，比想象中的本事还大，说的每一句话都能让人信服。学长，以后如有机会，我一定追随你一辈子。"学生一脸的崇拜看着陈天华说。

"不是追随我一辈子！而是献身民主革命一辈子，不过你现在得先安心读书，要革命以后有的是机会。"陈天华笑着说。

第四十三章 重回故乡

看到那个学生离去的背影，陈天华想到了新化实学堂，想到了和自己在新化实学堂学习的那一群热血沸腾的同学。现在除了苏鹏和杨源浚，其他人都不知现在怎样了，是不是还像当年一样有勇气、有胆略、有激情去做自己想做的事情呢？陈天华决定回新化去找以前的同学们，让同学们一起加入到这场轰轰烈烈的革命中来。

不知不觉又来到了向东街的那个路口。卖杯子膏的摊贩还在那里，杯子膏是新化有名的小吃（杯子膏是用泡过的大米磨成浆，再用酒酿发酵，然后加入红糖，装在一个个比酒盅稍大一点的杯子里蒸熟，冷却后用竹片刮出来，就形成了杯子状的糕点叫杯子膏，还有一种肚脐膏做法与杯子膏相似，不同的是肚脐膏不放酒酿发酵，因为没有膨胀，蒸熟后中间凹了下去，像人的肚脐，所以叫肚脐膏。杯子膏的口感比较膨松，肚脐膏吃起来有弹性、有嚼头）。

在实学堂读书的时候，有时碰上手头宽裕一点，父亲就会给陈天华一点钱改善生活，让他去向东街吃上一碗红汤牛肉面。向东街的红汤牛肉面在陈天华的味蕾的记忆里是世界上最好的美食，红汪汪的汤料既鲜又辣，薄薄的牛肉片平铺在梳子似的面条上，爽滑的面条好像是不用经过舌头似的，还没品尝到味道，一入口就下去了。

每次去向东街都要经过卖杯子膏的摊子，看着筛子里堆得像小山似的杯子膏，陈天华都得小心捏着自己口袋里那刚够吃一碗面的钱，生怕自己忍不住买了杯子膏就不够钱吃面了。如果实在馋了，陈天华也会舍弃吃面，买上一串杯子膏，自己只吃两个，剩下的会带回去给父亲和大哥吃，他知道父亲是舍不得吃这些东西的。每次东西带回去父亲都要问，是不是吃面的钱？因为父亲知道陈天华很久没沾过油水了，才挤出一点钱来让他自己去打个牙祭的。陈天华说是同学送的，父亲也知道儿子的同学一般都是家庭殷实的人家孩子，陈天华跟同学关系好，人家舍得这几个钱，但父亲还是嘱咐儿子："星台，如果以后不能还回人家的话，莫轻易接受人家的馈赠，礼尚往来是要有来有往的。"

"嗯，爹，记住了，都是我很要好的同学，有机会我一定还他们这份情的。"陈天华点点头说。

离开新化已有几年，新化的模样大体还是没有变。南门湾还是这么热闹，杯子膏还是泛着诱人的古铜色，向东街的牛肉面还是红汪汪的，诱惑着陈天华的味蕾。只是巷子两旁青砖黑瓦的房子变得更古旧，青石街青石板上的凹痕不易察觉地深了一点点。

很多年都没吃过杯子膏了，陈天华买了一签子，这下既可以省下中餐，又可以过一把故乡小吃的瘾。

除了苏鹏、杨源浚，陈天华最要好的同学还有邹德淹、罗元鲲、曾鲲化、袁华选、高霁、曾广轼，想着既然回来了就该一一拜访一下。

邹德淹家住县敦信团利村，1902年考取的举人，陈天华是知道他考取举人之事的，后来陈天华去了日本，他以通判（知县）派往云南等待职务，遇到同是新化人的魏景桐在蒙自做管理海关事务的关道，便安排他做书记，要他管理政府的公文、书信及印章等。邹德淹做事历来非常认真、严谨，记得当初的那份呈禀县衙的有关"新化不缠足会"的禀帖也是他先提议写的。邹德淹做书记期间，正值法国和日本合作修建云南到越南的滇越铁路，法国人动不动就找碴闹事，邹德淹就根据合约据理力争，每次争议他都是有理有据，准备充分得很，所以连法国领事都对他有所顾忌。在日本的时候，陈天华还跟他有过书信来往，回国后，因为自己所参加的是反清运动，与政府官员邹德淹可以说是站在了对立面，为了避免不必要的冲突，所以少了联络。

云南蒙自与湖南新化相隔几千里，邹德淹应该是很少回家的，在家里找到他的可能性几乎为零，但以前听他说父母还留在家乡，陈天华便买了些礼物去看望了他的父母。

罗元鲲也没找到，他家里人说他去了湖南中路师范学堂学习。

陈天华又想去找曾鲲化，曾鲲化家住西城团，陈天华没去过，也没有具体的地址，不知从何找起，后来想到了自己的母校新化实学堂应该可以找到资料，便决定回母校一趟。

离开几年后重回母校，陈天华心里很是激动，他不知道原来的教习，除了罗仪陆已经离开去了日本，其他的是否都还在，看到教习后又该如何介绍自己的现状？

清早，天还没亮，陈天华就起床了。地方是再熟悉不过的了，新化实学堂与向东街隔河相望，走过向东街就到了渡船码头，坐渡船到对岸，上岸就能见到母校的大门。母校的名字改了，由"新化实学堂"改成了"新化速成学堂"。这件事听苏鹏说过，"戊戌变法"失败那次被封后，学校停了很长一段时间，后来重新开课名字就改了。

进得校门，里面好像也有了很多变化：树长高了，当年的小树苗已经枝繁叶茂；学生多了，自己读第一期的时候，一共才五十六人，现在怕是翻了几倍还不止；先生也多了不少，陈天华都不认识。无奈，陈天华只有找学堂管文书的书记。

管文书的书记也是后来的，他不认识陈天华，当他知晓站在自己眼前的便是《猛回头》《警世钟》的作者陈天华时，竟激动不已。

"星台，你的《警世钟》《猛回头》在全校，乃至全县有多大影响你大概不知道吧？你是我们新化人的骄傲，我现在马上告诉监督召集全体师生开大会，让他们见识一下他们心中仰慕的才子。"书记说。

想到自己此行身份有些特殊，学校又是公众之地，不宜大张旗鼓，陈天华婉拒道："书记，真的很抱歉，星台此次身份特殊，不能太过喧哗，等下次回来再拜见各位恩师如何？"

"嗯，也好！"读过陈天华的《警世钟》和《猛回头》，书记明白此时的陈天华绝非平凡人物，他说不宜大张旗鼓，自有不宜大张旗鼓的原因，所以不再要求。

"星台此次回学校的目的是？"书记问。

"学生此次回来想打听一下曾鲲化、曾广轼、袁选华等几位同学家庭的住址，几年没回家，也没联络了，好不容易回次新化，想见见他们。"陈天华说。

"噢，这个都有，我给你查一下。不过，星台，你刚才问询到的几个人都在日本留学，可能在家乡很难碰到他们。"书记说。

"真的？"陈天华眼前一亮。

"没错，是你们原来的教习罗仪陆告诉我们的，罗仪陆现在也在日本留学。"书记说。

"噢！罗教习我与他联系上了。"陈天华说，心里也在责怪自己，怎么就不向罗教习打听一下其他同学的下落呢？不然与同学们早就联系上了。

"那我把其他几位同学的联系地址给你，既然大家都是同学，又都在日本留学，能经常联系也是好的。"书记说。

"书记说得对，我此次回来就是想找他们，请问书记，他们都在日本的哪些学校？"陈天华有些迫不及待了。

"曾鲲化先是在日本的成城军校，后来考入日本私立岩仓铁道学院，学习铁路管理专业去了。"书记说。

"哦！成城军校是振武学堂的前称，怪不得杨源浚在振武学堂读书都没提起过他。"陈天华说。

"曾广轼在日本的警察学堂，袁华选在日本的陆军士官学校。"书记说。

日本陆军士官学校？这不是蔡锷所在的学校吗？如果通过蔡锷去找，应该很快能找到袁华选。陈天华想。

"还有高霁，他也在陆军士官学校。"书记又说。

"高霁？他不是早就去日本了吗？怎么还没读完？"刚入实学堂不久就去日本留学了的高霁竟然还在日本念书，陈天华有些不敢相信。

"没错，他在成城军校念完后，又进了陆军士官学校。"书记解释说。

"噢！都是错过了，这样看来他跟曾鲲化也在日本同过学，现在又跟袁华选同窗。"陈天华说。

"听说是这样，他们几个人都在日本，都有地址，找到他们应该也不难。"书记接着说。

"能找到的，谢谢你！书记。"陈天华感激说。

哈！加上自己和苏鹏、杨源浚，这样算来当年实学堂第一期第一班的学生共有七人留学日本。这几个人且都是当初跟自己一起讨论时事，主张成立"不缠足会"的。都说物以类聚，人以群分，看来一点都没错。虽然当年在一起指点江山，激扬文字的少年郎如今都各奔前程，但殊途同归，他们都像自己一样在各自的天地里正为国家的振兴努力。

晚上，陈天华去了陈御臣的西畲山馆。陈天华与陈御臣一直有联系，才去岳麓书院的时候，陈天华的费用都是陈御臣在支付，直到陈天华拿到了岳麓书院的助学补贴，写信给他说不用再给自己寄钱。

陈天华没有事先通知的突然光临，把陈御臣吓了一跳："星台，你不是在日本念书吗？什么时候回来的？遇到什么事了吗？"

"老爷，我回国了。"陈天华说。

"星台，以后不许叫我老爷，按辈分，你该叫我叔。"陈御臣更正说。

陈天华确实没跟陈御臣说过自己要回国参加反清运动的事情。回国前也不知道黄兴他们会组织华兴会，回国后一直在四处活动，居无定所，没来得及写信告诉陈御臣，所以陈御臣感到惊讶也是难免的事情。

　　陈天华连忙解释说："叔，我回到了长沙，正和黄兴、刘揆一他们准备组织一个反清团体华兴会，我现在是在各处联络人员。"

　　黄兴、刘揆一、苏鹏他们的名字陈御臣早已知晓。陈天华在长沙、在日本的活动轨迹中随时都有他们的身影，他知道他们都是些反清革命者，所以，一点都不感到意外。

　　"星台，你做什么事情叔不拦你，因为你现在的见识和对事情的判断能力都超过了叔，但有一点，要注意自身的安全，你可是陈氏家族的希望。"陈御臣语重心长地说。

　　陈天华很是感动，没想到这个处处帮助自己的族亲还在时时关心自己的安危，这像是自己的亲叔叔了。

　　"谢谢叔！我会的。"陈天华说。

　　"星台，你不知道，我的印刷厂在印你写的《猛回头》《警世钟》的时候心里有多激动，印那些书我都没收钱，就算是免费帮你宣传了。"陈御臣满脸慈爱地看着陈天华，自己帮助陈天华读书也成了光宗耀祖的一件事，现在新化城里哪个不知道知方团下乐村陈氏家族出了个名人？

　　怪不得书记说自己的《猛回头》和《警世钟》在新化的影响力有多大，原来又是陈御臣在暗中帮助自己。

　　"叔，星台都不知道该如何感谢您了。"陈天华激动地说。

　　"不用感谢，叔也是支持革命的，这不仅是支持你，也是支持革命。"陈御臣说。

　　"星台，你这次回来能待多久？很快要过小年了，过小年的时候，和叔一块回下乐村，乡亲们都在念叨你啊！"陈御臣接着说。

　　"叔，华兴会成立的时间定在一九〇四年二月十五日，刚好是除夕，星台那时候恐怕是没时间回下乐村了，还请叔代我向族人们问个好，帮我看下我哥。"陈天华说。

　　"噢！是这样啊！大事要紧，忙你的大事去，叔给你把事情办妥便是。"陈御臣豪爽地说。

　　"叔，有您在，星台做什么事都可以安心。"陈天华感激地说。

在西畲山馆住了一个晚上，告别陈御臣，陈天华又踏上了征途。

在日本留学期间，因与苏鹏在一起，苏鹏跟他舅舅常有联系，陈天华也跟周辛铄和谭人凤有了联系，每有文章发表，都会给他们寄去，谢国藻也经常给他们寄送一些鼓吹革命的进步书报，周辛铄和谭人凤读后大受启发，愈加认为只有民主革命才是中国的出路，以前自己立山头、拉帮派的行为，是"抱一部落主义以自雄"的绿林好汉的狭隘眼界，根本无法拯救现在的中国，只有大家团结起来，共同对敌，才有希望彻底推翻腐败的清政府，才能抵御强悍的外来侵略者。

听到陈天华要来的消息，周辛铄准备开山堂迎接。正在周辛铄家居留的邹永成、张斗枢也是兴奋异常。

邹永成，字器之，曾祖是邹代钧的祖父邹汉勋，邹永成少承家教，潜心经世之学。因为感觉苦闷，就想着要冲破当时的环境，跑到外面去做一番事业。

1897年，他听说伯父邹代钧同梁启超等人在长沙开办时务学堂，提倡新学。得到这个消息，他也没告诉伯父，就自作主张跑到长沙去报考，被录取。邹代钧知道后，认为他年纪太小，不许就读。他气愤地背着包袱出逃，开始浪迹江湖，广交豪杰。那时他已抱着造反的思想，专意结交江湖上的朋友。如此混了一年多的时间，直到1899年，邹代钧在武昌筹办舆地学会，邹永成才到武昌，住在他伯父的舆地学会里，帮他办理一些日常事宜。

1900年，碰到唐才常在湖北散发富有票，组织自立军准备武装"勤王"，邹永成便秘密参加了这个组织，后来被伯父邹代钧知道了，勒令他回新化，把他关在家里不许出门。

1903年，邹代钧又把他召去武昌，在舆地学会期间，他"偷读了几本革命书籍，才了解民主革命的真谛，清洗了不正确的草泽英雄思想。"此次回新化，也是来找周辛铄交流一些革命的观点的。

张斗枢，字镇衡，新化时雍团人。张斗枢家很富有，他从小随父亲在南京生活，见识颇广，长大后回长沙做实业，在南阳街经营国书仪器印刷业务。因为早先跟周辛铄、谭人凤、伍任钧、邹永成他们有交往，懂得他们所从事的活动，他也是积极支持反清的，所以，但凡一字山有聚义，都会来参加。

邹永成在伯父邹代钧的舆地学会见过陈天华，只是他那时跟伯父刚好外出，陈天华跟伯父见面后又匆匆离去，只是一面之缘，没有更多了解。陈天华的《猛回头》《警世钟》在国内外引起巨大反响后，他对陈天华也是愈加佩服，所以极想见他。

一字山，海拔约400米，山上楠竹茂密，除南北麓有些梯田外，山顶鲜有人进入，周辛铄设堂聚义之处，即在半山中的一栋庄户里，非常隐蔽。

陈天华到达位于周氏山庄的一字山的时候，已经是十一月中旬。一进到一字山的地段，陈天华明显感觉到气氛有些变化，沿途都好像有人站岗放哨，隔那么一段距离就感觉到不是在树上，就是在草丛里能隐约看到人影。因为已经事先有通知，陈天华也没理会，只是一径往山上走去。沿途不断碰到有赶牛、挑米、担菜上山的，陈天华估计是去山上做饭吃的，看赶的牛也不少，应该有不少的人吧。

果然，山上不只有周辛铄他们大同团的人，谭人凤他们福田村的人，还有附近安化、宝庆等地的人。周辛铄的长子周京甫、次子周宣甫都是会党成员，也都来了。

陈天华第一次见识开山堂，只见黑压压的大概有一两百号人，整齐地排列在大堂里，大堂正前方有一张供桌，桌上摆了三鲜，即一只鸡、一个猪头、一条鱼，还有三盅香茶，这是梅山的规矩，仪式是谭恒山主持的，只见他头上戴了个饕餮纹的头扎，胸前绕脖子系了块红布，左手端着一只盛满酒的土碗，用右手的拇指和食指沾了碗里的酒弹向四面八方，敬各路神仙，嘴里还念念有词的，那样子有点像梅山傩戏里面的傩师在演傩戏。

他们先按照洪门的规矩行了大礼，然后是周辛铄等首领开始宣讲，周辛铄不愧是中过秀才的，他从鸦片战争以来帝国主义对中国的侵略，清政府的割地赔款、丧权辱国的历史，开始向会员们进行爱国思想教育，然后揭露清政府的腐败无能，讲述明末抗清的斗争史实，号召大家团结起来造反，把清统治者赶下台去。

接下来就是陈天华的演讲："……我今天就给大家说仔细了，那些外国的狗强盗们还在继续瓜分我们的国家。他们今天跟朝廷签个协议，要什么权利，要什么港口，明天又跟朝廷签个协议，要哪块地方，要什么地方的修铁路权，就这样，今天一口、明天一口，不管是多大的一块饼，也会被他们慢慢啃掉的。饼被他们啃完了，国家就是亡了……"

看着意气风发的陈天华，谭人凤一阵感慨："星台，还是你们年轻人好，一会儿在日本、一会儿在国内，到处是你们革命的足迹，不像我们这些年纪大了的人，只能在新化周边兜兜转转。"

"谭先生可别这么说，只有像谭先生您这样年纪的反清志士，才是革命的中坚力量，您花费了这么多年组织、联络会党，早已形成了一股强大的反清势力，您现在振臂一呼，响应的人可是成千上万。"陈天华道。

说到这个，谭人凤可是有些自豪，他把自己这么些年来走过的地方，发展的会党跟陈天华详细做了说明。

"好啊！我早就听说先生有超凡的发动能力，果然如此。这次您的这些会党可是有用武之地了。"陈天华说。

"星台这次来的目的是？"谭人凤问道。

陈天华便把拒俄运动的始末，长沙成立华兴会，准备组织长沙起义的事跟谭人凤他们说了个明白。

"大家一起行动，推翻这腐败的清政府，把那些侵略我们的洋人赶出中国去。"邹永成说道。

"是的，我这次来就是告诉大家，我们湖南要起事了，大家要做好准备，到时只要大家齐心协力，我相信我们的目标必将实现。"陈天华说。

"驱除鞑虏！建立中华！"周辛铄站起来高呼道。

大家跟着高呼："驱除鞑虏！建立中华！"

声音响彻云霄。

会后，陈天华跟张斗枢闲聊："镇衡兄，听说你是时雍团的人，我在日本弘文学院有位小弟也是时雍团的，他叫方鼎英，字伯雄，不知你认不认识？"

没想，张斗枢一拍大腿说："方鼎英是我内表弟呀！他去明德学校还是我找人介绍的，到明德学堂不久就被选送去了日本留学。"

"哈！这么巧？你那表弟很不错，不仅聪明、勤奋，有正义感，而且很是孝顺。"陈天华说。

"是的，他爹是前清的秀才，以前靠教书为生，但在他四岁时就去世了，是他母亲独自把他拉扯大的，所以对他母亲特别孝顺。"张斗枢说。

"伯雄学习也很努力，将来一定会有所出息的。"陈天华说。

"那就好，只要他有出息，他妈这么多年的辛苦没白费，会苦尽甘来的。"张斗枢说。

谭人凤、周辛铄这里的事情告一段落后，陈天华回长沙，邹永成也跟着一起回了长沙，通过陈天华的介绍，邹永成加入了华兴会。

第四十四章 难忘恩情

回到长沙后，陈天华心中的那一份念想愈加强烈，回岳麓书院，去看看恩师和周婕。虽然他从没有过娶妻生子，安居乐业的梦想，但在岳麓书院的那段时间，是他人生中最美好的回忆，在那里，他享受到了自母亲去世后，从没享受过的家的温馨，在那里，他也曾萌动过一些情思，只是后来理智战胜了情感，最终还是挣脱了出来。

来到岳麓书院时，天已黑。当陈天华敲开书院的耳门时，门房还认得他，忙招呼道："陈星台先生，您是来找周宇宽周先生的吧？"

"是的，请问周先生还住在这里吗？"没想到几年过去，门房居然还认识自己。

"在的，在的，他还是住在百泉轩。"门房哈着腰把门敞开，动作比以前明显多了一分尊敬。

陈天华谢过门房，抬腿往里走。

"路黑，先生请稍等一下，我给您打个灯笼前面引路。"门房又喊住他。

虽然这条路再熟悉不过了，但看见前面花园黑蒙蒙的，只有远处的百泉轩亮着微微的灯光，陈天华收住脚步。

门房把门关好，然后提了盏灯笼在前面走，直把陈天华送到"百泉轩"的圆门前，朝里面喊道："周先生，来客人了！"才离去。

百泉轩里，周宇宽正在灯下挥毫，周婕在旁边研磨，听到门房的喊声，对望了一眼。

"是谁这个时候来登门？"周婕问父亲。

"没有约谁，我也猜不出。"周宇宽说。

当周婕提着马灯把园门打开，看见被灯光直射了一脸的陈天华时，惊呼道："真的是你？星台哥！"说完直扑上来，抱住了陈天华。陈天华没想到周婕有这么个动作，推也不好，抱也不好，很是尴尬。还好，周婕发现了自己的失态，马上松开手，理了理自己的长发辫掩饰自己的冒失。

"是星台啊！进来坐，进来坐，婕儿，赶紧去给星台泡茶。"周宇宽听到周婕的惊叫声也出来了，见状忙打圆场，周婕赶紧含羞跑开。

"前几天霖生来过，说你也从日本回来了。"周宇宽说。

"真的是不好意思，上次离开岳麓书院后，一直未来拜访老师，一是因为家父故去的时候星台未能在身边陪伴左右，心里一直愧疚。二是怕扰了先生和婕妹。"陈天华道歉说。

周宇宽明白陈天华说的怕扰了婕儿的意思，是怕婕儿对他太痴念。但这几年，婕儿又何曾放下过他？陈天华走后，婕儿把陈天华住过的房间原样保留在那里，笑声少了，话也少了，有谁给她保媒，都是一概回绝。有时候授课回来，如果在院子里找不到婕儿的人，那她绝对是在陈天华住过的那个小房间里痴坐。开始的时候，周宇宽真怕她憋出个什么病来，直到后来刘揆一给她来信，告诉她陈天华在求实书院及后来在日本的一切行踪，她才慢慢正常起来，她知道，陈天华以前说过的话并不是推诿，而是确实正在这么做，只要陈天华还没成家，她就还有一线希望。

"星台，我明白你的心思，好男儿志在四方，只要你心里有老师，有婕儿，我们就心满意足了。"周宇宽说。

"星台哥，我知道你会回来的，我知道你一定会回来的。"说话间，周婕已经泡了一壶上好的新化红茶过来。

"星台哥，这是你爱喝的新化红茶'渠江薄片'，我再去炒几样小菜。也是巧了，家里刚好有你爱吃的新化白溪豆腐和爱喝的新化桃林源水酒，是父亲的一个新化学生刚从家里带来的。星台哥，你不知道，自你走后，父亲就很少喝酒了，他说少了个喝酒聊天的知己。"周婕说完转身又进了厨房。

"婕妹，都这么晚了，你就别忙了，看把你累的。"陈天华心里好一阵的感激，自己何德何能要让这么好的一个女孩为自己费力劳神。

"星台，你就别管她了，她高兴做这些事呢。"周宇宽劝道。

"星台，没想到你离开岳麓书院的这几年成绩这么大，你写的血书《敬告湖南人》，巡抚赵尔巽亲自拿到书院来念，很多老师、同学都被你感动得稀里哗啦，就连老顽固王先谦和叶德辉也不再说什么。你写的《猛回头》《警世钟》更是在书院里广泛流传，那段时间，但凡学生们聚在一起，必谈《猛回头》和《警世钟》，学生们一说到你曾在岳麓书院念过书，必是一脸的荣光，你可是为岳麓书院争光了。"周宇宽接着说。

"老师真的是过奖了，星台只不过是写了几篇文章，两本书而已，那也是情况紧急，有感而发写出来的。"陈天华谦逊道。

"星台哥，你写的那两本书我也看了，真的写得很好，特别是你的《敬告湖南人》，我听得都哭了，不仅是因为你的文章感人，我还心疼你流了这么多血。"周婕端着一个盘子走来，里面有几个小菜和一壶酒，还有一个粗瓷坛子，此时的她完全没有什么悲伤，而是一脸的甜蜜。

"这个是什么？"陈天华指着粗瓷坛子问。

"这也是你们新化特产，学生家里自做的辣椒酱。"婕儿笑盈盈地说。

"新化家酱？"陈天华心里顿时有了一种母亲的温暖。母亲在的时候，每到秋天，辣椒变红的时候，母亲总要剁上一大坛子，在里面拌上蒜米、姜丝、菜籽油、食盐，密封好能吃上一整年。每餐吃饭的时候，用个小碟子装一点作为调味菜，有时家里没菜，舀一点拌饭里面，是陈天华至今难忘的一种美味。

"婕妹，你太厉害了！你是变戏法呀？什么都有。"陈天华欢叫道。

"那是你有口福，刚好有学生带了一大堆特产过来。因为父亲回忆跟你在一起喝酒的日子就收下了。"周婕笑道。

很久没和周宇宽喝酒了，此时在陈天华的心里，周宇宽就是自己的父亲，酒过三巡后，心里面的酸、甜、苦、辣统统都可以跟他诉说了，而周婕则是一个忠实的听众，她的情绪也随着陈天华的酸、甜、苦、辣而变化着。

一醉醒来的时候，陈天华发现自己像当初在岳麓书院念书一样，睡在属于自己的小房间里。小房间一尘不染，里面的设施也没有丝毫改变，陈天华此时很明白周婕的良苦用心，心想，如果有朝一日自己真的有成家的可能，那时如果周婕还没嫁的话，是非周婕不娶了。

窗外，一缕秋日的阳光照进来，门前的葡萄藤虽然已落叶，但比以前健壮了很多，藤上孕育了许多新的芽眼。藤上唱歌的小鸟多了一只，两只小鸟好像是一问一答，你刚叫罢我登场。

刘揆一听说陈天华又回了岳麓书院，赶来凑热闹。陈天华的小室里，周婕正在聚精会神听陈天华讲拒俄义勇队的故事，冷不丁从身后钻出个人来，把两人都吓了一跳。

"你们两个孤男寡女鬼鬼祟祟躲在小房子里干啥？害我在园子里找了个遍。"刘揆一故作惊讶地问。

"表哥，你个大头鬼，你才鬼鬼祟祟呢，人都被你吓着了。"周婕嗔道。

"没做亏心事，不怕鬼敲门。"刘揆一继续打趣道。

"霖生，你可别再逗婕妹了，等下她可真的生气了。"陈天华赶忙救驾。

"呵呵，星台，你可比我这个亲表哥还护婕妹哦。"刘揆一把矛头又指向了陈天华。

周婕听了这句话满脸通红跑出去了。

"霖生兄，我和婕妹真的就是兄妹关系，你可别想歪了啊！你也知道，我现在的状况哪敢娶亲？会害了婕妹的。"陈天华解释说。

"其实，我也羡慕你现在的一身轻松，哪像我？唉！"刘揆一话锋一转，叹了口气说道。

"哈哈！霖生兄，看你愁眉苦脸的样子，怕是被嫂子收拾了一顿吧。"陈天华笑道。

"那倒没有，我现在只是觉得有个婆娘真的很难缠。"刘揆一说。

"怎么婆娘好好的又难缠了？"陈天华奇道。

"你不知道，我才从日本回来第一次回家，有多么尴尬。"刘揆一说。

"说来听听。"陈天华很感兴趣。

"说来听听。"周婕不知什么时候又进来了。

"那天我回到衡山，在路上碰到两个熟人，他们见了我像见了鬼一样拔腿就跑，我好生奇怪，难道我去了趟日本就变得这么恐怖了吗？我马上追过去拦住他们，非让他们说清楚不可。其中一个人颤抖着声音说：'霖生，你是人还是鬼？大白天的你可别吓我们啊！'

'你才是鬼呢，好好的我怎么变成鬼了？'我说。

听说我不是鬼，那两个人才恢复正常。

'霖生你没死？怎么大家都说你死了？'另一个问。

'我什么时候死了？谁说我死了？真是莫名其妙。'我说。

'都说你死了，说是参加什么拒俄义勇队，被俄国人打死的，你家里还给你办了场热热闹闹的丧事，修了个衣冠冢。'第一个人说。

'哎呀！这到底是怎么一回事？'我一听，急了，来不及与他们理论，赶紧跑回家去。

"果然，家里门上贴的白对联还在。推开门，屋里也到处挂满黑白色的帐幔。看见我进去，家里人开始也有几分害怕，但毕竟是最亲的人，他们定了一会儿，很快就向我扑过来，哭的哭、喊的喊，特别是我母亲和婆娘，哭得差点要背过气去。

我也被他们搞得伤心巴意的，差点要哭起来。我对他们大喊道：'我没死，谁告诉你们说我死了？我现在不是好好站在你们面前吗？还哭什么哭？'

于是，大家都破涕为笑，纷纷去扯屋里挂的黑白色帐幔、门口的白对联，我父亲甚至说要赶紧写一副红对联贴上去冲冲晦气。

可我心里还是想哭，身为人子、为人夫、为人父，不能带给他们安全感和幸福感，不能陪伴他们，反而让他们为我担惊受怕，为我操碎了心。"刘揆一瓮声瓮气地说。平时一副吊儿郎当样子的他此时也是无尽的伤感。

"唉！谁让我们生在这个乱世？谁让我们不甘心当亡国奴？"陈天华颇有感触。

"然后呢？然后又是什么事情让你感到婆娘难缠？"周婕问。

"然后，我被他们给关起来了。"刘揆一说。

"什么？给关起来了？"陈天华张大了嘴巴。

"哈哈！关起来了？"周婕则大笑道，突然记起，自己很久都没有这么开怀大笑了。

"是的，在家里待了一个晚上。第二天，我要回长沙了，一家人没有一个同意的，他们左劝右劝，劝我再住一个晚上再走，我受不了他们的软磨硬泡，答应再待一个晚上。谁知，第二天早上起来，门被人从外面锁上了，我这才发现上当。我急了，大喊：'开门！开门！谁让你们把门锁上的？'居然没有一个人理睬我。直到开饭的时候才看到我娘和我婆娘带着孩子给我送饭来。吃完饭，婆娘和孩子也不走了，我娘把我们一家全锁在里面。原来娘和爹商量把我们一家三口关在一起是让我享受一下家的温暖，让婆娘留住我的心，可我的心岂是这样能留得住的？"刘揆一说。

"你在家关了多久？"周婕问。

"足足半个月啦！我都快崩溃了！"刘揆一说。

"那好啊！久别胜新婚，你都在家做了半个月的新郎了。"周婕捂嘴偷笑道。

"咦！姑娘家也不害臊，还当着星台的面，难道你和星台也是久别胜新婚吗？"刘揆一马上又变成了嬉皮笑脸。

"表哥，我不跟你说了！"周婕害羞地捂着脸，一跺脚。

"霖生，玩笑越开越过火了哦！等下婕妹会跟你翻脸的。"陈天华阻止道。

"哼！哼！我表妹才不会跟我翻脸呢。"刘揆一睨了周婕一眼，嘴角一抹浅浅的坏笑。

"那你后来又是怎么逃出来的？"陈天华怕他等下有更让周婕受不了的话说出，连忙岔开话题。

"说起来挺不好意思的，我是跳窗逃出来的。我虽然是被关在二楼，但楼层不高，地上又是泥土的，所以跳下来也没什么大碍。一逃出来，我就马不停蹄回到了长沙。"刘揆一说。

陈天华听了大笑："哈！霖生兄真乃神人也！"

"表哥，你再这么皮，招呼我向嫂子告密把你抓回去。"周婕趁机威胁道。

"哈哈！婕妹，真有你的。"陈天华和刘揆一都被周婕逗笑了。

第四十五章 华兴会成立

时间一天一天过去，陈天华他们发动的人数越来越多，离预定的成立日期（1904年2月15日）越来越近，陈天华的心情也是越来越激动。想着即将成立的华兴会，想着华兴会成立以后会有什么新的变化，想着如果华兴会起事，自己花这么多时间，这么多精力召集、发动起来的民众能起到什么样的作用？想着如果起事成功，下一步又该怎么走？常常夜不成寐。

1904年2月15日也就是除夕，龙璋的西园寓所笼罩在一片氤氲的热气里。硕大的客厅里挤满了人，院子里也到处是人，屋里屋外，一盆盆堆满木炭的大火正熊熊燃烧着。此刻寓所里的人们的心情也像这盆盆大火正被即将到来的历史时刻燃烧得激情澎湃。

龙璋，湖南攸县人，是长沙城著名的绅士，左宗棠的外孙女婿，谭嗣同亲家。龙璋是光绪年间举人，少年得志，出任过江苏如皋、沭阳、上元、泰兴、江宁等县令及候补道，家资丰厚。他非常开明，又很慷慨，四十多岁便弃任回湖南，热心实业和办学，长沙明德学校就是他创办的。龙璋非常同情革命，与革命党暗中早有来往，黄兴去明德学校当教员便与他有了联系。

把开会地点设在龙璋家，不仅具有号召力，安全系数也比较高，一般人不敢随便进入。

除了黄兴、宋教仁、陈天华、刘揆一、章士钊、周震鳞、翁巩、秦毓鎏、柳聘农、柳继忠、胡瑛、徐佛苏、苏鹏等发起人外，省内外来参加成立大会的有一百多人，看着满满的一屋子人，陈天华心里很是感慨，志同道合的人竟是如此之多，看来这清朝政府真的是众叛亲离了。

虽然来自五湖四海，大家一点都没感到陌生，既然是因为同一个目标走到了一起，自然有共同的话题，相似的语言，即使有些方言听不懂，但也能意会。

成立大会按照原定计划顺利举行，会上，大家一致推举黄兴为会长，主要领导人有宋教仁、陈天华、刘揆一、秦毓鎏、杨笃生、章士钊等人。

作为会长的黄兴第一个发言。

"诸位嘉宾，清政府的统治已历经整整三百年，中华大地，现在是灾难滂沱，这都是因为这腐朽的清政府，我们再不收拾这破碎的河山，将灭种灭族。《三国志》云：天下大势，合久必分，分久必合。如今，满虏政府气数已尽，那我们就来给他们敲响那送葬的钟声吧！彻底埋葬清王朝！"黄兴说。

"该死的满虏，我们的国家都被他们糟蹋得惨不忍睹了。"有人说。

"想我中华民族，以前是何等的威武，现在又是何等的屈辱。"有人说。

"彻底推翻清政府！"有人呼出了口号。

宋教仁赶紧制止说："诸君，我们现在是秘密集会，不宜闹出太大的动静，我们请黄兴会长继续说。"

"各位知道我们为什么要取名为'华兴会'吗？华兴，就意味着我中华兴。孙中山在海外成立了'兴中会'，我们就在这里成立'华兴会'到时我们来个里应外合，彻底推翻清政府。"黄兴说。

黄兴的声音刚停，全场响起热烈的掌声。

"华兴！华兴！我中华兴！"

黄兴又说："我们成立华兴会的目的是什么，大家心里都已经清楚了，那下一步的行动大家也应该都明白。"

"当然是把推翻清政府的口号付诸行动咯。"有人回答说。

"对，但清朝政府不是说推翻它就自己会倒的，需要我们跟它斗争，进行一场你死我活的斗争。"黄兴说。

"我们要起事，我们要行动。"陈天华说。

"是啊！需要闹点动静才行。"刘揆一说。

"什么时候起事，我们听从会长的安排。"秦毓鎏说。

"会长，有什么计划你就说吧，我们既然都坐到了这里，都会听从会长的安排。"众人附和说。

"我们不只是要闹点动静，我们要做一件惊天地，泣鬼神的大事。"黄兴说。

"一次性给他来一个翻天覆地。"人群中有人说。

"对，我们要把这腐败的清政府打个稀巴烂，建立全新的民主的政权。"又有人说。

"要推翻一个政权不是那么容易的，我们不能把事情想得太简单，现在他们手上有权、有钱、有武器、有兵，而我们是一个才组建的会党。这不是我灭自家的威风，长他人的志气，这是我们现在要真正面对的问题。所以，必须要慎重。"黄兴说。

"会长是不是已经有什么想法了？"刘揆一问。

"这段时间我一直在思考这个问题，现在把我的想法说出来，在座的都是华兴会会员，大家都来讨论讨论，看发难地点选哪里最合适，发难选择什么时间最好。发难的地点我想过两种，一种是倾覆帝都北京，建瓴以临海内，有如法国大革命发难于巴黎，英国大革命发难于伦敦。但英国和法国的革命为市民革命，而非国民革命，市民生在城市长在城市，身受专制之痛苦，有强烈的反抗欲，有人振臂高呼他们就会响应，故能迅速控制要害，制敌死命，取得革命的胜利。

"而我们中国，北京城里住的大部分都是清朝贵族，我们既不能利用北京城里那些苟且偷安的市民协助我们扑灭虏廷，又不能与满族的禁卫军同谋合作，所以，这种方式我认为不是很适合我们。另一种就是采取雄踞一省，然后发动各省响应。现就我们湖南而论，在我们前期的努力下，军界、学界革命思想越来越浓，且日趋明朗，市民在潜移默化中思想觉悟也日趋提高，而且，同样有排满思想的洪门早已遍地发展会党，只是现在有所顾虑而不敢抢先发难。

"现在的形势好比炸弹已经准备好了，只等我们点燃那引爆炸药的引线，使大家能联合起来形成一股强大的、能摧毁一切的力量。我们可以由会党发难，或由军、学界发难，然后互为声援，那样就不难取得湘省作为根据地。但有一点，是我现在所担忧的，我们现在的革命团体都是独立存在的，大家都不联络，不互通声息，这样，即使以湘省为首发动起义，而其他省没有响应的话，则是以一隅敌天下，仍然难直捣幽燕，驱除鞑虏。所以，我希望在座的各位会员，不管是本省、外省，只要能发动各界的反清势力联合起来的，都可以分头去行动。

"至于发难的时间，我想到了一个日子，今年的十一月十六日是西太后七十大寿，全省官吏要去皇殿行礼，咱们预埋下炸药，把他们全都炸死，然后趁机起事。"黄兴说。

"不错，这方法好，平时他们是难得聚在一起的，这次给他们一锅端。"陈天华说。

"对，先把他们的官员干掉，然后趁机起事，到时他们没有领头，只能乱成一锅粥。"苏鹏说。

"先在长沙点燃战火，然后发动各省响应，我们要让这战火燃遍全中国。"黄兴说。

"可我们都是书生，手无缚鸡之力，不懂武功，又不懂武器，有些事情可能做不来。"秦毓鎏担忧说。

"是啊！就这放置炸药的事情，我们这些人怕是搞不掂，别事情没办成倒把事情败露了。"宋教仁说。

"这个大家别担心，据我所知，在日本，有人组织了一个'横滨暗杀团'，至于哪些人员，现在我也不便透露。"刘揆一看了杨笃生一眼说。

"现在除了暗杀的方法，你们认为还有别的更好的办法吗？我现在是征求大家的意见，大家可以各抒己见。"黄兴问道。

现场一下安静下来，没正式成立华兴会之前，这个问题除了黄兴恐怕谁也没想过，现在在成立大会上突然提出来，大家不知该怎么回答才好。

"我认为找些武功高强的人来加入华兴会。"有人提议。

"外面的人良莠不齐，如果不是知根知底的人，我们不敢找，怕泄露秘密，知根知底的人又难找，我们都是些文人，身边圈子里的也是文人，很难进入武人的圈子。"宋教仁说。

"要不，我们可以考虑动员联络一些哥老会的人参与，一来哥老会有很多人会武功，他们结交的层面广，社会上不同阶层都有他们的人。二来他们有经验，哥老会是太平天国李秀成、李世贤等派洪门中人潜入湘军而创立的，是洪门的一个分支，有一定的斗争经验。第三点最重要，他们都是反清义士，在这一点上跟我们是目标一致的。"黄兴以商量的口气说。

"会长说的没错，要搞就把事情搞大，要把事情搞大就要联络社会各个阶层的人，特别是要联络一些有经验、有武功的江湖义士。"刘揆一说。

"但我们华兴会人员在外人看来都是些知识分子，这样与三教九流的人混在一起会让人心生疑惑，不如我们再另外成立一个外围组织，作为与外界联络的中间机构如何？"宋教仁说。

"这样好是好，但得另起一个名字，以示与华兴会有所区别。"陈天华说。

"那这个组织该叫什么名字呢？"杨笃生问。

"就叫'同仇会'吧，腐朽的清政府是我们共同的仇人，这样听起来有号召力，又有江湖气息，那些江湖人士才有兴趣加入。"黄兴说。

"我赞成会长的提议，以后把'同仇会'设为一个专门联络江湖人士的机构。"刘揆一说。

　　"我也赞成！"陈天华说。

　　"我赞成！"

　　"我赞成！"

　　人群中的呼应声此起彼伏。

　　黄兴见时机成熟，建议大家举手表决："虽然大家对这个计划的呼声这么高，但这是我们华兴会第一次起事，我们要慎之又慎之，现在征求大家的意见，如果有百分之八十的人通过了，我们就按这个计划进行，然后做分工安排，如果支持的人数不多，那我们只能另想良策了。"

　　通过表决，大家一致通过这个计划。

　　"还有，我们华兴会既然成立了，就会经常有聚会、有活动，如果一个地方老是无缘无故聚集很多人，势必引起清政府的注意，所以对外我们称为公司，公司名字叫'华兴公司'，经营的业务是'兴办矿业'，集股一百万元，作为开矿资本，擅长做实业的禹之谟任总经理，这是明面上的。实际是'矿业'两字代表'革命''入股'即'入会'，股票即会员证。公司的口号是'同心扑满，当面清算'，表面上听起来是公司的经营理念，但实际意思是'扑灭满清'，当然，我们也要做一些真正的经营活动的，这样对我们的活动资金也是一种保障。"

　　"好啊！"

　　"要得！"众人纷纷表示支持。

　　"承蒙大家信任！我一定尽力而为。"禹之谟站起来抱拳环场一周。

　　"另外，我们有部分同志正在活动新军，所以，我们还要成立一个专门联络新军的外围组织，名字我也想好了，叫'黄汉会'，大家同意吗？"黄兴接着说。

　　"同意，会长考虑得很周到。"有人说。

　　"这下我们的联络组织是遍地开花了。"又有人说。

　　"会长安排吧！我们服从命令。"陈天华带头响应道。

　　"我们服从命令，一切行动听会长指挥。"众人道。

　　"好，既然大家信任我，我就在这里把工分一下。'同仇会'专门联络会党，由我和刘揆一负责；'黄汉会'专门运动军界，由陈天华、陈方度、姚宏业负责管理；其他的人就负责'华兴公司'的运营或去联络外省的革命党人。大家对这分工还有别的建议吗？"黄兴说。

"一切听从会长安排。"大家齐答。

"星台，你不仅要做好联络工作，而且要把你的笔用起来了。我们上次商量过的办《俚语报》的事情，现在华兴会成立了，《俚语报》也要马上出刊，配合华兴会的行动。"黄兴对陈天华说。

"放心，会长，我从来没有放下过我的笔，办《俚语报》的事情我马上落实。"陈天华说。

"嗯，星台的笔是可以当刀枪使的，现在可是发挥你的能力的时候到了。"章士钊说。

"星台定当竭尽全力。"陈天华抱拳说。

"星台，你还需要哪些人协助？华兴会人员里面你随便挑。"黄兴说。

"霖生，我们是老搭档了，你是跑不掉的。"陈天华笑着对刘揆一说。

然后，陈天华又选上了姚宏业。姚宏业是湖南益阳人，身份是明德学校的学生，是黄兴在明德学校教书的时候发展起来的反清义士。

"好，既然人员已经定下了，我来分工一下，我负责出版，星台是主笔兼编辑，霖生和剑生就管校对和付印如何？"黄兴说。

"听从会长安排。"三人齐声答道。

长沙华兴会总部，省内工作有头绪后，为了促成"各省纷起"，响应长沙起义，黄兴又开始筹划与外省的联系。先是派杨笃生、章士钊前往上海、南京联络东南地区的革命党人，他们在南京设立了联络机构，又到上海联络蔡元培设立爱国协会，由杨笃生、章士钊分任正副会长，七月，黄兴亲自赴上海与章士钊、杨笃生等人进行具体磋商，通过蔡元培同浙江的革命党人陶成章建立了联系，陶成章联系浙江各地会党准备与华兴会联合行动。当时内地和日本的志士得知黄兴将在长沙举义，也纷纷来到上海。

同时，宋教仁和胡瑛赴湖北开展宣传联络活动，于武昌设立华兴会支部，"结纳同志，运动武阳夏三镇新军"。宋教仁和胡瑛到武昌后即与曹亚伯、吕大森、张难先等武昌的革命志士建立起密切的关系，成立科学补习所，吕大森任所长，胡瑛为总干事，曹亚伯任宣传，时功璧掌财政，宋教仁任文书，康建唐任庶务。

第四十六章 办《俚语报》

　　长沙坡子街一栋不起眼的民房内，《俚语报》报社正式成立。为了掩人耳目，陈天华他们在院子里种了一些花草，还养了一些鸡、鸭、鹅在里面，让人尽量觉得这是一间普通的民房，房间里面却是一整套的印刷设备，从编辑到拣字到排版到校对到印刷到发行都在房间里进行。提供办报经费的是龙璋。

　　为了配合起事，对梅山文化情有独钟的陈天华，继续用家乡的梅山方言写一些有关反清的文章发在《俚语报》上。很接近老百姓口语的梅山语言在民间又引发了一场热潮，凡能识几个字的人，对文章的内容都能信手拈来，逢人可以讲上一段。

　　一段时间，长沙街头出现了一首儿歌：大官吏，小官吏，睁着眼睛瞎放屁！丢了河山都不管，去了老婆才着急。大豪绅，小豪绅，大事大非分不清！见了官吏眯眯笑，见了穷人眼瞪瞪。这便是出自《俚语报》。

　　一次，陈天华得知善化县县令穆之南的儿子穆雪清因在长沙城内不慎撞在几个正在行走的洋人身上而遭自掴耳光的污辱。儿子被污辱后，做县令的老子穆之南却也能忍下这种污辱，居然吭都不敢吭一声，只不过在长街洒几滴眼泪，这种奴颜婢膝的态度很是让人愤慨。于是，第二天的《俚语报》上，刊登了一则弹词形式的唱词《洋人、县令和儿子》，以示讥讽。

　　客官，你道今日何日？今时何时？今日洋人日，今时洋人时。连县令和儿子都背时……

　　（弹唱）洋人好猖狂，中华大街逛。

　　　　县令子好蠢，撞在其身上！

　　　　你说怎么办？罚跪打耳光！

　　客官，你说这耳光打多少个？五十个。你说这耳光怎么打？自己掴自己的……

　　（弹唱）儿子打耳光，县令泪汪汪。

施礼乞饶恕，洋人指鼻嚷：

支那中国人，猪猡没脊梁。

客官，这样的奇耻大辱，你也受得吗？中国人真的是猪猡？真的没脊梁？如今，英、美、日、德、俄又扑到我们身上来了，同朝廷又签订了《通商行船条约》和《税则》，我们还有活的吗？我们真会被吃了……

（弹唱）洋人厉声笑，县令厉声吼。

儿子厉声哭，百姓厉声悲！

谁来卫生灵，斩取洋人头？

这篇弹词形式的小品一经刊出，立刻引起哗然，当日的《俚语报》被抢购一空，大街小巷都在谈论这件事情。残酷的现实，民族的灾难，活生生地摆在了眼前，它像一柄烧红的烙铁，深深地烧灼着人们的心，激起了人们的恨，恨洋人的霸道，恨政府的无能，恨县令的软弱。

又一次，长沙小西门夜间失火，一时间红光满天，烈焰熊熊，有人赶紧去报官府救火，官府也是出了兵去救助。可这些官兵按照官长的指挥，把灭火救援的重点全集中在了那些官员、豪绅的府第上，而大多数贫民的房屋则眼看着在大火中焚毁。更可恨的是，在居民们惊慌失措抢救人员和财物的时候，竟有少数官兵趁机抢劫贵重物品及钱财，强掠漂亮姑娘。

于是，陈天华又把这件事情以小品的形式搬上了《俚语报》，标题是《官民于火光中对话》

官兵：别急，别急，我们救你们的来啦——

居民：行行好，行行好吧！俺家就这点钱啦……

官兵：你要钱？还是要命？去你娘的吧！

民女：这是咋时候？求你们放了我好吗？

官兵：咋时候？最热闹、最有味的时候，你就放聪明点，随我们走吧，走吧……

居民：这钻石我给你，千万别杀我爹啊——

官兵：还算识时务，退财消灾嘛！

文章一刊出，无疑又掀起了一场轩然大波，陈天华的坦言直率，让大家对现在的官府可是失望透顶了。

"《俚语报》简直是妖孽，官府的形象被它尽毁。"官员们挥舞着《俚语报》气急败坏地说。

"何止是尽毁？民众的心都被它蛊惑，你们没看见现在满街都在骂官府腐败、无能吗？"另一个补充说。

"《俚语报》迷惑大众，害人匪浅，巡抚大人，你可一定把它整治一番才行。"有官员匆匆赶往省府衙门，去新上任的巡抚陆元鼎面前告状。

"《俚语报》尽是胡言乱语，整座长沙城都被它搞了个天翻地覆，现在一个个都是人心惶惶的，这样下去怎么得了？"旁边的师爷趁机添油加醋。

"这《俚语报》胆子这么大？这么明目张胆藐视朝廷的文章也敢发？再这样闹下去，恐怕是要翻天了，得赶紧阻止。"陆元鼎接过报纸浏览了一遍，背着双手在屋里踱了几步，然后命令手下说。

巡抚陆元鼎才刚上任，耳边都是状告《俚语报》的话，看看报纸的内容，哪一篇不是在与官府唱反调？陆元鼎也是把《俚语报》恨得牙痒痒的，我刚一上任就给了我这么大一份厚礼，该死的《俚语报》，看我怎么收拾你。

而《俚语报》报社，此时正在欢呼雀跃。

"星台，你是太厉害了，俗话说：'打蛇打七寸'，你是每一出手，直戳心窝子呀！"刘揆一说。

"主要是官府露出了他们丑陋的狐狸尾巴，刚好被我抓到了。"陈天华说。

"何止是刚好露出，他们现在根本就是无所顾忌，明目张胆干坏事。"刘揆一说。

"那也好啊！我们可以充分揭露他们贪婪、自私、无能的本性，让民众看看，这样的官府还值得支持吗？这样的官府还能维持下去吗？"陈天华说。

"这也是我们办这份报纸的真正目的。"姚宏业说。

黄兴和龙璋也听到了《俚语报》在民间引起的反响，连夜赶到《俚语报》报社鼓励大家。

"不错啊！这么短的时间，《俚语报》可说是已经深入民心了。它像把利剑直刺进反动官府的胸膛。"黄兴赞道。

龙璋也说："星台不愧为'革命党之大文豪'，他的作品形式多样，语言通俗易懂，你看现在从街头到巷尾，从几岁的幼童到几十岁的老翁，无不在念诵星台的文章。"

"龙先生过誉了，这可不是我个人的功劳，而是大家的功劳啊！"陈天华赶紧说。

《俚语报》把官府弄得牙根痒痒，同时也把自己暴露在了官府的魔爪之下。巡抚陆元鼎派人四处去找《俚语报》的出处，他们罗织了藐视朝廷、侮辱官府、扰乱民心等一系列罪名，准备查封《俚语报》。

　　传教士黄吉亭，名瑞祥，字虞之，幼读私塾，后入武昌基督教文华书院读书，期间受洗加入教会，成为基督徒。黄吉亭是土生土长的湖北人，但他长得高大壮实，戴着金丝玳瑁眼镜，又是满脸的络腮胡子，脑后没有辫子，一头浅黄色的短卷发蓬松地垂在肩上，胸前挂着银色的十字架，看上去倒像是个洋人。黄吉亭是武昌圣公会派来的，他传教的地点在长沙的吉祥巷。长沙的圣公会还在筹建阶段，它不像别的教堂那样是灰色的哥特式的建筑，有尖耸的屋顶，高高的钟楼，穹隆的窗户。它只是暂时租借吉祥巷几间很普通的民房，看上去一点都不像教堂。

　　吉祥巷虽然离坡子街有一段距离，但黄兴以前在武昌活动的时候，就与黄吉亭有过交往。他从武昌那边得到过陈天华的《猛回头》《警世钟》，看过之后对陈天华这个人很是佩服，对现在的中国形势也有了比较深入的了解。他认为中国的革命是势在必行的了，它像一股洪流，任何反对势力都无法阻挡它的发展，所以，他对革命党人一直是一种支持的态度。现在《俚语报》又把长沙街头闹得天翻地覆，让他更是分外关注这一群革命党人，空闲的时候也来《俚语报》编辑部坐坐，谈谈自己对时事的看法，有时也能从另外的角度给陈天华他们的文章一些新的启示。

　　那天，黄吉亭想去教堂外面走走，顺便带两车木炭回来，便租了辆马车，在街上慢慢悠悠走着。

　　新年的街头，到处是新年景象，走亲戚的、拜年的、耍把戏的、看热闹的人，满街川流不息。街边的店铺也是人山人海，比平时热闹了好多倍。

　　看着街上来往的人群，黄吉亭边走边思考，革命党人虽然还只是在理论上做了一些宣传工作，民众的心里却已经开始有所变化了，从人们过新年的气象上看，已经改变了过去的颓废，过去的得过且过，那就说明他们已经看到了一丝革命所带来的曙光，有了新生活的希望。

　　但是，革命是一个艰难而漫长的过程，还需要革命党带领民众团结一心，继续奋斗。现在民众的革命思想还处在萌芽期，还得悉心培育才能茁壮成长起来。与广大的民众相比，现在坚定的革命党人还寥若晨星，要把这么多的民众组织起来接受革命党人的进步主张不是件很容易的事情。如果革命党能像自己一样把皈依天主的善男信女们聚集拢来，定期传播一些革命的观点，那就快捷多了。他觉得自己这个想法很不错，决定找机会跟黄兴和陈天华他们谈谈，把自己的想法推荐给他们。

买木炭的地方刚好也在坡子街，黄吉亭既然去到那里，又顺便去了《俚语报》报社。报社内，只有黄兴、刘揆一和姚宏业在，陈天华出去找新闻了。黄吉亭跟黄兴他们说了一会儿话后，便拉了两车木炭，准备往回走。尚未出巷口，闻听巷外传来了一阵呵斥声："闪开！快闪开！"然后，踢踢踏踏的脚步声密密传来。

遭了！官兵来了，是不是针对《俚语报》报社来的？早先听人说《俚语报》已经惹恼了官府。

黄吉亭立马招呼车夫停车，在两个车夫耳边嘀咕了一阵。两个车夫明白了他的意思，把两匹马拉开，形成犄角势，差不多把巷子堵了个水泄不通，又将前马车上的绳索解开，让捆绑好的一大车木炭掉到地上，然后两个车夫开始手忙脚乱捡木炭。

大批气势汹汹的巡防营官兵被两匹马挡住了，他们凶狠地呵斥道："快让开！让开！你们眼瞎了？官兵来了还不晓得让路？"

两个车夫站直了身子，无可奈何地说："长官，车绳断了，木炭掉下来了，马车过不去。"

"他妈的，妨碍老子执行公务，你们是不是找死？"一个官兵走上前来用枪托对准车夫，准备殴打。

这时，黄吉亭不慌不忙从车上走了下来，彬彬有礼地说："长官，且慢！我们是圣公会的，天气冷，想拉点木炭回去烤火，没承想绳索断了，木炭掉了下来。长官，别急，我让他们赶紧捡了，把车挪开。真的不好意思，挡你们的路了，请各位长官原谅！"

看黄吉亭长着一副洋人的模样，又是牧师的装扮，说话也是不卑不亢，官兵以为他是洋牧师，哪敢得罪？眼见一车木炭一时半刻也无法装好，只能小心翼翼从车上爬过去或从车底钻过去，这样耽搁了不少的时间。

等官兵们赶到了《俚语报》报社所在的地方时，屋里已经人去楼空，只剩下几台冰冷冷的机器冷冷地注视着官兵。

那会儿正好陈天华去外面寻找新闻没回来，黄兴、刘揆一、姚宏业三个人在忙碌，突然窗外有人边跑边喊："官兵来抓人了，官兵来抓人了，快跑！快跑！"他们一听就明白，官兵是冲《俚语报》报社来的，三人赶紧把重要的东西收拾了一下，分散逃走。

人都逃走了，什么把柄都没抓住，无计可施的官兵们只能对着那一堆冰冷的机器猛砸，可机器毕竟是钢铁的，任他们怎么砸也是无动于衷，最后只好悻悻离去。

过不久，陈天华从外面回来，看见门上居然被打了封条，上午出去还好好的，怎么现在回来被封了呢？不明就里的陈天华不管三七二十一，撕了封条就往里走，只见屋里一片狼藉，机器有的也被砸坏了，顿时惊呆了，想找个人问下是怎么一回事，人都不见了。人呢？都去哪了？

黄吉亭也不放心《俚语报》报社，他走的时候陈天华没在，如果他不知情跑回来被官兵抓走了怎么办？等官兵们气哼哼走远后，他又跑了回来，却见其他人都走了，只有陈天华还是端端坐在那里。

"星台，你怎么还没走？《俚语报》被官府查封了，你待在这里很危险。"黄吉亭说。

"《俚语报》被官府查封了？凭什么？"陈天华惊问。

"他们说《俚语报》审稿有问题，什么样的稿子都能上，特别是你的文章充满了藐视朝廷的言论，说你是在蛊惑民众与朝廷做对，你有造反的迹象。"黄吉亭说。

这些不用说陈天华也知道，自己写的这些文章就是要揭露朝廷的腐败内幕，鼓动民众造反的。

"噢！我的文章写的都是社会现实，没什么可怕的。"陈天华冷静地说。

"还说呢，他们现在正到处找你们，要抓你们坐牢，黄兴他们都逃走了，你还不快找地方躲上一阵，避过风头再说。"黄吉亭说。

"躲？躲哪里去？天下乌鸦一般黑，现在到处都是清朝政府的走狗、鹰犬，躲在哪里都不安全，还是随它去吧，反正我又不怕坐牢，为了正义把牢底坐穿又如何？"陈天华毫不在意地说。

"哎呀！星台，你这是傻呀！好汉不吃眼前亏，你以为牢是这么好坐的？你知道邹容吧，跟你们一起在日本留学的邹容，还记得《苏报》案吧，他是因为《苏报》的主编章太炎被抓了，主动投案进的监狱。邹容也以为自己只不过是《苏报》的编辑，只不过写了《革命军》这部书，做编辑、写文章又不是杀人、放火，这个不管怎么着都罪不致死吧，最后还不是被清政府的走狗们害死在牢里？依我看你还是去日本躲避一下吧，以往他们遇到政府

309

抓捕都是去日本避难的，那地方你读了这么长时间的书，比较熟悉，又不在清朝政府的势力范围，他们想抓你也不是那么容易。"黄吉亭说。

"黄牧师，你说的有道理，我听你的，先去避避风头，但只要风头一过，我很快就会回来的，我不能放弃我的祖国。不好意思的是我连累了大家，连累了《俚语报》。"陈天华想了想说。

"星台，这说不上连累不连累的，你写出的文章也是大家所想的，是广大民众的呼声，如果办一份报纸一味只是替腐朽的政府遮丑唱好，那办这报纸又有何意义？"黄吉亭说。

"谢谢你！黄牧师，谢谢你冒着危险来通知我。"陈天华紧紧握住黄吉亭的手连声说道。

"不用谢了！你也不是常说国家兴亡，匹夫有责吗？我们都是中国人，都要为捍卫和振兴自己的祖国出一份力。"黄吉亭说着把自己身上所有的钱掏出来塞在陈天华手里说："没做什么准备，身上就这些钱，你要去日本，身上得备一点钱。"

陈天华知道此时多说无益，只是深深地拥抱了一下黄吉亭说："后会有期！"

离开《俚语报》社后，陈天华来到了湘江边，准备渡江去对岸的岳麓书院。自从担任了《俚语报》主笔后，白天要在外面跑，寻找新闻线索，晚上要加班整理稿件，陈天华便暂时离开岳麓书院搬到报社住。现在报社又不能住了，只能回岳麓书院暂住几日，正好也把自己要去日本躲避的事情告诉周宇宽和周婕。

看到陈天华，周婕照例是非常高兴，可陈天华怎么都高兴不起来，又要离开他们父女了，不知道怎么跟他们开口。

"星台，怎么啦？看你闷闷不乐的。"还是周宇宽眼光好，马上看出了端倪。

"先生，我怕是又要去日本了。"陈天华说。

"又要去日本？不是才回来吗？"周婕喊道。

"出什么事了吗？最近看你们办的《俚语报》，把整个长沙城都搅得天翻地覆的。"周宇宽关切地问。

"是的，《俚语报》出事了，被官府封了，还到处抓人，虽然我平时用的是笔名，但难免被查出来，所以，我得出去避一下风头。"陈天华说。

"噢！是这样，为了安全起见，我也赞成你去日本待一段时间。"周宇宽赞同道。

只有周婕嘟着嘴说："又去日本？我听表哥讲，日本有个女孩子挺喜欢你的。"

陈天华一下被周婕的表情逗乐了："婕妹，星台哥现在哪有心思想这个呀？放心吧！我是中国人，我不会把自己弄丢了的。"

"婕儿，星台可是为了安全才去日本躲避的，你不许添乱，还不赶快去给星台收拾行李。"周宇宽批评道。

"好吧！"周婕只好嘟着嘴去给陈天华准备行装。

第四十七章 找马福益

《俚语报》被查封后，陈天华去了日本，刘揆一和黄兴也不敢再待在长沙，他们去完成另一项任务，找马福益去了。其实，华兴会成立之初，黄兴就派刘道一去探听过马福益的口风，只是当时并没有提出具体的合作意向。刘道一是刘揆一的弟弟，他比刘揆一小两岁。因为刘道一出生后，两兄弟都不好养，经常生病，算命的说他们兄弟俩一个属虎、一个属龙，龙虎相斗，不能养在一起，所以，刘道一从小就被寄养在一个亲戚家。刘道一非常敬佩哥哥，景仰黄兴、陈天华等人，立志要跟他们一样成为反清革命的斗士。所以，当听刘揆一说长沙要成立华兴会后，便追随哥哥来到长沙加入了华兴会。

马福益，湖南湘潭人，出身非常贫寒，父亲是佃农，十岁的时候因地主退佃，举家迁到醴陵。马福益小时读过几年私塾，长大后，身材很魁梧，又有胆略，还很讲义气，所以结识了不少江湖朋友。成年后与父亲分居，带妻子迁居渌口。后来又在湘潭县茶园铺石灰窑做工，成为石灰窑总工头，因处理纠纷合理，甚得人心。二十四岁时，参加以反清复明为宗旨的洪门的一个分支哥老会。因为拥有超强的号召力，成了当地哥老会的头目。

在马福益的记忆里，除了爹娘，授他武功的师父，还有一个救命恩人让他最难忘却。

那个救命恩人就是刘揆一。

年纪轻轻的刘揆一，怎么会是大名鼎鼎的马福益的恩人呢？这里还有一段故事。

1899 年的一天，因有人告密马福益在秘密发展哥老会，清兵要去马福益所在的湘潭县茶园铺矿山搜捕会党。在湘潭县衙当差的刘揆一父亲闻听这条重要的消息，马上叫刘揆一去给马福益报信，使马福益及其会党及时逃脱，免于被逮捕的危险，自此，马福益逢人便称刘揆一是他的救命恩人。

黄兴之所以要刘揆一和自己负责"同仇会"的联络工作，也是基于刘揆一经常在江湖上跑来跑去这一点。听说马福益现正在湘潭茶园铺秘密操练人马，黄兴和刘揆一匆匆赶去那里找寻他。

寻找马福益也是颇费了一番周折。时值初春，湖南大部分地方都还在下雪，湘潭更是冰雪交加。茶园铺矿山在偏僻的山区，走完平坦的大路后，就拐上了崎岖不平的山道。融雪后的冰冻，把路面变成了坚硬的冰面，又冷又滑，走三步退两步，走了一个多时辰，两人好不容易才走了一里多路，幸好发现路边的稻田里有农人没收回去的稻草垛，扯了几把稻草，拴在鞋上，增加鞋底的摩擦力，才勉强能顺利走下去。

离上次给马福益报信的时间已经好几年了，茶园铺矿山的地址在刘揆一的记忆中有些模糊，按照刘揆一记忆中的方向爬了大半天，都没见着一个人影，两人开始有些气馁。

"我们是不是走错方向了？"黄兴怀疑说。

"不大可能吧，我们一直沿着这条路走，一路走来又没有别的大的分岔路口。"刘揆一说。

正纳闷，前面的山峁上传来一声吆喝："喂！干什么的？"

两人听了，精神一振，莫不是找到石灰窑了？

"请问这里是茶园铺石灰窑吗？"刘揆一问。

山上回答："是的，你们要买石灰？"

"不是，我们是来找人的。"刘揆一回答说。

"找人？找谁呀？"对方问。

"我们是来见马福益的，麻烦通报一声。"刘揆一答道。

"你是谁？怎么敢直呼马大哥名字？"山峁上伸出了一个脑袋。

"我是衡山的刘霖生，你照实跟马福益说得了。"刘揆一说。

"暂等，我去通报一下。"山峁上的人听刘揆一的口气大大咧咧的，寻思山下的两个人身份有些不同寻常，赶紧回去通报。

过了好大一会，山峁上奔下来两个黑衣人，用黑布把黄兴和刘揆一的眼睛都蒙了，才拉着两个人往山上走去。

本来这山路睁着眼都不好走，现在眼被蒙上了，更是一路的跌跌撞撞，大概走了半个时辰，才被解开黑布，等两人睁开眼睛的时候，已到了一间废弃的窑洞前。

一路上的不顺畅，让刘揆一心里有些窝火，心想，我已报上姓名，他马福益不亲自来接就算了，还要蒙着我们的眼睛，难道对我也不信任吗？

"哈哈！真的是霖生兄弟，莫怪我前面无礼，没亲自下山来接兄弟，实在是清廷密探太多，兄弟需小心再小心。"马福益打着哈哈出来忙着赔礼道歉。

黄兴见刘揆一脸上还是有点挂不住，抢过话来说："马兄不必道歉，现在风声紧，还是安全重要，谨慎为妙。"

刘揆一这才放开脸子道："马兄，没事，我们今天是来请你呢。"

"霖生兄有什么事尽管吩咐，只要是能办到的，兄弟没有什么不能答应的，不要说'请'字。"马福益说，随即吩咐左右置办酒席。

"马兄，不必太客气，我们可以借一步说话吗？"黄兴阻止说。

"啊！可以，请进！请进！"马福益把黄兴和刘揆一迎进了破窑洞。

破窑洞外表与普通窑洞无异，内里却是另有乾坤。窑洞很大，里面不仅灯火通明，而且像皇宫的大殿似的，前面砌了一个高台，台上是一张古色古香异常宽大的龙椅，大厅两边各四张太师椅，整齐地排列着，好像是他们的议事大厅。大厅里三三两两站了不少的人，像是在商量什么事情，看见马福益带了两个陌生人进来，都住了嘴。

马福益解释说："今天刚好是我们哥老会的头领们聚会的日子，山下来了不少的人。"

"可我们一路走来并没见着什么人啊？"刘揆一疑惑道。

"你们走的是大路，人家为了避开官府的耳目走的都是小路。"马福益笑道。

"怪不得了，我们一路上还以为把路走错了呢。"刘揆一说。

"马兄，我们还是找一个僻静一点的地方，就我们三个人私下谈谈如何？"黄兴看了看大厅里的人群说道。

马福益明白了他们要谈的事非常机密，便带他们进了旁边一个较小的窑洞。这个地方一看就是间卧室，石头砌的榻上不仅铺了一层厚厚的稻草，稻草上还铺了张虎皮；天寒地冻，褥子也是厚厚的。石榻旁也有一张石桌，桌子不大，刚好三个人可以围坐。以前烧石灰的窑洞，里面还是蛮干爽的，洞里的火炉也正旺着，坐在里面相当的暖和。

"都是兄弟，随便坐。"马福益又命人把酒菜端了进来。

都是些豪爽的汉子，三碗酒下肚，话就挑开来讲了。

"马兄，克强兄也是我肝胆相照的好兄弟，此次前来，为的是和马兄的哥老会合作，共同商讨灭清大计，不知马兄是否愿意合作？"刘揆一首先拉开话题。

"霖生兄的话可是说到我心坎里去了，上次你弟道一来的时候我就想答应的，又怕自己太性急，惹得你们反感。你说，有这么好的机会我们能不参加吗？我们哥老会的宗旨是什么？就是'反清复明'啊！"马福益说。

"马兄，现在说'反清复明'也不对，我们现在的宗旨是'振兴中华、扫除帝虏、驱除列强。'我们要建立的是民主政权，不会再有帝皇。"黄兴纠正说。

"怎么说都行，只要是反清，把慈禧干掉，把清朝灭了，有一个能让老百姓安居乐业的朝廷，我们就不用躲在这破窑洞，可以堂堂正正做人了。"马福益很干脆地说。

"马兄说话豪爽！我先给兄弟两本书看看，看完了马兄就会知道我们要做什么，该怎么做。"黄兴说完，从包袱里面拿出早已准备好的《猛回头》《警世钟》递给马福益。

马福益接过，看了看封面说："我在外面也听人说过这两本书写得很好，只是不知道这写书的人是谁。"

"他也是我们的好兄弟，叫陈星台，只是，他现在去了日本。"刘揆一说。

"真的吗？你们那里可真是藏龙卧虎，跟你们干我放心。"马福益高兴地说。

"既然马兄信任我们，那就带领弟兄们加入我们的'同仇会'如何？"黄兴说。

"'同仇会'是干什么的？但听名字还是蛮有意思。"马福益问。

"志同道合的弟兄们联合起来，对付我们共同的仇人。我们共同的仇人就是清朝政府，就是慈禧。"黄兴解释说。

"好！我响应，克强兄选个日子，我带领会员们一起加入。"马福益很干脆地说。

"马兄痛快！来，为我们的宏图大业干了！"黄兴端起酒碗道。

"干了！"马福益说。

"干了！"刘揆一说。

一饮而尽。

"马兄，以后霖生兄就是'同仇会'与你们哥老会的专门联络人，有什么问题直接跟他联系就好。"黄兴说。

"好的，霖生兄救过我们哥老会，他的父亲也救过我们的好几个会党，为了救我们的人，他父亲把在湘军的官职都丢了，他们一家人，我们哥老会的人敬着呢，所以，有什么事情要求我们哥老会做的，我们哥老会定当全力以赴。"马福益说。

事情进行得比想象中顺利。

"霖生，就知道你在江湖上是个人物，没想与哥老会还有这么长的渊源。"回来的路上，黄兴说道。

"家父也是个同情革命志士的人，凡是他能帮上忙的，他都会尽力帮忙。"刘揆一说。

"虎父无犬子，怪不得你们兄弟俩的革命热情是这么高，意志是这么的坚定。"黄兴赞道。

第四十八章 避祸日本

陈天华再次东渡日本，进了日本法政大学学习。陈天华读法政大学是冲着自己曾经的教习罗仪陆来的；他想重温师生之情，虽然现在与他的关系将变成同窗关系，但陈天华心里对他始终有着一种敬重。

虽然以前在日本呆了不短的一段时间，陈天华还是第一次进入法政大学。

法政大学的建筑物像是法官的面孔，用他威严、庄重的灰蓝色迎接陈天华的到来。

仰着面，从那有些陡峭的石头长阶往上走。适逢下课时间，前面从上而下的同学很清楚地呈现在陈天华眼前。突然一个似曾相识的面孔映入了陈天华的眼帘，仇鳌？虽然面孔不是很熟，但名字太熟悉了，陈天华几乎要脱口而出，因为它是那么的与众不同。

仇鳌是湖南湘阴人，也在岳麓书院读过书，那时他见陈天华思想独立，气度非凡，很喜欢跟他交往。他曾跟陈天华说起过自己名字的由来，说他曾做过一个噩梦，梦见自己被一只巨鳌咬得遍体鳞伤，醒来后就把自己的名字改成了"仇鳌"。只是陈天华在岳麓书院待的时间不长，所以对他的面孔不是很记得，名字倒记在了心里。

"曜元兄！"陈天华喊道。

"星台兄，怎么是你？你不是回国了吗？"仇鳌也认出了陈天华。

"哎！法政大学的课程我还没修过，我来这里补补课。"陈天华说。

"好啊！我们曾在岳麓书院同过窗，现在又到法政大学同窗了。"仇鳌高兴地说。

"曜元兄，你是什么时候来日本的？之前我怎么没见过你？"陈天华问。

"我今年才来啊！我在国内读过你的《猛回头》和《警世钟》，也听过你的《敬告湖南人》，很是佩服你，刚来日本我就去弘文学院找你，结果有人说你回国了。"仇鳌说。

"你在弘文学院找到谁了？"陈天华问。

"一个叫方伯雄的同学，说是你同乡，以前你们住在同一宿舍的。"仇鳌说。

噢！原来是伯雄兄，陈天华来日本之前有跟他联系过，有时间要找他聚聚。

"没错，方伯雄是我的同乡小弟。"陈天华说。

"哦！怪不得我跟他讲话的时候他一口一个'星台哥'，怪亲热的。"仇鳌说。

仇鳌一行三人，那两人看仇鳌跟陈天华聊得很火热，也满脸笑容在旁边听着。

仇鳌便拉他们介绍给陈天华。

"这位是赵僚，浙江金华人，我们是在来日本的船上认识的。"仇鳌说。

赵僚文文静静，瘦瘦高高，一派斯文的读书人模样，另一位虎头虎脑，身材比较粗壮，两人身材相对立。

"这位也姓仇，叫仇亮，名式匡。"仇鳌说。

"你们两兄弟啊？"陈天华问。

"不是，我们虽然同是湘阴人，连近亲都不是，他父亲是湘阴鼎鼎有名的仇道南先生，如果说我们完全不是亲戚也不对，都姓仇，五百年前也是一家。"仇鳌笑道。

大家也跟着笑起来。

"这位就是《猛回头》《警世钟》的作者陈星台。"仇鳌又给赵僚和仇亮介绍陈天华。

"知道了，星台大哥大名鼎鼎，我们从你们刚才的谈话中就认识了。"仇亮一副自来熟的模样，毫不认生。

"好啊！大家以后都是同学了，就要互相关照。"陈天华说。

"那当然了，星台兄，你是我们的大哥，以后我们都听你的。"仇鳌说。

"不要这么说，我们都是兄弟，只是我比你们虚长几岁，权且当你们的大哥哥，有什么事情大家还是有商有量好。"陈天华说。

仇鳌看看周围没有旁人，又神秘地说："星台兄，这里两个星期前来了一位大才子，叫杨度，名晳子的，也是我们湖南湘潭人，他在我们留学生中很有威信，且口才极好。可就是他那一套'君主立宪理论'和我们'民主共和的理论'大相径庭。大家不满他的观点又无法反驳他，现在来了你这个'革命党之大文豪'，我们可是有援兵了，哼！哼！这回我们看他杨度怎么辩！"

"杨皙子确实是个了不起的人物，他是一代名儒王闿运的学生，跟随王闿运习学帝王之学，深得老师喜爱。按理说，他也是第二次来日本了，他是弘文学院第一期速成班的学员，以有胆量和口才好闻名。速成班结业会上，他用犀利的语言驳斥了日本高等师范学校校长，也是弘文学院创办人嘉纳治五郎在学术演说中对汉人的鄙夷不屑，获得大家的认可，被推举为中国留日学生会总干事。他这次来日本，是受了朝廷'梁头康尾'之害。杨皙子热衷的是'帝王之学'，所以，他即使有时能凭他的聪明才智给中国人撑一点面子，但骨子里却是拥护朝廷，拥护皇帝，以成就他'帝王之学'的理想。因此，要与他争锋，的确是有一定难度，但只要大家齐心协力，坚定信念，能与他争一高下的。"陈天华说。

"嗯，星台兄，你来了，以后大家就有主心骨了。"仇鳌说。

"星台兄远道而来，我们别光顾着说话了，还是先回宿舍休息一会吧。"赵僚提议道。

"也是，也是，都坐了几天船了，我们不能让星台兄太辛苦，星台兄，我来给你拿行李吧。"仇亮也说，并接过陈天华的行李，往宿舍走去。

正在这时，后面有一个人大叫着："星台哥，星台哥。"

陈天华回头一看，正是刚才还在念叨的同乡小弟方鼎英。

仇鳌也认识方鼎英，忙过去迎了："哟！是伯雄兄，你也知道星台兄今天到日本？"

"是的，星台哥来之前有告诉过我，我是天天盼着他了。"方鼎英说。

陈天华一把揽过方鼎英的肩膀，上下打量了一番说："伯雄小弟，你长高了，也结实了，我以后不叫你小弟，也叫你伯雄兄。"

方鼎英还是有点小孩子的忸怩说："小弟听星台哥的。"

"星台哥，伯雄还有点事要跟你说一下。"方鼎英一副欲言又止的样子。

"好吧，麻烦你们三位帮我把行李放宿舍，我跟伯雄兄出去一下。"陈天华对仇鳌他们三个说道。

"星台兄，你放心吧！我们会给你把东西都收拾好的。"仇亮说。

见三人走远了，陈天华笑问："伯雄兄，你有什么秘密要告诉我？"

"星台哥，你怎么知道我有秘密要告诉你？"方鼎英很是疑惑。

"你这家伙，心里有秘密不是写在脸上了吗？"陈天华笑道。

"是有关霞子小姐的，她听说你回日本了，好高兴，她问你为什么不回弘文学院，问你能不能回去看看她。"方鼎英说。

"噢！霞子小姐啊，她怎么知道我又回日本了？"陈天华思忖道。

"星台哥，怪我多嘴，我知道你要回日本，太兴奋，就把这消息告诉她了，因为她也老是在我面前提起你。"方鼎英不好意思地说。

"伯雄兄，没事，她知道了也没关系的，其实，我不是不想去看她，我是怕她对我再产生爱恋，我不能再次伤害这个纯情的日本女孩，所以还是不去看她为好。"陈天华没想松焦霞子还是在惦记着自己，很是内疚，但又无法改变自己的初衷。

"嗯，我也知道星台哥现在不讲儿女之情，既然这样，我给你委婉回绝她吧。"方鼎英很理解地说。

"伯雄兄真的懂事了。"陈天华笑道。

"伯雄兄，你打算在弘文学院按部就班把所有的课业都修完吗？"陈天华又问。

"没啊，弘文学院的课程我都已经自己修完，前段时间我考上士官学校了。"方鼎英说。

"真的？祝贺你！伯雄，你为什么选择读士官学校呢？"陈天华问。

"因为我认为学文没法成为星台哥一样的'大文豪'，成不了大器，就没多大用途，所以不如学武，也许今后还有些用武之地。"方鼎英说。

"想法不错，虽然星台兄不是你说的那种'大文豪'，但我坚决支持你的选择，现在国家正是大量需要安邦定国的人才的时候，学武的用途更大，不知伯雄兄何时动身去士官学校？"陈天华说。

"后天。还好，星台哥能够今天到日本，如果再晚两天我去了士官学校，行动就没那么方便了，我听说军校管理都很严格的。"方鼎英说。

"对啊，到了军校就要好好学习，学就一身硬本领。"陈天华说。

"星台哥放心，伯雄绝不会忘记自己的使命。"方鼎英说。

"好！愿君鹏程万里，直上青云！"陈天华拍了拍他的肩膀道。

"谢大哥激励！伯雄将尽力而为。"方鼎英道。

路过一个小酒馆，方鼎英硬拉着陈天华进去喝上几杯日本的清酒，说是为陈天华洗尘，也是向陈天华辞行。陈天华知道他家境困难，说什么也不肯让他付钱，他说："伯雄兄，这段时间哥赚了一些稿费，理应哥请你才对，怎么能让小弟掏钱？"方鼎英拗不过他，只好做罢。

与方鼎英小聚一会，回到法政大学的时候，天色已晚，宿舍里灯火通明，争辩声也很激烈。陈天华想，这是不是就是仇鳌所说的"君主立宪"和"民主共和"之争？

陈天华紧走两步，推开宿舍门一看，果然是大群留学生正围着一个中等身材，体态均匀，长脸上眉骨突出，两只大眼睛精光闪亮，挺直的鼻梁，轮廓分明的嘴唇，唇沟非常鲜明，看上去很是英俊的年轻人争论着什么，围观的留学生里包括陈天华认识的仇鳌、仇亮、陈僚。

不用问，陈天华就知道，中间的那个人一定是杨度了，这个年纪仅比自己大两个月的年轻人，此时可以称得上踌躇满志、意气风发。

而这时的仇鳌脸憋得通红，他激动地说："革命、立宪二个词，显然是清流、浊流也！我们决不能清浊不分啊！立宪就是保皇，保皇就是倒退，人类是进步的，怎么能倒退呢？"

杨度则回应说："保皇又有什么不好呢？中华民族几千年的历史，每一个朝代都有一个皇帝。历史上有很多的皇帝在中华民族的发展史上留下了辉煌的一笔，譬如：秦始皇修建万里长城；唐太宗的'贞观之治'；宋太宗有收复河山之功；一代天骄成吉思汗用弯弓射大雕的勇猛统一了漠北等等，他们都是中华民族最杰出的皇帝。"

陈天华走过去驳斥道："中国的皇帝到现在为止，共有四百二十二位，能有杰出贡献的也就是寥寥可数了。就说现在的清政府吧，慈禧、光绪他们功在何方？对中华民族又有什么贡献？"

杨度听到这么言辞犀利，简单直白的评价，知道遇到了一个天不怕、地不怕的角色，而这个角色大概就只有陈天华了，前几天就听说陈天华也要来法政大学学习的。但他依然不慌不忙地说："慈禧，垂帘听政，独揽大权，专制蛮横，诚不可取，但光绪帝为国为民，维新变法，身陷瀛台，不可取乎？"

陈天华回应道："慈禧，镇压民众，跪膝洋人，罪应当诛。光绪帝，懦弱无能，权柄尽失，想借维新诸人之手，从慈禧手上抢回权力，无奈被慈禧反制，才造成'戊戌变法'的惨剧。这难道不是戊戌维新失败的真正原因吗？"

杨度说："君宪之治，国安也！革命之起，国乱也！又何以言之？"

陈天华说：“君宪，君主，乃一回事。当今之世，已致离析、动乱，洋人大举食我，朝廷自不能保，不革命，而待何法？而待何时？”

杨度说：“革命，则如以卵击石，以油添火，以乱更乱，革命何为？不如组织内阁，效他欧洲，召开议会，颁布宪法，建立合法的责任政府。”

陈天华说：“没有陈胜吴广起义，哪有汉朝？没有绿林赤眉，哪有隋朝？没有李渊兵变和陈桥兵变，哪有唐朝、宋朝？兵变、起义，都叫革命。我们不起来革命，又何能推翻清朝？”

针尖对麦芒，众人大呼叫好。

杨度知道今晚的主角不会是自己，有礼作揖道：“这位大概就是星台君了。”

“没错，皙子君，我就是陈星台。”陈天华说。

“星台君，我早仰你的大名，也读过你的《猛回头》《警世钟》，今日得见，果然与众不同。我们同是为了拯救中国，只是观点不同而已，待有暇，我们再磋商吧！”杨度仍然是一副泰然自若的样子。

杨度气度果然是不同凡响，陈天华心里也在暗想，亦拱手道：“星台有所得罪，恕请日后教正！”

“不说教正，我们互相学习。”杨度拱手回礼道。

“你就是陈星台？是我们新化的陈星台？”突然，从旁边挤上来一个留学生拉着陈天华的手激动地说。

陈天华愣了一下，但听他说的一口纯正的新化话，知道他也是从新化来日本的留学生。

“同学，怎么称呼？请问你是新化哪里的？”陈天华问。

“我叫邹毓奇，字人澍，县敦信团利村寨边人。”那学生答道。

“呀！县敦信团利村，你认不认识罗瀚溟、邹景贤？”陈天华记得罗瀚溟和邹德淹都是县敦信团利村的。

“罗瀚溟和邹景贤我都认识，他们在县城读书的时候，我们还有见面，罗瀚溟去省城读师范了，邹景贤考取举人去云南候缺了。”邹毓奇道。

“是的，没错，瀚溟兄喜欢历史的，去省城继续读历史。景贤兄去云南了，他运气好，云南蒙自的关道魏景桐也是新化人，他现在就在魏景桐手下掌书记。”陈天华说。

“我也听老家的人说了。星台兄，听说他们跟你是新化实学堂的同窗，你们以前在县城里面搞的那个‘不缠足运动’可是闹得满城风雨啊！”邹毓奇说。

"在新化实学堂的时候，我们不仅是同窗而且是好友。"陈天华说。

"星台兄现在也是声名远播，你的《猛回头》《警世钟》尽人皆知，先前听说你回国了的，后来听同学们说有个叫陈天华的要来法政大学念书，开始还以为只是跟你同名同姓，没想真的是你。"邹毓奇说。

"书还没念完呢，回来接着念。"对邹毓奇不是很了解，陈天华不好随便说出实情，只好找个理由。

"能跟星台兄同窗是我们的荣幸，以后还望星台兄多提点。"邹毓奇说。

"人澍兄谦虚了，我们是同学，又是同乡，以后可以互相帮助。来！来！来！我给介绍几个朋友。"陈天华说着把他介绍给了仇鳌等人。

跟邹毓奇他们寒暄了一阵之后，陈天华始终惦念着找罗教习的事情，便问邹毓奇："新化有一个叫罗仪陆的留学生也在法政大学学习，你认识吗？"

"我认识啊，只是我来的时候，他就要毕业了，我们相处的时间不多。听说以前是新化实学堂的教习，还在宝庆府郡立中学堂做过教长，后来想改学法律就来法政大学学习了。"邹毓奇说。

"是的，他是我在新化实学堂的教习，他人呢？现在在哪？"陈天华急切地问。

"他学业完成，刚刚回国了。"邹毓奇说。

"哎！真的是很不巧，我们失之交臂了。"陈天华深感遗憾。

方鼎英刚回到弘文学院，松焦霞子就找上门来："伯雄君，见到星台君没有？你有没有叫星台君过来看看我？"

无法逃避，方鼎英只好把见到陈天华的情况跟她说了，也是很委婉地跟她说："霞子小姐，星台哥此次回来是躲避清政府的追捕，他不会在日本待太久，很快就要回国的，他要回国去参加国内的革命。"

"你们国家既然要逮捕他，那他还回去干嘛？留在日本，加入日本国籍算了。"松焦霞子天真地说。

"如果他怕逮捕，他就不会参加革命了。他是要实现他的理想，为了理想，他什么都可以放弃。"方鼎英说。

"噢！星台君以前也是跟我这么说的，我明白了。"松焦霞子若有所悟地点了点头。

方鼎英以为这么轻易就说服了松焦霞子，不禁长舒了一口气。

　　哪知，方鼎英的话却更坚定了松焦霞子爱陈天华的决心。

　　又是周末，陈天华准备带仇鳌他们去看看很久不见的大森海湾，这件事仇鳌跟他说过很多次了，他听说学生军曾经在那里操练过，很想去那里感受一下当时的那种气氛。

　　刚走出校门，却看到了站在校门口的松焦霞子。

　　"霞子，你怎么在这里？"陈天华惊讶问。

　　"我是专门在这里等星台君的。"松焦霞子调皮一笑，露出两个可爱的小虎牙。

　　"你等我？等我多长时间了？"陈天华心里一动。

　　"快两个小时了吧。"松焦霞子说。

　　"那你怎么不进去找我？"陈天华说。

　　"我怕你同学看见了，会影响你。"松焦霞子说。

　　"嘻嘻！这回我们可是都看见了，星台哥，你有事就先忙去，我们自己去好了。"仇鳌嬉笑说。

　　"好吧，到海边可要小心一点，那边是偏僻的港湾，海水比较深。"陈天华嘱咐道。

　　"好嘞！好嘞！星台兄，你就放心好了。"仇鳌他们边答边走远。

　　目送仇鳌他们远去，陈天华转头问松焦霞子："霞子，你找我有事吗？"

　　"走，我带你去一个地方。"松焦霞子不由分说，拉着陈天华往外走。

　　来到离弘文学院不远的地方，到了一栋民房前，门上有一块匾额，匾额上有两个汉字叫"墨舞"，看样子，这是一间画室。陈天华知道松焦霞子以前是学画画的，后来他父亲松焦先生到弘文学院教书，她才入读弘文学院。

　　"星台君请进，这是霞子的画室。"松焦霞子在门口做了一个请的姿势。

　　推开画室的门，陈天华顿时被震撼了。满屋子的画，有一半是自己的各种画像，有站着的、坐着的、正面的、侧面的，有笑的、有静的，有沉思的、有开朗的，有室内的、有室外的。室内的背景一般是弘文学院的课室，室外的背景则大都是大森海湾的沙滩。没想到松焦霞子曾经对自己这么关注，捕捉了自己这么多不同时期的形象，自己怎么一点都不知道？

　　"霞子，你这是？"陈天华知道自己此时的声音有一种抑制不住的激动。

　　松焦霞子正从屋里端出一套茶具，她示意陈天华坐下，自己也在对面坐下，然后给陈天华和自己面前倒上一杯茶，慢慢说道："星台君，从这些画像上，也可以看出你在我心里的位置。前次伯雄君见过你之后，把你的思想传递给了我，我也知道你的心思。上次你回国前向我告别的时候，我出于少女的羞涩，未能把我的心思完全祖露给你，我心里是一直在后悔。你的再次回日本，给了我又一次机会，我是不能再失去，所以冒昧前去法政大学找你，如果有什么莽撞或打扰的地方，还请星台君谅解！"

"霞子，没什么的，只是……"陈天华说。

"星台君，我知道你想说什么，请先听我把话说完。"松焦霞子赶紧打断了陈天华后面的话。

"好，霞子，你先说。"陈天华道。

"星台君，我知道我们两人是生不逢时，生在了这错误的年代，但这并不能阻止我爱你的心，如果星台君愿意，我可以夫唱妇随，随星台君一起参加中国的革命或等到你所从事的中国的革命成功后再谈婚事。"松焦霞子说。

此刻，陈天华想起了岳麓书院的周婕，自己曾经发过誓，如果革命取得了胜利，以后有机会成家立业，而周婕也还未嫁的话，自己一定会娶周婕。

面对如此多情的松焦霞子，陈天华很是为难，既怕伤了松焦霞子的心，又怕辜负了周婕。最后想了想说道："霞子，真的很对不起，我在国内有一位心仪的姑娘，她帮过我很多很多，也是因为我的事业，我们一直未能谈婚论嫁，如果我答应你，那会伤她很深很深。再说，我现在从事的事业很危险，你是松焦先生唯一的女儿，我不能让你因为我而身陷危险当中。"

"星台君，我明白了，身陷危险当中我倒是不怕，但你不能因为我而去伤害另外一位姑娘，看来我只能把这份爱深藏心底了。"松焦霞子说。

陈天华为松焦霞子的深明大义所感动，眼中闪出了泪花，他站起身，给松焦霞子深深鞠了一个躬道："霞子，谢谢你！"

"星台君，我还有一事相求，不知你同意否？"松焦霞子眼里满是期盼。

"霞子，你说吧，我会答应你的。"陈天华不忍心再拒绝。

"让我为你画一幅正面的肖像画吧，以前都是凭记忆偷偷画的，这次我要你做我的模特，我要最后一次好好看看你。"松焦霞子说。

陈天华又被感动得差点流泪。

画完像，松焦霞子说："我这里的画，你可以随便选择拿走，只有这一幅，我得好好保存起来，作为留念，行吗？星台君。"

"霞子，可以的，我把画像都留给你。"陈天华说，声音里满是歉疚。

晚上，回到宿舍，仇鳌他们闹哄着要陈天华讲今天的故事。

"星台兄，你好罗曼蒂克，在日本还有这么漂亮的姑娘来找你，能不能给我们说说你和霞子的罗曼史呢？"仇鳌说。

陈天华深叹一口气说："唉！我辜负了一位好姑娘。"

大家听情况不对头，都不做声了。

接下来的一段时间，陈天华把自己深埋进书本里面，他不仅苦读日本的法律和政治书籍，还精研欧洲各国的一些政治和哲学方面的经典。课余时间，有时也去东京的街头走走，去小巷里的茶室喝喝茶，研习一下茶道。

日本茶道是在中日禅僧的交往中建立起来的，可以说，日本茶道源于中国寺院，日本茶本身也源于中国寺院。在茶道大师千利休之前创立"草庵茶汤"的大茶人村田珠光，曾参禅而受禅旨印可。村田珠光从日本高僧一休宗纯那里得到中国宋代著名禅师圆悟克勤的一张墨迹，这一墨迹是与"茶禅一味"有密切关系的茶道界的宝物，后来成为茶与禅结合的最初标志，村田珠光也由此悟出"佛法存于茶汤之中"的道理。

闻着从故乡传来的茶香，陈天华的思绪又飘回了祖国，飘回了长沙。想到华兴会成立时黄兴会长交代的任务自己没法参与了，不知其他人是否还在继续进行？事情进行到了什么程度？整个华兴会的筹备工作又进行得怎样？没有参与到实际的工作中，陈天华觉得自己像一只离群的雁，飞得很孤独。

陈天华的茶桌旁边来了两位日本人，他们也是这间茶室的常客，他们很好奇这个器宇不凡又是满脸愁绪的中国人怎么老是独自一人来喝茶，故搭讪道："先生是否来自中国？"

陈天华点了点头。

另一位又说："我看先生一脸的愁云，有什么要我们帮忙的吗？"

陈天华摇了摇头说："我们自己国家的事情，你们帮不上忙的。"

两位日本人听了，不仅没有回避，反而追着问："先生贵姓？来自中国哪个地方？"

对于人家的热心询问，陈天华不好意思断然拒绝，便说："鄙人陈天华，字星台，来自湖南。"

"噢！原来是大名鼎鼎的陈星台先生，失敬失敬！"那日本人居然立起身来施了个日本礼。

这倒让陈天华好奇起来，一番问询才知道，两个日本人一个叫宫崎寅藏，一个叫末永节。宫崎寅藏，别号白浪滔天，又称宫崎滔天，日本熊本县人，是日本知名的社会活动家。浑身充满军人气质的叫末永节，别号狼啸月，日本福冈县人，军人出身，是个退役的武官。宫崎寅藏年约三十岁，末永节年龄稍长一点。两人都喜欢宣传革命，鼓吹暴力主义，故此关系相当好，经常在茶室里交流心得。碰巧的是两人都读过陈天华的《猛回头》《警世钟》，所以，当听说对方是陈天华时，不觉喜出望外。

其实，这两个人还有另一重身份，孙中山创办的兴中会会员。1896年，他们通过陈少白介绍，在横滨认识了孙中山，参加了兴中会，以极大的热情关注和支持中国的革命。并且他们与黄兴也是很熟悉，黄兴在日本的时候也与他们来往密切。

亮明了各自的身份之后，大家就可以畅所欲言了。

陈天华说："中国争取民主、自由、独立的斗争，能得到日本友人的协助支持，于中国人民来说，是一种莫大的鼓舞。中国和日本，本来就是一衣带水的友好邻邦，我们的很多文化，就像这茶文化一样就有很多相似之处，是两国文化掺杂融合的结晶。"

宫崎寅藏说："星台君说得极是，正因为我们两国的文化极其相似，所以我们很佩服孙中山先生那种为中国革命，不畏艰难险阻，锲而不舍，在各国之间呼号奔走的精神，我们愿意支持他。虽然现在离他的理想目标还很遥远，但我们坚信他的目标最终会实现。"

末永节说："我们很崇拜孙先生，也很尊敬黄先生，同样，对您星台君，我们亦有着深深的赞叹和佩服。可以说你们都是中国人的骄傲，中国人的楷模。"

陈天华摇头道："他们是，我还差得远呢，不过我在继续努力，我会为推翻清政府，建立民主政权奋斗到底！"

"星台君勇气可嘉，我们以茶代酒，祝福你，祝福你们的国家能取得最后的胜利。"宫崎寅藏和末永节同时举杯说。

第四十九章 聚集老友

天气晴朗的日子，陈天华带仇鳌、仇亮、陈僚、邹毓奇几个去到大森海湾，给他们讲述学生军操练的情景，想着以前大家在一起的日子是多么的有激情，现在，战友们都各奔东西，仍留在日本的没有几个了，旧地重游，多少有些伤感。但也知道这种分离是为了去到更重要的地方，做更重要的事情，达到更高的目标，想想也就释然了。

苏鹏、杨源浚、刘揆一这几个无话不说的好友在国内，仇鳌、仇亮、陈僚、邹毓奇几个究竟还是刚来日本的小弟们，很多认识还不能达到一致的高度，让陈天华多少有些无处诉说的感觉。孤独中，陈天华想到了重回新化实学堂时，那书记说的，在日本读书的同学还有曾鲲化、袁华选、曾广轼、高霁。

陈天华用书记提供的地址，试着写了一封信给袁华选。很快，就收到了袁华选的回信。他说书记已经写信给他，说我回老家找过他们，他想写信跟我联络，但没有国内的地址，没想我居然又来了日本，这下好了，以后可以常见面了。他说这段时间训练任务非常紧，等一有空，马上约高霁、曾鲲化和曾广轼一起聚聚。

陈天华知道军校的管理比较严，特别是日本陆军士官学校，是一所非常严格的实行"军国主义精神"教育的军事学校。陈天华只能等他们有时间的时候与他们见上一面。

过了几天，他们四个人果然找了过来。

"星台兄，你现在的名头可不小啊，是我们这些同学中的佼佼者。"一见面，袁华选就说。

"士权兄，话可不能这么说，你和兆奎兄是未来的武官，是将才，我呢，顶多算是个耍笔杆子的文人，怎么能相比较呢？虽然说我现在的名声大一点，也不过是多写了几篇文章而已，你们将来可是安邦定国的人，你们才是真正的佼佼者。"陈天华说。

"不！不！不！星台兄，你谦虚了，俗话说：'文能治国，武能安邦'相形之下，文的作用要大一些。"高霁说。

"星台兄学生时代就志向高远，现在看来果真是如此，你看星台写的那些文章，哪一篇不是心怀天下，高瞻远瞩？特别是《猛回头》和《警示钟》，他们能唤醒无数的国人，真真能抵得上千军万马了。"曾鲲化说。

"兄弟们再这么说，星台就惭愧了。"陈天华赶紧说。

"星台兄，我们是真心的佩服你，你不知道，读了你的文章之后，我们都是热血沸腾，恨不能马上回去与侵略者决一死战，只是现在学业还未完结，国内的反侵略战争也还没打响，我们只能暂时坚持在这里学习，一旦战争打响，我们肯定会回到祖国去战斗的。"袁华选说。

"星台兄，我们都是同学，虽然现在很少参加一些社会活动，那是因为我读的是警校，警校管理也很严格，我们身不由己，但我们也都是热血青年，都有同样的理想和目标，所以，以后多多联络，有什么需要我们的地方，尽管说一声，我们将全力以赴。"曾广轼说。

"星台兄，对于你文中所体现的思想和观点，我们都是赞同的，就像我们在新化实学堂时一样，虽然开始有争议，有各自的观点，但最后都能达到高度一致，所以，我们现在虽然不能并肩战斗，但将来一定会为共同的目标奋斗。"曾鲲化说。

"同学们的支持和理解，星台先在此表示感谢！"陈天华抱拳说。

"星台兄，凤初呢？伯笙呢？我听罗教习说凤初跟你以前同在弘文学院学习？"袁华选问。

"凤初以前是跟我同在弘文学院学习，后来我们都回国去了，我是因为在国内写了一些文章，遭官府抓捕，才回日本暂避风头。伯笙读的是振武学堂，他也回国了。"陈天华说。

"振武学堂我和兆奎兄都在那读过，不过我们读的时候叫成城军校，我们走后改的名字，我们如果晚走一点也许能跟伯笙遇上。"曾鲲化道。

"我说抟久兄，你读武校不是挺好的吗？为什么又要改读铁道学院？"陈天华有些好奇。

"唉！这话说来有点长，我在成城军校读书的时候，做过《游学译编》的编辑，负责《时论》专栏，只是后来，看了一本日本人所著的《支那铁路分割案》，此书主要论述日本如何在中国与俄国、英国等列强争夺铁路权益，从而把铁路作为侵华的最好触角。读了此书后，我深受刺激，铁路将是未来中国兴衰的重要事业，我们不能让列强们牢牢卡着我们的脖子肆意欺凌，我们必须有自己的铁路建设和管理人才，所以，我舍弃读军校，改读铁道学院。"曾鲲化解释说。

"抟久兄，好样的！有理想！有志气！"陈天华赞道。

"噢！星台兄，你们一个个都回国了，一定是有什么行动吧？"高霁问。

"是的，我给你们透露一点消息，现在我们湖南的留日学生很多都回国了，在黄兴的领导下组建了一个'华兴会'，华兴会的宗旨是'振兴中华、扫除帝虏、驱除列强'，我和凤初都是华兴会的人员，本来我上次回新化是准备联络你们一起参加的，没想你们都来日本了。"陈天华说。

"黄兴？听说过这个人，听说蛮有组织能力的。"曾鲲化说。

"对，他是湖南长沙县人，我跟他是在来日本留学的船上认识的，在我们湖南老乡里面，他是我们的领头人。"陈天华说。

"'振兴中华、扫除帝虏、驱除列强'这个宗旨好，正符合我们的意愿，我是真羡慕你们了，能够这么自由，做自己想做的事情，我们可是身不由己啊！"曾广轼感叹说。

"没关系，大家心里有数就行，我们现在是先锋，等你们学成的时候，说不定正是用人之际，到时欢迎你们加入我们的华兴会。"陈天华说。

"嗯，那么我们约定，等学成归国后，再一起商议。"曾鲲化说。

"好，我们约定，等你们学成回国，我们一起干一番大事业。"陈天华激动地说。

"一言为定！"五双手紧握在了一起。

跟同学们见了面之后，陈天华觉得浑身又充满了斗志，他知道，待在这里的不只是自己，还有袁华选、高霁、曾广轼、曾鲲化、仇鳌、仇亮、赵僚、邹毓奇……他们跟自己一样爱国、反清。

陈天华在法政大学学习又快半年了，这段时间，他时时没有忘记苦难中的祖国，忘记在国内奋斗的战友们。也在寻找着机会再次回到祖国，跟战友们并肩战斗。

节气已是仲夏，人们从闷热的房间走进飘着紫藤花香的街道，走入凉爽的晚风里。夜幕下的东京街头人头攒动，照例是在小巷里的茶室，陈天华与宫崎寅藏又见面了，趁人不注意，宫崎寅藏塞了封信给陈天华，悄声说道："黄先生用化名写给我的，他让你马上回国，以筹大事。"

陈天华听了，心里非常激动，终于等到了。虽然信上也没多说什么，但陈天华知道，黄兴亲自来信，绝非小事。

回到宿舍，陈天华立马召集了仇鳌、仇亮、陈僚、邹毓奇说了自己马上要回国的事情。

仇鳌听了，要求跟随陈天华一起回国。

陈天华说："不行，你好不容易才来日本，父母是盼着你学成而归的，你这样中途离去不好，再说，我是组织召回，你不是组织人员，去了不是很合适。"

"组织？什么组织？"仇鳌显然还不知道华兴会的事情。

陈天华便将长沙已成立华兴会的事情告诉他，并嘱咐他现在一定保密。

仇鳌听了，异常兴奋地说："太好了！我们湖南也有反清的革命组织了，我们在海外的留学生一定积极支持你们。"

陈天华欢喜道："好啊！你们可以在外围组织和联络人员，但你们行动的时候一定多加小心，一是注意安全，二是注意保密，安全比什么都重要。"

仇鳌说："星台兄放心，我们一定会的。"

第五十章 重返国内

这年夏天，一直记挂着华兴会的陈天华又冒险回国，继续参与华兴会起事的准备工作。

陈天华回到长沙，在保甲巷彭渊恂家的后园见到了黄兴。问到黄兴为什么急召自己回来，黄兴显得很是愤怒。原来自《俚语报》出事，陈天华迫逃日本后，陆元鼎并没有放弃对《俚语报》参与人员的搜捕，反而变本加厉，查到陈天华是《俚语报》的主创人员后，把《猛回头》和《警世钟》也列为禁书，凡搜查到，跟《俚语报》一样焚毁。黄兴气愤不过，干脆又暗中印刷了几千套分发出去，结果被长沙县衙指名缉捕。后来还是龙璋从中斡旋，把影响控制在最小范围内。陆元鼎的这一行动也更加坚定了黄兴与清朝政府干到底的决心，他决定立即行动。这次他召集了宋教仁、刘揆一、禹之谟、谭人凤、姚宏业等人，还包括龙璋和黄吉亭，并把陈天华从日本召回，是要动员大家做起义前最后的准备工作。

"兄弟们，长沙起义的准备工作已到了最后的紧要关头了，大家有钱的出钱，有力的出力，我相信我们一定能取得胜利的。"黄兴说。

"我头一个报名，我和周辛铄负责运动新化、宝庆、沅江、辰溪、吉首等地的会党届时响应，到时我们攻打宝庆府，以策应长沙起义。"第一个举起手的是谭人凤。

谭人凤在结交洪门会党兄弟、扩大会党组织的同时发现，洪门会党山堂林立，派系众多，各树一帜，互不统属，行动既不协同，力量亦不集中。他认为这样不仅难成大事，而且很容易被各个击破。为了改变这种局面，加强各山堂之间的联系，统一行动，谭人凤邀约湖南会党各山堂的负责人于1903 年 "重九" 节齐集长沙举行游山会，

谭人凤组织的游山会虽然严格保密，但在长沙城里也产生了影响，陈天华听说后，找到谭人凤，把他介绍给了黄兴、宋教仁、刘揆一等华兴会组织人员，谭人凤把自己组织会党的事及现在的人员、规模、理念，一一向黄

兴他们做了阐述，得到了黄兴他们的高度评价，自此，谭人凤决定加入华兴会，对于华兴会的活动，他都是积极参与。

宋教仁说："我回湖北去，负责运动湖北一带的会党及新军的响应。"

"我去搞定马福益。"刘揆一响亮地说。

轮到陈天华和姚宏业了，陈天华说："我想好了，我准备和剑生一道，去找江西巡防营统帅廖名缙，希望他此次能跟我们一起起事。"

"星台，策反廖名缙是不错之选，但难度比较大哦！"黄兴提醒道。

"嗯，我也知道，但我们的目标是团结一切可以团结的力量，不管困难多大，我们都要尽力争取。"陈天华坚定地说。

廖名缙从日本回国后，任江西常备中军兼续备左军统领和湖南威字新军协统。陈天华虽然与他在日本有过交往，但他的思想是趋于君主立宪的，现在正被清政府重用，要他参加反清活动，助力长沙起义确实是一件不容易的事情，但陈天华天生就是个不畏难的人，他认为越难完成的任务越能锻炼自己的能力。所以，勇敢地挑起了这副重担。

"好！从刚才大家所确认的运动方向，我们的人员分布差不多覆盖了计划中的所有区域，下一步就是该怎么行动了。"黄兴道。

"但我认为还有个问题大家应该重视一下，我们现在是出去运动人员，既然要起义，光有人员是不行的，还得要有枪支弹药的储备。"陈天华说。

"这确实是个棘手的问题，这个不仅要有卖家，而且需要大量的资金。"黄吉亭道。

黄兴道："这个我考虑过，我可以卖了我家祖田去购买，也可以暗中制造。"

一旁一直没做声的龙璋说："为了这场起义，我出资十万。"

禹之谟也说："我不能出力，我是搞实业的，那我就出钱，我出资四万。"

刘揆一也是不甘落后说："我家也有祖田，我把他们卖掉，只要革命能成功，我怕个球。"

"嗯，现在钱够了，下一步就是去找卖家。"黄吉亭说。

"要么我们先去日本买一些，自己再制造一些？"黄兴说。

大家认为这个方法可行，一致通过。

事情定了下来，就各自行动。临行前，黄兴又叮嘱陈天华、刘揆一和姚宏业，此行你们三人最后的目的地都是醴陵，回来后，一定先做交流，然后再做下一步的打算，不能擅自行动。

三人点头称明白。

大家约好三天后一起行动，现在先回去准备行装和探视一下家人。

刘揆一和姚宏业都不肯回去。

刘揆一说怕回家又被关起来了，影响行动计划。

姚宏业则说回家太远，路上怕耽搁。

只有陈天华，需回岳麓书院去看看周宇宽和周婕，从日本回来几天了还未曾在周家露过面。

望着又像是从天而降的陈天华，周宇宽和周婕都是又惊又喜。

"真的是你吗？星台，我该不是做梦吧！"周婕高兴得又蹦又跳。

"没错，如假包换。"陈天华开玩笑说。

"星台，是不是回来有什么事情？这么快又从日本回来了？"周宇宽含笑问道。

"确实有事。"陈天华说。

"噢，你们的事情有些我也不好打听，只是有件事情我早就想跟你说了，但就怕你拒绝。"周宇宽说。

"什么事情？先生请讲，学生洗耳恭听。"陈天华已经想到了周宇宽要说什么，但也不好还没听到就拒绝。

"婕儿，你回你屋里去，我跟你星台哥有些事情要商量。"周宇宽先把女儿支开了。

"星台，你也知道，我只有婕儿这个女儿，她从小就丧母，又被我宠坏了，所以性格很执拗，只要是她认准的事情，十头牛都拉不回。你也知道她是喜欢上你了，所以，你高兴她也高兴，你伤心她也伤心。上次你离开，她就这么在毫无希望的情况下，傻傻等着你回来。这次你逃亡去日本，她也在家里没过几天好日子，担惊受怕的，生怕你被抓住。我怕她这么下去，迟早会生出个什么病来，所以，我想趁你这次回来，你们把婚事给定一下，让她也放下心来。"周宇宽说。

听到周宇宽所述，陈天华心里很难过，没想到周婕对自己这么死心塌地，但现在的情况根本不允许自己成家，干革命避免不了流血牺牲，如果自己真的活不到革命胜利的那一天，只会给婕妹留下更多的痛苦。

"周先生，不是我不喜欢婕妹，也不是我不想结婚，但现在的斗争这么残酷，我真的无法保证婕儿嫁给我能够幸福。我这次回来是去联络会员参加起义的，您也知道这种事情是有流血牺牲的，我不能把这种担心和痛苦带给婕妹，因为我也爱她。"陈天华说。

周宇宽想了想说："星台，你说的也有道理，要么干脆等到时局稳定下来再说吧。"

"放心，只要我陈星台活着，是绝不会辜负婕妹的。"陈天华发誓说。

父亲和陈天华对话的时候，周婕在旁边偷听，她听陈天华这么说，知道现在要他成亲是不可能的，不过，有他后面的一句话，心也放了下来，陈天华是个绝无虚言的人。

陈天华在百泉轩待了三天，一来是陪伴周宇宽和周婕，另一方面也在思考活动该怎么开展。而周婕则是为他准备行装，什么衣物、鞋袜、雨伞、干粮等。看到周婕准备的这些东西都是簇新的，陈天华赶紧喊停。

"婕妹，你这是要我去当新郎官吗？你把我打扮得这么漂亮，让别人喜欢上了怎么办？"陈天华开玩笑说。

周婕白了他一眼："谁要喜欢你呀！自己美的。"

说归说，她还真的赶紧把里面的新衣服、新雨伞拿出来，换上了父亲的旧长衫，雨伞则是以前被她扔在角落里不用了的。

陈天华看她这可爱的模样，偷笑了一下，由她去了。

第五十一章 策反行动

上次抓捕的风声还没有过，陈天华是不敢用本名活动了，怕万一被抓住，自己坐牢事小，会耽误长沙起义的大事。去到江西后，陈天华化名郑浩然从吉安到醴陵，一路上都是宣传鼓动，联络反清义士。

江西的洪江会也是反清组织，是洪门圈子里后起的一个支派，据说大部分会员都是太平军的后代。虽然自己在动员大会上没有提及去动员这个组织，但陈天华认为多一个组织多一份反清的力量，就想法去接触当地的洪江会。洪江会的人大部分隐藏在深山老林，只有为数不多的人分散住在城里打探消息。

为了容易接近那些隐藏在深山老林的太平军后代，陈天华和姚宏业故意打扮得很落魄，手上拿着旧油纸伞，背上背着旧包袱，衣服也是旧得不能再旧的。

湘、赣交界的地方是崇山峻岭，那时的太平军是为了躲避湘军的追杀才逃到这里来的，他们是越险越好，人迹越少越好，茫茫的崇山峻岭之间要找一群人还真的是很不容易。

陈天华和姚宏业连续在烈日下走了四天。当时是为了扮穷，拿了把破油纸伞，现在看来有些失误，破油纸伞遮不住太阳，两个人被毒辣的太阳晒得脸上都冒油了，赶紧找了棵大树乘凉。突然，眼尖的姚宏业发现，前面的山坡是由一块一块的梯田组成的，田里种了稻谷，正是稻谷扬花的季节，绿毯似的禾苗上缀着星星点点淡黄色稻花。

有田的地方一定有种田的人，陈天华和姚宏业不禁精神一振，站起来拍拍屁股又往前走。翻过山坡后，终于看到了一个村庄，正值中午，很多烟囱升起袅袅的烟柱，整个村子笼罩在一片烟雾中，中午都有这么多人家烧火做饭，看来这村子里的日子过得还挺滋润的。

"找到了！我们终于找到了！"姚宏业兴奋得大叫起来。

刚刚感觉用完了的力气陡然升起，他们快步往村庄走去。

走到离那烟柱越来越近的时候，一座石山挡住了出路，绕过那凸出的石崖，前面是一个隘口，隘口很狭窄，两边是高高的石壁，中间一次只能容一个人进，这地形，真的是一夫当关，万夫莫开。

隘口那边，是很宽敞的平地，刚过隘口，一眼就看到一面酒馆的招幡，招幡上一个大大的"苦"字，又热又渴的两个人并没有理会招幡上那个字，仿佛看到了救星一般，直奔酒馆而去。

还未到门口，一条毛色黑亮的猎犬扑了过来，姚宏业怕狗，慌忙躲闪，狗后面跟过来的，是一位老妇人的呵斥："黑豹，来的是客人。"

那狗好像听得懂，摇摇尾巴走了。

"客官请里面坐。"老妇人热情招呼道。

进得门去，只见酒馆虽小，却是干干净净。紧接着，一个憨憨实实的小伙跑过来问道："客官要吃什么？我给你们准备去。"

"请先给我们杯茶喝，然后再来一碗粥。"陈天华说。

"好咧！茶来了。"端茶上来的是老妇人。

陈天华他们接过茶一喝，一股又苦又涩的味道充溢整个口腔。

"这是什么茶呀？又苦又涩。"姚宏业皱着眉头说。

"苦清茶。"老妇轻描淡写地说。

"难怪了，这么苦，你们这里怎么产这么苦的茶啊！"姚宏业说。

"因为我们这里是苦清坳，种茶的都是穷苦人，所以苦上加苦。"老妇人说。

"哦！原来这地方叫苦清坳。"陈天华点点头道，从地名可听出这里的人应该就是自己要找的目标了。

"请问两位客官从何方来，到何方去？"老妇人问。

陈天华一听，这不是老和尚的偈语吗？难道他们有暗语？可自己根本就不懂，只好说道："我们自北南行，然后东折，去访我们的胜清大师。"

老妇人道："我们这里没听说过这个人，客官可能是找错地方了。"

这时，刚才的那个店小二端了两碗滚热的小米粥上来叫道："粥好了，二位客官请慢用。"

原以为，这里的粥也一定是苦的，没想粥却是极其香甜。两人从包袱里拿出干粮，就着粥吃起来，一路上都是就着泉水吃干粮，现在总算喝到一口粥了。

没曾想，干粮还没吃完，两个人就昏昏欲睡，陈天华暗想：不好，怕是被人下药了。然后身不由己睡了过去。

两人醒来的时候，发现自己躺在地上，天已黑，气温开始转凉。再看四周，满是脸色黝黑，举着松明子火把的人。因为是高山地区，昼夜温差大，躺在地上的陈天华觉得身上有些发冷，想活动一下手脚，却感觉到手脚已被绑，完全无法动弹。

"你们这是干什么？怎么随便绑人？"姚宏业大叫道。

这时，一个像是小头目的人手里拿着陈天华特意带在身上的《猛回头》和《警世钟》晃了晃，说道："你们两个是革命党吧，身上居然还带着大逆不道的反书。"

"谁说我们是革命党了？我们只是觉得这书写得好，写到我们贫苦百姓心里去了，才把它带在身上，时时拿出来看看。"陈天华说。

"懂得看书，一看也像是读书人，还说是个贫苦百姓，贫苦百姓读得起书吗？"黑暗中有人反问道。

"我是个落第秀才，家里砸锅卖铁，供我读书，结果我连考几次都名落孙山，自觉无脸见江东父老，就跑了出来。现在我什么都干不了，想着出家为僧算了，听别人说这山里有一位高僧叫胜清大师，所以，就来找胜清大师了。"陈天华说。

听到陈天华编的这个故事，姚宏业想笑，但现在这情况下，只能拼命忍住。

"那你呢？"小头目又指了指姚宏业。

"我跟他是在半路上碰到的。我是烧了地主老财的牛棚，官府要抓我，我逃出来的。"姚宏业说。

"你们真的不是朝廷派来的奸细？"小头目问。

"大哥，你看我们像是拿朝廷粮饷的人吗？"陈天华反问。

看他们俩的衣着打扮和空空如也的包袱，晒得黑黝黝的脸，还有那些硬邦邦打得狗死的干粮，这不是一般吃皇粮的人能吃得的苦，那小头目也相信了。

"都是穷苦人，你们给他们把绑松了。"小头目对旁边的人说道。

那个酒馆里的伙计立马过来给他们松了绑，看手法的熟练程度，刚才一定被他绑上的。

"我们也是为了躲避朝廷的追捕才逃到这深山老林来的，刚才以为你们是清廷派来的密探，所以无礼了。"小头目说。

陈天华和姚宏业站起来活动了一下手脚，点点头，表示原谅了。

小头目又说："饿了吧，我叫他们给你们再弄些饭食，这回可是没蒙汗药了的。"

此时，陈天华他们真感到饿了，中午饭都没吃完就被蒙翻了，现在已是大晚上，能不饿吗？

小头目等他们吃完饭又说要带他们去见一个人。陈天华知道，这回是该去见大头领了，心里暗暗高兴，表面上还是装作懵懵懂懂问："去见谁啊？难道胜清大师真的在这里？"

"不是什么胜清大师，是我们这里的头领。"小头目说。

"我还以为大哥您就是头领，没想还有更大的？"陈天华装糊涂道。

"我们头领岂是能随便见人的？"小头目说。

吃完饭，又翻了几个山头，小头目把他们带到一宽大的洞穴里。洞穴里灯火通明，抬头望去，高台上，陈天华他们果然见到了一个面部很威严的中年男人坐在一铺了虎皮的石凳上，手上拿的正是陈天华包袱里的《猛回头》《警世钟》。见他们两人进来后，中年男子对他们仔细审视了一番，然后说："直说了吧，你们到这里来干什么？"

不用说，头领已经识破了他们的身份。陈天华见没必要再隐瞒，直接说道："我就是这两本书的作者陈星台，我们是来动员你们出山，跟我们一起推翻清政府的，我知道你们都是太平天国勇士们的后裔，我知道你们并没有善罢甘休，我知道你们的血还是热的。"

听了陈天华的话，那中年男人直接从高台上走了下来，拉住陈天华的手说："你就是陈勇士？敬佩！敬佩！实话跟你说吧，我们是洪江会的人，正如你说，也是太平天国勇士们的后代。你写的那两本书我们在山外的会员早带回来过，当时我就想着，看这书写的，外面该是要起事了，正在思谋着怎样才能与山外的起义人员取得联系，没想你们倒是找上门来了，看来这该死的清朝政府气数终于要尽了。"

踏破铁鞋无觅处，得来全不费工夫。不用自己动员，这洪江会的人就答应参加起义了，这是何等令人兴奋的事？只是苦于现在身处深山，无法把这个好消息传递给黄兴会长。

在洪江会待了几天，把这苦清坳走了一遍，发现这里的烟囱时时都是冒烟的。陈天华很是奇怪，后来问头领才知道，这里住的人家，家家都以烧木炭为生，因此也叫"木炭党"。怪不得他们一个个面容黝黑的，陈天华想起了白居易写的那首《卖炭翁》：

"卖炭翁，伐薪烧炭南山中。满面尘灰烟火色，两鬓苍苍十指黑。

卖炭得钱何所营？身上衣裳口中食。可怜身上衣正单，心忧炭贱愿天寒。夜来城外一尺雪，晓驾炭车辗冰辙。牛困人饥日已高，市南门外泥中歇……"

这何尝又不是眼前苦清坳这群烧炭人的写照？生活在这样的艰难困苦之下，还时时要害怕清政府的追剿，这样的生活，没有哪一个人不想起来反抗的。

这几天里，陈天华也把华兴会的行动计划向洪江会的首领做了一个简单的介绍，并提出了一些合作方面的意向，首领答应，只要华兴会同意与洪江会合作，起事的时候，他立马带人赶到山外响应。

把洪江会的事情安排妥帖后，陈天华和姚宏业又开始动身前往吉安去找廖名缙。

这一去，又是山高路远。长途跋涉，一路上，少不了又遇上些像苦清坳那样的贫苦百姓，两人都是一路的宣传。

"大家想想看，我们现在的生活如此的贫穷，你知道慈禧和她的官员们都在干些什么？他们仍然是过着醉生梦死，奢侈糜烂的生活，根本就不管百姓的死活，国家的存亡。清光绪二十年的甲午战争，中国的海军全军覆灭。大家以为，为了国家安宁要重建海军的，可慈禧却拿着各处捐来的建海军的钱建颐和园、建寿陵、造佛照楼、建正阳门，在颐和园里请酒唱戏。她庆祝六十大寿的时候，在颐和园大摆筵席庆祝，银子花了一百多万两，据亲身参加的官员们说，历史上记载的任何帝后的酒宴都没有它奢侈。而这庆典的举办，恰是前线战事大败的时候。三千将士阵亡，致远舰沉海，举国上下都在哀痛之中，这时候她居然有心情大办筵席，你们说这哪是个皇太后？整个一败家娘们。朝廷里皇亲贵族们的筵席吃得花天酒地，而我们的贫苦百姓连口稀粥都喝不上，你们说，这样的皇帝我们要他们干什么？这样的朝廷我们要它干什么？"陈天华双手高举，奋臂疾呼。

"推翻她！推翻它！"

"慈禧这样祸国殃民，把她五马分尸都不过分。"

"这样的朝廷不顾百姓的死活，早就该垮台了。"

群情顿时激愤起来。

"对，现在我们醒悟的时候到了，我们不要这样的皇帝、我们不要这样的朝廷了，我们一起来推翻他们。"姚宏业在推波助澜。

"你们什么时候举义旗？我们大家都响应，一起推翻这个腐朽的清政府。"大家反应激烈。

"好，只要外面一起事，我立刻派人来联络你们，共同反清。"陈天华说。

经过半个月的风餐露宿，一个黄昏的时候，两人终于抵达吉安营房统领府。

望着有点不成人形了的两个人，廖名缙非常地惊奇："你们两人这乞丐打扮，蓬头垢面，是不是一路乞讨过来的？"

"差不多吧。"陈天华轻松地笑了笑，一路上成绩不错，辛苦一点又有什么要紧？

姚宏业正容道："笏堂兄，我们从省城一路走来，途中又在洪江会待了几天，算来在路上差不多有一个月了，我们走的又不是官道、近道，而是哪里山高林密就从哪里走，所以，就弄成现在这样子了。"

"噢！辛苦了！辛苦了！兄弟们，辛苦了！快请进！"廖名缙拱手道。

门口的卫兵看到统领对这两个乞丐模样的人如此尊重，十分的诧异，瞪眼看着三个人往统领府走去。

陈天华、姚宏业随廖名缙走进了虽然不大，但也威风的统领府。

"环境不错啊！笏堂兄，回国后怎么就进江西军营了？"陈天华环视四周赞道。

"这个说出来有点不好意思，但我们是好兄弟，就照实说了。从日本回国后，在家闷了很长一段时间，一直没找到安置的地方。后来，父亲的一个把兄弟从江西回湘西探亲，无意中透露出他与吉安官衙往来频繁，非常谙熟。正愁着怎样安置我的父亲听了大感惊喜，于是父亲请他帮忙，打通诸方关节，父亲出银三千两，又加上我有日本士官生的身份，很快就弄上了个巡防营统领当……"廖名缙说。

"笏堂兄这是沐浴皇恩呀！"陈天华故意说。

"星台兄，你就别笑话我了，我这小官是捐来的，这让我也看懂了清廷的腐败，你不花钱，没关系，本事再大也是枉然。"廖名缙有些惭愧地说。

"笏堂兄，记得我们当年在一起闲聊的时候，你也是有一腔宏愿报效祖国的。"陈天华回忆道。

"笏堂从未忘记过，现在虽然管辖着吉安的防营兵，也正准备着手训练新军，说心里话，我还是觉得吉安地方太窄，难以实现我报效祖国的鸿鹄之志。"廖名缙有些落寞地说。

"笏堂兄，我们此次来，就是想给你一次大展宏图的机会。"陈天华说。

"真的吗？星台兄说来听听。"廖名缙听了，顿时喜出望外。

"既然都是兄弟，我就开门见山了，我们在长沙成立了一个华兴会，准备趁慈禧举行七十大寿的时候，举行起义，彻底推翻清政府。起义的发起点在长沙，然后点燃全国的战火。我们一路走来都是发动沿途穷苦百姓参加，但你这里才是我们联络的重点。"陈天华说。

廖名缙听罢，大喜过望道："回国这段时间，我看到了国家的腐败和落后，要想在这样一个腐烂不堪的基础上派生出一个健全的、合法的政府已是不可能的事情。同时，我也看到了国家的希望所在，像你所写的《猛回头》《警世钟》就是国家和民众的希望所在。现在只有一把火烧掉已经腐败的，阻碍社会发展的政权，新的有生命力的政权才能健康成长起来。就像我们小时候放火烧山，被火烧过的山坡，长出来的幼苗更茁壮，更有生命力，因为它们挣脱了一切的束缚。"

陈天华听了，大喜，原以为要说服支持君主立宪的廖名缙支持革命需多费口舌，还不一定能成功，没想到他的思想意识已经有了根本的转变。

"笏堂兄的这个比喻对极了，一针见血，可敬！可佩！"陈天华由衷赞道。

"既然笏堂兄把眼前的局势看得这么透彻，那我们也无须多言了，只等起事的时候，一起发力。"姚宏业说。

"只等一声令下，我带领兄弟们一起响应。"廖名缙坚定地说。

在廖名缙的盛情邀请下，陈天华和姚宏业在吉安休整了两日，又要离去了，他们此去是遵照黄兴会长临行前的指示去醴陵与刘揆一会合。

第五十二章 加盟仪式

进入了人多眼杂的醴陵，陈天华和姚宏业寓居在刘揆一为他们联系好的关家巷何祠。为了契合身份，陈天华和姚宏业脱下乞丐装，在一家估衣铺定做了一套新衣，然后形象全变，变成了羽扇纶巾，风流倜傥的公子哥儿。

刘揆一从日本回来后，在龙璋和黄兴的帮助下做了醴陵学堂的学监。在这里，他也是沿袭他一贯的作风，自由散漫，我行我素，倒也是迎合了很多思想渐渐解放的年轻人，而在那些思想迂腐的老古董眼里，刘揆一则是个无法无天，藐视一切的家伙。

校董是一个思想迂腐的老学究，对于当前学校学生男女混杂的状况不止一次哀呼："成何体统！成何体统！男女授受不亲也！"刘揆一为了驳斥校董这种观点，想出了个办法。一天，他把自己的眼睛蒙起来，摸索着走进教室，走上讲坛，还边走边说："男女授受不亲也！班里有女生，我只好蒙着眼睛上课。"逗得同学们哄堂大笑。事迹传遍校园，从此校董也不再哀呼：男女授受不亲！如此事迹不胜枚举，他像是一个时刻与旧习、恶习做斗争的斗士，在嬉笑怒骂中把它们一个个破解开来。

刘揆一明面上的身份是醴陵学堂的学监，暗地里却与马福益来往频繁，时刻向马福益他们传递着华兴会的信息。陈天华和姚宏业跟他见面后，把各自的情况汇集了一下，认为一切都很妥帖，便想着把情况通报给黄兴。

于是陈天华赶紧给黄兴写了一封信，讲述了自己和姚宏业找到洪江会的经过，并阐述了自己对于洪江会与华兴会的合作意见，汇报了廖名缙那里的策反情况，转述了刘揆一与马福益交流的情况。洋洋洒洒写了上万字，交给醴陵人漆英带给黄兴。黄兴看了陈天华写的与洪江会的合作意见后，认为此事可行，为了不耽搁陈天华原来的行程，就另外派人与洪江会联络。洪江会同意与华兴会合作，合作的议案多数采用了陈天华写给黄兴的信中的内容。

浏阳普迹市，三面靠山，一面临水，民情淳朴，尚武侠义。马福益为发展哥老会会员,壮大反清阵容,也是为了华兴会的起事,特意在普迹市的夏氏祠堂办起了武馆。夏氏是浏阳地方上有名的大族,人马甚众。武馆初办,马福益就摆场子展示功夫,几天之后,大家就见识了马福益高超的武艺,纷纷拜在他门下,还有人建议他在武馆门口拉上一面"马"字大旗以招揽门徒。马福益怕引起官府的注意,提前暴露了起事的事,没有采纳。

1904年9月24日(农历八月十五中秋节),距华兴会起义计划日期临近,浏阳普迹市按照惯例举行牛马交易大会。

马福益决定将这个牛马交易大会的日子作为哥老会开堂拜盟的日子,宣布正式加入"同仇会"。同黄兴等人进行最后沟通后,黄兴命令刘揆一、陈天华前往参加并配合行动,在会上举行授予仪式授予马福益少将头衔,同时赠予哥老会长枪二十支,手枪四十支,马四十匹。

收到黄兴的指示后,陈天华积极联络洪江会一些混在本地的会员参加普迹市的牛马交易大会,以制造声势。刘揆一则吩咐马福益,在牛马交易市场搭一高台,到时在高台上举行授予仪式。

中秋节是个传统而隆重的节日,加上陈天华他们这段时间的动员,这天前来骡马集市的人比往常更多。

熙熙攘攘的人群里,陈天华、刘揆一急急往夏氏武馆走去。

此时,马福益的徒弟们都聚集在武馆里听马福益训话。看到急忙走来的陈天华、刘揆一,马福益遣散了徒弟们,引陈天华和刘揆一进入卧室。刘揆一是老相识了,陈天华还是第一次见面,刘揆一给他们做了引荐,双方抱拳施礼。

"马兄,黄兴会长指示我和星台兄前来举行授予仪式,台子扎好没?"刘揆一说。

"已搭好,我这就引你们去看。"马福益说着带着他们俩往集市走去。

果然,在市场的中心地方,有一个木头搭的台子,马福益的徒弟们已将台子布置妥当。

陈天华取出华兴会的会旗,那是一面鲜红色底,上面有腾飞的黄龙的旗帜挂在台子的正中间,马福益面向会旗而立,举起右手,对会旗宣誓。

领马福益宣誓的是刘揆一,他说:"我此次代表黄兴会长而来,黄兴会长说从今天开始,马福益同志正式成为同仇会会员。现在请马福益同志跟我一同诵读同仇会的宗旨:振兴中华、扫除帝虏、驱除列强。"

马福益接着念道："振兴中华、扫除帝虏、驱除列强。"

宣完誓以后，刘揆一又宣布："马福益同志，横贯江河，声名远播，我同仇会，特授予你为少将军衔。并赠予长枪二十支，手枪四十支，马四十匹。"

陈天华则双手捧上一套簇新的军服。

马福益双手接过。

陈天华说道："任重道远，愿君为中华倡。"

马福益铿锵有力地说："誓为救我同胞生！誓为救我同胞死！团体在，我在！团体亡，我亡！"

仪式非常庄严，观看的人很多，影响很是显著。

接下来的一段时间，哥老会很多会徒相继加入"同仇会"。看着日益壮大的队伍，陈天华他们心里很是高兴，心想，只等日期一到，就跟腐败的清政府决一死战。

第五十三章 筹备起义

当黄兴、陈天华、刘揆一、姚宏业等人在长沙紧锣密鼓抓紧筹备的时候，上海的杨笃生、吴樾等"横滨暗杀团"人员也开始蠢蠢欲动。

被称为不夜城的上海，黄浦江外滩的夜晚也是格外的迷离。江边的微风里，杨笃生和光复会的创始人蔡元培、陶成章正并肩走在沙滩上。

"听说你们湖南成立了一个'华兴会'？"蔡元培说。

"是的。"杨笃生点头称是。

"你们的主旨是？"陶成章问。

"振兴中华、扫除帝虏、驱除列强。"杨笃生说。

"有魄力！主要领导人是谁？"蔡元培赞道。

"黄兴、宋教仁、刘揆一等。"杨笃生答道。

"陈天华不是吗？听说他也回国了的。"蔡元培问。

"陈天华也是，主要负责人有十二个。"杨笃生说。

"都是几员虎将啊！我们特别了解的是陈天华，他的《猛回头》和《警世钟》可是尽人皆知。"蔡培元说。

"的确，湖南有不少有名的反清志士。"杨笃生说。

"毓麟君，你的《新湖南》影响力也是不小，还有蔚丹君的《革命军》，遁初君的《灭汉新策》，这就是一个群雄奋起的时代，时势造英雄啊！"陶成章说。

"各位领导的'光复会'，孙中山领导的'兴中会'和我们的'华兴会'等等反清团体，都是这时代的弄潮儿。"杨笃生说。

"我们都有相同的奋斗目标，所以，大家应该团结起来，对付我们共同的敌人清政府。"蔡元培说。

"据说焕卿君以前有过刺杀慈禧的行动，勇士啊！"杨笃生说。

"嗨！惭愧！怪焕卿办事不力，都没成功，如果早把慈禧灭了，现在就不会由着她祸国了。"陶成章说。

"不怕，只要我们有决心，有信心，灭她是迟早的事。"蔡元培坚定地说。

"是的，想要灭掉慈禧的绝不是一、两个人，大家同心协力。"杨笃生说。

"毓麟君，你们华兴会是不是也有暗杀慈禧的计划？"陶成章问。

"我们确实有此计划，所以，多方面了解一下。"杨笃生说。

"慈禧这老妖婆，精明得很，她整天躲在她的储秀宫里，轻易难靠近，所以，你们一定要寻找到最佳时机。但愿你们能够成功！我们等待你们的好消息。"陶成章握住杨笃生的手说。

……

为了暗杀任务的顺利实施，杨笃生和吴樾每天都在琢磨炸药，这不，又有了新的想法，他们想把炸药升级做成炸弹，这样携带方便一些，也不容易暴露。

吴樾，字孟侠，安徽桐城人。吴樾家境清贫，八岁丧母，其父外出谋生，靠兄长抚养。自幼读书，喜诵古文，尤好读史，颇具游侠之气。1900 年，满清政府与帝国主义签订丧权辱国的《辛丑条约》，民族正面临生死存亡的危急关头，吴樾悲愤交加，毅然北上，寻求救国救民之道。1902 年，入保定高等学堂。1903 年，阅读邹容所写的《革命军》一书，受到启发，走上了革命的道路。1904 年，经蔡元培介绍加入光复会，会见革命党人赵声，共商反清革命活动，由赵声介绍结识杨笃生。

吴樾在研究炸弹的同时还不忘写自己的得意之作《暗杀时代》作为自己研究炸药的心得："夫排满之道有二：一曰暗杀；二曰革命。暗杀为因，革命为果。暗杀虽个人而可为，革命非群力即不效。今日之时代，非革命之时代，实暗杀之时代也……"

为了掩人耳目，他们在一条很隐蔽的小巷里租了两间民房，白天研制，晚上就到黄浦江远离人群的偏僻处试验。眼看试验就要成功，吴樾却因为家里有急事回家了，杨笃生缺少了助手，只能暂时停下。

正在这时苏鹏、何海樵、周来苏、张继纷纷回到上海。新加入的张继是河北沧县人，1899 年赴日本早稻田大学留学。1903 年因与邹容、陈独秀一起剪掉了学监姚文甫的辫子，被逐回国。回国后与胡璋等在上海创办《苏报》，苏报案发生后离开上海，后任明德学校的历史教习，与黄兴相识。他也是华兴会的主要领导人之一。听说杨笃生在试制炸弹，大家加入了制造炸弹的行列，成立了五人暗杀小组，准备北上刺杀慈禧。

知道此去危险重重，五个人都写了遗书寄给家人，以表达视死如归的决心。

五人去到北京后，他们并没有直接去到北京，而是先抵天津，租了一间房暂住，在那里购买好了制造炸药的硝药、铁弹、引线等物品，再悄悄地潜入北京，在北京的草头胡同租得住所，然后，开始出去打探慈禧的动向。探听到消息，慈禧此时应该正在颐和园避暑，他们准备以投考入学的身份进入颐和园，择机行事。但是，清廷防卫严密，进入颐和园十分不易，更别说带入炸药了，最后，只好选择在西直门与颐和园之间的近河道上埋设炸弹，将引爆线通到附近的芦苇丛中，只待慈禧的车驾回宫通过此地，便引爆炸弹，将慈禧炸死。他们每天轮流去守候，整整滞留了一个夏天，都没寻着慈禧的影子，所筹的旅费已用尽，暗杀只能告一段落。后来据说是慈禧病了，整个夏天都龟缩在承德避暑山庄，五个人气得捶胸顿足，早知道去承德炸那老妖婆了。

华兴会的行动正常进行，眼看大举的日子一天天临近，黄兴他们对各处的起义人员都做了具体的安排。

省城以武备学堂学生联络新旧各军为主，哥老会众为辅。

城外则分五路响应，并指定谢寿祺、郭义庭组合浏阳、醴陵义军；申兰生、黄人哲组合衡州义军；游得胜、胡友堂组合常德义军；萧桂生、王玉堂组合岳州军队；邓彰楚、谭菊生组合宝庆军队，

湖北方面宋教仁已跟新军联络好，到时发动兵变，支援湖南的起义。

江西方面，廖名缙已派手下邹永成前来联络，共商起义事宜。

湘、粤、赣边地，则由姚宏业前去联络，因为他跟陈天华之前在那里已经播下火种。

新化方面是谭人凤、周辛铄为首，他们负责带领组织好的会党和农民发动起义，攻打宝庆府，策应长沙城里的起义。

黄兴和陈天华则驻守在长沙总部，每天接收各分部传来的消息，然后进行总体安排。一切准备工作都在有条不紊地进行。

只是黄兴派戴哲文去日本购买的枪支还没运到。戴哲文，字骏友，号石屏，湖南新化县顿信团人。1897年考入长沙时务学堂，与同学蔡锷结为至交。戊戌变法失败后，梁启超逃亡日本，时务学堂被迫解散。戴哲文与蔡锷前往武昌，准备入两湖书院继续学习，却因曾是时务学堂学生被拒之门外。

两人又前往上海准备报考南洋公学。十月，他邀蔡锷回到新化戴家凼一起研习功课。1899 年，蔡锷应梁启超之邀，前往日本留学，并在就读期间积极参与反清爱国活动。受其影响，戴哲文也于 1902 年东渡日本，在朋友的帮助下积极投身革命活动，并准备自费入校就读。华兴会成立后，戴哲文准备返回长沙参加华兴会，正为采购军火发愁的黄兴即指派戴哲文从日本购置一批军火回来，他欣然领命。

这几天黄兴和陈天华都在焦灼地等待戴哲文的消息。半个月前，戴哲文从日本买回来的枪支已运达上海，没找到合适的船只运回长沙，后来还是龙璋派他的轮船公司的船到上海去接应，按理说这两天应该要到了。

天色早已暗下来，下了一天的雨还没停歇的意思。黄兴去龙璋那里打探消息了，长沙总部，现在只剩下陈天华一个人留守。

突然，一阵敲门声响起。

陈天华警惕地问："谁呀？"

"星台，是我。"门外响起的是黄兴的声音。

打开门，黄兴步履匆匆走了进来。

"星台，快做准备，上海的枪支马上到，我们赶紧去接应。"黄兴说。

"好！我马上准备。"陈天华说完，起身赶紧去找了两件雨衣，和黄兴一起消失在雨中的黑夜里。

顶着暴雨，租了三辆黄包车来到湘江边。夜已深，又下着暴雨，除了江边停泊的船只，路上几乎已没有行人。按照事先约定的联络暗号，黄兴和陈天华来到一艘挂着马灯的江轮边，早已迎候在那里的戴哲文马上把他们引进船舱。

一捆捆用油纸包好的枪，一个个装满子弹的木箱，黄兴、陈天华和戴哲文一起，小心翼翼把它们搬到黄包车上。为了保密，黄兴拒绝了黄包车夫要来帮忙的请求，都是三个人亲力亲为。

待把枪拉到总部的时候，已是深夜，但三人一点都没感觉到累，又把枪从车上卸下来搬进房间。

把门插好，油纸打开，当一把把黝黑铮亮的枪出现在眼前时，三人眼里都放射出惊喜的光芒，仿佛看到了一道道胜利的曙光。

枪到齐了。自制的炸药和其他武器也在一间小型的秘密工厂里夜以继日赶造。配制炸药的是明德学校的化学教员日本友人崛井觉太郎。崛井觉太郎是日本神户人，毕业于日本神田大学。目睹清国留学生大批涌入日本，通过一段时间的了解，他深感中华民族积弱日深，政治腐败，不可能有像日本明治天皇一样的开明君主，能让日本迅速焕然一新。对于这样的国家，只有推翻原有的统治，重新开始，才会有新的希望。他想着要为中国的变革出一份力，于是，他跟中国留学生做朋友，并随他们一起来到中国。当明德学校招聘化学和物理教员时，他毅然走上了明德学校的讲台，希望把国外先进的经验和技术灌输给明德的学生们。他跟黄兴是好朋友，所以，黄兴有需要的时候，他毫不迟疑答应了。

黄兴和陈天华随着崛井觉太郎来到储存武器的地方，崛井觉太郎指着一堆堆生产好的武器跟他们介绍："这里是剑、这里是大刀、这里是匕首，这里是长枪、这里是短枪、这里是炸弹，这个炸弹，我保证杀伤力大大的有。"

望着满满当当的武器库，黄兴高兴地握着崛井觉太郎的手说："非常感谢崛井君给我们的帮助！"

崛井觉太郎则说："任务还很多，等完成任务再谢，到时我们喝上一杯。"

"好的，等到胜利，我们大摆庆功酒，你一定是功臣。"黄兴爽快地说。

从武器工厂出来，黄兴和陈天华又去到彭渊恂那里。彭渊恂一方面负责外购武器的保管；另一方面就是利用职务之便，在湖南新军里挑选可以策反的人。

经过一段时间的观察，他发现了一个可以策反的人，他叫陈作新。

陈作新1870年出生于浏阳永安镇，自幼过继给其伯父陈伊鼎为子，陈伊鼎学识渊博，主讲于浏阳狮山书院，故落籍于此。陈作新随伯父就读，打下了深厚的国学根基。

陈作新青少年时代，专攻八股文，从十四岁开始先后参加过六次科举考试，每次都"名落孙山"；但在外县替人作"枪手"五次，却有三次获售，曾得到过三百多两银子的报酬。由此，他认识到清廷科场的腐败，遂放弃了科举取士的欲望。迫于生计，他于1896年到李芳生家教书，教学之余，在李家藏书中，读了王夫之的《船山遗书》、黄梨洲的《宋元学案》、《明儒学案》、魏源的《海国图志》等书。

长沙名士彭梅生在东长街创立"国民教育阅书处"，邀约陈作新作助手，陈作新又读了许多翻译的新书，他开始对于外部世界有所了解，领悟其中的道理，从而产生了改造社会、变法图强的思想。

1897年10月，谭嗣同等维新志士在长沙创立时务学堂，陈作新准备投考，此事为王先谦所阻，未能如愿，他为此而愤愤不平，经常借酒消愁，醉后放言无忌，大骂守旧派王先谦等人，并表示今后一朝得势，定要杀尽这些老朽。随后，他用笔名陈汝弼，字莨诚，与一批志同道合的爱国之士组织"碧螺吟社"，砥砺气节，吟诗作赋，"启人爱国之思"。

次年2月，谭嗣同、唐才常等人在长沙发起成立"南学会"，该会"专以开浚知识、恢张能力、拓充公益为主义"，与湖南守旧派展开激烈的斗争。陈作新经常去听"南学会"组织的讲演，赞成维新派的变法主张。

1898年9月，戊戌政变发生，谭嗣同等维新志士殉难。陈作新认识到通过改良的道路难达到救国的目的，于是产生了"弃文就武"的想法。他拍案大呼："天下正多事，男儿岂久事笔砚间哉！"

从此化名程秉钺，改投唐才常领导的自立军。他来到汉口，唐才常深知他疏狂不羁，怕因酒误事，派他到湖北安陆一带组织自立军。因为安陆有一位名叫许行健的会党头目，此人是个"老江湖"，群众基础很好，可以协助他开展联络工作。陈作新到达安陆后，许行健劝他参加会党组织，他拒绝了。既不入会，留在安陆也无所作为，于是他又回到汉口。然而自立军起事主要是依靠会党作为主力的，如果领导人不加入会党组织，就很难联络会众。

唐才常得知陈作新不愿"卷入江湖"的想法后，表示"为事业而卷入江湖，不同于无目的耍江湖"，要他在对待会党的问题上"再考虑考虑"。

其时，正值崇阳、通城一带会党统领谢大哥病危，群龙无首，唐才常又派陈作新去崇阳、通城一带接管。他刚到崇、通等地后，变起仓促，1900年8月22日，唐才常等二十余人死难，汉口自立军机关被破坏。陈作新化装成游学先生逃回故里。这次以会党为主力的起事悲壮地失败了，他深切地感到："非大改革不足以救亡非拥重兵不可"，"徒恃会党无益也！"

1901年9月，清政府连发两道谕旨，整顿兵制，"各省会设立武备学堂"，"先就原有将弁择其朴实勤奋者遴选擢用"，以培养将才，练成劲旅。陈作新认为这是一个极好的机会，次年，他改名陈竟存，字涤非，身穿一件酱色宁绸镶有青锻五云的得胜马褂（清末新军军官服），左右袖各有金边三道（表示官阶的），足登快靴，自提笔墨袋，前往报考。

留日学生、湖南试用道俞明颐是时担任武备学堂总办，亲自主考，本拟录取，但因有人控告他"假冒军官"，所以当1903年5月武备学堂正式开学时，新生中又没有他的名字。

同年十一月，幸好武备学堂附设湖南兵目学堂，他更名陈作新，字振民，投考该校，因字写得好，加上龙璋的推荐，陈作新得以入兵目学堂学习。

此时，站在黄兴和陈天华面前的陈作新，精神抖擞、神情坚定。

"兄弟，想来你也是知道我们要做什么了。"黄兴开门见山。

"希明兄给我透露过一些，说是你们准备发动长沙起义。"陈作新说。

"没错，你能发动一些新军兄弟跟你一起，参加我们的起义吗？"黄兴问。

"可以的，我们新军里面有不少的人痛恨清政府的腐败、专制、无能，早就想推翻他们了，我们有很多情投意合的兄弟都在一起商量过了，只要谁反清，我们都拥护。"陈作新说。

陈天华说："那好呀！我们起义就是要推翻清政府。"

陈作新顿时两眼放光，急切地说："太好了，什么时候动手？我们积极响应，只要起事成功，湖南就是我们的了。"

"不仅湖南，全国都是我们的，我们要从湖南开始，把起义大旗插遍全中国。"黄兴信心十足地说。

"好！我们做梦都想要参加这样一场轰轰烈烈的彻底推翻清朝统治的革命。"陈作新说。

"以后我们就是战友加兄弟了。"陈天华走过去，拥抱了他一下。

"兄弟贵姓？我们还不知两位的尊姓大名。"陈作新说。

"我叫陈天华，字星台。这位是黄兴，字克强。"陈天华指着黄兴说。

当陈作新知道站在自己眼前的人是黄兴和陈天华时，更是激动万分，表示一定听从他们指挥。

第五十四章 起义泄密

原以为，万事俱备，只欠东风。接下来，事情却发生了意想不到的变化。由于马福益的少将授予仪式是在半公开状态下进行的，各地都在传扬这件事情，风声也传到了官府，因为没有真凭实据，官府暂时也没敢动。

岳麓书院的老顽固王先谦一直窥伺着新学界的动向。华兴公司成立后即引起他的注意，因为他发现那些股东里面很多人都是支持新学的人，特别是总经理禹之谟，更是他特别关注的人。于是，他派他的门徒刘佐揖混入了华兴公司，暗地里监视华兴公司的一举一动。武备学校学生朱某，不小心将起义的事情泄露给了刘佐揖，得到消息的王先谦立马将此事密告了巡抚陆元鼎。至此黄兴、宋教仁、陈天华、刘揆一、马福益等华兴会人员完全暴露。

10月24日，陆元鼎一面下令抓捕革命党首领，一面加强了长沙及各地的防范，并派大批官兵围剿马福益的哥老会的老巢湘潭茶园铺矿山。

武器筹齐后，华兴会又给了马福益第二批枪支弹药，补充装备。马福益收到后正准备回湘潭召集哥老会会党准备行动。

其时，马福益和他的一个贴身侍卫正飞马奔走在去湘潭的路上。蓦然看见前面有一个公差模样的，正神色紧张地从另一条路上插过来，与马福益他们同向而行，往前急马奔走。心思缜密的马福益心里一凛，官差这么死命奔走，一定是发生了什么大事，这节骨眼上，千万不能出什么事端才好。他向旁边的侍卫使了个眼色，侍卫立刻明白了他的意思，策马向前，挡在了公差前面说："请问伙计，岳塘村该怎么走？"

那公差一看其貌不扬的侍卫竟敢挡自己的路，大声呵斥道："瞎了你的狗眼，竟敢挡本大爷的路。"

侍卫不待他骂第二句，拍马近前，一掌过去打昏了他，然后搜他身上的公文，可翻遍包袱和衣服都没找到一张纸片。

难道是自己判断有误？马福益忖道，并亲自上前在他身上摸索起来，最后，在他的内衣的内袋里面摸到了一薄薄的硬物，拿出一看，正是一封公文。把封着火漆的信封拆开，抽出里面的公文纸一看，竟把马福益吓出了一身冷汗："不好了！情况有变，官府已经知道起义的事情了，现四方文告，迅速缉拿起义头目，并准备围剿茶园铺矿山哥老会老巢。"

侍卫听了也是吓呆，问："大哥，我们现在该怎么办？"

"快，你速携了公文，往长沙明德学堂找龙璋，让他尽快通知黄兴和陈天华他们逃走。我速回湘潭遣散哥老会人员。"马福益当机立断。

侍卫把公文藏好，绑紧腰带，急速策马赶往长沙。

待侍卫走远，马福益看见躺在地上还没醒过来的公差，觉得此人不能留，便一脚踹过去，那人顿时七窍流血，气绝身亡。马福益迅速把他拖到旁边的草丛里，折了几根树枝盖上，然后往湘潭方向奔驰而去。

侍卫赶到长沙的时候，天已黑，他一刻也不敢停歇，直接来到明德学校，说要找校董龙璋。

门卫见侍卫走得急，也不敢怠慢，急忙去通知龙璋。

龙璋到门卫室一看，不认识侍卫，问他："你是谁？找我何事？"

侍卫也不认识龙璋，只说："我是马福益派来的，有要事相告。"龙璋听说是马福益派来的，赶紧拉他去校董室，问他马福益有什么事情要找自己。侍卫把公文递了上去，龙璋一看，大事不好，赶紧找到门卫说："快！叫辆黄包车。"

龙璋直接来到彭渊恂的寓所，找到黄兴和陈天华，把公文给他们看。公文上写道：……卯时动手，全省统一，着速捕缉黄兴、陈天华、刘揆一、宋教仁、马福益等各逸匪首，务获究办。切饬各洋关，遇有轮船抵口，务须认真稽查，以免匪徒私运军火，混迹滋事。……

彭渊恂失色道："我赶快给你们找个地方藏起来。"

黄兴冷静地说："不用，你这里也不安全，这里离圣公会很近，圣公会是外国人开的，官府一般不敢随便得罪，我们还是去圣公会躲躲。"

于是两人迅速离开，往圣公会奔去。

马福益赶到湘潭茶园铺矿山的时候已是寅时二刻，眼看卯时很快就到，却见四周安安静静的，也没见有什么不妥的地方。马福益以为除掉了公差，没收到公文的衙役们不会那么快找上门来，心想，现在漆黑麻黑的，要通知哥老会的人聚集很困难。赶了一整天路了，又累又饿，不如干脆休息一晚，养足精神，明早再做打算。

却不料官府异常狡猾，他们怕万一出现状况，在第一拨差役出发三小时之后，又派遣了第二拨，这完全出乎了马福益的意料之外。

卯时刚过，山脚下出现了密密麻麻的火把，卫兵们一看情况不妙，赶紧去通知马福益。

矿山石灰窑内，惊慌失措的卫兵终于将鼾声大作的马福益摇醒："大哥，不好了！不好了！清兵从四面包围上来了。"

马福益霎时清醒过来，知道出大事了，疾速穿好衣服，拿了开堂拜盟的时候，华兴会赠送的小手枪，提了挎刀，赶紧出了窑洞。

洞外，哥老会会员们已和清军厮杀在了一起。毫无防备的会员们怎么是有备而来的清军的对手？一时被清军包了饺子，死伤无数。幸好是晚上，又熟悉地形，部分哥老会会员们利用这些优势与清军进行殊死搏斗。

马福益出得洞来，便遇上大批的清兵围攻。近身的搏斗，手枪已没多大的用武之地，他索性抽出挎刀，冲进敌军阵容。这时候，平时练就的一身功夫有了用武之地，马福益如入无人之境，左砍右砍，近身的清军纷纷败退。见此情形，旁边的哥老会会员们大受鼓舞，也是勇往直前，局势开始扭转。一场肉搏之后，清军往后撤退，开始逃跑。马福益追上去拔出手枪，又撂倒了几个逃跑的清兵，其他的哥老会会员欲跟着追上去，马福益制止道："穷寇莫追，清军只是暂时的后退，天亮后，他们应该还有大批的援兵赶到，我们现在得利用天黑的优势赶紧撤离，等天亮就来不及了。"

大家听了，收住脚步，跟着马福益往南撤去。

长沙城共设九座城门，东有浏阳门、小吴门；西有大西门、小西门、潮宗门、通泰门；北有湘春门、云阳门（新开门、兴汉门）；南有黄道门。城内有东正街、浏正街、南正街、北正街、西正街等街道通向各城门。此时每条正街上不断有巡防营的人走来走去，时不时揪住一个路人盘问一番。每道城门也是戒备森严，门墙上张贴着火急捉拿黄兴、陈天华、刘揆一、宋教仁和马福益的榜文，来往行人都要仔细盘问。

因为马福益截获的公文及时送到，长沙城里的几个人都及时避开了缉捕，清兵一个都没抓到。经过几天的疯狂，他们像是一只只斗败的公鸡，无精打采地回了老巢。

圣公会的钟声像往常一样，敲醒了长沙的黎明。谁都没想到，黄兴、陈天华、刘揆一正躲藏在圣公会新建的钟楼上。钟楼的大钟下面有一小室，此刻，小室中间的圆桌上摆满了黄吉亭送上来的早餐，有牛奶、面包、鸡蛋等。

"大家过来吧，可以吃早餐咯！"黄吉亭招呼道。

"早餐还挺丰盛的，辛苦瑞祥兄了！"黄兴说。

"在这样的地方就餐，我们可是头一回，以前想都未曾想过。"刘揆一说着大快朵颐起来。

只有陈天华呆呆坐在那里没动。

"星台兄怎么啦？不喜欢这样的西式早餐？"黄吉亭问。

"不是，我是有点担心遁初兄和马大哥，不知他们能否逃出清军的魔爪。"陈天华忧心忡忡地说。

"这个我看不用担心，遁初远在武昌，估计这缉捕行动一时间还无法波及到湖北，马福益是给我们提供信息的，他自己不可能不懂得躲避。"黄兴分析说。

"我看黄会长分析得不错，你们就安心待在这里，等风声过去再做安排吧。"黄吉亭说。

说来也是巧，本来宋教仁听从黄兴的安排，要早些回长沙与黄兴、陈天华、刘揆一他们会面的。那天，他与同乡好友陈犹龙同游鹦鹉洲，不想陈犹龙突然晕倒，宋教仁把他送到医院后，出于同乡之情，又陪他在医院住了几日。等到他动身回长沙的时候，在火车上遇到清兵搜查，也许因为清兵认为逃犯会从长沙逃往别处，没想到有逃犯会从别处回长沙，查他身上没携带什么危险品，也没再多问。待到长沙火车站准备下车的时候，陡然发现车站气氛不对，站场内外到处站满清兵，忙又退回车厢，躲在厕所里，直到火车重新返回武昌他才下车。

回到武昌后，很快，他就得到了起义事泄，长沙官府正在缉捕他的消息，为避免意外，他赶紧收拾行装，乘江轮去了上海。

他前脚刚走，武昌的差役就找上门来，等他们踢碎门进到房间后，才知道已人去屋空。

再说马福益他们，当晚杀出一条血路，带领剩下的哥老会人员逃脱清军的追捕后就一直往南逃。起初一段时间，他们不敢走大路，一直在深山老林转悠，渴了喝口泉水，饿了摘几个野果，白天不敢生火做饭，晚上也不敢燃篝火驱寒。直到半个月后，进入了广西境内，才算脱离险境，并找了一处山高林密的地方安营扎寨，休养生息。

第五十五章 设法逃脱

陈天华、黄兴、刘揆一在钟楼上也蛰伏了不短的一段时间了。虽然在这里也非常安全，但终究不能阻挡他们追求自由，实现革命目标的心。

每天，黄吉亭在给他们送饭的时候都要带来外面的消息。据黄吉亭讲现在清兵还没有放松对他们几个的追捕。他们成天拿着他们的画像在街头晃悠，碰上他们觉得可疑的人，都要拿出画像核对一番，各城门口对出城的人也是严加盘查，现在要出去是非常难。

"这样看来，他们也认为我们一直在城里，还没逃出去。"陈天华说。

"可我们也不能在这里躲上一辈子啊！我们有枪、有子弹，干脆冲出去算了。"刘揆一说。

"霖生，不能蛮干。清兵现在正在搜捕我们，肯定准备也是很充分的，我们这几人能对付得了这么多清兵吗？要保证安全，只能智斗。"黄兴说。

"要么我们化装成山民，从城门口混出去。"刘揆一道。

"这个方法行不通，城门口盘查得很严，出去的人都要用画像比对。"黄吉亭摆手说。

"要么我们带上一袋石灰，等出城门的时候往守门人脸上撒上一把，趁他们眼睛看不见的时候跑出去。"刘揆一又是心生一计。

黄兴道："我认为这个可以一试。"

黄吉亭马上摇头说："这跟带上枪闯出去是异曲同工啊！"

陈天华好久没插嘴了，像是在思考什么问题。

"星台，你想到什么法子没有？"黄兴问。

陈天华像是回过了神来，说："我倒是想到了个办法，却怕是又要连累圣公会。"

"什么办法？说出来听听。"黄兴、黄吉亭几乎是同时说。

陈天华默不作声。

"星台，你说话素来爽快，怎么今天吞吞吐吐的？我快被你憋死了。"刘揆一催促道。

陈天华却是偏偏不说，只对黄吉亭耳语了几句。

黄吉亭点头道："这方法不错，可以试试。"却也不说是什么办法。

刘揆一可耐不住了，直问道："星台，你在搞什么鬼呀？"

看刘揆一猴急的样子，黄吉亭笑道："别急，到时就会知道，最慢也就明天，你是一定会明白的。"

黄兴看陈天华和黄吉亭神神秘秘的样子，也是觉得好奇。

第二天，黄吉亭把早餐送来后并没有像往常一样陪他们三人聊一会，而是坐黄包车出去了。直到中午，黄吉亭才回来，从钟楼小屋的窗口看到，他没有坐黄包车，而是牵回了黄、白、灰三匹颜色不同的马，黄色的马背上驮了一个鼓囊囊的大包，黄吉亭很吃力地把它从马背上提溜下来。

中餐的时候，黄吉亭把那大包也拎了上来。

"各位先吃饭，等你们吃完饭，我才揭秘。"黄吉亭仍然是一副神秘兮兮的样子。

"亏你还是一个牧师，鬼头鬼脑的，你先说了，我们才吃饭。"刘揆一此刻已经是非常想知道答案了，想用激将法让黄吉亭把秘密先抖出来。

"哼！先吃饭，我再揭秘。"黄吉亭不吃他的这一套，仍然坚持先吃饭。

没办法，大家只能先吃饭。

吃过饭，黄吉亭把那包袱拎到桌上，还逗刘揆一道："霖生兄，要开宝了，你可看好啦！"

刘揆一没好气地说："你们两个人鬼鬼祟祟的，到底要逗我们多久呀？"

陈天华不作声。

黄兴也是忍不住了，自己动手解开包袱，见包袱里面是一堆的清朝官服。

"瑞祥兄，你弄一堆清狗的官服来干啥？"黄兴好奇道。

"星台兄，你赶紧把计划跟他们俩说说吧，等下霖生兄要憋出内伤了。"黄吉亭笑道。

果然，看见官服，刘揆一一脸的恼火："我还以为是什么好东西，原来是这些丧服，我们要这些干嘛？赶紧扔掉。"

"怎么能扔？这些可是我们过关的装备哦。"陈天华说。

黄兴这才明白，陈天华是想乔装打扮过关。

陈天华把自己的想法详细说了一遍。刘揆一才闹明白了陈天华的计策，直叫："星台兄，妙计啊！"

黄昏，刚拉上吊桥，城门即将锁上的时候，城内大街上传来了"嗒、嗒、嗒"的马蹄声。这个时候还有人要出城？守门的清兵放下手中的大锁转身看个究竟。循着马蹄声看去，见到远处果然有三匹马踏着暮色而来。前面黄色的马上坐着的人穿着清廷官服，官至五品，后面灰色和白色马上坐着的两个人像是侍卫，腰间还配着刀。

"什么人？"守门人问道。

官员并没有回答他，而是翻身下马，拉着马径直往城门口走去，后面的两个侍卫也跟着下马拉马前行。那清兵见这三人一副目中无人的样子，也不敢强行上去阻止，生怕得罪了官员自己担待不起。三个人走到门口时，几乎是在同一时间，拔出匕首，连续刺倒几个门卫，飞快奔到门边，摘锁、下杠，开门、放下吊桥，然后重新上马，扬长而去。

守门的清兵这时才弄明白，这几个人是闯关的，有个只是受了一点轻伤的守门人爬起来赶紧大喊："冲关啦！冲关啦！"

等城里的报警锣声响起的时候，三个人骑着马已经绝尘而去。

估计清兵们追不上了，三个人才停歇下来。

"克强兄，幸好在日本的时候，你要我们学习骑马，不然今天不可能这么顺利逃出来。"陈天华喘着气说，骑了这么长的一段路，可把他颠得够呛。

"还是克强兄深谋远虑，我把在日本学骑马跑的距离加起来，都没跑今晚这么远的路，"刘揆一揉着胸口，让自己的喘气稍微平息一点。

"巧合！巧合！纯粹巧合！所谓技多不压身，只有在要用的时候才知道。星台兄也是个人才，怎么就想到了这一招，把我们平时学的格斗、马术功夫发挥到了极致。"黄兴说。

"哈！这就叫作学以致用。"陈天华笑道。

"总算逃出来了，我打算去上海，去毓麟兄那里躲躲，你们两人呢？准备去哪里暂时避避？"黄兴问。

"我也去上海，跟你一起。"刘揆一说。

"我打算回一趟老家，看看我哥哥，我很多年都没见他了。"陈天华说。

"好，那我们就此别过。星台，如果老家不好呆，就来上海找我们。"黄兴说。

陈天华点点头，跟他们握手道别。

第五十六章 回下乐村

跟黄兴他们分手后，陈天华连夜逃回新化老家，因为怕官兵追来，也不敢再骑马走大路，只能找些小路走。

连续几天的奔波，陈天华已经筋疲力尽，但他丝毫不敢停歇，继续往家乡奔去，逃到老家下乐村的时候，天已漆黑。正值秋冬季节，农闲时候的农村人为了节省灯油，除了有特殊情况，一般不会点灯，早早就睡了。没有灯光，村子里黑蒙蒙的，加之前几天一直下雨，地下有些湿滑，一连打了几个趔趄，险些摔倒。几年没回老家了的陈天华觉得村子里的路有些陌生起来，他一路磕磕碰碰，一脚水、一脚泥的，好不容易来到哥哥暂住的祠堂。

猛然，他发现祠堂里有一丝微弱的灯光透出。这么晚了，祠堂里怎么还有灯？难道哥哥还没睡吗？如果是过年过节的日子，为了置办过节的祭礼，祠堂里有灯光有人不稀罕，今天既不是过年又不是过节的。如果是谁家在祠堂办婚丧之类的红白喜事，那就肯定不只这点灯光，应该是灯火通明，热闹非凡，可四周一片寂静。陈天华感到有点奇怪，走近祠堂的大门，把眼睛凑近门缝，才发现是族长云帆公在油灯下看书。看到自己的恩公，陈天华心里是一阵激动，他怕吓着云帆公，不敢大声呼唤，只轻轻叩响了门环。

秋冬时节，夜早早就下来了，白日里还算热闹的下乐村，此时已渐入宁静。下乐村的祠堂里，陈姓家族的族长云帆公还在灯下看书，没有想回家的意思。这几天住在县城里的三个儿子一个接一个地回家要钱要粮的，让云帆公很是恼火。三个儿子都是三十好几的人了，没有一个有自己讨吃的本事，还嫌农村住着太偏僻、太脏、不好玩，讨了堂客后都带着堂客跑去前几年云帆公在县城居士巷买的那套宅子里住着。三兄弟除了吃喝玩乐，什么事情都不干，什么事情都不会干，隔三岔五回来一趟就是要钱要粮的，这样下去，别说只是个比较殷实的家底，就是山都会吃崩。老婆子为了这事还常常在云帆公耳边唠叨，让云帆公烦恼至极，索性来到祠堂里住上几天，每天靠看书平静烦躁的心情。

"砰、砰、砰"，祠堂大门上的铜环被轻轻叩响。

"谁呀？三更半夜的。"云帆公拉了拉身上披的夹衣抬头看了看大门，这么多天没回家，是不是老婆子来找自己回家了？但也不应该这个时候来呀？这时候外面又黑又滑又湿又冷的，她一个老太婆，如果摔一跤怎么办？

"族长，是我，星台。"一个压低了的说官话的嗓音应道。

"谁呀？没听清楚，声音大点。"云帆公年龄大了，耳朵有点背，根本听不清外面人的说话。

"是我呢，云帆公，我是星台。"陈天华把声音加大了一点。

"什么？星台？星台不是在长沙做事吗？怎么三更半夜跑到祠堂里来了？"老族长以为自己听错了。

"真的是我，族长。"陈天华又把嗓音提高了一点点，用纯粹的家乡土话说了一遍。

听到这熟悉的声音，云帆公才确信真的是陈天华回来了。

云帆公连忙打开门，看着有些狼狈的陈天华，赶紧说："星台，快进来！快进来！你这是怎么啦？"

看着眼前的恩公，陈天华千言万语不知该从何说起，他怕此行的目的让恩公知晓害怕，只得搪塞说："没怎么，有些事情要办，路过新化，顺便来看看恩公和大哥。"

世故老练的云帆公看到陈天华狼狈的样子，知道他没讲真话，但也没点破，他之所以不讲真话一定是有他的难言之隐。

"那你现在准备去哪里？是准备回家去吗？这几年你哥一直住祠堂，家里很久都没人住了。"云帆公说。

回不回家陈天华也有些犹豫，这么多年没回家了，家里没人住，现在都不知道成了啥样子，这个时候又黑灯瞎火的，能回去吗？

云帆公看出了陈天华的为难，陈家很多年都没人住了，一定脏得不成样子，根本无法住人，便说道："星台，你这次回来准备住多久？自你爹走了后，家里没人住，也没人打扫，应该是又脏又乱的。"

"我想也应该是。"陈天华说。

"如果时间不长，你就不要回去住了，难得打扫，就在我家住吧，我家那三个不成器的儿子都在县城待着，不肯回乡下住，现在家里就我和老婆子，空房多的是。"云帆公说道。

"恩公，我还有事，我此次回来就是看看您和大哥，问问家里的情况，不会在家里待久，明天早晨就走。"陈天华说。

"这么急？是公事还是私事？"云帆公问。

"既是公事也是私事。"陈天华不好作答，只能含含糊糊地说。

见陈天华这么说，云帆公也不好再问。

"既然是这样，今晚我们爷俩就在祠堂里凑合着住一夜如何？你大哥早就睡了，他那个房间小，住不下你们两个。"云帆公说。

这正合了陈天华的意，本来他此次逃走可以不经过新化直接跟黄兴他们去上海的，但想着此次逃走后前途未卜，不知道什么时候能再回来，还是应该回来跟恩公告个别，看一下大哥，所以在这里拐了个弯，住上一宿。

"好呢，我也正想跟恩公聊聊。"陈天华说。

"我这心里也是闷得慌，想找人聊聊。"云帆公也说。

看着陈天华筋疲力尽的样子，云帆公猜他很久没吃东西了，问道："星台，是不是还没吃夜饭？"

陈天华如实说："都赶了一天路了，没来得及吃。"

"噢，这个时候，祠堂里没别的东西，这里还有我从家里带的几个水车糍粑，我给你煨熟，填下肚子吧。"云帆公赶紧说。

"好呢，我好多年都没吃糍粑了，正馋着。"陈天华欣然应道。

云帆公把脚下火盆里的木炭用火钳拢了拢，又把火钳架在火盆上，把两个糍粑搁在上面，上下翻动，不一会，糍粑就鼓成了一个球。

"好啦！熟了，我去给你弄点蜂蜜。"云帆公说着就要起身。

"不用了，恩公，我就这样吃很好。"陈天华赶紧扯住云帆公。

陈天华把热乎乎的糍粑从火钳上拿下来，用手拍软后，熟练地把糍粑掰成两半，糍粑被扯成又长又韧的糯米条。

吃着糯软又有韧性的水车糍粑，陈天华又想起了父亲，想着父亲以前在县城陪自己读书的时候，为了节省吃饭的时间，常常是煨两个糍粑送到学校，让他带去边吃边看书，怕糍粑冷了变硬，就将糍粑用纸裹了，掖在怀里，见到陈天华后才从怀里掏出来。回想起那情景，真的很想掉眼泪，现在回到家乡了，却没机会去看看父母的坟墓，自己是不是特别的不孝顺？现在自己这个样子，被官府追捕，东躲西藏的，又有何脸面去见父亲？

当晚，陈天华与云帆公骈足睡在一张床上，就像多年前自己跟父亲睡在一张床上，不同的是自己和父亲是无话不说，常常一说就是一个晚上。现在跟云帆公睡在一张床上，自己也是有很多话说，但又不知从哪里说起。

最后还是云帆公打破沉默："星台，你去日本留学了，怎么这么快就回来了？去年过小年的时候，陈御臣说你已经回国了，现在在长沙做事，我还不大相信呢。"

"是的，我是去年回来的。"陈天华说。

"噢！回来就好，回来就好，现在是洋学生了，回来谋个一官半职，以后我们下乐村的人出去在人前也能豪气一把，我们下乐村也是出过一个喝洋墨水的后生仔的。"云帆公说。

听云帆公这么一说，陈天华脸红了半天，幸亏睡在床上看不见。

"云帆公过誉了，星台离大家的期望差得远呢。"陈天华有些不好意思说。

"你现在能有这样的出息就很不错了，你这么有本事，前途一定是一片光明，到时只是别忘了下乐村的父老乡亲就行。"云帆公说。

"不会的，一定不会的，是您和下乐村的父老乡亲供我念的书，下乐村的人对我有恩呢。"陈天华连忙说。

"星台，你在外面这么多年，现在也学成归来，成家了没？"云帆公又考虑起了陈天华的终身大事。

"还没呢。"陈天华说。

"都快三十了，该成个家了，你也知道的，你们那枝就靠你开枝散叶。"云帆公说。

"云帆公，不瞒您说，星台还未考虑过这个事情，国家现在这么乱，我成了家，不能安安心心过日子，成个家又有什么用？我曾经发过誓'国不安，吾不娶'。"陈天华斩钉截铁地说。

从陈天华的语气，饱读诗书的云帆公顿时明白陈天华现在干的事情是大事。但既然陈天华没告知，他也没有明说，只是更加佩服这个自己看着长大的年轻人。

这话一说开就没个完了，两人整晚都没睡。陈天华跟云帆公说了这些年在长沙读书及日本留学的情况，至于华兴会的一些事情，他就隐瞒了。云帆公跟陈天华说的则是家乡的情况，说家乡人听闻他在外面很有名气，特别是他写的那两本书《猛回头》和《警世钟》，家乡的私塾都用来当教材，都说陈宝卿生了个争气的崽，当初没看错他，现在真的出息了，都为他感到高兴。

陈天华听了心里感到有些慌乱，自己此次回来不仅不是衣锦还乡，而是为了躲避官府的追捕逃回来的，又不能明说自己所干的事业，如果村里人知道自己回来了，要问自己在外面做了些什么，该如何解释？想来明天还是别露面了，免得难堪。

　　在下乐村，陈天华牵挂的不仅是云帆公、大哥和乡亲们，还有他的表哥亮毛和发小志诚。表哥不知道现在日子过得怎样了？至于志诚，陈天华最担心的是他的安危。在资江河上驾船，民间虽然有"水上走，银水漂"的民谣，是说驾船很容易发财，但高回报必定伴随着高风险。在资江河里驾船就像是在喜怒无常的龙王爷嘴里讨生活，有命赚不知道有没有命花。

　　"云帆公，不知道我表哥亮毛，还有志诚现在日子过得怎样？"陈天华问。

　　"你表哥亮毛现在过得很好，搭帮你在外面名气这么大，让你表哥讨了一个贤惠的堂客，种着你姑姑、姑父生前给他攒下的几亩薄地，虽然不能怎么富裕，但也能混个温饱。"

　　"怎么会搭帮我呢？"陈天华感到很疑惑。

　　"人家妹几开始是看不上你表哥亮毛的，后来媒人就说：'妹几，他弟弟陈星台可是厉害得很啦！是我们下乐村有名的神童，现在在外面念书，将来会做大官的。到时候，说不定还会把你们两口子一起接到城里去住呢，在城里吃香的、喝辣的，还有丫鬟伺候，那就好比做神仙了。'那妹几听媒婆这么一说，立马就答应了。"云帆公说。

　　"呵呵！还有这样的事情？我以前怎么没听亮毛哥说过？"陈天华憨笑道。

　　"你还别不信了，有机会你问问你那个表嫂去，看我说的是不是实话？说真的，你以后真的要好好感谢你表哥才好，当时你父亲生病、过世的时候，你表哥可是帮了大忙的。"云帆公说。

　　"那是当然的，有机会我一定要重谢表哥，还有您和志诚。"陈天华说。

　　"唉！志诚你就别说他了。"云帆公叹了口气说。

　　"怎么啦？云帆公，志诚他现在的情况怎样了？"陈天华问。

　　"志诚就是没福之人了，在资江河里驾几年船，赚了些钱，把造船的账还清之后，还把家里的房子盖了起来，堂客讨了，儿子生了，土地也置了几亩，正准备把船卖掉，结束这种龙王爷嘴里讨生活的危险行当，靠种田过几年安稳日子。哪晓得在最后一次下益阳的时候，船触上暗礁翻了，至今连尸骨都没找到，可怜他堂客当时肚子里还有一个遗腹子，现在一个寡妇带着两个孩子，日子过得也是蛮心酸的。唉！志诚是个好人，当年他可是替你对你父亲尽了孝的，可惜好人命不长，也许是他人太好，龙王爷也喜欢上他，找他做伴去了。"云帆公又长叹了一口气说。

听到志诚的结局，陈天华感到非常难过，原想等自己有能力了，要好好替父亲感谢他的，没想现在连机会都没有了。来的时候还想着去表哥家看看，去志诚家看看的，听到志诚的结局，陈天华没这个心思了，表哥现在日子过得还好，自己也无须牵挂，就让他平平静静过下去吧。

因为怕连累云帆公，也不知如何面对乡亲，陈天华第二天天没亮就起床准备离开。离开前先去看了下大哥，大哥虽然有残疾，但精神状态还不错，他一个人，吃住都在祠堂，每天负责把祠堂打扫干净，自己种一点蔬菜，其他的由族人供给。

云帆公送他去赶路，走到村口的时候遇上住在村口的陈猛子。既然碰上了，陈天华还是准备跟他打个招呼，可陈猛子好像不认识陈天华似的，像看陌生人一样，眼神有些痴呆地看了眼陈天华，然后昂头走了过去。

陈天华很纳闷："云帆公，陈猛子这是怎么啦？好像不认识我一样？"

"陈猛子现在变成真正的猛子了。"云帆公解释说。

"为什么会这样？我记得以前的他只是脑壳反应有点迟钝，并不是真正脑壳有问题的。"陈天华问。

"说来也有些奇怪，有一次，他从你家楸树林子里路过，碰上打雷下雨，他就跑去楸树下避雨，刚好有个炸雷劈下来，他被劈晕了过去，醒来后全身也没见有什么伤，只是人变成这样了。"云帆公说。

想起楸树林里的那块黑陨石，陈天华按科学的方法断定，那楸树林子是个雷区。

"噢！真可怜，怎么会这样子呢？打雷下雨的天气，大树下是最容易招雷的。"陈天华说。

"唉！他懵懵懂懂的，哪知道这些？"云帆公叹口气道。

"不过，他这个样子，有时觉得可怜，有时又不觉得，你看他现在自由自在的，每天在村子里闲逛，过一天算一天，什么事都不用想，脑壳也就不会累。"云帆公想起自己的三个儿子颇为深奥地说。

"也是，像我哥，虽然是个残疾，但现在也是活得平平静静的，志诚虽然努力，却是这么个结局。"陈天华想起自己的哥哥和志诚，颇有同感。

临别时，陈天华把自己随身带的一把洋伞、一副墨镜还有几块银圆送给了云帆公，但云帆公却是愁眉不展。

"恩公，我看您的样子好像有心事，能说给星台听听吗？"陈天华关切地问。

"星台，你是有出息，走出去了。可我那三个不肖子不及你万分之一，现在一个个都是四体不行五谷不分，文又文不得，武又武不行，一个个都这么大年纪了，还靠我养着，我都不知道拿他们怎么办才好，也是怪我自己，当时娇惯了他们，以致现在成了这样子。"云帆公说。

陈天华想了想安慰说："恩公，您先不要着急，将来我有出息了，一定会照顾那几个兄弟的。"

听着陈天华的这番回答，云帆公这才转忧为喜。

匆匆忙忙离开家乡，陈天华又辗转到了江西。江西的洪江会一直是跟他有联络的，抓捕华兴会成员的风声在湖南闹得沸沸扬扬，他希望江西这边没受多大影响。没想与湖南连襟兄弟一样的江西也到处贴满抓捕反清义士的告示，原来与陈天华比较熟络的几个洪江会会员也作鸟兽散，到别处避风去了。在江西落脚，躲避一段时间趁机再次联络洪江会起事的希望成为泡影。陈天华只得前往上海，与先期逃亡上海的黄兴、宋教仁、刘揆一、章士钊等在上海会合。

第五十七章 惨遭毒打

武汉长江的一艘轮船上，陈天华、黄兴、宋教仁一起，准备去与在上海担任华兴会外围组织"上海爱国协会"会长的杨笃生会面。这是一艘英国人的船，船员和乘警都是英国人，坐船的绝大部分是中国人。

黄兴和宋教仁去船尾的甲板上谈事情了，只有陈天华一个人在船头甲板上迎风伫立着。望着滚滚长江东逝水，想着灾难深重的祖国，一股救国救民的豪情壮志又涌上陈天华心头，他仰天诵道："同饮一杯血酒，呼的呼，喊的喊，万众直前，杀那洋鬼子，杀投降那洋鬼子的二毛子。满人若是帮助洋人杀我们，便先把满人杀尽，那些贼官若是帮助洋人杀我们，便先把贼官杀尽。手执钢刀九十九，杀尽仇人方罢手！我所最亲爱的同胞，我所最亲爱的同胞，向前去，杀！向前去，杀！向前去，杀！杀！杀！杀我累世的国仇，杀我新来的大敌，杀我媚外的汉奸，杀！杀！杀！"

他的激越的声音引起了旁边人的注意，正在船上搜捕革命党的一只清朝政府的鹰犬立刻把他的行为报告给了船上的英国警察："警察先生，你们船上有乱党，有乱党，快去抓。"

"什么乱党？"英国警察没听明白。

"就是那反对清朝政府的乱臣贼子。"朝廷鹰犬恶狠狠地说。

"哦！明白了，你是要我们帮你把反对你们政府的人抓起来？"英国警察慢条斯理地说。

"对！对！对！没错，在我们大清国，抓到乱党是有奖励的。"朝廷鹰犬说着从怀里掏出一叠钱，塞在英国警察手里，满眼的谄媚。

接过钱，英国警察一下来了精神。

"别说是革命党，在我们的船上，一只苍蝇也别想逃过去。走！革命党在哪里？你带路，我们马上把他抓起来。"英国警察吹嘘说。

朝廷鹰犬带着英国警察急急忙忙来到船头甲板上，指着陈天华的背影说："喏，在那，在那。"

英国警察看陈天华没有梳中国男人的大辫子，衣服也是日本学生装束，怕他是日本人，也不敢造次，走过去询问陈天华："先生，你是哪国人？"

陈天华见是英国警察，不想理他们，没作声。

"这位先生说你是革命党，你是不是革命党？"英国警察又问。

一脸正气的陈天华这下忍不住了，毫无畏惧地说："是革命党又怎样？"

"那你举起手来！"英国警察马上如临大敌，后退一步，用警棒指着陈天华要他投降，怕他不懂还做出一个举手投降的样子示意。

"我又没犯法，凭什么要我向你们投降？"陈天华抗拒说。

"你不是说你是革命党吗？你反对你们政府，我们就要抓你。"其中的一个英国警察见陈天华无动于衷，边说边摆开了拳击的架势。

"我反对我们政府关你们英国人什么事？"陈天华驳斥说。

见对方摆开了拳击的架势，陈天华也施展出"梅山功夫"徒手与他们搏斗起来。没想那两个英国警察手段很卑鄙，一个从后面死死箍住陈天华的双手，另一个则从前面进攻，最终寡不敌众，被他们打翻在地。见陈天华倒下了，英国警察和那朝廷鹰犬一拥而上，冲上去对他一阵拳打脚踢。此时船上的中国乘客都围了上来，看到同胞被打，船上竟没有一个人上去劝阻，相反很多中国人竟还在拍手称快："打得好！""打得好！""打死这反对朝廷的乱党"。

听到中国人都在说打得好，英国人打得兴起，更加用力挥舞拳头。

黄兴和宋教仁听到吵闹声赶了过来。他们开始还不知道是怎么一回事，等他们扒开人群一看挨打的是陈天华，赶紧制止："你们这是干什么？你们怎么能随便打人？"

"你们又是谁？你们跟这个家伙是不是同党？"朝廷鹰犬警惕地问。

"我是日本弘文学院的教授，这人是我的学生，你们究竟怎么啦？要这样打他？"黄兴冲着英国警察和那朝廷鹰犬吼道。

"我们是抓乱党。"朝廷鹰犬辩道。

"乱党？谁是乱党？你说谁是乱党？"黄兴逼过去问道。

"他不是承认他是乱党嘛？不然怎么他还会念乱党写的诗。"黄兴咄咄逼人的架势让朝廷鹰犬有点心虚了。

"你说什么鬼话，会念诗就是乱党？"黄兴用强势的声音说道。

看黄兴态度这么强硬，英国警察只得收手和朝廷鹰犬悻悻离去。

看着遍体鳞伤的陈天华，黄兴责备道："你怎么就不懂得保护自己呢？这个时候你干嘛还要承认你是革命党？"

陈天华没有立即回答，在自己国家的土地上受到英国人如此侮辱，陈天华觉得肉体上的疼痛是次要的，更难过的是精神上的痛苦。

过了一会，陈天华无比痛楚地说："今天的事情让我突然明白了一个道理，比洋鬼子、清廷走狗更可怕的是咱们百姓的愚昧、无知。"

"是的，看到星台被英国人打，我们的那些同胞竟是那么的麻木不仁、无动于衷。"宋教仁说。

"更可怕的是他们还像看耍猴似的兴高采烈，大喊大叫，可悲呀！可恨呀！"黄兴悲愤地说。

"说真的，如果不是两位仁兄及时相救，我会跳进波涛滚滚的长江。"陈天华痛苦地说。

"为什么？因为挨了那些英国警察的打？"黄兴急问。

"身体很痛吗？"宋教仁关切地问。

"不是，我身体上的疼痛不要紧，要紧的是我心灵上的疼痛，我的心在流血，为我任由外国人横行霸道的祖国在流血，为我那些不知羞耻的同胞在流血，我想用我的生命来唤醒我的祖国，唤醒这些已失去知觉的灵魂。"陈天华沉痛地说。

黄兴和宋教仁沉默了，此刻他们心里何尝不也是这种感觉，如果一个国家的民众完全没有认知能力了，只是苟且偷生活在这个世上，那这个国家离死亡也就不远了，所以，就像陈天华所说的，唤醒这些麻木的国人是现在最紧迫的问题。

"星台，你的心情我很理解，但也不能用这种极端的方式啊！"宋教仁说。

"拯救这个病了的社会，需要我们做的事情还很多呢，要想彻底推翻这个腐败的清朝政府，唤醒那些还在睡梦中的同胞，还有很多的路要走，还有很多事情要做，任重而道远啊！星台。"黄兴语重心长地说。

"放心！现在我已经想明白了，我不能就这么死了，我还有很多事情要做。"陈天华说。

听陈天华这么说，两个人这才舒了口气。

第五十八章 齐聚上海

长沙起义虽然胎死腹中，但并没有打消黄兴、宋教仁他们领导华兴会起事的念头。陈天华来到上海后，几个人聚在余庆里八号，拟继续策动反清情绪比较高的地区再次起义。

仇鳌、仇亮在东京得知华兴会准备起事，顿时萌生了回国参加的念头，他们邀请了陈僚、邹毓奇同行，陈僚因为加入了以"反清复明"为宗旨的"洪门"的一个分支机构"三合会"，当时"三合会"正好有些事情在纠缠，脱不开身，未能前往。而邹毓奇则因为身体有恙，无法动身。

仇鳌他们从日本回到上海，再从上海到汉口，准备从汉口赶往长沙。因为年轻，缺乏经验，两人在汉口购买船票的时候，才发现盘缠已不够买船票，仇鳌和仇亮只好去江对面的武昌找亲戚借钱，借到钱再返回汉口的时候，在船上却听到了长沙起义失败，清军正在捉拿革命党的消息。看来长沙是绝对不能去了，汉口也开始搜捕逃跑的革命党，两个人不敢到处乱窜，只好在客栈里躲避几日，待风声过了才返回上海。茫茫大上海，能识得的人是湖南长沙的章士钊，因盘缠有限，只能先寄居在章士钊的余庆里八号。

杨度是三个月前回国的。慈禧为了缓和国内矛盾，下令大赦，杨度回到了故乡湘潭。才待了几日，在外面热热闹闹的日子过惯了的杨度又觉得居家无味，便出去拜访了从前青睐他的张之洞。已年逾古稀的张之洞嘱咐他应将西欧各国和日本的宪政律条研究透彻，以备日后朝廷有大用。杨度认为张之洞言之有理，便决心再去日本继续攻读。候船期间便滞留在上海章士钊住处。

杨度这人，虽然反对暴力革命，主张君主立宪，但对于赞成暴力的革命党，也不是那种势不两立的态度，相反，他不仅与孙中山关系极为密切，对于陈天华、黄兴、宋教仁他们也是极为欣赏的，认为他们都是些了不起的人，他们也是为了中国的强盛，只是他认为中国革命靠暴力难以成功，只能靠君主立宪来完成国家的转型，像日本的明治维新。

余庆里八号是章士钊任《苏报》主笔时长期租住的房子，章士钊是知名人士，很多去海外的湖南人要从上海的黄浦港坐船，都会顺道拜访，或暂时留住等候船期。所以，章士钊居住的余庆里八号也成了湖南人在上海的聚集地。章士钊自《苏报》案之后，逃回了自己的老家长沙。在长沙待了几个月后，《苏报》案总算平息下来，才返回上海。回到上海后，他又与何梅士等人办起了《国民日报》，继续与清政府进行斗争。因此，也吸引了湖南来上海的反清斗士的纷纷投奔。

各路反清斗士的陆续来到，章士钊的斗室顿时热闹起来，讨论最多的还是目前的形势。

"政局将怎么变化？中华将去向何方？我认为只有改朝换代，驱除鞑虏，才是唯一的出路。"黄兴说。

"虽然长沙起义流产，很多革命志士为此牺牲了，但为了此事业、此目标，我们即使付出更大的代价，做出更大的牺牲都是值得的。"陈天华说。

宋教仁望了在座的杨度一眼，说道："所以，我们要继续革命、继续起义。今天我们来讨论一个方案，在座的皙子先生虽然不是像我们一样主张暴力革命的同志，但他也是希望改变中国现状的人，又跟我们都是同乡，想来他是不支持也不反对，更不会告密的人，我们用不着戒备。"

杨度忙说："承蒙各位的信任，尽可以直抒己见。昔日在东瀛时，我曾与孙中山先生也发生过争辩，他企图说服我，我也想说服他，最后虽然谁也没说服谁，但我们最终的目的都是一样的：振兴中华。我们甚至说无论谁的主张取得了最后胜利，我们都可以去为对方服务。所以，我们可说是殊途同归。"

"能审时度势，可进可退，皙子先生确实是个聪明人。"刘揆一说。

"只有这样，皙子先生才能游刃有余施展自己的才华和抱负，完美地阐释'帝王之学'。可我们，实在不希望中国再有什么皇帝。"陈天华说。

杨度知道刘揆一和陈天华的口气中带有挖苦、揶揄的味道，尽管自己口才了得，但现在的境况下自己不宜逞口舌之快，只能苦笑一下。

黄兴委婉道："初来沪上，主客俱佳，不应以个人观点为碍，我们一起来谈谈下一步的计划和打算吧。"

杨度觉得自己现在实在不宜再留在这里，起身向章士钊等众人施礼道："各位慢聊，在下还有一事去做，先告辞了。"

杨度走后，大家都松了一口气，现在都是清一色支持暴力革命的，说话自由多了。

　　商量过来商量过去，大家认为可以在宁夏和湖北两个民众基础较好的地方重新发动起义，但发动起义不是一两天的事情，需要做好打持久战的准备。要做长久打算，必先在上海落下脚。考虑到这么多人需要一个名正言顺的吃饭、住宿、工作的地方，便决定成立一个译书局，翻译一些欧洲文艺复兴时期的作品，印刷发行，用以启迪民智，增加民众反满意识，唤醒国民的反抗精神，为以后的再次起义做前期的铺垫，这书局的名字就叫"启明译书局"。

　　仇鳌、仇亮和先期已在上海运动多时的张继、周来苏、何海樵等，都自告奋勇去湖北和宁夏运动学界和军界。其他人留在上海筹备成立"启明译书局"。

　　"启明译书局"的牌子在余庆里八号的大门上悬挂起来了。章士钊仍从事他的《国民日报》事务，黄兴、陈天华、杨笃生和苏鹏等则忙于开展译书局的各项工作，谁也不敢懈怠。

　　"启明译书局"发行的各种书籍吸引了英租界不少的青年男女。他们到这里来买书、读书、讨论书，慢慢，这里变成了思想交流中心。各种新思想也从这里传播开去。陈天华他们看在眼里，喜在心里，这样的效果，不仅达到了他们的预期，而且超过了他们的预期。

第五十九章 万福华案

1904 年 11 月，上海滩发生了万福华刺杀王之春事件。万福华，字绍武，1865 年出生在安徽省合肥市一个贫寒家庭，他读书十分用功，学过医，做过学徒，从过商，并考得后补知县。先后到滦州铁路筹备局和盐局谋事多年，后弃官游历川、楚、湘、粤诸省，暗结志士，倾向维新。戊戌变法失败后，他的思想发生了转变，开始参加反清革命。

1904 年夏，他在南京认识同乡吴旸谷，然后一起组织暗杀团。听说清廷军机大臣铁良要南下，便与暗杀团人员策划暗杀，一切准备就绪，只等铁良下船时实施暗杀行动。

不料这个暗杀计划被时任两江总督的李兴锐之孙李茂桢获悉，李家暗地里支持过革命党人，得知消息的李茂桢苦苦劝说万福华等人，说这样做不仅对他祖父前程有碍，而且如果在南京出事，原定革命党人利用南京筹款等的计划都将付诸流水。权衡利弊，万福华等人最终决定终止计划。后转赴上海，在上海认识了章士钊。

王之春，湖南衡阳人，1899 年至 1901 年担任安徽巡抚期间，曾将安徽三十多处矿山出卖给帝国主义，深为安徽人民所痛恨。

1902 年春，广西爆发了大规模的会党起事，次年起义军一度逼近省城桂林，清政府一筹莫展。此时身为广西巡抚的王之春企图借法国驻越南的军队平乱，并以广西全省筑路权、开矿权作为回报。其卖国行为激起了国人的反抗，声讨王之春的呼声越来越高，并掀起轰轰烈烈的拒法运动，清政府被迫将王之春革职。

1904 年日俄战争爆发，强俄便重金贿赂清廷佞臣李莲英，高道士等人，意图得到湘粤汉铁路权。因王之春曾出使沙俄，且与俄皇尼古拉关系甚洽，素有"联俄党"之称，此时遂被委以重任，为李莲英，高道士与沙俄之间牵线搭桥。王之春受人重贿后奔走效劳，乐此不疲。

11 月中旬，王到达上海，到处散布割让东三省的联俄谬论，这更激起了包括万福华在内的革命志士的痛恨，万福华决心杀掉这个卖国贼，以儆效尤。与万福华有同样想法的还有章士钊、刘师培、林獬等人，刘师培，字申叔，号左盦（庵），江苏仪征人。刘贵曾之子、刘文淇曾孙。林獬，又名万里，号宣樊，福建闽县青圃村人。经章士钊介绍相识后，四人共同策划刺杀王之春。他们精心布置了一个引王上钩的圈套，伪造一封王之春熟悉的广东水师提督吴长庆之子吴保初的亲笔信，约邀王之春于11月19日晚，到位于英租界的四马路金谷香番菜馆赴宴。由刘师培、林獬推荐的一个名叫陈自新的学生担任射手。为了保障计划顺利实施，章士钊将新买的手枪给了陈自新，让陈自新佯装侍者，潜藏于餐馆楼上，伺机狙击。而万福华则持着原来准备暗杀铁良的那把旧枪在楼下望风策应。是日傍晚，四马路一带跟往常一样，华灯闪烁，人群熙攘。驻守在楼下的万福华看到王之春应约而来，马车停在金谷香门口，下了车直奔楼上而去，不由大喜。

可是，王之春上楼很久了，还迟迟未听到枪声，且楼上一点动静都没有。正感到疑惑，忽然见王之春与仆人已匆忙下楼，快步走近马车。万福华也来不及多想，急冲向前，拉住王之春的手臂厉声斥责：“卖国贼，我代表四万万同胞对你执行枪决！”此言一出，周围的人都听到了，大家纷纷过来围观，但是连扣了几下扳机，枪就是不响，正僵持的时候，英租界巡捕赶来，将万福华逮捕。万福华一边从容就捕，一边大声历数王之春卖国的种种罪行，围观的人听了，对这位刺杀卖国贼的壮士都钦佩不已。

听说万福华刺杀未成功，被英国巡捕逮住了，章士钊心里很是着急。第二天，章士钊通过关系前往巡捕房探望，拟与万福华商议如何应对，不意引起怀疑，被探子跟踪到余庆里八号，他们认为余庆里八号的人与万福华是同伙。这样，不仅章士钊被捕，“启明译书局”包括黄兴、陈天华、苏鹏、周来苏、徐佛苏在内的十一个人都被抓。

第六十章 拯救行动

刚从外地赶回，还没来得及回译书局的杨笃生和刘揆一，听说巡捕在余庆里八号抓人，也不敢再回译书局，在外面租了间小旅馆先住下，想着怎么救人。他们首先想到了上海光复会的蔡元培和陶成章。

蔡元培和陶成章是光复会的主要人物，光复会的总部在上海，活动范围也是江苏、浙江、上海、安徽等地，人员也大多是江浙一带的，如果求助于他们，应该比较合适。

蔡元培和陶成章也知道华兴会在长沙起义没成功，对万福华的刺杀案件也清楚，只是没想到万福华的刺杀事件会牵涉到华兴会人员。

杨笃生、刘揆一求上门来的时候才知道黄兴、陈天华他们在长沙是被清廷缉捕的人物，只是现在批文还没下达到全国，上海方面现在还没掌握消息。如果一旦朝廷的批文下来，这些人是必死无疑。

"我们赶紧撰写文章，争取新闻界和舆论界的支持，让巡捕房迫于舆论压力放人。"蔡元培说。

"但文章也不能暴露他们的真实姓名，不然报纸一出，又暴露了他们的行踪。"陶成章犹豫说。

"我想他们应该是不会说出真名的。"刘揆一说。

"嗯，要么我们先去探探监，了解一下情况再进行下一步行动？"蔡元培说。

事不宜迟，俩人想法在巡捕房找到了一个华裔巡捕，打点打点后顺利找到了他们几个。没想真还如刘揆一所料到的，他们不仅没说真实姓名，连职业都是胡编的。这下好了，蔡元培他们可以大肆造势。两天后，上海大小报纸都登出了蔡元培所写的《何奇之有？巡捕房乱抓人》、陶成章所写的《英租界何能太嗜血》。一时间，整个上海滩都闹得沸沸扬扬，舆论界都在评论和指责四马路巡捕房乱抓人。

恰在这时，蔡锷也来到了上海。自在日本学成归国后，蔡锷在军界也是混得风生水起，各省都争相请他。他在云南、广东等省各训练了几个月新军后，本是想来上海静养一段时间的，哪知道碰上了这档子事，看着昔日的好友被捕，他岂有袖手旁观之理？于是，他赶紧通过光复会找到躲藏在小旅馆里的杨笃生和刘揆一共商对策。

看到蔡锷，刘揆一和杨笃生顿觉找到了依靠。

"松坡兄，你来得真是及时啊！你现在是军界的红人，营救黄兴和陈天华他们的重任就可以交给你了。"杨笃生说。

"你们现在有没有找到合适的营救方法？"蔡锷问。

"光复会的蔡鹤卿和陶焕卿写了两篇文章，在争取舆论的支持，但实际的营救还没有找到有效的方法。"刘揆一说。

蔡锷想了一下说："我立即电召粤、桂、滇、黔诸省，向英租界巡捕房抗议，抗议他们无理拘捕我华人的野蛮行径。"

"好！松坡兄现在威名远播，一定能得到各省支持的。"刘揆一说。

蔡锷当即拟好向各省发出的电文：

×× 省巡抚阁下：

列强掠我之惨状不用述矣！今沪上英租界四马路巡捕房肆意害吾同胞，捉拿入狱，严酷折磨，全沪已纷起抗议，卫吾华邦。望能援助！

蔡松坡顿首

"霖生兄，麻烦你速去电报局把电文发出去。"电文写好后，蔡锷又吩咐刘揆一说。

"好勒！"刘揆一赶紧接了电文纸，快速往电报局走去。

不日，粤、桂、滇、黔各省的抗议电文纷纷飞到英租界四马路巡捕房。

巡捕房探长麦克士看到这么多抗议电文，开始还是有点恐慌，过后想想，这是英租界的巡捕房，是英国人管辖的地方，华人是不足畏惧的，也就不当一回事了。

蔡锷以为，有这么多抗议电文，巡捕房一定会迫于压力放人的，没想巡捕房根本没放在眼里，他去到巡捕房的时候，那些洋巡捕根本没把他当回事，气得他回来大发雷霆："这些狗强盗，居然说这是英国租界，只归英国政府管。"

看来此路不通，只能另寻他途了。

"要么我们去找龙璋先生吧。"蔡锷说。

"什么？要找龙璋先生？他可是在长沙，远水解不了近渴。"杨笃生不解地问。

"我们要找他资助，有钱能使鬼推磨，抗议行不通，看来只能使这一招了。"蔡锷说。

"我送信去长沙吧。"刘揆一说。

"不行，霖生，你不能去，你是被缉捕的人员之一，难道你是想送货上门吗？"蔡锷说。

"噢！一时心急，都忘了这回事。"刘揆一醒悟说。

"我去吧！"杨笃生说。

"也只能是你去了，毓麟兄，请容我修书一封，你帮我带给龙璋先生。"蔡锷说。

"我也给我舅舅、表妹修书一封，麻烦你交给岳麓书院的周宇宽先生。"刘揆一说，陈天华出了这么大的事情，他觉得要告诉舅舅和表妹才是。

长沙龙璋的寓所。

龙璋眉头紧锁，他正在翻看一张《湖南官报》，陆元鼎请示朝廷在全国捕拿陈天华、黄兴、刘揆一、宋教仁、马福益等的上谕已被正式批准，五人被斥为"在逃各匪"。看来这几个人处境已非常危险，一旦被抓到，陆元鼎是不会放过他们的，怎么办呢？也不知道这几个人现在逃到了哪里。

这时，仆人跑进园来报告："老爷，园外有人求见。"

龙璋正是烦的时候，挥挥手说："不见！不见！现在任何人都不见！"

"是！……"仆人领命而去。

不一会，仆人又急忙跑了进来报告说："来人说有非常要紧的事情，非见你不可。"

"来人什么模样？叫什么名字？"听说来人这么着急要见自己，龙璋问。

"脸黑黑的，身材瘦瘦的，眼睛又大又圆，满脸的疲惫，像是从远方来。他说他叫杨毓麟……"仆人说。

"快！赶快传他进来。"听说是杨笃生，仆人还没说完，龙璋赶紧说。

进来的果然是风尘仆仆的杨笃生。

"毓麟，难得一见，看你的样子像是远道而来，有什么急事？"龙璋问。

"龙先生，情况紧急！求您救救克强、星台他们。"杨笃生急急忙忙说。

"噢! 黄兴他们怎么了? 你先坐下,把事情详细跟我说说。"龙璋说。

杨笃生就把上海的情况和黄兴、陈天华、宋教仁他们目前的处境说了一遍。然后掏出了蔡锷写的信递给龙璋。

龙璋看完信果断地说:"我马上筹钱去上海。"

"谢谢先生的仁义,救诸君于危难时刻!"杨笃生马上起身,拱手施礼。

"救人要紧,钱何惜乎?"龙璋说。

趁龙璋筹钱的当儿,杨笃生又马上去给刘揆一送信。

长沙岳麓书院百泉轩。长沙起义失败,陈天华逃走后杳无音信,周宇宽和周婕一直是坐卧不安,周婕是生怕哪一天听到陈天华被逮捕的消息,而周宇宽则不仅要担心陈天华,还得担心自己的宝贝女儿听到不好的消息会崩溃。

这天将近夜晚时分,吃完晚饭,父女俩依旧是无言对坐,这种情形自陈天华逃走之后已经持续很长一段时间。周婕沉默了,比前两次陈天华离开更严重。周宇宽不知道怎样才能安慰女儿,也只能沉默以对。

这时,门被叩响,周婕像弹簧一样蹦了起来,赶紧去开门。她以为像前几次一样,陈天华会从天而降,突然出现在自己面前。但出现在自己眼前的并不是陈天华,而是一个皮肤黝黑,身材瘦弱,眼睛又大又圆的年轻人,这个年轻人似曾相识,但一时记不起在哪里见过。

周婕问:"你找谁?"

杨笃生说:"我找周宇宽先生。"

周婕见来人是找自己父亲的,把他迎进了屋。

周宇宽看到杨笃生,也觉得在哪里见过。

看周宇宽有些发怔,杨笃生忙自我介绍说:"我叫杨毓麟,是星台兄和霖生兄的好朋友,我以前见过您。"

一听到陈天华的名字,周婕赶紧走上前来问:"星台怎么啦? 我表哥怎么啦?"

杨笃生便把他们俩的情况做了说明。

"啊! 星台被捕了? 这可怎么办? 怎么办?"周婕急得快哭了。

杨笃生赶紧安慰道:"事情还没到最坏,他们都还没暴露自己的真实身份,我们得在他们暴露之前把他们赶紧营救出来。"

"怎么救? 怎么救? 我要去救他们。"周婕有点乱了方寸。

"婕儿,你冷静一点,别添乱,凭你怎么能救出他们? 我们现在先听毓麟怎么安排。"周宇宽制止道。

"我这次回来是向龙璋先生求救的,他也答应出手相助。我来这里是受霖生兄委托,告诉你们星台兄的近况。"杨笃生说。

"噢!那就好!那就好!只要龙璋先生出手相助,事情会有转机的。"周宇宽长舒一口气说。

"我要去上海,我要亲眼看见星台平安无事。"周婕说。

周宇宽打断道:"你这丫头,怎么这么任性?他们是去救人,你添什么乱?"

"我一定要去,你们不带我去,我就自己去。"周婕固执地说。

"姑娘能否让我先跟龙璋先生说说?"杨笃生缓和道。

"好,但如果你们不带我去,我还是会自己去的。"周婕很决然地说。

看着女儿这么执着,周宇宽只能摇头叹息。

龙璋听说周婕的情况后说道:"这姑娘的一片痴情,我可以理解,如果不让她去,她自己独闯的话,怕是更危险,还是让她随我们去吧。"

待杨笃生再回到百泉轩回信,周婕早已收拾好行李,听说龙璋先生同意了,立马就跟杨笃生走。

第一次出远门,第一次坐船,一切都是那么的新奇,可这一切都打动不了周婕。此刻她伫立在船头,眼睛紧紧盯着前方一忽儿变宽,一忽儿变窄的江面,只希望那个传说中的大上海马上就出现在眼前,这样自己就能马上见到天华了,不知道几个月没见了的天华是瘦了还是胖了,在巡捕房里面有没有挨打。

两天两晚的航程,对于年逾五十,一向养尊处优的龙璋来说也不是一件很容易的事情,但作为一位同情革命的进步绅士来说,只要是为了革命志士,吃些苦又算得了什么?卸职回到长沙后,每次踟蹰街头,他都会留意观察,对那些有困难的有志之士施以援手。太平军将领之遗孤彭渊恂就是他从街头捡到的流浪儿,他不仅把他养大成人,教他读书识字,后来又花钱让他打入清军,以便见机行事。他创办明德学堂的宗旨也是:以先进之学,以革命之思想,培养实用人才。招纳的教员也是革命的精英人物,像黄兴、张继、崛井觉太郎等。今天来上海,也是为了救这一批真正的革命精英。

天空由黑色的天鹅绒变成了灰色的天鹅绒,慢慢往白色天鹅绒过渡。当江雾完全退出的时候,黄浦江、外滩、海关钟楼逐一出现在眼前,终于到上海了。

第一次到上海的周婕也被眼前的繁华所惊呆，只是她牢记自己的使命，眼前的景色再怎么诱惑，也是难以留住她的心。

龙璋与蔡锷、刘揆一他们在虹口大旅楼见面。

蔡锷激动地握住龙璋的手说："先生不顾旅途劳顿，前来搭救，着实令松坡感激不尽。"

龙璋审视着蔡锷说："松坡器宇轩昂，名满四海，为朋友两肋插刀，在所不辞，实乃湖湘英雄之儿女！"

"惭愧！惭愧！龙先生过誉了，松坡是心有余而力不足啊！还需先生亲自来沪相助。"蔡锷说。

刘揆一、杨笃生和周婕也说："谢先生亲自来沪相助！"

"大家不必多礼了，时间紧迫，救人要紧，我们赶紧商量救人之法。"龙璋说。

经过商量，只由龙璋和周婕出面，大家在旅馆静候消息。

没想自己也能派上用场，周婕满心的激动，小脸憋得通红，心里在拼命给自己打气，别紧张！千万别紧张！

吃完午饭，龙璋和周婕便雇了一辆洋车，直奔四马路巡捕房而去。车上的龙璋身穿深绿色织锦长衫马褂，头戴黑色礼帽，鼻梁上架着金丝玳瑁眼镜，手持文明棍，名绅士的范儿显露无遗。周婕则是浓妆艳抹，一袭绣着精美牡丹图案的白色丝质旗袍，怀抱一只精致的小皮箱，一看就是名门望族家的贵小姐。

他们傲慢地下车，傲然地往巡捕房走去。

碰上这么傲气的主儿，门口站着的巡捕也不敢怠慢，恭恭敬敬行了个礼。

麦克士不认识这两个人，却被他们的雍容、华贵、傲气所打动，主动迎上去致以热情的笑容："请坐！请坐！"把他们请进办公室。

龙璋这才放下架子，递上自己的名片道："打扰探长了！"

麦克士看见龙璋名片后一长串的职位后，心里也是不以为然，各省巡抚我都没放在眼里，还在乎你这地方名绅？不过看到美丽的周婕和她手里沉甸甸的小皮箱，他的笑容还是挂在脸上没拉下来。

"龙先生今日前来，有何贵干？"麦克士问。

"这是敝人女儿。"龙璋指着一直没作声的周婕说。

周婕这才有礼貌地站起身道："麦克士先生，原谅打扰！这是我们送给您的一份薄礼，请笑纳！"然后轻轻解开皮箱的扣子，揭开箱盖，一道耀眼的黄光亮瞎了麦克士的眼睛。

"啊！这是？你们这是？"麦克士惊诧地睁大了眼睛，这么多的黄金，他有生以来第一次见。

龙璋镇定地说："麦克士先生，我女婿和他的朋友来沪做生意，在贵租界合办了一个'启明译书局'，不想因为万福华案糊里糊涂被抓进了巡捕房，今天，我们特来向麦克士先生致歉。"

"致歉？"麦克士自黄兴、陈天华他们被抓进巡捕房以来，神经就没松弛过，先是有人在报纸上大肆宣扬巡捕房胡乱抓人，然后是四省巡抚电文声讨，巡捕房外还不时有人喊口号示威说巡捕房"侵犯人权"等，把他弄得整天神经兮兮的。最主要的是现在他都没找到什么真凭实据证实他们犯了罪，再这样下去自己真的很难交差了，现在既然有人愿出这么多黄金来赎人，自己不正好可以顺坡下驴了吗？还白白得了这么多黄金，傻瓜都不会放过这么个好机会。

麦克士装模作样问询了一句："您的女婿叫什么名字？"

龙璋便按照蔡锷他们打听到的假名对答如流："我女婿叫李寿之，其他几个朋友分别叫张杏年、张信、章士夏、周咏曾、赵梅、赵洪和⋯⋯"。

麦克士也没觉出什么异常，连忙朝里喊道："来人，给我把万福华、周来苏以外的人都放了。"

"是！"里面有人回应。

俄顷，除了万福华和被捕时身上带着枪的周来苏外，被关了二十多天的陈天华等人鱼贯而出。

陈天华见周婕也在营救人员里面，又是感动，又是惊诧："婕妹，你怎么也到上海来了？"

周婕故作生气地说："难道我不能来吗？你都快把人气死掉了。"

"我，有气你吗？"陈天华莫名其妙。

"被抓进了巡捕房，你这不是气人吗？你不知道我们听到这个消息急成什么样了？"周婕说。

其实，陈天华是不想这件事让周婕知道的，即使自己遭遇了什么不测，也不想让周婕过早知道，要待时间久了，让她慢慢接受。

"婕妹，真的对不起，让你和周先生操心了，周先生现在还好吗？"陈天华关切地问。

"父亲知道龙先生出手相助了，估计是没多大问题的，他在家里静候消息呢。"周婕说。

"那就好，你回去后要告诉他，我们一切都好，不用为我们担心的。"陈天华说。

虽然从巡捕房出来了，但众人的心还没放下来，朝廷的公文很快就下来，等发现他们四人是朝廷通缉的要犯，不知那个麦克士探长不知要气成什么样，那时绝对没有逃出生天的可能了。

"你们还是去日本躲躲吧，朝廷的公文马上要下来了，到时再想走恐怕是来不及了。"龙璋说。

"我认为龙璋先生说得极是，到了日本，清政府就无可奈何了。"蔡锷也说。

听说还要去日本，陈天华急了："我才不逃了呢，被清朝政府抓住，在监狱里最坏程度是死，事情做不成，国灭种亡也是等死，反正都是死路一条，为何还要逃生呢？我就要留在祖国，云游四海，宣传革命，组织反清。"

黄兴见他倔脾气又上来了劝道："星台，留得青山在，不怕没柴烧。失败是成功之母。一场伟大的革命要取得成功，经历几次失败又算得了什么？不是积累了一次又一次的经验吗？既然有了经验，以后就可以避开一些危险的因素，成功的机会就会大大增加。你想革命能一蹴而就？那简直就是不可能的事，哪一次改朝换代不是经历了很多次的斗争，经历了很多次的失败才成功的？只有经过无数次的失败后还不言放弃，才能取得革命最后的胜利。"

"这个我知道，要革命就要有斗争，有斗争就会有牺牲，所以我不惜牺牲自己的生命。"陈天华仍然坚持己见。

"星台，你傻呀！生命怎么能白白牺牲呢？革命要继续，还需要有一个前提条件，那就是人要活着，只有人活着，才有机会东山再起，继续进行革命，如果都死了，谁领导革命去？"刘揆一说。

"星台，你牺牲了我咋办？你有没有想过我？"听陈天华这么说，周婕气得要哭起来。

陈天华听了这么多的劝解，也觉得自己的想法有些简单，革命的道路还长着呢，不能这么快就把命送掉。这才从从容容收拾了东西重新前往日本。第三次抵达日本，陈天华又进了法政大学学习。

第六十一章　失败阴影

陈天华来到东京后，还是没从反清起义失败的阴影中走出来，心情非常的抑郁。特别是听说马福益约黄兴回国再次起义，在萍乡车站被刚来湖南上任的反动巡抚端方杀害后，更是悲痛万分，经常一个人待在寓所里，一待就是一整天，连门都不肯出，有时连饭都不吃。

"星台，你可不能这么糟蹋自己，身体是革命的本钱，本钱没有了，你还谈什么革命？"同为华兴会主要负责人的徐佛苏劝道。

陈天华知道，徐佛苏虽然同为华兴会主要负责人，因为万福华的牵连也被捕过，但不知为什么，不久就被释放。来日本后，他就转投到康有为的保皇党。既然没在同一条战壕了，陈天华本不想理会他，但又觉得心里苦闷得很，现在只想找个人说说心里的苦。

"运奎啊！我现在是两眼一抹黑，失去了组织，感觉独木难支；没有了思想，犹如行尸走肉；没有了前进的方向，像是大海中一条随波逐流的小舟。眼看着国家在受难，民众在遭苦，自己没有能力去帮助他、改变他，心里特别难受。"陈天华说。

"星台，不只是你难受，只要是有一点骨气的中国人，看到眼前的景况都会难受。但难受又有什么用？清朝政府不会因为你们的难受而改变他们的腐败无能，侵略者也不会因为你们的难受而停止侵略，相反他们很高兴看到你们自己折磨自己，看到你们放弃一切反抗，坐以待毙。"徐佛苏说。

"谁说我放弃反抗了？谁说我坐以待毙了？只是以前在一起活动的人有的被捕了，有的牺牲了，我现在有一种势单力薄的感觉，不像以前一呼百应，一说起事就能让人热血沸腾。"陈天华说。

"星台，你想认识梁启超先生吗？他就在横滨。"徐佛苏问。

"梁启超先生？他是康有为的学生，他的思想跟他老师一样倡导'维新变法'。他们的理念跟我们'华兴会'的理念有根本的不同，他只是想在已有的基础上改革、改变，并没有想过要推翻清政府，但清政府是百足之虫死而不僵，已经没有新生的能力了，还能希望他改革、改变？那不就是让一个已经死去的人死而复生？我们华兴会则不同，我们的主张是'振兴中华、扫除帝虏、驱除列强'，运用强硬手段，扫除一切阻碍社会进步的旧势力，驱除一切侵略者，建设一个民主、自由、富强的新中国。"陈天华说。

"星台，你说的这一切都没错，我也是参加过华兴会的，这些我都懂，我也是支持'振兴中华、扫除帝虏、驱除列强'这种理念的。但从华兴会成立到现在，我们也经历不少了，每次起事，还没开始就遭遇失败，就遭到清政府的扼杀，你看现在华兴会的人员都是被抓的被抓、被杀的被杀、逃跑的逃跑，七零八落的，这究竟是什么原因呢？我认为是缺少斗争的经验，俗话说：'兼听则明，偏听则暗'，维新思想虽然与我们华兴会的观点有些本质的区别，但也不是毫无可取之处，我们可以参考一下他们的观点和经验，采取扬弃的态度，好的我们学以致用，坏的我们剔除掉，兼收并蓄并不是一件坏事。"徐佛苏说。

"运奎兄，你说的也有道理，我们既然有坚定的革命信念，就能判别事情的正确与否，就不会轻易受到别的思想的侵扰。"陈天华说。

"对，我们有正确的方向，有判别是非的能力，就能公正地看待一切事物。"徐佛苏说。

"既然是这样，运奎兄什么时候能给我引荐认识一下梁启超先生？我想跟他接触一下，看他有什么思想值得我们借鉴的。"陈天华思考了一下说。

"好，有机会我就给你引荐。只是我看星台兄这段时间这么消沉，该振作起来才是。"徐佛苏说。

"运奎兄说得对，我不能再这么沉沦下去了，我要振作起来，重新拿起我的笔。"陈天华点点头说。

在徐佛苏等人的劝说下，沉默了一段时间的陈天华又开始发声。他拿起纸和笔开始长篇小说《狮子吼》的创作：

楔子

看官：小子是一个最不喜欢读书的。须知小子不喜欢读书的缘故，那诗书上每每讲些兴亡事件，小子自幼生就一种痴情，好替古人担忧，讲到兴亡上，便有数日的不舒快！因此把一切书都谢绝了。终日只外出逛耍，淘泻性情。又只见飞的、走的、潜的、植的，无非是"弱肉强食"四字，忽而有，忽而灭，所接于耳，所触于目的，无一不是伤心惨目的事！又每每痛哭而返。因此不读书，也不出游，冥心独坐，万念皆灰！如是者半年。有一日，小使拿了一封信函，自外面走进来，递在小子手里。小子比时把那一封信拆开，不是别人所写，即是小子一个至好契友写来的。那时小子一喜不小，忙将信纸展在桌上。据称："前两月入山樵采，有一座石屏，拔地独立，高有数丈，忽然石破天惊，飞出一铁函来。小弟此时吓死在地，醒后，拾起，牢不可破，用斧头劈开，乃是一卷残书，字已不大明显。拿归家中，用了好几日的功，才分辨出来，知是混沌人种的历史，混沌最后一个人所做。虽不能细细译出，大略却可知道。今将稿本寄呈，乞赐斧裁，以便行世，庶使世人，知以前原有混沌一族，未始非考古家之一助也"云云。小子把那寄来的书，细心一看，说距今四千五百年之前，有一混沌国，周围有了七万里，人口四万万，他们的祖先，也曾轰轰烈烈做过来，四旁各国都称他是天朝。只有一件大大的不好处：自古传下些什么忠君邪说，不问本族外族，只要屁股坐了金椅，遂尊他是皇帝。本族之中，有想恢复的，他遂自己杀起自己来，全不要外族费力。所以这一偌大的文明种族，被那旁边的小小野蛮种族侵制，也非一朝一次。最末之一朝，就是混沌国东北方，一种野蛮人，人口只有五百万，倒杀了混沌人十分之九，占领混沌国二百多年。末年又来了什么蚕食国、鲸吞国、狐媚国，都比这种野蛮又强得远，便把混沌国一块一块地割送他们。混沌人也不知不觉，随他送情。谁知这些国狠恶无比，或用强硬手段，杀人如麻；或用软和手段，全不杀人，只将混沌人的生计，一概夺尽。混沌人不能婚娶，遂渐渐地死亡尽了。兼之各国自己的教育是很好的，惟对待混沌人全不施点教育，由半文半野降为全野蛮，由全野蛮降为无知觉的下等动物。各国间开起战来，把来当枪炮，有工程做把来当牛马。不上三百年，这种人遂全归乌有了。全书共一百余页，读了一遍，又触动了小子以前的毛病，不觉得悲从中来！想道：这混沌国不知在今那一块，何当日的事迹和今日的情形——一吻合也？稀奇得很！想了一回，援笔于后写了几句：

　　恨事有何尽？悠悠成古今。

　　优存劣败理，仔细去推寻。

　　又吟了数次，精神已倦，遂在椅子上睡去了。忽见盟友华人梦，慌忙走进来说道："俄罗斯重占东三省，英国乘机派了长江总督，兵舰三十只，已入吴淞口，不日就抵江宁。"余一惊不小，华人梦走进大门，只见街上异常慌张。忽有数人翎顶军衣，手持高脚牌，上写："两江总督部堂牌示：大英督宪

385

不日下车，此系钦奉谕旨允准，且只管理通商事宜，并非有碍大清主权。凡尔军民，切勿妄造谣言，致取咎戾。切切。特示！"又有人说：南汇、江阴，已经起事，省城已派大兵去了。小子向华人梦说道：'事已至此，只得向南汇、江阴走一遭，与我亲爱的同胞同死在一处，免在这里同着他们当奴才。"人梦也以为然，即骑了马，跑到江阴。只见洋兵和官兵共在一块，无数万的男女，都被赶下江去。有一小队的义勇，尚在那方厮杀。正想上前帮助，义勇队已大败特败，四处奔散。一队马兵冲过来，华人梦已不知去向了。只有小子一人，跌在深沟之内，得保性命。及闻人声渐远，才敢爬上来。乃是一个深山，虎狼无数。小子比时魂飞天外，恰要走时，已被他们望见，飞奔前来。起头用空手拦挡，不料已被抓倒在地，右臂上已被咬了一口，痛入骨髓，长号一声。原来此山有一只大狮，睡了多年，因此虎狼横行；被我这一号，遂号醒来了，翻身起来大吼一声。那些虎狼，不要命地走了。山风忽起，那狮追风逐电似的，追那些虎狼去了。小子正吓的了不得，忽又听见半空之中，一派音乐，云端坐着一神人，穿着上古衣冠，两旁侍者无数。小子素来不信那小说上仙佛之事，到此将信将疑，不觉倒身下拜。只见那位神人言道："吾乃汉人始祖，轩辕黄帝是也。吾子孙不幸为逆胡所制，今逆胡之数已终，光复之日期不远。汝命本当死于野兽之口，今特赐汝还阳，重睹光复盛事。"言罢把佛（佛尘）一挥，遂不见了。转眼又不是山中，乃是一个极大都会，街广十丈，都是白石，洁净无尘；屋宇皆是七层，十二分的华美；街上的电汽车，往来如织；半空中修着铁桥，在上行走火车，底下又穿着地洞，也有火车行走。讲不尽富贵繁华，说不尽奇丽巧妙。心中想道："这是什么地方？恐怕伦敦、巴黎，也没有这样。"又到一个大会场，大书"光复五十年纪念会"。那会场足足有了七八里，一个大门，高耸云表，匾额上写"日月光华"四字，用珍珠嵌就。又有一副对联：

相待何年？修种族战史；

不图今日，见汉官威仪。

门前两根铁旗杆，扯两面大国旗，黄缎为地，中绣一只大狮，足有二丈长，一丈六尺宽；其余各国的国旗，悬挂四面。进了大门，那熙来攘往的人民和那高大可喜的房屋，真是天上有人间无了！左厢当中，有一座大戏台，共分三层，处处雕琢玲珑，金碧辉耀，眼都开不得了。台上的电灯，约有数百盏，又用瓦斯装成一个横匾，一副对联。匾上写的是"我武维扬"，对联云：

扫三百年狼穴，扬九万里狮旗，

知费几许男儿血购来，到今日才称快快；

翻二十纪舞台，光五千秋种界，

全从一部黄帝魂演出，愿同胞各自思思！

乐声忽动，帘幕揭开，无数的优伶，正在那里演戏：

小生军服佩刀上。（临江仙）十万貔貅驰骋地，那堪立马幽燕；羯奴何处且流连？毡庐迷落照，狼穴锁残烟！收拾金瓯还汉胤，重瞻舜日尧天。国旗三色最庄严，乱随明月影，翻入白云边。

（鹧鸪天）铁骑纵横遍大千，当时慷慨气如船，十年龙战玄黄色，一旦鹏搏寥廓天。思往事，感流年，大江东去水涓涓，风云扫尽英雄在，休向重洋叹逝川。

小生，新中国之少年是也。门承通德，家不中赀。六尺微躯，一腔热血，愤胡儿之囵迹，伤汉族之陵夷，百计号呼，唤醒群梦，十年茹苦，造就新邦，重开汤武之天，净洗犬羊之窟。其时薄海内外，同宣独立，都解自由。增四千年历史光荣，震九万里环球观听。内修武备，外慎邦交，挫匈奴不道之师，杜回纥无厌之请，金汤永奠，锋镝潜消。到如今文明进步，几驾欧美而上之。回想当年，好不愉快！（笑指介）你看辽东千里，明月依然。那满政府二百年之威风，五百万之异类，都归何处去也？今日万国平和，闲暇无事，待我将当年勋迹，表表出来，以告天下后世之为黄帝子孙者。正是：

英雄心事循环理，留与他年做样看。（唱）

（仙吕点绛唇）锦绣中原，沧桑几变。肠千转，回首当年，天际浮云掩。（混江龙）笑处堂燕雀纷纷，颓厦闹寒暄，昨夜西山雨妒，今朝南海春妍。放着他血海冤仇三百载，鬼混了汉家疆宇十余传。鱼游沸釜慢胡缠，龙潜沧海终神变。看一旦风云起陆，波浪掀天。

想当年俺一班同志对付那满洲政府的手段啊！（唱）

（油葫芦）十万横磨如电闪，一霎入幽燕。挟秋霜，挥落日，扫浮烟。烽火断神州，血浪黄河远。霾幕走狐群，落叶西风卷。一个是千年老大无双国，一个是万里驰驱第一鞭。算不了鹬蚌相持，渔父漫垂涎。

当时欧亚各国，见我辈革命军起，也有好几国想出来干涉，（笑介）哈哈！入虎穴，得虎子，正我辈之素志，区区干涉，其奈我何！（唱）

（四门泥）是英雄自有英雄面，怕甚么代越庖俎，还他个一矢双穿。人生一世几华年！男儿六尺谁轻贱！精金百炼，磨砺时贤，将军三箭，恢复利权。便封豕长蛇，也不过再起群龙战！

自古道能战而后能守，能守而后能和。当此竞争时代，万无舍著著进争而能立国之理。（呼介）同胞呀！同胞呀！请看我辈处此，究竟如何？（唱）

（寄生草）从今后，外交策，誓完我独立权！休教碧眼胡儿，污了庐山面，任他花县游蜂恋，还他铁血神龙变。我定要道一声霹雳走春霆，他虚掷了十年肝脑如秋扇。

你看今日三色国旗，雄飞海外，好不光耀，所谓"有志者事竟成"，古人诚不我欺也！（惊呼介）哎呀！前事不忘，后事之师。同胞，同胞！还要大家猛醒则个！（唱）

（沉醉东风）你看昔日啊，黑沉沉鬼泣神潜！你看今日啊，碧澄澄璧合珠联！如此河山几变迁，而今天地恁旋转。剩下多少新愁旧恨，都付与梨园菊部，点缀庄严。水晶帘卷，听声声激越，忧深思远。

（作唤醒介）同胞啊！来日方长，竞争未已。俺想二十世纪以后之舞台，必有一种不可思议之活剧发现于世。那时候，再愿我黄帝子孙，一齐登场，轰轰烈烈，现万丈光芒于世界，这才算不负俺今日之苦心了。（唱）

（尾声）英雄如许寻常见，须解道忧乐关怀判后先。仔看多少风云留与男儿演。（下）

只觉音韵悠扬，饶有别致，非同尘世之词曲。又走到右厢看看，只见挂着"共和国图书馆"的牌子，那里面的书册不知有几十万册，多是生平所没见过的。有一巨册金字标题《共和国年鉴》，内称：全国大小学堂三十余万所，男女学生六千余万。陆军常备军二百万，预备兵及后备兵八百万。海军将校士卒，共一十二万，军舰总共七百余只，又有水中潜航艇及空中战艇数十只，铁路三十万里，电车铁路十万里，邮政局四万余所，轮船、帆船二千万吨。各项税银每年二十八万万圆，岁出亦相等。又一大册，用黄绢包裹，表面画一狮子张口大吼之状，题曰《光复纪事本末》，共分前、后两编，总计约有三十万言。前编是言光复的事，后编是言收复国权完全独立的事。稍为翻阅，书中的大旨，已知道大半；只恨卷帙太大，一时不能看完，而又不忍舍。恰好此书有正、副二册，遂将副册私藏袖中，匆匆出馆。背后一人追赶出来，大呼："速拿此偷书贼，送警察局！"前面已有警吏二人，把小子一把扭住。小子惊吓欲死，大叫"吾命休矣"！醒来原来是南柯一梦。急向身边去摸，那书依然尚在，仔细读了几遍，觉得有些味道，遂因闲时，把此书用白话演出，中间情节，只字不敢妄参。原书是篇中分章，章中分节，全是正史体裁；今既改为演义，变做章回体，以符小说定制。因原书封面上画的是狮子，所以取名《狮子吼》。预知书中内容如何，待下分叙。

……

小说的开篇诠释了陈天华此刻的心情。文中假借"混沌国"之名，写出了帝国主义列强当时视中国为"睡狮"的现实，抒发了强烈的反帝爱国情绪。以浪漫主义的幻想形式，回首当年反封建反帝国主义的勋迹，歌颂中国之独立自由，建立共和国的理想。意图唤醒黄帝子孙的革命意志，发扬民族的斗争精神。文中通过新中国少年的说唱，宣扬陈天华资产阶级民主派的思想主张，具有鲜明的政治倾向性，并为人们勾勒出了一个叫"民权村"的理想社会的模型，表现资产阶级民主共和的理想与愿望。其中第七章《破迷报馆》一节，暗指轰动一时的"苏报案"，他在小说里为邹容、章太炎鸣冤叫屈。

陈天华的《狮子吼》一刊出，立刻受到了广泛关注，他犀利的笔锋直指反动统治者，当时有人称：陈天华的《狮子吼》是"有血有泪之言"，"读此篇而不怒发冲冠，拔刀击案者，必非人也。"足见其感人之深。

第六十二章 维新理念

过不久，徐佛苏说带陈天华去见梁启超先生。

梁启超住在横滨一座背山面海的房子里，房子很宽敞，有客室、厅堂、书房、卧房，布置得很雅致。梁启超是在书房里接待他们的。第一次见到梁启超的陈天华，觉得他与自己想象中有很大区别，大多数读书的人，因为长年待在书房，皮肤一般都是比较白净，所以常常有白面书生之说。出生广东的梁启超，像大多数广东人一样，皮肤有些黑，这是因为广东属于亚热带地区，日照时间过长的原因。陈天华印象最深的是他额头很宽阔，上扬的眉毛下，眼睛大而深陷，鼻梁高耸，轮廓分明的嘴唇，一笑就会露出一口与黑色皮肤相映衬的洁白的牙齿，短小精悍的身上穿着一身新式的西服，头上的辫子也剪了，头发中分倒向两边，一副十足的接受了西方教育的精英知识分子形象。

书房里堆满了书，既有汉语的，也有英文、日文、俄文的，书房墙上横书遒劲有力的"饮冰室"三个大字。

梁启超夫人李蕙仙，祖籍贵州省贵筑（今贵阳市），生于河北固安县。是顺天府尹李朝仪之女、礼部尚书李端棻之堂妹，1891年与梁启超结婚。1896年随梁到上海创办鼓吹维新的《时务报》，并在上海创办女子学堂，亲自担任校长，成为中国第一位女学校长。

"百日维新"失败后，慈禧命令两广总督捉拿梁启超的家人，梁家避居澳门，逃过了一场灭门之灾。梁启超只身亡命东瀛后，李蕙仙成了整个梁家的支柱，不仅在生活上关心照顾着梁启超和他的家人，在事业上对梁启超也有不少的帮助。她不仅是梁启超的贤内助，还被梁启超称为"闺中良友"。

漂亮、温柔的李蕙仙身着深蓝色绣着浅色梅花图案的旗袍，窈窕的身材把中国的旗袍文化穿到了极致。她丝毫没有一个成功女人的矜持，待两人极为亲切，让陈天华没有一点拘束感，所以跟梁启超谈话时也是推心置腹，没有一点隐晦。

梁启超不愧是一个大智大量大有学问之人，他自"戊戌变法"临难逃到海外之后，偕夫人游历了纽约、费城、温哥华、旧金山等很多名城，最后才又回到日本，以日本名字吉田晋取得定居权，办起了鼓吹民主、自由、宪政的《新民丛报》。《新民丛报》登出的文章是全体留学生公认第一流的，传到国内去是张之洞行文禁读的。梁启超的思想光芒折射在他所写的一篇篇文章里。他以流畅浅显的文字介绍西方资产阶级的哲学、政治学和经济学，歌颂西方民族运动和革命运动中的历史人物。宣扬种种同中国封建传统相违背的思想道德观念，使许多从前只知道四书、五经、孔、孟、老、庄的人们，有了一个更大的思想和视觉空间，了解到了他们以前不曾了解过的西方文化、西方政治，强烈地燃烧起一种救国和变革的热情。陈天华初始革命的热情，就是来源于此。

跟梁启超细谈后，陈天华又强烈感觉到梁启超的思想深处又蕴藏着许多的矛盾（也许是无奈）。他满怀激情地憧憬新中国的未来，一方面对推翻清朝，实行民主革命表示怀疑和反对；另一方面却说，要救中国，不经过一次大变革（也即革命）是不行的……

陈天华与梁启超有了来往之后，受到梁启超改造国民性，提升国民素质的改良思想的影响，加上当时在新化实学堂时首先接触的新思想也是维新思想，想起当初在长江轮船上的遭遇，陈天华的思想渐渐起了一些变化，他开始有些认同梁启超的改良观点。

当时正值日俄战争，这场争抢在华势力范围的厮杀就在中国东北境内进行，清政府没有能力约束交战双方，只好宣布"局外中立"。1905 年 1 月，日本《万朝报》刊登了一篇文章，预言中国即将被瓜分，这在中国留日学生中引起了激烈反应。

陈天华当即撰写了《要求救亡意见书》在留学界发布，其内容如下：

"近日以来，警电纷至，危迫情形，视前尤急。同人等焦心灼虑，苦无良策，乃于无可如之中，作一死中求生之想，则惟有以救亡要求政府也。

夫各国国民之要求政府，则立宪问题也，自由平等问题也，均财问题也。吾等今日之要求，尚不能及是。弟求其勿致吾于死亡而已。救亡者政府之责任，岂待吾等之要求而后许？则以今日之政府，所蹈无一非可亡之道，而不惜国之亡者也。主人有屋，托人管理，不慎于火，管理者以非其屋也，将任其延烧，为主人者，岂能不以屋如焚焰，必责其赔偿而急促使之救火乎？政府管屋者也，国民主人也。吾等之要求亦类是也。

要求者有目的有条件。目的惟何？但使朝廷誓死殉国，勿存一为印度王之思想，卖吾侪以求活。为大臣者，实事求是，勿抱一为小朝廷大臣之主义，以吾侪之权利，为彼等富贵之媒，则吾侪必捧吾之身命财产，呈献之政府之下，万死不避。不尔者，亦必求对付之手段，断不能任其今日割五城，明日割十城，不动声色而断送吾侪于永世沉沦之内。吾等要求之目的也。

条件惟何？一曰勿以土地割让于外人也，而矿山、铁路、航权，必竭死力以保之。二曰勿以人民委弃于外人也，而人民之生命产业利权，丝毫不可容外人之侵犯。三曰勿以主权倒授于外人也，而外人之驻兵于内地，以及用人行政之权，尤必力杜其渐。此三者，要求政府对外之条件也。四曰当实行变法。五曰当早定国是。六曰当予地方以自治之权。七曰当许人民以自由著述，言论集会之权。此四者，要求政府对内之条件也，凡皆吾侪所以要求于政府者也。

吾侪对于政府，独可以不负义务乎？吾侪之义务惟何？一曰人人有当兵之义务，二曰人人有纳租税之义务，三曰有为政府募公债之义务，四曰有为政府任奔走开导之义务。吾侪之义务有一未尽者，不待政府诛之，吾侪必自诛之。吾侪对于政府尽义务矣，而政府之于吾侪所求者，或不之许，或许而阳奉阴违行之不力，或竟显违吾侪所订之条件，则吾侪必尽吾力之所能，以对付于政府。诛一人而十人往，诛十人而百人往，吾侪不死尽，政府不得高枕而卧也。彼欲置吾侪于死亡，而希图保全，吾必使之与吾侪同尽。是则吾侪之所以自处处政府也。

难者曰：今瓜分之谈，尚属影响，而行如是之举动，不几类于无事张皇乎？应之曰：瓜分者岂必待改图易色，而始谓之瓜分哉？土地、人民主权，有一不完全，则不可谓之国。今土地则已去者无论，指名坐索者又纷纷矣。如俄之要求厦门等地，及要求蒙古、新疆之矿山，其余各国不胜枚举。人民则非洲、美洲之工人。东三省之难民，惨无天日。而上海则俄国水兵公然杀人于市，而惟定以四年之监禁。嗟！我同胞曾草芥之不啻也。

主权则无一不受外人之指使。近奉天府尹，被拘禁于俄，山东巡抚必待德之许可，尚得谓有主权之存乎？若是者即不瓜分，而已早等于瓜分，且甚于瓜分。况东报谓各国承认俄国长城以北之占领。俄国占领长城以北，各国岂无所取？则瓜分也明矣，特因日俄战争而有所需待，不然早已揭晓，岂能至今日耶？揭晓云者，亦不过执工商政略而握实际之主权，非必易大清之年号，而为一千九百几年之年号也。诸君欲为堂堂正正之死节，断无如此机会。且救死者必于将死未死之时，不可待于已死；救亡者亦必于将亡未亡之时，不可待于已亡。救死于已死，救亡于已亡，则救与不救等。吾侪之有一线之希望者，正以尚有可以图存之时间，而不欲复蹉跎以逝也。非然者则吾侪之哓哓。何为者耶？以吾侪之眼视各国之国民，如登春台，欣羡无已。而各国之国民，为生存竞争之故，要求于政府者无已时，则以吾侪今日之要求，岂能目为多事乎？无病而呻不可也。安卧于覆屋之下，尤非智者之所出也。

难者又曰：君等之志诚嘉也。倘或政府不见谅，而以待义勇队者待诸君，则如之何？应之曰：吾侪非为政府者也，为国家者也。将危于政府之手，吾侪不忍其危，而向政府争之，岂慑于政府之威力者乎？上不避嫌疑，下不辞谤讟，行吾心之所安，有非人之所能阻者，政府之见谅不见谅非所问也。

难者又曰：政府而能有作为也，不待要求也。否则要求何益，祇自荒功课，而骚动学界耳。应之曰：政府之惧外也，非必其本心也。外人对于政府有要求，国民对于政府无要求，则政府乃以国民所应得者，举以畀之外人，以暂纾目前之急，使国民亦有以持其后，则必不能无所顾忌。人孰不畏难，道在使欲畏难而不可得。吾侪之要求，所以使政府应付外人之要求外，而亦留一二以应吾侪之要求也。盖使彼惟虞外人之一方面，而不虞国民之方面，则不至举吾侪尽售之于外人，以保固其印度王小朝廷大臣之名位不止。今吾侪乃预先警告之，吾侪虽被售，而必不使安固其印度王小朝廷大臣之名位，是亦侥幸望其勿售也，岂可以其无益而已之乎？至于警告而不听，则吾侪自必有继续之行为，决非仅如公车上书之故事也。

各国民党之对于政府也，必先提出要求之条件，要求而不纳，然后有示威之举动，无不如此者。吾侪躅等以为之，则政府不知吾等意向所在，而国民亦不知吾等之宗旨为何，纵掷数人之头颅，亦不过等诸无意识之作为。而吾侪之主义，终难暴白于天下。惟先将主义标出，能可平和则平和，当激烈则激烈，一出于公，而不杂以一毫之私，使政府有所择取，使国民有所依，然于将来或不至全无影响。此吾侪今日之苦心也。政府之无可望，则久已知之矣。谓因此恐荒功课，骚动学界，则吾侪岂于今日而欲全数之辍学哉？亦先以意见书，公举数人送之政府，其余则仍可日夜并学，以待政府之任使。倘政府必举立国之三要素，甘心委让于人，而国民是仇，则公等虽有学问，又安所归，将抱是以为作贰臣之赘献乎？则非吾侪之所及知也。

难者又曰：外人因将甘心于我，吾侪又不自韬晦而标帜焉，是予人以口实，而自自速其亡也。应之曰：吾侪非欲学义和团者也。固吾边围，守吾应享之权利，对于政府而有所要求，皆吾所应为之职分也。如是而欲干涉焉，是不以国待我，而以无主权之奴隶待我也。吾子亦或安之？则无不可安之也。夫无主权之国，尚于正当之防卫，上国不得而干涉之，况吾未至于是者乎？人将割烹我，即抵拒而亦以为不当，必束手以待毙，竖尽古今，无此学理。畏事而至于如斯，非吾之所敢闻也。

难者又曰：君之言至矣，无以难矣也。虽然无实力以副之，恐终难免虎头蛇尾之诮，子虽至诚，能必人之从乎？应之曰：吾侪之能力薄弱，诚如子之所言也。虽然，岂可以是自馁乎？虎头蛇尾，吾必求所以不至于蛇尾者，万不可恐其将至于蛇尾，而先隐其头也。吾侪但视事之当为与否，岂以人之从违为定。况人之欲善，谁不如我。各国之政党，俱以一二人之原动力，久之而推行全国，未见有无人从之者。吾子但自问真心从事否，于他人可无须问也。

言至此，客无辞而退。更有昂然而进者曰：吾侪平日之所主张，非革命乎，今仍欲倚赖于政府，何其进退失据也？则应之曰：政府之将以土地、人民、主权三者与外人，一弹指间也。而吾子之革命，旦夕可举乎？吾恐议论未定而条约上之效力发生，已尽中华之所有权移转于他人手矣。则何如要求政府，与之更始以图存乎？若其不能报复而止也，无所谓革命也，故吾侪必先以条件商之政府，政府而果如所请也，夫又何求。不然岂特吾子，吾侪独能默认政府之卖我以求利者乎？若于此时徒为高阔之论，而不见有实行之期，则非所敢附和也。

答问既竟，悉书之于右，以待他人之执前词以相诘难者，乃更为同志告曰：数年以来之学生，非所谓将来世界之主人翁者乎？当此灭亡之大风潮，而竟寂无所动试，一翻平日之议论，其于心有少许之滋愧否耶？吾侪之欲以救亡要求政府也，非谓如是即可以救亡也，乃欲以求吾致死之所也。政府能与吾侪共致死于外人，则外人乃吾侪致死之所也。政府必欲以吾侪送之于外人，则政府乃吾侪致死之所也。吾侪固有九死而无一生者也。然吾侪即不欲死，而外人必欲死吾政府，必欲死吾，死仍无可避也。死有重于泰山，有轻于鸿毛者，道在诸君自择之也。吾侪意绪已乱，罔知大计之所出，揭其见之所及者如此，匡正而指摘之幸甚。右书订二周内北上实行，拟用留学生全体名字，有志偕行者请至神田西小川町フ一东新社商订出发，反对者即请函告，否则作为默认。"

几次起义的失败，让陈天华认识到了革命的长期性和艰巨性。他认为，革命在近期不会很快成功，但国家危在旦夕，远水救不了近火，梁启超的改良思想又让他认为，现在的权宜之计是由留日学生选派代表归国，以请愿的形式要求立宪，阻止清政府卖国。

他认为，在拯救祖国即将被瓜分的危机问题上，留学生有理性，不是义和团，"惟先将主义标出，能可平和则平和，当激烈则激烈，一出于公，而不杂以一毫之私，使政府有所择取，使国民有所依，然于将来或不至于全无影响。此吾侪今日之苦心也。"

《要求救亡意见书》一发布，即引起巨大反响，留学生们众说纷纭，有的赞成，有的不赞成，更有甚者"谓因此恐荒功课，骚动学界"。连日本警察都出来干涉了，他们怕陈天华的举动会引出麻烦。

对于这纷沓而至的各种反响，陈天华都是从容应对，并特别驳斥了那种"谓因此恐荒功课，骚动学界"的观点，他认为他只是"先以意见书。公举数人送之政府，其余则仍可以日夜并学，以待政府之任使"，怎么可能会荒废学业呢？。

正当他准备返国上书请愿时，宋教仁出来阻止，他认为陈天华的做法与当时华兴会的宗旨有异，约了黄兴等人在黄兴寓所与陈天华进行"特别谈判"。

黄兴寓所内，有雪白的纸窗，有素雅的榻榻米，榻榻米上的小方桌上搁有日本茶具。

陈天华、宋教仁、刘揆一进来后，四人在方桌边各据一方，开始辩论。

"星台，听说你准备北上请愿，劝说清政府立宪改革。"黄兴说。

"是的，我写的《要求救亡意见书》表达的就是这种观点。"陈天华说。

"你这么做不是向清政府妥协吗？如果清政府凭着你的一纸请愿书能改变，早就不是现在的样子了。"宋教仁说。

"如果清政府不接受我的请愿，我准备血溅朝堂，以死抗争。"陈天华说。

"星台，你这是受到梁启超这些保皇党的蛊惑了，你以为你的血能让腐朽的清政府清醒？戊戌六君子是怎么死的？'公车上书'的结果怎么样？难道这血的教训还不够吗？难道这些血流得还不够多吗？"刘揆一说。

"此一时、彼一时，中国现在到了最危急的关头，好的意见和建议他们应该也是能接受的。再说革命也不是一天、两天，一月、两月能成功的，这是一个漫长的过程，现在侵略者对我们是步步紧逼，时间这么紧迫，情势这么危急，等到革命成功，恐怕国家早已易主了。"陈天华说。

"星台，你这话对革命带有消极的成分了，是不是因为前几次的失败，让你对革命失去信心了？"宋教仁说。

"不会的，遁初兄，我对革命一直都充满信心，只是现在情况危急，当前，我认为救国才是最首要的事情，其他的事情可以慢慢来。"陈天华说。

双方各抒己见，针锋相对。黄兴见一时说不通陈天华，怕他一意孤行，建议召开湖南同乡会，听听大家的意见。

"星台，看样子我们是一时说服不了你，我建议召开一个湖南同乡会，听听大家的意见如何？"黄兴说。

跟黄兴、宋教仁他们争论了这么久，虽然言语上并没有妥协，但陈天华的内心还是感觉到有了一丝松动，黄兴、宋教仁、刘揆一的思想与自己历来是保持一致的，现在他们这么强烈反对，是不是自己的想法真的出现了偏差？

"好吧，我尊重大家的意见，只要反对我上书的人是大多数，就证明我的观点有了问题，我就放弃北上请愿要求政府立宪的想法。"陈天华说。

"好，我们一言为定！"黄兴说。

次日，湖南留日学生同乡会在留学生会馆举行。当时参会的有两百多人，会上大家都不赞成要求政府立宪的说法，而主张各省独立自治。大家的意见如此统一，按照当初和黄兴的约定，陈天华同意取消北上请愿的想法。

会后，陈天华一个人来到大森湾海边，看着在晚霞的簇拥下即将落下的日头，惆怅万分。

他的请愿和北上陈情的计划化为泡影。同学、同志、同乡们都激烈反对他这么做，痛心的呼喝和耐心的劝阻，让他不禁自我反省，难道我真的做错了？难道立宪这条路真的是一条死胡同？北上陈情真的是自投罗网？可起义是一次又一次失败呀！如果不走北上请愿这条路，那路，又该如何走下去呢？怎样才能阻止国家继续滑下灭亡的深渊？

可眼前没有任何人能回答他，只有已渐渐没入黑暗的海水，在哗啦哗啦自顾自说。

通过此番事件，陈天华对梁启超开始疏远，又回归到"振兴中华、扫除帝虏、驱除列强。"这条道路上来。

第六十三章《二十世纪之支那》

同样是黄兴寓所内，黄兴又召集了宋教仁、陈天华、刘揆一等人聚在了一起。榻榻米上的茶桌边，大家盘腿而坐，一边品茶，一边讨论。

"克强兄召我们来，不知所为何事？"陈天华问。

"自上次与星台兄讨论是否北上陈情的事情后，我们是很久都没相聚了，此次克强兄组织大家相聚，是否有什么特别的事情？"刘揆一问。

宋教仁道："克强兄召我们来，除了互相砥砺志气外，我看重要的是要讨论避难日本后，我们华兴会下一步该怎么走？各华兴会成员又该如何做？"

"遁初兄说的，也是我所想的。"陈天华说。

"我们今天要讨论的就是这件事。起义失败后，大家意志都有些消沉，甚至有了不同的想法，这都是不可取的。我们得重新树立起信心，我们不应该让民众、让革命党人觉得起义一失败，我们就销声匿迹了，我们就胆怯了，我们就无法坚持下去了。我们还得宣传、还得呐喊、还得让大家知道，华兴会打不垮，华兴会与清政府的斗争是不屈不挠的，华兴会一定会坚持到革命的最后胜利。"黄兴慷慨激昂地说。

"避难日本的华兴会会员就这么几个，要怎样才能以最快的速度，最有效的方法把我们的声音传递出来呢？"刘揆一说。

"这个，我也在想，办杂志、报刊是我们比较拿手的活，如果搞这些，我们这里的几个人都有用武之地，所以，我建议我们做一份杂志。"宋教仁说。

"我支持！"陈天华第一个举手。

"嗯，这个计划好，做生不如做熟。"黄兴也说。

"那这个杂志该起个什么名字呢？叫《华兴报》？"刘揆一问。

"这也太明显了，说不定在日本政府审核时连名字都通不过呢？还是隐晦一点好。"黄兴说。

"我想了个名字，现在说出来供大家讨论一下。"宋教仁说。

"什么名字？快点说说。"刘揆一就是猴急。

《二十世纪之支那》，这名字如何？"宋教仁说。

"很新颖，能迅速吸引人们的关注，好！"黄兴说。

"'支那，支取、支拿也，意味着我们中国可以任意被宰割，任意被凌辱，'这是一个带有污辱性的称呼，但这个名字也可以刺激神经麻木的中国人，可以呼唤清醒着的爱国民众，让大家清楚认识到自己在日本人眼里的位置，明白自己该怎么做才能树立起自己民族的尊严。"陈天华说。

"弱国是要受欺凌的，我们国家现在就好像是被列强左右开弓扇耳光，如果我们还不知道疼痛，还不觉得羞耻的话，那实在是太糊涂了。这个名字就像是时刻在提醒我们，什么时候才能去掉'支那'这个称呼。二十世纪，中国将不再是别人可以任意拿取的中国。"刘揆一说。

"很好，既然大家都明白了其中的道理，以后大家就知道写文章的思路了。"宋教仁说。

"杂志的定位解决了，只是资金问题该怎么解决？"陈天华问。

黄兴摩挲着自己的下巴说："经费的问题不用担心，由我和霖生兄想办法解决。"

"好！其他的事情由我和星台兄去办，我们分头行动，争取尽快出刊。"宋教仁说。

清光绪三十一年五月一日（1905年6月3日）陈天华跟宋教仁、黄兴、刘揆一、程家柽、田桐、张继等在日本东京一同创办了《二十世纪之支那》杂志，杂志的中心口号是：爱国主义，创办刊物的目的是：在国势日危的情况下，启发和引导民众的爱国之心，教育国民奋发图强，共同图谋国家的富强。以其给当时麻木的民众以警示和鞭策，给开始觉醒的热血青年以激励和鼓舞。

对于留日学生反清情绪越来越高的情形，清政府一方面采取严厉打击的手段进行镇压；另一方面则以拉拢、驯化等手段实施瓦解。

清光绪三十一年六月十二日（1905年7月14日），清朝政府举行第一次回国留学生考试，录取了金邦平等十四人，除分别赐他们进士、举人出身外，并授予官职。金邦平在日本留学的时候也有过革命行动，在接触到许多新学说和新观点后，很快成为留日学生组建的第一个翻译团体"译书汇编社"的主要成员，编辑出版进步刊物《译书汇编》，又和东京的二十多位留学生一起，发起组织了"中国青年会"。这个组织是留日学生中第一个具有明显革命倾向的组织。现在被清朝政府招安，马上摇身一变，成了清朝政府如何优待留日学生的代言人，在清光绪帝三十五岁生辰的时候还上台做演讲，大肆宣扬朝廷对留学生圣恩隆重，很重视留学生，等等，以瓦解留学生的革命情绪。

当时，宋教仁做了一则《留学生殿试》的时评，陈天华则写出了《丑哉金邦平》一文，内容如下：

满洲政府用其牢笼人心手段，于是有殿试留学生之举。其衰然为之举首者，金邦平也。吾意邦平处此，天良未泯，必当惭愧无地，羞辱不堪，不敢复见天下士，而邦平则何如？

满酋之诞日，满奴袁世凯于天津张盛筵，邀请各国领事，以祝满酋之寿，并召集天津之学生以庆贺之。是日到者数千人，世凯亲勉励以奴隶语。会将散矣，突有一人上演台，向众而发声曰："诸君知兄弟乎？兄弟自日本留学毕业，蒙恩赏受翰林院检讨者是也。兄弟本不足数，而圣恩隆重若此，足征朝廷重视学生。诸君勉旃，不患不如兄弟也。"众人视之，即邦平也。未几会散，各满奴或肩舆或马车，纷纷而去，邦平亦乘四人舆，傍列衔牌二：一为赐进士出身，一为钦点翰林院检讨。招摇过市，人皆侧目，窃相语曰："此外国状元也。"有羡者，有叹者。

夫邦平何人也？竟亦尝受文明教育，粗解民族主义者也。当其抵掌而谈，意气慷慨，国民度亦有以未来之主人翁目之者。而今若是，吾人更何所望于留学生也。

虽然邦平者，留学生中之败类也。留学生必无有欲效之者。满廷欲更求多数之邦平，或难如其愿以偿乎？

然而自邦平十四人授官后，而留学生遂增其数，其果受直接之影响于邦平等否，吾不得而知。但有此一番考试，湖北即汇送毕业生四十余人，以步邦平等之后尘，而西洋毕业生羡慕无已，遂为毛遂之自荐，上书学务处，以求预殿试之荣。咄！留学生之结果，如是，如是！

孟子曰：修其天爵，而人爵从之。诸君但患无天爵也，人爵安足贵，况虏廷之伪职，受之徒足以增辱乎？彼虏廷者，伏天诛之日不远，诸君何必于他日贰臣传中增一席！诸君即怀才欲试，不甘寂寞，何不投入本族之革命军，以共建汉人之政府，其荣耀不较受伪职多乎？何舍何从，谅为有识者所能辨也。

"笑骂由他笑骂，好官自我作之"，奴隶之代表语也。若邦平者，即演此现象者也，宁复知人世间有羞耻事，又何诛？特吾黄帝而有是子孙也，留学界而有是败类也，不能不重悲不幸也。呜呼！十年以来，东邦留学者既日益众，其间一二不肖，抑或污我留学学生之历史，然多在私德之范围，以比邦平之无耻贱行，剥丧天良，相去甚远。吾传语留学生界，自兹毋攻人之恶，以削公权、除学生籍为惩罚也。有自去留学生籍而入于奴籍者，公等尚对之无异言，放饭流啜而问无齿决，何不知务也。

　　此次殿试者多人，邦平与粤人唐某独得翰林，由其诡得某校之学士证书也。事后唐某作书与某同学曰："吾今此所得，莫非运动之力。吾本无文凭，故运动难。然卒出全力以举之，非为一人，为我同学将来计也。君既有好文凭，若加以运动，我更助以君运动，夫又何难达到好官之目的耶？"见其书者，莫不作恶欲吐。然唐某固以谋保举当翻译来东京，原不必以留学生目之，故吾不丑唐某而丑邦平。至同试某某在东亦高谈革命者，今皆随邦平、唐某之后，吾不暇一一诛击，但觉邦平已足为彼辈代表矣。噫！

　　在《丑哉金邦平》这篇文章中，陈天华以具体人物和事件抨击了留学生殿试的虚伪和堕落。对清朝政府笼络留学生的此举予以揭露和批判，同时也表现了自己对金邦平这样两面三刀的"留学生中之败类"的鄙夷与不屑。

第六十四章 仰慕已久

　　1905年夏，孙中山先生来到日本，在留日学生中开展联合各团体的活动。

　　对于孙中山，陈天华早有耳闻，特别是杨源浚说的"革命党之大文豪"这句话出自孙中山先生之口后，更是希望能与他见上一面。

　　对孙中山感兴趣的不只是陈天华，《二十世纪之支那》杂志社里此时热闹非凡。

　　"大家不知道，这几天我为了更全面客观地了解孙中山先生，在留学生里做了一项调查。他们可是褒贬不一呀！支持康有为、梁启超为首的保皇党的留学生直接称孙中山先生为乱臣贼子、乱党，但广东籍的留学生则多是说孙中山先生是如何的了不起。"陈天华说。

　　"星台兄，你这么说有点不够准确，康有为和梁启超都是广东人，是保皇党的领军人物，他们可是最反对孙中山先生的。"张继纠正说。

　　"哈哈！不好意思，我可是忽略这一点了，溥泉，你跟孙中山先生很熟，很了解孙中山先生，那你来给我们讲讲孙中山先生的故事如何？"陈天华来兴趣了。

　　"孙中山先生可是个充满传奇色彩的人，你要我讲孙中山先生的什么呢？"张继说。

　　"当然是孙中山先生革命的逸闻趣事了。"宋教仁端着茶杯走过来接道。

　　"那就可多了，孙中山先生很早就参加革命，他参加革命的时候，我们还不知道这'革命'两字。孙中山先生从小思想就比较前卫，还很年少的时候，孙中山先生就带头砸了他们家乡翠亨村的菩萨像。你们知道，广东人非常迷信菩萨的，当时把他们那个族长气得呀，差点要把他从族谱里面剔出来，是他父亲苦苦哀求，才让他的名字继续留在里面。他可好，什么都无所谓。"张继说。

　　"了不起！了不起！自古英雄出少年，菩萨的地位在迷信人的心里是至高无上的，这么小年纪就敢做常人不敢做的事情。"陈天华佩服说。

"在康有为、梁启超还在梦想通过科举制度做大清朝的奴才的时候，孙中山先生和他的同窗好友已经在澳门、香港等地发起了密谋推翻清王朝的革命，人称四勇士。"张继说。

"四勇士？我可是没听说过，哪四个人？"宋教仁问。

"孙中山、陈少白、尤列，还有杨鹤龄。"张继说。

"真的是敢为人先，怪不得这么多人崇拜他。"陈天华说。

"可不是吗？有人称孙中山为革命的先驱。"张继说。

"嗯，名副其实！名副其实！"宋教仁点点头说。

听完张继的介绍，陈天华和宋教仁对孙中山更是钦佩。

"遁初，我很想见见孙中山先生。"寓所里，写了半天字的陈天华对斜倚在桌上看书的宋教仁说。

"我也想见见真人，我们都是只闻其名，没见过其人。"宋教仁放下手中的书，抬头说。

"你说孙中山先生会是一副什么样子呢？"陈天华猜想着。

"我想孙中山先生应该是像克强兄一样高大魁梧，气宇轩昂。我听人说他武功高强，几个大汉都不是他对手。我还听说他加入过洪门，在洪门的地位很高，做到了双花红棍。"宋教仁说。

"双花红棍？这是个什么职位？"陈天华觉得这职位有些难以理解。

"'红棍'是社团里能打的打仔，双花红棍是所有打仔里面最能打的一个，在洪门里面地位仅次于门主，是下一任洪门门主接班人。"宋教仁解释说。

"真的吗？孙先生武功这么了得？我也会一点'梅山功夫'，到时一定向他请教几招。"陈天华开玩笑说。

"哈哈！我都差点忘了，星台，你也是练家子。"宋教仁笑说。

"开玩笑的，我哪称得上什么练家子？只不过我们梅山人崇文尚武，乡下男人几乎每个人都能来两手用于防身。"陈天华说。

"一方水土养一方人，怪不得星台兄能文能武。"宋教仁说。

"遁初兄过奖了，兄弟我哪有那本事？"陈天华不好意思笑道。

"什么？中山先生是武林高手？遁初，你这是听谁说的？真是天大的误会，中山先生根本就是一介书生。"旁边的张继听宋教仁说孙中山是武林高手大呼道。

"不仅如此，我还听说过他三拳两脚就打退过几个去他家偷盗书稿的贼呢，人家说的是有根有据的。"宋教仁认真道。

"那可是一桩真事，有几个地痞流氓知道他是革命党，想到他家里去偷些什么书稿、字据之类的证据去清朝政府邀功请赏，结果被打得屁滚尿流，仓皇逃窜。只不过这件事不是孙中山先生所为，而是他身边有一个追随他的妇女陈粹芬武功了得，这么多年来，到处宣传革命的孙中山先生能安然无恙就是得益于她的保护。"张继说。

"哈，没想到孙中山先生的追随者中还有巾帼不让须眉的女汉子。"陈天华笑道。

"现在妇女渐渐觉醒了，听克强兄说浙江的光复会里也有一位女汉子呢？"宋教仁说。

"我也听说过，她叫秋瑾，人称鉴湖女侠。秋瑾是浙江人，嫁到湖南的一个官宦人家当媳妇，是湖南媳妇。结婚后她觉得跟她丈夫志向完全不同，便主动提出离婚，离婚后自费来日本留学的。"陈天华说。

"嗯，此女也是很厉害的，不仅敢提出离婚，自费来到日本留学，和我们一样积极主张革命，还加入过'洪门'，职位也是相当高的，听说位居'白扇'，相当于宰相，是'洪门'里出谋划策的人物。"张继说。

"古有替父从军的花木兰，现有休夫参加革命的秋瑾，又是一位奇女子，以后也该把她写入历史书了。"宋教仁说。

"她跟中山先生也属同门？"陈天华问。

"是的，但它们洪门很多支系，虽然是同门也不一定认识。"张继说。

"有机会，我们也要见见这位奇女子。"陈天华说。

"如果孙中山先生把各团体都联合起来，我们属于同一团体了，肯定有机会见面的。"张继说。

"你们说我们华兴会加入吗？"陈天华问。

"这个还不能明确，依我的意见肯定是加入的，现在团体到处都是，各团体之间就像一盘散沙，没有一点团结性。如果能把这些团体整合起来，反清的力量就人人增强了。"张继说。

"遁初，你说呢？"陈天华问。

宋教仁沉默了一会儿，像是在思考什么问题，然后说："我认为需观察一段时间，看孙先生是什么主张，跟我们华兴会的主张是否一致，如果不一致，我们不是又违反初衷了？"

"对，还是遁初兄考虑得周到，我赞成遁初兄的意见。"陈天华说。

"遁初兄说得对，事情还是稳妥一点好，不要太激进。"刚进门的黄兴正好听到了这一句，也赞成宋教仁的意见。

第六十五章 意见分歧

过不了几天，黄兴召集华兴会的主要成员在寓所聚会，讨论是否加入孙中山所倡议的联合团体问题。

"我相信这几天大家都听说了一件事，就是孙中山先生来日本开展联合留日学生各团体的活动。"黄兴说。

大家纷纷点头。

"这件事在留学生里可以说是尽人皆知。"张继说。

"所以，我今天召集大家具体来讨论一下对这件事情的看法。"黄兴说。

"我认为，我们华兴会现在单独发展就很好，没必要去凑热闹。"刘揆一立马站出来说。

"但我认为，这不是凑热闹的问题，现在革命团体如雨后春笋般涌现出来，数量众多的革命团体就像我们一双手的十个手指头，如果要去攻击敌人，你们说我们用十个手指头伸出去攻击敌人有力，还是十个手指头攥成拳头去攻击敌人有力？"黄兴说。

"当然是拳头啦！"陈天华伸出自己骨节有些粗壮的拳头晃了晃。"对，我们要团结起来，攥成一个坚硬的拳头，有力地打击腐败的清朝政府。"黄兴拉过陈天华的拳头比画了一下。

"一根筷子容易折，一把筷子折不断，我们要团结一致，对付我们共同的敌人。"宋教仁说。

"遁初说得没错，团结一致，共同对敌。"黄兴点了点头。

"我都不知道这个人称孙大炮的人到底有什么魔力，让你们这么多人都折服在他面前。"刘揆一有些不屑地说。

"霖生，你不知道，孙中山先生真的很有其独特的魅力，他的见识之广，对国民革命的见解之深，我们一般人都不能及。"陈天华说。

"是的，人们称孙中山先生为孙大炮，绝对不含贬义，而是他所宣传的革命真理具有像大炮一样的威力，能够影响周边的所有人。"宋教仁说。

"前几天与孙中山先生见过面，我向他请教了一个问题，如果起义，我们该选择什么地方？我的观点是长江中下游地区，因为这里物产丰富，文化发达，一旦在这里起义成功，东可控宁、沪、杭、甬，西可辖天府之国四川。从纯军事角度讲，我们只要攻下武汉、南京、和上海，那么北京的大清王朝就会不攻自破。没想孙中山先生完全否定了我的意见。

他说：'长江中下游确实如你所说，物产丰富，文化发达，当年太平天国举行起义，就是在长江中下游。可他们攻占南京后，并没有使北京的清朝政府的根基产生动摇，相反，洪秀全几十万起义大军，就在长江中下游这一带葬身江湖之中，这是其一；二是，时下长江中下游这一带被西方列强所瓜分，他们的租借地上海有、武汉有、南京也有，他们能袖手旁观，看着你们革命党起义而不管吗？第三，在长沙，你黄克强在这里举行过起义，清政府和帝国主义勾结起来，对这一带的革命党进行了镇压，并且加强了严格的控制，我们能在这起义吗？'

那你认为在哪里起义最合适？

他说：'两广，两广才是最适合起义的地方。'

中山先生为了证明两广是时下起义的最佳地点，他说了三大理由。

他说：'第一，两广，特别是广西地瘠人穷，素有以游勇为主力的群众起义，这也是当年洪秀全领导的太平军很快成气候的所在；第二，在那里驻防的清军军官郭人漳、蔡锷等人，他们同情革命；第三，两广地处边疆，毗邻越南，一旦打响起义的枪声，可以从越南向国内运送人员和武器，万一起事受挫也容易越境向越南转移。'

他可以说事事都考虑得很周全，就这样，我就完全被他说服了。"黄兴说。

"哎呀呀！我真没想到素有坚定革命信仰的克强兄，和孙中山仅仅交手了一个回合就宣布缴械投降了"宋教仁笑着说。

"不，不是投降，一来，孙中山先生革命的目标跟我们是一致的，推翻清朝政府，建立民主政权；二来，他在领导方面确实有过人的才能。准确地说，在孙先生面前我就像个学生，只有听他宣讲的份了。"黄兴说。

"克强兄啊！不知孙先生需要你这个学生做什么呢？"陈天华明知孙中

山先生会说什么，还是问了一下。

"为了革命的需要，他希望我们湖南的华兴会，浙江的光复会，和他在广州创建的兴中会合并成立一个由孙中山先生领导的全国性的反清团体。"黄兴说。

"哼！哼！一听就是这目的，这位孙先生不会是想借合并之名吃掉我们华兴会吧。你看，他不是自己说要由他来领导这个联合的反清团体吗？"刘揆一怀疑说。

"孙先生绝无此意，孙先生是一个胸怀大志，光明磊落的人。"黄兴说。

"我也赞成克强兄的观点，孙先生这个人很诚恳，对人又和蔼可亲。"张继支持说。

"如果合并，那如何处理新组建的团体和我们华兴会的关系呢？"刘揆一问。

"这个我也还没想清楚，今天开会就是征求诸位的意见，诸位可以敞开心扉说说你们的想法。"黄兴说。

"既然克强兄如此相信孙先生，我同意将我们华兴会就以团体的形式加入孙先生新组的革命团体，但我们也应该有自己单独的空间。"陈天华兴奋地说，能有一个与孙中山并肩作战的机会，那是求之不得啊！

"我赞成星台兄的提议，时下，从形式上，我认为我们华兴会应该加入孙先生新组建的革命团体，但从精神上，我们仍然要保留华兴会的革命追求。他日万一生变，我们仍然有华兴会存在。"见刘揆一有不同的意见，黄兴提出了一个折中的建议。

"我做过详细的调查，孙中山筹建的兴中会大都是广东人和海外的一些华侨，虽然孙中山革命比我们早，但他长期在海外奔走革命，我们对他的情况也不是很清楚，浙江的光复会人数不多，唯独我们华兴会自成立以来，会员发展得很快，现在人数众多，力量又强，是任何一个革命团体都无法比拟的，既然这样，他孙中山还筹建什么新的组织，全都加入到我们的华兴会，不是也很好吗？"刘揆一争辩说。

"霖生，我郑重表明我的态度，我坚决反对把革命当成工厂，也绝不允许把入股的思想带进革命组织中来。"见刘揆一有点跑偏，黄兴严肃地说。

"我也再一次重申我的立场，我刘霖生绝不加入孙中山的组织。"刘揆一怼道。

　　"大家先不要动怒，现在不是正在商量嘛，如果谁有更好的建议，可以提出来。"宋教仁出来圆场。

　　"既然大家的意见不能统一，我看这样好了，不以华兴会的名义加入，个人按照自己的意思自由选择加入与否。"黄兴退一步说。

　　"好，那就按会长说的，加入与否由自己决定，我们不鼓励也不阻止。"见黄兴让步了，刘揆一也不再是那么坚持。

第六十六章 畅所欲言

7月28日，程家柽捎信说孙中山先生要与宋教仁和陈天华在《二十世纪之支那》杂志社见面，约定时间是下午一点。

看到时间很快到一点，正在外面办事的宋教仁和陈天华匆匆往回赶。

"星台，你知道吗？家柽说中山先生是指明要见我们俩。"宋教仁说。

"没想到中山先生这么有趣，不仅到我们《二十世纪之支那》杂志社来见我们，还指明道姓的，都说客随主便，他可是倒过来了。"陈天华说。

"这就是大家风范，求贤若渴、不耻下问。"宋教仁说。

"嗯，现在我脑海里已经勾画出他的模样了，不知道等会见到会不会与想象相差很远。"陈天华说。

"你现在还想跟他比武吗？"宋教仁开玩笑说。

"哪敢啊！我只是开个玩笑而已，中山先生也不会跟我动手的。"陈天华也笑着说。

老远，宫崎寅藏就迎了上来："两位很准时啊！中山先生在屋里等你们。"

进得屋去，见一个儒商模样的中年人背对着门在观察杂志社的陈设，他这里摸摸，那里看看的。陈天华猜想，这个人一定就是孙中山先生了。

"中山先生，遁初君和星台君来了。"宫崎寅藏说道。

孙中山忙转过身子自我介绍道："我就是被清政府所通缉的流寇，有家不能回的孙文。"

"久闻孙先生大名，如雷贯耳，我叫宋教仁……"宋教仁说。

不待宋教仁说完，孙中山抓住他的手朗声道："遁初。"

听到孙中山先生这么叫自己，宋教仁不由得心里产生了一种亲切感，像是一个多年未见面的兄长突然碰上了。

宋教仁转身正准备给陈天华介绍，孙中山先生不让，却朗诵起《警世钟》里面的诗句："'长梦千年何日醒，睡乡谁遣警钟鸣？腥风血雨难为我，好个江山忍送人！万丈风潮大逼人，腥膻满地血如糜；一腔无限同舟痛，献与同胞侧耳听。'星台，你的《猛回头》与《警世钟》写得好哇！给麻木不仁的国人真正敲了一记警钟，我拜读了很多遍，每读一遍都有热血沸腾的感觉。你的《狮子吼》我也是在追着看，我是你很忠实的读者哦，你可要快些写，不要让我们等得太久啊！"

"一定！一定！星台一定加油写。"陈天华赶紧说。

孙中山先生的知遇，让陈天华感激涕零，他走过去与中山先生紧紧抱在了一起。

"虽然我的《猛回头》《警世钟》能起一定的作用，但我认为，只有像先生这样先知先觉的革命者，敲响警世钟，才能尽快唤醒中华民族这头东方的睡狮啊！"陈天华激动地说。

"星台，你要知道，干革命，光靠一个人或几个人肯定是不行的，还需要广大觉醒的中国人，大家团结一致，共同努力。"孙中山拉着宋教仁和陈天华的手说。宫崎寅藏也走过来伸出了双手。

"我们要同舟共济，一起努力。"陈天华说。

"对，同舟共济，一起努力。"四双手紧紧叠在了一起。

"我听说你们华兴会对组建新的革命组织有不同的看法是吧。"孙中山问。

"是的，由于黄兴会长和我们二位主张联合，所以华兴会大部分的人都同意加入。"宋教仁说。

"那为什么副会长刘揆一还没加入呢？"孙中山问。

"霖生不明白先生为什么要这么早成立新的革命团体，而且浙江的光复会、湖北的科学补习所这些大的反清团体也不知道是什么态度。"陈天华说。

"哦！这件事都怪我，以后我应该事先跟大家讲清楚就不会出现这样的结果了。"孙中山说道。

"遁初、星台，听说你们在长沙组织华兴会，发动过长沙起义？"孙中山问。

长沙起义是陈天华心头的痛，现在回想起来还历历在目："是的，可惜还没开始就失败了。"

说到华兴会的事，陈天华给孙中山做了详细的述说，结合自己的观点，他认为长沙起义的失败主要是因为缺乏与腐败的清朝政府做斗争的经验，保密情况也没做好，导致起义还没开始就遭到绞杀。

望着陈天华对长沙起义失败痛心疾首的样子，孙中山反过来安慰说："星台，有革命就有失败，如果革命这么轻而易举能取得胜利，那就不叫革命了。你看我革命这么多年，也失败了这么多年，现在像流寇一样，有家都不能回，但我还是坚信，革命最终是要胜利的，所以，现在我还在不懈努力。"

"对，我坚信，我们一定能取得革命的最后胜利。"宋教仁说。

"听君一席话，胜读十年书。"陈天华激动地握着孙中山的手说，他觉得自己的心结终于打开了。

孙中山也向宋教仁和陈天华详尽阐述革命大势及各省革命团体联合的必要性。

"遁初、星台，我在想一个很重要的问题，就是我们现在的中国忧的是什么？好像忧的是被国外的瓜分，但实际上更忧的是我们内部的不统一，比如说我们现在各省的起义，这个省要起义，那个省要起义，都要起义，但又互相不联络，各自号召，这样下来，起义成功的有几个？有的甚至还在萌芽状态，就被清政府给灭了，就像你们华兴会组织的长沙起义，还有你们在上海拟策动的湖北和宁夏起义。这是为什么呢？就是我们这些团体之间不互通信息，没有往来，这就给腐败的清朝政府提供一个各个击破的机会。大家不要以为，清政府腐败无能到了极点就是那么容易推翻，大家应该也听说过，瘦死的骆驼比马大，我们都还是新生力量，无论从财富积累还是人员和武器方面，我们这些单独的团体都无法跟清政府抗衡，唯一的办法就是联合起来，形成统一战线，才能跟腐败的清政府一决高下。我们要发挥蚂蚁撼动大树的精神，小小的蚂蚁为什么能够撼动大树？那是因为他们有组织、有纪律、有团队精神。"

"对，先生说得对，这就是问题的症结所在。"陈天华点头赞同。

"还有，我们从中国发展的历史来看，各路英豪都是为了推翻皇帝，最后夺取政权，自己成为新的皇帝。但是新的皇帝上台后呢，又有新的英豪对夺取了政权的新的皇帝不满，又为了争夺新的政权展开了厮杀，而且这种厮杀比推翻旧皇帝的厮杀还要残酷，还要激烈。这是什么原因造成的？没有统一的组织，没有统一的目标，没有统一的纲领，都是为了自己的一己私欲。因为接连不断的战争，大批的士兵，大批的老百姓死在战场上，国力也因为长期的征战，一天比一天衰退。最后的结果是两败俱伤。当然，最苦的还是平民百姓和那些枉死沙场的士兵。"

"是的，先生说得非常深刻，真是一语中的。"宋教仁说。

"还有，现在西方列强也最期望我们内部不统一呀，我们内部不统一就无法推翻清朝政府，清朝政府就要出手来镇压我们，他们可以不用费多大力气瓜分我们，这就是我们常说的螳螂捕蝉，黄雀在后。我们每一个中华儿女都要警醒，要警醒啊！所以说我们要互相联络，建立一个统一的组织，为当前最重要的任务。"

"为了不让百姓再流更多的血，为了国家不受更多的难，我决心追随先生建立新的革命团体。"陈天华说。

"我也是，愿追随先生革命到底。"宋教仁说。

"击掌为盟！"孙中山先生提议。

孙中山走后，陈天华和宋教仁还在回味着刚才与孙中山相见的情景。

"中山先生真的很有亲和力，跟他相处真的就像是跟自己的兄长相处。"搓着手上还留着孙中山余温的手，陈天华感叹道。

"他在留学生和东南亚华侨中间有这么大的影响力，自有他过人的能力。"宋教仁说。

"我认为中山先生的革命理念跟我们华兴会的差不多。"陈天华说。

"我感觉也是，不管华兴会最终的决定如何，我都会加入中山先生组织的新的革命团体。"宋教仁说。

"我的想法也是这样的。"陈天华说。

"星台，中山先生跟你心目中勾画的形象差不多吗？"宋教仁问。

"呵呵，有点差异，多了一层温文尔雅的气质，一个典型的美男子。"陈天华笑道。

第六十七章 入同盟会

7月30日,孙中山租住的寓所里,华兴会、兴中会、光复会的主要人员如约到来。

"欢迎大家的到来,今天会议的第一个内容就是要给我们即将成立的革命团体起个名字。首先声明,我们这个会议自始至终都要有民主的精神,谁都有权利起这个名字,谁都有权利同意和否决他人的意见。"孙中山先生首先站起来发言。

"好!好!"

屋里响起一片掌声,支持孙中山的提议。

"谁先说?"孙中山问。

第一个站起来回答的是广东来的朱执信,他是汪兆铭的外甥,年纪比汪兆铭小,但看上去却比汪兆铭成熟。

他说:"既然我们进行革命的目的是要推翻清朝政府,我提议我们这个组织的名字就叫'对满同盟会',大家觉得怎么样?"。

"我不赞成!我的理由很简单,我们革命的最终目的是要'推翻专制,建立共和',这个名字只是包括了前部分,后面的部分没提及,概括得不全面。"孙中山先生说。

"中山先生,还是你起个名字吧。"黄兴提议说。

孙中山沉吟一下说:"好!就叫'中国革命同盟会'吧。"

"中山先生,我有反对意见,我认为,本会在相当长的一段时间内都将是一个秘密性的组织,不适合使用'革命'两字吧。"陈天华举手站起来说。

"星台,我赞成你的意见。"黄兴支持说。

"对,不能先暴露我们的目的。"

"是的,免得过早被清政府扼杀。"

大家纷纷支持陈天华的观点。

"大家看这样好不好?我们去掉'革命'两字,就叫'中国同盟会'"孙中山先生说。

"这名字好！"有人马上赞成。

"嗯，就是这个名字了，我赞成！"

"我也认为这名字好。"

这回大家都点头赞成。

宋教仁带头举手同意，最后大家一致举手。

"好，名字全体通过，那么我们进行第二项，确定同盟会的政纲，我提出的是：'驱除鞑虏、恢复中华、创立民国、平均地权。'十六个字。"孙中山说。

"孙先生，所谓的'平均地权'，是不是把有土地的人家的地充公分给没地的农民？"有人提出疑问。

"原则上是这样的，刚开始，可能用的手段不尽相同，但最终要达到'耕者有其田'的最终目的。"孙中山解释说。

"我不同意！"

"我不同意！"

"我们是来参加革命的，结果革到我们自己的头上，要我们拿出自己的土地来分，这是什么道理？"

"我们是参加革命的，为什么要分我们的土地？"

"我家的土地是我们的先祖一点一点地积攒起来的，怎么能被我们这些革命的子孙给分出去呢？"

……

一时间，大家躁动起来，很多人都表示不理解、不赞成。

"大家安静一下！安静一下！先听听孙先生解释'耕者有其田'的道理之后，你们就会明白了。"黄兴站起来维持秩序。

"诸位都是学贯中西，立志要救中华民族于水火。当今世界的趋势和中国最主要的问题就是'民生问题'，而'平均地权'是解决这一主要问题的第一方法。大家都知道，欧美它没有解决社会的主要矛盾，原因是没有解决好土地问题。在英国出现了所谓的'羊吃人'现象，就是大片的土地掌握在少数人的手里，大批农民被赶出家园，成为两手空空的流浪者。为了生存，他们不得不去到城市的工厂，靠出卖劳动力为生。工厂一旦停工，就会有大量的人员失业，伦敦每年就有七八十万人失业。这样下去贫富差距越来越大，'平等'二字就成了空口白话。现代资本暴露出来的社会问题在欧美积重难返，而我们中国却刚刚开始。这种社会问题如果处理不当，就会出现大的革命，但革命这个事情，是万不得已才用的，不可频频使用，那样会伤了国民的元气，民族的元气。我们在实行民族主义政治革命的时候，必须同时解决好社会的经济结构，考虑到未来的社会矛盾和可能出现的社会革命，这是最大的责任。我们革命的目的是什么？就是为众生服务。因不满少数满洲人的统治，而进行了民族革命；因不愿君主一人专制，而进行了政治革命；因不愿少数富人专制，而进行了社会革命。这三样有一样做不到，那都不是我们的本意。中国同盟会应该高瞻远瞩，既解决民族问题，又解决社会问题，还要把将来社会最难的问题一并解决。那么，我们就可以建立一个世界上最美好、最富强的国家。"孙中山说。

孙中山的讲话，博得了一阵阵的掌声。原来有不同意见的人也接受了这种观点。

"同意中国同盟会政纲的请举手。"黄兴提议道。

全体通过！

"既然大家都同意了，那我们宣誓。"孙中山带头举起右手。

大家跟着举起右手宣誓："驱除鞑虏、恢复中华、创立民国、平均地权，矢信矢终、有始有卒、如或渝此、任众处罚。"

"大家还有什么不同意见吗？"孙中山问。

"没有了。"大家几乎异口同声说。

"好！我们一起高呼：中华民国万岁！"孙中山说。

"中华民国万岁！"激动的情绪充盈了每个会员的胸膛。

会上，陈天华被推举与黄兴、马君武等八人一起起草同盟会会章《革命方略》，陈天华被选为书记，这让陈天华如鱼得水。筹备会结束后，他与黄兴几乎天天前往孙中山的寓所，与孙中山共同研究一系列的革命问题。这时的陈天华与数月前情绪低落时期简直是判若两人，他朝气蓬勃，浑身充满活力。

"星台，还记得我们第一次见面吗？你一谈到华兴会领导的长沙起义流产的经过那是痛彻心扉啊！我看你现在变了，变得浑身都是劲，像是脱胎换骨变了一个人。"孙中山看到了陈天华的变化。

"孙先生领导成立的中国同盟会让星台看到了中国的希望，看到了民主革命胜利的曙光。"陈天华有些不好意思地说。

"放心，中国革命是有希望的，胜利终将属于我们。"孙中山大手一挥，做了一个陈天华很眼熟的手势，孙中山每次演讲，都是用这个手势把气氛推向高潮。

"哈！革命还是需要领头羊，孙中山先生就是我们的领头羊。你们看，孙中山先生这么一组织，现在，名字有了，政纲有了，会章也有了。万事俱备，只欠东风。"起草完同盟会会章的陈天华感慨地说。

"星台说得没错，怪不得连克强兄这样的人都对他佩服得五体投地。"宋教仁说。

"别光说我，难道你遁初先生还有不服的？"黄兴反问道。

"服！服！我是从心底里服了，孙先生胸襟广阔，大气磅礴，有气吞山河的气势。"宋教仁连连说。

"对，我说啊，只要跟孙中山先生一起革命，最后胜利是一定属于我们的。"陈天华满怀信心说。

"嗯，我看我们加入同盟会的选择一点都没错，得赶紧说服霖生加入进来才是，别错过了时机。"黄兴说。

"霖生是个很聪明的人，我想他一定会醒悟过来的。"陈天华说。

孙中山自来到日本后，一天也没停止过他的活动，不是联络会员，就是宣传革命，在留日学界的影响是越来越大。

一天，黄兴来宿舍宣布："同学们，近日留日学界打算举行一个欢迎孙中山先生的见面会，会上有孙中山先生的演讲，因为会场小，名额有限，所以，我想先征求大家的意见，哪些同学想去？"

"我。"

"我。"

"还有我。"

宿舍里的人除了刘揆一，几乎全都举手了，这下倒让黄兴有些为难了。

"同学们，开欢迎会的地方只有这么大，有这么多团体参加，大家都去肯定是挤不下的，现在这么多同学想去，我也无法定夺，要么我们抓阄决定？"黄兴想出了一个办法。

"我可不跟你们抓阄啊！我是《二十世纪之支那》的撰述，我肯定得参加啦！我不参加怎么写文章？"陈天华提出来。

“那好，星台你就不用抓了，到时把文章写好一点。”黄兴点了点头。

“那是自然的，好不容易才等到孙先生的演讲。”陈天华说。

“我们不抓阄，我们也要去，即使不能进去，在外面听听也行。”同学们喊道。

“既然同学们的热情这么高，我也不好阻止，但同学们一定要注意，不能进去就不要进去，不能造成会场混乱。”黄兴见同学们热情这么高，也不好强行阻止，只能嘱咐道。

8月13日，陈天华参加了留日学界在东京富士见楼召开的欢迎孙中山大会。欢迎会盛况空前，不仅会堂里挤满了人，连会场外都围了很多人，大家都想一瞻孙中山先生的风采。

孙中山在欢迎会上发表了激情洋溢的演说：“……鄙人往年提倡民族主义，应而和之者，特会党耳，至于中流社会以上之人，实为寥寥。乃曾几何时，思想进步，民族主义大有一日千里之势，充布于各种社会之中，殆无不认革命为必要者。虽以鄙人之愚，以其曾从事于民族主义为诸君所欢迎，此诚足为我国贺也。顾诸君之来日本也，在吸取其文明也，然而日本之文明非其所固有者，前则取之于中国，后则师资于泰西。若中国以其固有之文明，转而用之，突驾日本，无可疑也。

中国不仅足以突驾日本也。鄙人此次由美而英而德、法，古时所谓文明之中心点，如埃及、希腊、罗马等，皆已不可复睹。近日阿利安民族之文明，特发达于数百年前耳。而中国之文明，已著于五千年前，此为西人所不及，但中间倾于保守，故让西人独步。然近今十年，思想之变迁，有异常之速度。以此速度推之，十年、二十年之后，不难举西人之文明而尽有之，即或胜之焉，亦非不可能之事也。盖各国无不由旧而新。英国伦敦先无电车，惟用马车。日本亦然。鄙人去日本未二年耳，再来而迥如隔世，前之马车，今已悉改为电车矣。谓数年后之中国，而仍如今日之中国，有是理乎？

中国土地人口，为各国所不及，吾侪生在中国，实为幸福。各国贤豪，欲得如中国之舞台者利用之而不可得。吾侪既据此大舞台，而反谓无所藉手，蹉跎岁月，寸功不展，使此绝好山河仍为异族所据，至今无有能光复之，而建一大共和国以表白于世界者，岂非可羞之极者乎？

西人知我不能利用此土地也，乃始狡焉思逞。中国见情事日迫，不胜危惧。然苟我发愤自雄，西人将见好于我不暇，遑敢图我？不思自立，惟以惧人为事，岂计之得者耶？

所以鄙人无他，惟愿诸君将振兴中国之责任，置之于自身之肩上。昔日本维新之初，亦不过数志士为之原动力耳，仅三十余年，而跻于六大强国之一。以吾侪今日为之，独不能事半功倍乎？

有谓中国今日无一不在幼稚时代，殊难望其速效。此甚不然。各国发明机器者，皆积数十百年始能成一物，仿而造之者，岁月之功已足。中国之情况亦犹是耳。

又有谓各国皆由野蛮而专制，由专制而君主立宪，由君主立宪而始共和，次序井然，断难猎等；中国今日，亦只可为君主立宪，不能猎等而为共和。此说亦谬，于修筑铁路可以知之矣。铁路之汽车，始极粗恶，继渐改良，中国而修铁路也，将用其最初粗恶之汽车乎？抑用其最近改良之汽车乎？如此取譬，是非较然矣。

且夫菲律宾之人，土番也，而能拒西班牙、美利坚二大国，以谋独立而建共和。北美之黑人，前此皆蠢如鹿豕，今皆得为自由民。言中国不可共和，是诬中国人曾菲律宾人、北美黑奴之不若也，呜呼可？

所以吾侪不可谓中国不能共和，如谓不能，是反夫进化之公理也，是不知文明之真价也。且世界立宪，亦必以流血得之，方能称为真立宪。同一流血，何不为直截了当之共和，而为此不完不备之立宪乎？语曰：'取法于上，仅得其中。'择其中而取法之，是岂智者所为耶？鄙人愿诸君于是等谬想，淘汰洁尽，从最上之改革着手，则同胞幸甚！中国幸甚！"……

听了孙中山先生的演讲，会场掌声雷动，有些人禁不住流下激动的泪水。

孙中山在里面演讲，黄兴则在外面维持秩序。突然，眼前晃动着一个有点眼熟的身影，仔细想想，原来是在上海的轮船上买通英国警察殴打陈天华的朝廷鹰犬，黄兴知道这只朝廷鹰犬定是不怀好意，马上走过去驱赶："你这狗贼，居然跑到这里来了，你想干什么？"

朝廷鹰犬也认出了黄兴，问道："你不是日本弘文学院的教授吗？怎么能随便骂人呢？"

"谁说我是日本教授，我是堂堂正正的中国人，我骂了你又怎么着？你这只清廷的走狗。"黄兴恨恨地说。

"你敢骂我？我可是驻日公使馆的买办。"那朝廷鹰犬威胁说。

"骂的就是你，你这清廷的走狗，这里可是日本，难道我还怕你不成？"

黄兴一点都不畏惧。

"好！有种你就到公使馆来。"那朝廷鹰犬怕黄兴再找其他留学生对付他，只得灰溜溜走了。

回去的路上，张继问："怎么样？孙中山先生的演讲名不虚传吧。"

"很有说服力，很有鼓动性，我还从没听到过如此精彩的演讲，真的是一门威力无比的大炮，再怎么坚固的心门都会被他炸开。"陈天华说。

"只可惜霖生兄没来，如果他来，听了中山先生的演讲一定会有所感悟。"黄兴说。

"嗯，慢慢来吧，我相信孙先生一定有办法说服他的。"宋教仁说。

"星台，你知道我刚才遇见谁了吗？"黄兴说。

"克强兄，谁呀？"陈天华好奇地问。

"就是上次在长江轮船上喊英国警察抓你的那个人。"黄兴说。

"这狗贼，现在他在哪里？"陈天华一听，怒火中烧。

"被我赶跑了，算了吧，我也已经把他骂得狗血淋头了。"黄兴劝道。

"下次不要让我再看见他。"陈天华还是余怒未消，但人已经走了，也只能作罢。

通过几次见面，陈天华对孙中山有了进一步的了解，他在当日撰写的报道《纪东京留学生欢迎孙君逸仙事》中盛赞孙中山："有失败之英雄，有成功之英雄。英雄而成功也，人讴歌之；英雄而失败也，人哀吟之。若夫屡失败而将来有成功可望之英雄，则世界之视线集焉。是故欧美之于英雄也，于其未至，则通书以相讯问，于其庶至，则开会以盛欢迎。贵绅淑女，黄髫稚童，争握其手；有接其磬颏者，则以为希世之荣；甚至如加里波的之至英，英人欲留其所着之衣以为纪念，顷刻而其衣片片撕尽。迄今思之，其狂愚诚不可及，亦足以窥见白人崇拜英雄之一斑。夫于异国之英雄，犹有其然也，况为本族之英雄乎？况为本族屡失败而将来有望之英雄乎？人之想忘其风采，愿接其颜色也，何怪其然。

君逸仙者，非成功之英雄，而失败之英雄也；非异国之英雄，而本族之英雄也。虽屡失败，而于将来有大望；虽为本族之英雄，而其英雄也，决不可以本族限之，实为世界之大人物。彼之理想，彼之抱负，非徒注眼于本族止也，欲于全球政界上、社会上开一新纪元，放一大异彩。后世吾不知也，各国吾不知也。以现在之中国论，则吾敢下一断辞曰：是吾四万万人之代表也，是中国英雄中之英雄也。斯言也，微独吾信之，国民所公认也。

……抑吾闻孙君所抱持之主义，实兼民族、平民二主义者也。是日之演说，仅及民族主义，于平民主义则未曾提及。盖人数过多，则程度不一，故有难言之者。且中国所宜急于行者，亦以民族主义为先，此所以特缓平民主义，而急其所先焉，著手之次第应尔也。至于孙君所言，骤听似为人人能言者，特人言之而不行，孙君则行之而后言，此其所以异也。况孙君于十余年之前，民智蒙昧之世，已能见及此而实行之，得不谓为世间之豪杰乎！夫豪杰之见地，亦惟先于常人一着耳。据事后而曰我亦能之，则凡今日之摇电铃而过市者，皆可以称神圣，而当日之发明电气者为无功矣，有是事乎？今后有人，其能力、其理想，俱驾于孙君之上，吾不敢保其必无也。然而孙君为一造时势之英雄，则吾所敢必也。

或有谓余者曰："人不可失自尊心也。孙君英雄，吾独非英雄乎？若之何其崇拜之也？"答之曰："唯唯否否，不然。人固不可失自尊心，然吾崇拜民族主义者也，以崇拜民族主义之故，因而崇拜实行民族主义之孙君，吾岂崇拜孙君哉！仍崇拜吾民族主义也。敬重军队者，因而敬重军旗，夫军旗有何知识，而亦须敬重之耶？亦以军队泛而无著，寄其敬重之心于军旗耳！军旗尚然，况于实行民族主义之孙君乎？是日之欢迎孙君者，余敢断言其非失自尊心，而出于爱国之热忱，识者当不以余言为谬。"

陈天华写的《纪东京留学生欢迎孙君逸仙事》在留学生中广泛流传，及时有力地支持了孙中山的革命活动。

看了陈天华写的《纪东京留学生欢迎孙君逸仙事》，孙中山连忙找到陈天华，他紧握着他的手说道："星台，太抬举我了，很是惭愧呀！惭愧呀！"

"孙先生，我是打心里崇拜你的，这些话都发自我的内心。"陈天华急忙说。

"星台，真的要谢谢你们对我的信任和支持。"孙中山感激地说。

"跟着孙先生走，将革命进行到底也是我陈星台此生最大的愿望。"陈天华说。

"星台，有这么多像你，像黄兴、宋教仁这样的支持者，我相信我们的革命一定能取得最后的胜利。"孙中山手握拳头，做了一个强劲的手势。

为了给《二十世纪之支那》写稿，陈天华每天都是沿着孙中山的足迹在走，几乎很少有时间回学校，这天陈天华打算回学校洗个澡，换身衣服。

"星台兄，星台兄，我可找到你了，我都来你们学校三四次了。"陈天华才回学校，就碰到了等在校门口的方鼎英。

自方鼎英入读军校以后，陈天华都没见过他，眼前的方鼎英不仅长高、长壮实了，脸也晒得黑黝黝，一看就是军校锻炼出来的，而且愈发英气逼人。

"哟！伯雄兄，这么长时间不见，又长大了很多，你这么急着找我，有事吗？"陈天华笑道。

"星台兄，听说你认识孙中山先生，还参加了他领导的同盟会的创立？"方鼎英问。

"你听谁说的？谁这么关心我？"陈天华开玩笑说。

"我看了你写的《纪东京留学生欢迎孙君逸仙事》，猜的。"方鼎英老实说。

"伯雄兄，我确实参加了同盟会的创立，也认识孙中山先生。"陈天华说。

"那太好了，我能够申请加入同盟会吗？"方鼎英高兴地说。

"怎么不可以？求之不得呢！走，我现在带你去见孙中山先生。"陈天华都没想着回学校了，立马说。

孙中山的寓所，第一次见到方鼎英的孙中山喜欢上了眼前这个英姿勃勃、意气风发的年轻人，听了陈天华的介绍更是对他喜爱有加。

"伯雄，年轻有为啊！我像你这么年轻的时候还在家乡砸菩萨像呢。"孙中山风趣地说。

孙中山的话让开始还有些腼腆的方鼎英一下轻松起来。

"可现在的孙先生是我们年轻人崇拜的偶像了。"陈天华接道。

"星台，不要说崇拜，大家一起来干一番事业。"孙中山赶紧制止说。

"孙先生，我真的很崇拜您，我想加入同盟会，您能做我加入同盟会的介绍人吗？"方鼎英问。

"当然可以呀！同盟会的大门向你们年轻人敞开着。来，你先填一份表，然后我就给你签字。"孙中山递给方鼎英一份申请表道。

"好的。"方鼎英双手接过孙中山递过来的表，仔细填好，又递回给孙中山。

"伯雄，从今天开始，你就正式是同盟会会员了，同盟会的纲领你知道吗？同盟会的会章你读过吗？如果没有读过，叫星台找给你。"孙中山签完字说道。

"谢谢孙先生！我都学习过，我一定严格信奉和坚持同盟会纲领，严格遵守同盟会会章，跟孙先生革命到底！"方鼎英激动地说，双手接过表。

"年轻人，好好努力，将来的中国是你们的。"孙中山又拍了拍方鼎英的肩膀说。

离开孙中山寓所，方鼎英的心还没平静下来，他说："星台兄，我没想到，大家心目中充满传奇色彩的孙中山先生却是这么的平易近人。"

"哈！伯雄，你这么想就对了，因为我第一次见他的感觉跟你是一样的。"陈天华笑道。

第六十八章 报刊更名

《二十世纪之支那》杂志编辑部里，大家正各司其职忙自己的那份事情。

"宋主编，我今天看到了一篇好文章。"邹毓奇手上挥动几页稿纸，激动地喊着主编宋教仁。

邹毓奇是陈天华介绍来杂志社任职的，在东京法政大学的时候，陈天华读过他写的文章，觉得很不错，杂志社需要人手的时候，就把他喊来了。

"什么文章？我看看。"宋教仁急问。

"蔡汇东写的《日本政客之经营中国谈》，文中深刻揭露了日本对中国辽东半岛的领土野心。"邹毓奇说。

接过邹毓奇手中的稿纸，宋教仁看了一遍："嗯，文章不错，立意很新，一针见血，言辞很犀利，恐怕日本人看了会有些不舒服，星台，你看看。"宋教仁又把稿子递给了陈天华。

"我们做杂志，就是要发一些揭露阴暗面的东西，让人们能够透过现象看本质，这样才能起到警醒世人的作用。"陈天华说出自己的意见。

"能不能把词语修饰一下，让人看起来圆润一些，不是那么犀利。"宋教仁说。

"主编，我看这样挺好，只有这样犀利的语言才能刺痛他们的神经。"邹毓奇坚持说。

"嗯，那好吧，按你的意思在《二十世纪之支那》第二期编发。"宋教仁想了想说。

"好！我预见这篇文章一发出去，一定会在这个小小的岛国引起激烈的震荡。"邹毓奇满怀信心地说。

《二十世纪之支那》第二期编好后，赶紧送到印刷厂付诸印刷。第二天，印刷厂按时把杂志送到了编辑部。

邹毓奇抽出一本翻开，看着编排在首页的《日本政客之经营中国谈》，邹毓奇笑了一下，等下只要把杂志发出去，肯定会一石激起千层浪。

"喂！你们谁是这里的主编？"突然，有四五个日本警察冲了进来，其中一个头目对着埋头工作的编辑们大声喊道。

宋教仁站了起来答道："我就是，请问你们有何贵干？"

"你们的杂志《二十世纪之支那》第二期所刊登的《日本政客之经营中国谈》侵犯了日本人的声誉，现责令《二十世纪之支那》杂志停刊，第二期的杂志全部没收。"头目抖了抖手中的一张纸说。

"你们日本不是鼓吹言论自由吗？怎么我们刊登一篇文章就侵犯你们的声誉了？"陈天华站出来辩道。

小头目说："这个我们不管，我们是奉命行事，有什么问题，你们找我们官方谈去。"说着命令手下人去搬杂志。

陈天华冲上去想护住杂志，被两个日本警察强行拉开，所有第二期的杂志全部被清理拉走。

然后，警察头目又宣布查封杂志社，把陈天华、宋教仁他们赶出来后，在门上贴了封条，扬长而去。

正如宋教仁所担心的，《日本政客之经营中国谈》引起了日本官方的恼怒，所以他们派警察没收杂志，查封了杂志社。

面对突如其来的变故，杂志社的人一下都蒙了，怎么会这样呢？

"这篇文章我估计会有麻烦的，但没料到会有这么大的麻烦。"宋教仁说。

"我找他们说理去。"邹毓奇冲动地说。

"算了，在人家的地盘上哪有我们说理的地方，还是忍忍吧。"刘揆一拉住他说。

"是啊！强龙难压地头蛇，"张继说。

"对不起！是我连累了杂志社。"邹毓奇惭愧地说。

"人澍，不要过分自责了，你也没想到事情会这么严重的，怪只怪日本政府说的是一套，做的又是一套。"陈天华安慰说。

"这篇文章是我审查过的，我的责任最大，人澍，你无须自责。"怕邹毓奇压力太大，宋教仁把责任揽到了自己头上。

"杂志社封了，我们以后该怎么办？"张继担心说。

"走一步看一步吧，大家先不要轻举妄动。"黄兴说。

无事可做。第二天，大家还是习惯性地来到了杂志社，

"杂志社被封，我们都成了无业游民，大家还跑来干什么？"望着到处打着封条的杂志社，宋教仁苦笑着对大家说。

"我昨天晚上想了想，其实，现在封的只是《二十世纪之支那》杂志，我们能不能改个别的名字再办？"陈天华说。

"这倒是个办法，容我想想，该改个什么名字。"宋教仁点头道。

"既然要成立同盟会，那就该有一个会刊，我们把《二十世纪之支那》杂志献出来给同盟会做会刊如何？"黄兴提议说。

"对呀！我们现在人员是现成的、办公用具是现成的、场地也是现成的，改个名字又可以开张营业了，还用再想他途吗？大家说是不是？"宋教仁说。

"好啊！我坚决支持！"陈天华高举着双手说。

"我也支持！"张继说。

"我不支持！我们的杂志社凭什么又要给那个孙大炮？"刘揆一说。

"霖生，不是给孙大炮，是给同盟会。"黄兴说。

"反正我保留意见，如果你们要给我就不参与。"刘揆一气哼哼地说。

"我们还是集体表决吧。"黄兴拗不过，只好表决通过。

除了刘揆一，大家纷纷举起了手。

"好，既然百分之九十九都通过了，我们去跟中山先生汇报一下。"黄兴说。

听说黄兴他们要献出《二十世纪之支那》杂志社创办同盟会的机关报，孙中山很是高兴："好啊！你真像是及时雨，想我之所想，急我之所急。同盟会一成立，必须有自己的会刊来宣传自己的政治纲领和主张。况且你们杂志社有现成的一班人马，且都是坚定的革命者，这对于同盟会来说是如虎添翼啊！"

"那杂志的名字该怎么改呢？"黄兴问。

"同盟会是为了谋取广大民众的共同利益即民族主义、民权主义、民生主义而诞生的，报纸是为同盟会服务的，它发出的应该是民众的声音，那我们就将《二十世纪之支那》改名叫《民报》吧。"孙中山说。

"好！这名字好！《民报》，刊载民众之声的报纸，为民众服务的报纸。"黄兴不禁抚手叫好。

8月20日，在东京赤坂区头山满提供的民宅二楼榻榻米房，由兴中会、华兴会、光复会组成的中国同盟会正式成立。除了刘揆一，黄兴、宋教仁、陈天华等华兴会会员都加入了同盟会。

会上，黄兴正式宣布将《二十世纪之支那》献给同盟会："同志们，中国同盟会正式成立了，应该设有机关报刊，除了宣传我们的政治主张外，还担负着与保皇党、立宪派进行斗争的重任，为此，我和宋教仁、陈天华同志商议将《二十世纪之支那》杂志献出来作为同盟会的机关报，更名为《民报》。"

杂志社就要更名了，看着自己亲手创办的杂志社才出两期就要更名，宋教仁还是有些依依不舍。

"完成使命了，摘下来吧。"宋教仁深深望了一眼《二十世纪之支那》的牌匾对陈天华说。

"还是有点舍不得，你看这是克强兄写的字！"陈天华指着那幅黄兴写的题词说。

"两位，别这么伤感嘛！黄兴先生的题词及《二十世纪之支那》的牌匾已成为革命的文物了，我们要好好保存起来的。"张继说

"放心吧！这个字和牌匾我自己收了，各位仁兄，可惜呀！才出了两期就寿终正寝了。"宋教仁有些伤感地说。

"不对，不对，怎么叫寿终正寝呢？，叫浴火重生才对。"张继纠正说。

"中国革命史上今后一定有这样两句话，《二十世纪之支那》是冲锋号角，是他催生了中国同盟会的《民报》。"程家柽说。

"是啊！我也希望它有更大的用武之地。"宋教仁说。

"这就没错了，《民报》的舞台更大，现在是它发挥最大能量的时候到了。"程家柽说。

"对，我们期待它凤凰涅槃，有一个辉煌的明天。"陈天华说。

《二十世纪之支那》改为《民报》后，陈天华继续留在编辑部任撰述。作为同盟会的会刊，孙中山先生为其撰写发刊词，提出了"三民主义"，即"民族主义、民权主义、民生主义"。

第六十九章 国民必读

为了契合孙中山先生所提出的"三民主义"，陈天华撰写了《国民必读》，深刻阐述了作为一个国民的权利和义务。

"……

兄弟所讲的，没有别项，就是要凡当国民的，都要晓得争权利、义务，不可坐待人家来鱼肉我们，这是兄弟对于列位一片的苦心了。但这'国民'二字，和那'权利义务'四字，中国通常话，少有讲过，列位谅也有好多不懂的，兄弟先将这六个字的义例，略为解明。

何谓国民？没有国之时，一定必先有人民，由人民聚集起来，才成了一个国家。国以民为重，故称国民。国民的讲法，是言民为国的主人，非是言民为国的奴隶。所以国民对于国家，必完全享有国家的权利，也必要担任国家的义务。国民的解释如此。何谓权利？人民在此一国之内，那一国的权柄，必能参与，一国的利益，必能享受，人家不能侵夺，也不可任人家侵夺，但各有界限。比如做皇帝的，做官长的，有特别的权利，那正当的，人民不可侵他；不正当的，人民不可许他。各依权限做事，求于彼此有权，彼此有利，两不侵犯。权利的解释如此。何谓义务？义务的话，犹言各人本分内所当做的事，所当负的责，通皇帝、官长、国民都是有的。盖国家既是国民公共的，那皇帝、官长也不过国民中一个人。国民举他出来，替公上办事，不过他们的义务略重一些，非是国民遂全没有义务了。皇帝、官长没办得好，做国民的理当监督他们。国民本分内的各种义务，没有一件不当尽的。当以义务向皇帝、官长要求权利，不可抛弃权利，因就不尽义务。义务的解释如此。

国民权利、义务的义理，既经明白了，列位对于这六个字就要切实讲求，不可仍如从前的混过了事。一要拿出国民的身份；二要力争国民的权利；三要勉尽国民的义务。何以要拿出国民的身份呢？三代以上都是民重君轻。《书经》说'民为邦本'。孟子说'民为贵，社稷次之，君为轻'。这国民的身份何等尊严! 自秦以下，才把天下做为皇帝的私产，把国民做为皇帝的奴才，任意践踏。君可以虐民，民不可以抗君，君的权无限，民没有丝毫之权，比如牛、羊任人宰割，有时要转卖于他人，也只有听从二字而已。不特一国的权参与不得，即自己一身的自主权都没有了。强盗来了，服从强盗；外国来了，服从外国；连国民的称呼都失掉了。不是小民，即是蚁民，卑贱无比。唉! 世间哪有这个道理。明明的主人家，降做奴隶，明明的公奴仆（世界各国都把国民做一国的主人，皇帝、官长乃国民公共的奴仆），变做主人，岂不是强奴叛主的事吗? 所以兄弟奉劝列位，把国民的称呼要恢复转来，把国民的身份要拿了出来。对着这一班公奴仆，要尽力监察他、惩创他、命令他、禁止他，软弱一点不得，退让一点不得，畏惧一点不得，用泰山岩岩的气象，施千钧雷霆的威力，这方算是国民的身份了。何以要力争国民的权利呢? 国民的权利，于今一点都没有了。小的莫讲，单就几项很大的说。

（一）政治参与权。如今文明各国，不是民主立宪（不立皇帝，由国民中间选一个人当总统，数年一任，叫作民主国，现在的法国、美国即是如此），即是君主立宪，由国民选举议员，把国民所想要的，在皇帝、总统面前要求。一切法律，都要议院承认；议院没有承认的，即算不得法律。皇帝、总统，不能脱离法律下什么命令，做什么事情，这叫做立宪政体，又叫作国民参与政治政体……

（二）租税承诺权。这租税承诺权，是立宪政体中一桩顶要紧的事。没有这一项，立宪政体成了一句虚话。这是何故呢? 皇帝、官长威权大得很，他要侵害国民的权利，做国民的也无法对付他们。只有这租税总要从国民手中拿出，他才有得。大家不出租税，遂要饿死他了。各国的国民有一句常话，不出代议士（议员）不纳租税。他们的皇帝、总统，没有一事不怕国民，国民要一件就依一件的，即因这个缘故……

（三）预算、决算权。怎么叫作预算呢? 现在文明各国，将来年所要出款，哪项要好多，桩桩件件，开载出来，先送到议院。议院核准哪一项当缓，哪一项浮报，都除出来，实实在在要多少，照实数征税，不能浮冒中饱半毫……

（四）外交参议权。如今的皇帝、官长，因得中国不是他们自己的，不甚爱惜，把土地主权顺便送与外国人，只图他们偷一日之安，全不顾及咱们同胞四万万人（中国人口四万万），永远要为牛为马绝子灭孙了。列位不要说土地主权是他们做皇帝、官长的，与咱们无涉。这土地是咱们的土地，主权是咱们的主权……

（五）身命、财产权。中国的野蛮官场，把（视）国民的身命如草芥一般，任意残杀虐待；把（视）国民的财产如泥土一样，任意勒取索诈。列位都是习见惯闻的，不用兄弟多说。甚至外国的人到中国，也可以乱杀横骗，中国官场不特不管，且帮着外国人欺压国民……

（六）地方自治权。地方自治权，是立宪的先声；纵不能立宪，这地方自治权，不可不先去要求的……

（七）言论自由权。世界进步，由于思想进步。言论不能自由，一切事都不能发达。所以专制国的政体，全凭几个人的意见，抹杀一切人的言论；他们所行的所言的，无一项不是句句件件都要人家奉行。国民所言的，如狗屁一般，全没有效验；有违反他们所行的所言的言论，遂目为大逆不道，本人治罪，还要株连好多人 [清朝两百余年，文字之狱千余案，往因一句诗、一句话附会出来，诛灭全家，还要牵连亲戚朋友多人（科场有引用本朝人名事迹者降黜）]。犹恐怕国民通知古今，熟悉掌故，窥破他们的伎俩，不准人读本朝之书、引用本朝人名，不准人上书言事，议论朝政（卧碑载：士子上书论军国大事者，科以大罪），无非闭塞人的聪明，钳制人的言语。现在虽大势所趋，稍稍有议论时事的，他必用百般的手段，禁止国民演说著书……

（八）结会自由权。各国所以强盛的，每一宗事集多人的才力来讲究。政治有政党，学问有学会，没有一事不有一会。国家不特不禁止，反极力保护。独有中国不准国民集会。彼此不相亲爱，不相团聚，凡事各由各人的意做之，全没有合群研究的办法，国家安得不弱？事业哪里能做？……以上八项，都是国民所当力争的权利，没有争到，死都不可放手的。

何以说国民当勉尽义务呢？世界上不负义务的，便不能享权利，只知责人，不知责己的事做不出来的。这一个国，非是几个人所能担任得起的，要大家共同来担任。不可因皇帝、官长不好，遂大家都不管国家的闲事了。皇帝、官长不好，咱们要设法监督他们，岂可把来当借口？遂丢了自家的责任？所以兄弟奉劝列位，这一个义务总要尽呢。国民的义务，千般万状，从哪项说起？也先把几项顶大的说说：

一、人人有纳租税之义务。从前中国的老话，说普天之下莫非王土，人民践土食毛，即应当报效皇家，这是一句顶混账的话。我这一个地方，是从祖父以来已经有的，自耕自食，与他皇家那样相干？况且自有中国以来。不知换了好多朝代，当初没做皇帝之时，也过不是一个国民，及侥幸做了皇帝，遂说天下是他一家的私产，那有这等道理！至于清朝，本是从满洲进来的，人都不是中国人（注解：这是作者的谬见。满族是中国的少数民族之一。）怎能说中国是他家的。若说降伏了他，即把中国归他一家所有，这样说起来，清朝是我们一个不共戴天的大仇，我们应当报复他，怎能报效他呢？不知这些话都是说错了。做皇帝的，不过替国民经理国家，国家一定不是皇帝一家的私产（其说详前）。国民纳租税，是纳与国家，不是纳与皇家（以前的，是纳与皇家，所以国民急宜革命，把政体改变），纳与皇家的，一定要有限制，以少为主；纳与国家的，限制不得，过少不得，只能看那宗事当办不当办，当办就不能计及多少了。盖纳与皇家的，是纳贡他，没有报酬的，一去不复返，少数都不应该，何况多要。纳于国家，非是一个人私得了，仍为我们办公共的事业……

二、人人有当兵之义务。中国古时，寓兵于农。现在各国都用征兵的制度。人到了二十岁，即要当常备兵三年，以后当预备兵、后备兵，直当到四十岁。就是王子也不能免。这是何故呢？国家是公共的，即应大家任保卫之责，不可把一国的人分出界限来，哪一个该当保卫国家，哪一个就不该当，又不可请外国人的人当兵（各国宪法都有不准用外国人当兵一条），所以要人人当兵了……

三、人人有借钱于国家的义务。国家有时为公众上的利益及不得已的事，要向国民借钱。只要实是当用的，无论好多，我们国民都是当借与他的。何故呢？国家既是公共的，国民不借钱于国家，自然是要向外国去借。民间有盘算人家的手段，各国也然。利息既重，越积越多，国家终是没有钱的，少不得仍是要国民摊还（中国所借各国的钱，按年由各省摊还）。等到摊还不起，所借各国的钱，都是有抵挡的，各国照契管业，那就亡得成了（埃及国之亡就因借项一端）所以我们当于他们借钱的时，要实实在在盘问。万不可少之数，即由大家承借，免使受他国的盘算，贻后日的重累。这是一句顶要紧的话。

以上三项，都是要争得权利之后，才是有的。但权利是要去争，不是可以坐得，又不是可以哀求，并不是空空不尽义务，可制得他住。盖你若不把租税，要求参政权，这是租税也是要你出的（现在的租税，哪项是人民心愿，又哪项能免）。你虽不当兵，这养兵的费用，也是要你出。况且他征了你们的钱，招兵压制你们，生死之权操在他手，怎若国民自己当兵，可以监制他们的暴政呢（当兵不尽是义务，又是权利）？至于不借钱于他们，仍是国民受累，前已说明了。所以咱们要想对付他们做皇帝、官长的，一定要先拿出主义和手段来。这主义、手段怎么样？把咱们对他的义务，求一个相当的权利，这是主义。每县各公举几个人，齐到北京，要求他们把以上八项交给我们，如有一项不依从的，我们大家齐到北京去，把这个不好的政府去了，另立一个好政府；或各把本地的租税截留，专办本地的事，公举人来经理。不要以前的官府；他们和各国所订的条约，所借的款项，一概不认，这是手段。但是要达到这个主义、手段，先要有四个条件。

第一，要学问。各国的国民，所以能享权利的，由于人人都有学问，政府不能欺瞒他。若毫没有知识的人，怎么能有权利呢？中国以前的读书人，虽是没有用，官府总当另眼看待，比没有读书的人好多了，这是列位亲眼看见的，所以大家要讲求学问。即年纪大了，不能进学堂，也当把新出的白话书（《猛回头》《黑龙江》《中国白话报》等书都好），买几部看看。或并字都认不得的，也当请人把古今的大势讲讲，总要明白一些。事理明白，那权利是不期有而有的。

第二，要武力。如今的世，稍弱一点的，便不能保存。各国文学固然是重，武力越发重得很。各学堂都有体操一门，此外遍处有体育会。无论男女，武艺都操得很好。有武艺的人，人人尊重，武官的身价比文官大得多（武官可做文官，文官不能做武官，有极大的文官带一个极小的武官衔，即以为荣宠）。所以人人都可以当兵，国家有祸事，担当得住；政府若不好，推倒得翻。中国若想有翻身的日子，非把重文轻武的鄙见丢了，人人有尚武精神，人人有当兵资格，决无可望了。

第三，要合群。外国虽极小的国，都能强的，即是合群二字尽之了。中国虽说有四万万个人，即是有四万万个心，如散沙一般，所以弱到这个地步。要想以后中国可以救得转，如非大家都捐出意见合起群来，一人被害大家救应，不分彼此，即万无可救之理。

第四，要坚忍。民间起事的也有其人，往往一败即涂地，全没有人即起，这是不能坚忍之过了。各国革命，多的几百年，少的也有几十年，才能变成一个顶好的政府，断没有一举成功的。所以咱们做事，要以坚忍为主，即失败到十几次，百余次，断头到数十万，数百万，都不要怕，总要越做越凶，以达到咱们的主意为止。

有了以上的四个条件，才能尽义务，争权利；没有以上的四个条件，义务也就不能尽，权利也就不能争，坐待人家来灭就是了。现在的政府，把咱们一切所有卖与人家，已所剩不多，再慢半刻，什么都卖去了。那时向政府说，政府已经没有了；向各国说，各国是有人送与他的，也说不上。所以列位要说就要说起来，要争就要争起来。自由乎？死乎？二者必有一项。愿列位于这两项任选其一也。中国国民万岁！"

时任《民报》主编的胡汉民读了陈天华的《国民必读》，大声叫好："星台，不愧为'革命党之大文豪'啊！你把孙中山先生的三民主义阐释得非常透彻。

政治参与权是反对专制统治的利器，不要再任由皇帝、官长胡做非为，让政治越来越腐败。

租税承诺权是国民控制皇帝、官长的手段，租税取之于民应该用之于民。

预算、决算权是管理国家财政的最好方法。

外交参议权用来保护国家主权，国家是国民的，国民有权管理自己的国家。

身命、财产权是与生俱来的，任何人都没有随意剥夺他人性命和财产安全的权利。

地方自治权讲求的是小范围的管理，只有地方自治才能够保一方平安。

言论自由权可以解放思想，思想进步了国家就进步了。

结会自由权可以集思广益，群策群力。

而三项义务，则是为'推翻专制''驱除鞑虏''建立民国'提出的；

人人有纳税的义务，既然国家是国民自己的，不是皇帝的私产，国家没有钱，要使国家这个机器能够正常运转，就必须缴纳租税。

人人有当兵的义务，国家不是哪一个人自己的，是大家的，所以人人都有当兵，保家卫国的义务。

人人有借钱于国家的义务，有时国家为了公众利益等，要向国民借钱，只要是实在要用的，都应该借给它。

《国民必读》包含了民主主义革命若干纲领性要求和论旨，摆事实，讲道理说出了国民要争取各种权利的重要性。它揭露了封建皇权的专制、帝国主义的侵略对中国人民的种种迫害，表明了中国人民都起来反帝、反封建，争取自己的权利的必要性。同时也揭示了，三项义务对于'建立民国'的重要性。"

胡汉民条条是道地把《国民必读》的纲领性、重要性一一列举了出来，让陈天华好生佩服，心想胡汉民也是个非同小可的人物。

纵观历史，环视当今各国，陈天华痛感中国地大物博，物产丰富非他国所能比拟，中国留学生之出类拔萃，也常令人赞叹、折服。然而为什么我国与今日欧洲之文明相去甚远？中国的闭关锁国，学校不兴，教育不普及，绝大多数国民被拒之学校门外，造成文盲充斥国度，民族文化发展发生偏差，近代科学技术落后。人才乏绝，国民的寡闻浅见，是造成可怕差距的重要原因。要达立国、强国之目的，则必须增长国民的智慧，实行普及教育。他认为受教育的对象不应当是少数人，而应当是全体国民，人人都应该有享受教育的权利。只有全体国民而不是只是少数人的教育程度提高了，整个民族才能兴旺，国家才能富强。

陈天华的国民教育思想，以救亡图存，振兴民族为前提。在此基础上，他界定了现在国民与国家的基本内涵，及其相互关系。建构了近代教育体系的基本框架。

陈天华不仅主张教育普及广育人才。而且坚决反对教育分省界，主张"外省有材而我用之，我省有材而人用之，不亦互收其益乎？"为此，他写下了《今日岂分省界之日耶》一文以阐明自己的观点。

近日各省满奴举办新政，尚往往以外省之人办本省之事，学堂军政其尤者也，初不见有所谓省界。无何，安徽、浙江等省学界，严限外省人之学额，而福建、湖北、湖南继起，大有排挤外省人之风。其最强固者为江苏，且近设立江苏学会，开宗明义，即严正省界也。

自权利之说出，而畛域之心起，于是向之漠然视之者，今乃视为莫大之问题，群起而争之；争之不已，而意气，而攻击。肇端于一二人，而牵及全社会，其势力之磅礴，大有一日千里之势，不可谓非民气之进步也。然其中必有所谓省界之分焉，则大不可。

夫省界何物也？谓非同一种族之人，同一区宇，但因满政府政治上之区域而划分者乎？且其分合亦至不一也？今日为同一省分，明日而成异省矣；今日所视为仇雠之异省人，后日而忽为一省之人矣，时亲时仇，乍离乍合，曷尝有一定哉！且分省不已而分府，分府不已而分县，势非至于四万万人而分为四万万国不止，其何以联合大群以御外侮乎？今日者，国权未伸，外人势力之侵入有加无已；满洲未去，汉人权力消亡；此皆不顾，而先从事于省界焉，不外御其辱，而但阋于墙，甚矣其愚也！

军事也，教育也，理财也，此诚一省之切要问题，断未有专委于外省人之理。然他省之材者，亦何妨收为指臂之用！外省有材而我用之，我省有材而人用之，不亦互收其益乎？使必鸿沟自划，严正本省人办本省事之说，人亦从而效之，我省人之在外省者，亦被同等之摈斥，得失相消，而徒惹恶感情，印一大分离之影像于脑中，其影响于中国前途不小。谁生厉阶，至今为梗？奈何其以此造将来之恶因也！

吾侪持博爱平等主义，同时又持民族主义，二者正相为用也。今满洲之加诸我者，至不平等也。满人与汉人之比例，犹百与一之比例，而权利不特不同等，且驾汉人之上。以少数之满人握有主权，多数之汉人为其奴隶，则又谁能忍之？今彼省于此省，非有主权之施也，而皆兄弟也。权利于一方似见为其所夺者，于他方收还之，相互主义，而非阶级主义也，岂满洲之比乎？吾侪所主持者，岂徒在人己之分？使吾侪理想之国家而克达也，实行内外平等主义，外国人之居留吾国者，其权利一切皆同。四海一气之言，万国平和之议，其必为吾侪所提倡无疑。故夫民族之说，特限于今日用之，中国大强之后，即非所宜。奈何于一民族之内，而先自分之？反正无期，分崩先兆，甚非吾侪始愿所及也。

虽然，各省之争也，亦非无理由。官场通弊，好用私人。一局所为某省人之总办，则所用皆某省人；一学堂为某省人所管理，则学生皆某省人。反客为主，何能默视？故专归咎于排斥外省人者不可也。欲使彼此融洽，惟愿以异省人而办事于他省者，必出之以公平，切勿为安插私人之计，而各省之遇有此等事者，亦甚望其攻击止其一身，范围止于一事，勿因之而谓某省人可恶，某省人当排；更望勿波及他省人，举各省人之在其省者必尽去之而后快，则分省之祸，或可以稍减也。

抑吾湘人也。湘人于咸、同之间，为满洲政府杀戮同胞，因此而大展势力于各省。湘人不自知其为大恶所在，反视为分所应有。今也情形大异，上既见疑于满洲，日事削夺，下复被憎于各省，排斥时听。湘人如不知反躬自愧，徒欲怨人，则危险有不可言者，况亦从之而排斥外省人，作报复之举乎？吾湘人有大戾于中国，即执吾湘人而寸磔之，亦为罪所应得。欲为四面楚歌之中获立一足，以未来之功，洗前日之污，则不可不力负义务，而以权利让人。他省人之于湘人，亦希勿记其前愆，而予以自新之路。不然者，以湘人之坚忍剽悍，操之过激，铤而走险，异族仍利而用之，此则湘人之大不幸，而亦中国之大不幸也。丧乱孔多，忧心如捣，伯叔兄弟，其或予顾。

从《今日岂分省界之日耶》这篇文章我们可以看出，陈天华对全民教育的认识达到了一个前所未有的高度，他这一远见卓识说明他对社会现实有深刻的认识，也是同代资产阶级思想家所不及的。

第七十章 派系争斗

是建立一个资产阶级共和国？还是实行改良主义，让清朝反动统治苟延残喘？这是革命派与改良派激烈争论的核心问题。康有为、梁启超等认为中国人民没有享受自由民主的资格，即使推翻了清政府也没能力建立新的国家，中国只能行帝制，不能行"共和"，更不可兴"民权"。

陈天华虽然前期对梁启超的某些观点有过认同，但现在是彻底站在他的对立面了，自然观点有了根本的不同，他的《论中国宜改创民主政体》就是对梁启超的《开明专制论》的有力驳斥。

法人孟德斯鸠恫法政之不如英善也，为《万法精理》一书，演二权分立之理，而归宿于共和。美利坚采之以立国。故近世言政治比较者，自非有国拘流楛之见存，则莫不曰"共和善，共和善！"中国沉沦，奴伏于异种之下者二百数十年，迩来民族主义日昌，苟革彼膻秽残恶旧政府之命，而求乎最美最宜之政体，亦宜莫共和若。何也？朱明为汉驱元，一家天下，满洲从而攘之，以民族之公而行其私，君主专制，政敝而不能久存也，而况虎视鹰瞵，环于四邻者，其为优胜百倍满、蒙，奈何为之敝耶！且以一大民族形成国家，其间至平等耳，而欲以一人擅神圣不犯之号，以一姓专国家统治之权，以势以情，殆皆不顺。然则言中国变革，而盛诵夫君主立宪之美者，为彼少数异种方握政权者计，而非为我汉族光复于将来者计也。顾其间反对共和之说者，要以就程度立言者为最坚，貌为持重，善于附会，而怠乎方张锐进之人心，其最不可不辨也。

持程度之见者曰："国之治化，其进在群，群之为道，其进以渐，躐等而求之，则反蹶而仆，或且失其最初之位置。法兰西之革命，流血至多，而卒不若英国民权之固，由程度之不逮也。中国经二十余朝之独夫民贼，闭塞其聪明，钳制其言论，灵根尽去，锢疾久成。是虽块然七尺之躯乎，而其能力之弱，则与未成年者相差无几，遽欲与他人之成年者同享自由之福，其可得乎？其不可得乎？此殆为当今切要之问题也。欲解决此问题，当有三前提。

第一，能力果绝对不可回复乎？抑尚可以回复乎？第二，回复之时期，能以至短之期限回复之乎？抑必须长久之岁月乎？第三，回复之后，即能复有完全之权利乎？"吾侪以为此问题至易解决也。

第一前提，吾侪直断其可以回复而不待费辞也。天下事惟无者不易使之有，有者断难使之消灭。如水然，无水源斯已也，苟有源流，虽如何防遏之、压塞之，以至伏行于地中至数千年之久，一旦有决之者，则滔滔然出矣。无目者不能使之有明，本明而蔽之，去其蔽斯明矣；无耳者不能使之聪，本聪而塞之，拔其塞斯聪矣。吾民之聪与明，天所赋与也，于各民族中不见其多逊。且当鸿昧初起，文明未开之际，吾民族已能崭然见头角，能力之伟大，不亦可想？特被压制于历来之暴君、污吏，稍稍失其本来，然其潜势力固在也，此亦如水之伏行地中也。遽从外观之，而即下断语曰："中国之民族，贱民族也，只能受压制，不能与以自由。"外人为是言，民贼为是言，浸假而号称志士，以大政治家、大文豪自负者，亦相率为是言，一夫唱之，百夫和之，并为一谈，牢不可破。一若吾民族万古不能有能力，唯宜永世为牛为马为奴为隶者。何其厚诬吾民族也！吾民族有四千余年之历史，有各民族不及之特质姑不论；即以目近而言，民族主义提倡以来，起而应之者，如风之起，如水之涌，不可遏抑，是岂绝对无能力者所能之耶？地方自治，西人所艳称者也，而吾民族处野蛮政府之下，其自治团体之组织，有可惊者，朝廷既无市町村制之颁，而国民亦不克读政法之学，徒师心创造，已能默合如是，使再加以政治思想、国家思想，其能力岂可限制耶？盛京、吉林之间，有韩姓其人者，于其地有完全自治权，举日、俄、清不能干涉之，其实际无异一小独立国。而韩亦一乡氓也，未尝读书识字，其部下亦不闻有受文明教育者，而竟能为文明国民所不能为，谓非天然之美质曷克臻是！己身不肖斯已也，勿辱蔑祖先，勿抹杀一切，而故作悲观之语，以阻我国民之志气也。吾侪之所以敢于断言国民能力必可回复者此也。

第二前提，吾侪以为，可以至短之期限回复之也。观之于教育未成年者与成年者得以知之矣。天机之发育未达，则必历若干岁而始能言，历若干岁而始有知识，历若干岁而始能行动。盖有天然之步骤，有非人力所能为者。若夫年限已至，因人为而迷其良知者，则固可以特别之速成法教之。近来采速成教法者，缩短十余年之学程而为二三年之学课，其程度亦略相等。曾谓已经开化之国民，其进步之速度，与未曾开化者同其濡滞乎？南山可移，吾腕可断，此言吾决不信也！质而言之，吾民族之进步，实具长足之进步也。西人未脱于榛狉之时，吾族之文明实达于极点。特因四旁皆蛮夷，无相竞争之族，侈然自大，流于安逸，渐致腐败；幸与欧美接触，其沉睡亦稍醒悟矣。醒悟之后，发封自雄，五年小成，七年大成，孰能限制之！不观之日本乎？四十年之前与我等也，以四十年之经营，一跃而为宇内一等强国。矧以土地、人民十倍之者，不能驾轶之耶。夫创始者难为功，因就者易为力。以欧美积数百年始克致之者，日本以四十年追及之；日本以四十年致之者，我辈独不能以同比例求之乎？故合中西为一炉而共锤之，其收效必有出于意料之外者。譬如肴然，使必待求种莳之，则诚非立谈之间可以得之也。若珍馐已罗列于几案之前，惟待吾之取择烹调，则何不可以咄嗟立办？世人有倡言中国之教育难于普及，民主制度终不行于中国者，盍不取此譬而三思之也。吾侪谓中国国民之能力可以至短之期限回复之者此也。

　　第三前提，吾侪以为中国国民可享完全之权利也。语有之，不能尽义务者不能享权利。吾国民之能尽义务，置之各国，未见其不如也。而今若于国事甚冷淡者，则政府不得其人，而民不知国家为何物也。苟一日者皆明国家原理，知公权之可宝而义务之不可不尽也，群以义务要求公权，悬崖坠石，不底所止不已。倘非达于共和，国民之意欲难厌，霸者弥缝掩饰之策，决其不能奏效也。今人争称条顿民族与大和民族，条顿民族以能殖民闻，大和民族以武勇闻，而吾民族实兼有此二长也。外人之殖民也，政府为之后援。吾民族之殖民于海外也，政府不特不与以援助，且视之若仇雠，等之于盗贼，挫折无所不至，而吾民以不挠不屈之气概，与外族战，与土番战，与寒暑战，卒能斩荆披棘，蓄育其子孙至数百万，输大财源于母国。是条顿民族之所长，吾民族有之也。日本之与俄战也，所攻必克，所战必胜。南山之取，旅顺之拔，惊动全球，无不以"敢死男儿"之徽号上之于日本国民；顾吾汉族之宣扬于塞外者，遽岂乏人？勒铭燕然之山，饮马乌孙之水，姑以湮远置之。湘、楚各军，徒步以平定二万里之回疆，转战于沙漠雪窟之中，其壮烈岂让日俄之战争乎？中国行军，以扎硬寨、打死仗为要义，肉搏攻城、冲锋陷阵之举，殆已视同习惯，不见其可畏。所缺者无新战术耳。使与日本有同等之教育，有相当之将官，则中日之兵，正不易分优劣也。夫日本视军士为无上之荣誉，国家之所以鼓舞之者，殆不遗余力。而中国则至贱者兵也，其出征也非如日本之有军人援助会也；其死也非如日本之有勋号年金也；其伤也非如日本之有廪给终身也。至于社会上之待遇，则不特不能与日本兵士同科，且适成反比例。而一有召募，则争先恐后，一临战阵，则骈首不辞，以视日本维新之初，革除武士，改行征兵，而应之者寥寥，卒至用大强力而始就绪，孰谓日本之武勇非因政策而养成者乎？中国之不武勇非因政策而消失者乎？改易其政策，而中国之武勇不若日本，吾决不信之也。中国民族既具条顿民族、大和民族之所长，则其能享二族所有之权利无疑也。顾吾谓吾民族不仅能享有条顿民族、大和民族所有之权利已也。拿破仑曰："将来世界，或为支那民族所支配，亦不可知。"夫以能支配世界之民族，而不能享有世界最上之权利，有是理乎？吾侪以为中国国民能享有完全权利者此也。

夫以中国国民之能力可以回复，并可以至短之期限回复，能享有完全权利之证据又确凿如是，而犹曰欧美可以言民权，中国不可以言民权；欧美可以行民主，中国不可以行民主，为是言者，无论何人，皆知其失。然而庸俗之见以为列强环伺，群志未孚，专制行之，犹恐不济，况启纷议之端，来解散之象，不与救时之旨相悖乎？是殆误认吾侪之所主持为无政府主义，而以民主政治为取放任者也。不知吾侪原不欲为过高之论，不切时宜之谈，以误我国民之视听，固按时切势，求其可行者言之也。彼无政府之主义，宁吾侪今日之所主持乎？至于以民主政治为取放任，则曷不取法、美、清、俄四国现时之行政而比较之？教育之强迫，内政之整饬，秩序之维持，孰能实行，孰不能实行，当不待智者而辨也。使中国而改共和也，当兴立兴，当革立革，雷厉风行，毫无假借，岂若今政府之泄泄乎？吾侪求总体之自由者也，非求个人之自由者也，以个体之自由解共和，毫厘而千里也。共和者亦为多数人计，而不得不限制少数人之自由，且当利未见，害未形之时，自非一般人所能分晓，于是公举程度较高于一般人者为之代表，以兴利于未见，除害于未形，当其始也，似若甚拂众人之欲者，及其既也，乃皆众人之所欲兴欲除者也。政府之制治同，而其所以制治者异也。不问政府之内容，而一概排斥之，是不得谓为真爱自由者也。惟欲求总体之自由，故不能无对于个人之干涉，然而以望之现政府不可也。现政府之所为，无一不为个人专制、强横专制者。其干涉也，非以为总体之自由，而但以为私人之自利。今以政府为不可少，干涉为不可无也，彼乃变易面目，阴济其私，是无异教猱升木，助桀为虐也。现政府之不足与有为也，殆已成铁据。其一由于历史：中国未有于一朝之内，自能扫其积弊者也；必有代之者起，予以除旧布新，然后积秽尽去,民困克苏;不革命而能行改革,乌头可白,马角可生,此事断无有也!第二由于种族;今之政府,非汉族之政府,而异族之政府也。利害既相反,则其所操之方针,不得不互异;吾方日日望其融和,彼乃日日深其猜忌,外示以亲善,而牢笼欺诈,毒计愈深,党狱之起,未央之诛,指顾间之事。诸君不信,请读康、雍、乾三朝之史,观光绪戊戌、庚子之事,可以知往而测来矣。《传》曰:"非我族类,其心必异",又曰"戎狄豺狼,不可亲也。"诸君欲认贼为父,窃恐徒足以取辱,而无秋毫之补也。

日本之奏维新之功也,由于尊王倾幕。而吾之王室既亡于二百余年之前,现之政府,则正德川氏之类也。幕不倾则日本不能有今日,满不去则中国不能以复兴,此吾侪之所以不欲如日本之君主立宪,而必主张民主立宪者,实中国之势宜尔也。中国舍改为民主之外,其亦更有良策以自立乎?谅诸君亦无以对也。无已则惟有苟且偷安,任满政府转售之于人耳,是则非吾侪之所欲闻也。吾侪既认定此主义,以为欲救中国,惟有兴民权、改民主;而入手之方,则先之以开明专制,以为兴民权改民主之预备;最初之手段,则革命也。宁举吾侪尽牺牲之,此目的不可不达。呜呼!吾欲彼志行薄弱者姑缄其口,拭目以俟吾人之效果也。而何有程度之足云哉!何有程度之足云哉!

《论中国宜改创民主政体》一文引古论今,以西欧各国及日本为例,论述了"民权""民主"在中国的可行性和必然性,再次强调"欲救中国,惟有兴民权、改民主;而入手之方,则先之以开明专制,以为兴民权改民主之预备;最初之手段,则革命也。宁举吾侪尽牺牲之,此目的不可不达。"作为中国民主革命的探路石,《论中国宜改创民主政体》走出了重要的一步。

梁启超作为资产阶级改良主义的代表,在向封建制度和传统的封建道德观念进行冲击的时候,都把历史作为政治斗争的武器。他们一方面力图以以往的历史,证明维新变法是历史演进的必然趋势,另一方面又从西方资产阶级那里学到了进化论、天演论的学说。把这两个方面的东西糅合起来,构成了他们新的历史观即历史进化论。梁启超在他的政治宣传中就经常运用"历史进化论"这个武器。但随着"戊戌变法"失败,资产阶级革命派力量迅速崛起,他们坚持以革命的手段推翻封建的君主制度,建立民主共和国。而梁启超则仍然坚持改良路线,反对革命,并将中外革命史作了比较发表了《中国历史上革命之研究》一文。他认为中国革命史有七个方面不如西方:"其不如者有七端:一曰,中国有私人革命而无团体革命;二曰,有野心的革命而无自卫的革命；三曰，有上等下等社会革命而无中等社会革命；四曰，革命之地段，较泰西为复杂；五曰，革命之时日，较泰西为长久；六曰，革命家与革命家自相残杀；七曰，因革命而外族之势力因之侵入。"

对于改良派梁启超在史学领域的挑战，第一个勇敢地站出来应战的就是陈天华，他撰写了《中国革命史论》一文，针锋相对地批驳梁启超在《中国历史上革命之研究》的论点，指出梁启超"是不知今日万事皆当开一纪元，不得援旧闻以相难"。

陈天华在《中国革命史论》中，首先探讨了西方历史认为中国历史比不上西方历史，只是近代的事"中国革命之无价值固也，泰西革命之有价值，亦自近世纪始然也"。这是因为西方中等社会主持事，而那些作历史的人也"以革命为救之要务，从而鼓舞之，吹唱之，能使百世之下，闻风而起，历史上之影响决非寻常"。"雄飞突步，得有今日"这都是革命的结果。而中国的历史上的农民革命，虽然有'一二枭雄，冲决藩篱，悍然不顾，甘冒天下之大不韪，以求济其私心所欲。'所以革命不能成功。陈天华认为历史上所造成的这样恶果，正需要我们去改造"以冀有良结果之发生"。而不能"从事于革命之镇压，拔本塞源，非徒无益而又害之"。

陈天华指出中国历史上的革命有两种"有国民之革命，有英雄之革命"。它所产生的影响是不同的。"英雄革命"这种革命"出于权术者多，出于真自由者少"。"以求济其私心之所欲"。因此，往往是"专制去而另一专制来""或则群雄角逐，战争无已，相持至数十百年，而后始底于一，幸福之得，不足以偿其痛苦。中国历史之革命是也"。

"国民革命"这种革命是"出于责任心""无所私焉"，"革命之后，宣布自由，设立共和，其幸福较之未革命之前，增进万倍，如近日泰西诸国之革命是也。"陈天华认为，他所主张的革命正是西方资产阶级性质的革命。

陈天华站在资产阶级革命派立场，尽情地讴歌资产阶级革命，他说：因为革命，才能推翻腐朽的清朝统治，才能"一扫从来之污点"。"乃放大光明于历史"。因为革命，人民才能从痛苦中解脱，社会才会进步。如是他说："质而言之，革命者，救人救世之圣药也 终古无革命，则终古成长夜矣。彼暴君、污吏，不敢以犬马土芥视其民，而时懔覆舟之惧者，正缘有革命者以持后也。不然者，被无所恐怖，其淫威宁涯耶？"将革命看成社会不断前进的动因，这一思想在当时是有见地的。

第七十一章 刺杀风波

自上海营救黄兴、陈天华他们成功后。黄兴、陈天华去了日本，蔡锷去了广东，龙璋和周婕回了长沙，苏鹏则因为北京和上海刺杀之事遭到挫折后，有些心灰意冷，他想回老家新化去办纸厂。只有杨笃生却坚持留在上海，他要等吴樾回来继续试制炸弹。不久，吴樾果然回来了，他是在老家听说了万福华刺杀王之春失败，被清朝政府抓捕入狱之事提前回上海的，万福华是他的安徽老乡，万福华的刺杀虽然没有成功，但在安徽也是闹得沸沸扬扬的，让吴樾再也坐不住了，他决心重出江湖。此次回上海他只有一个念头，找到杨笃生他们，一起执行暗杀行动，多杀几个清廷官员，杀大点儿的清廷官员。

在上海待了很长一段时间，还是没有寻到合适的刺杀目标，吴樾有些坐不住了。

"毓麟兄，我们还是去北京吧，北京的官大，北京的官多。"吴樾提议道。

"还是等机会吧，现在贸然行动，既找不到刺杀的目标，又找不到藏身之地，我们前次就是因为在没有任何计划的情况下进京，才无功而返的。何况现在北京相当的寒冷，那些官员们没事都龟缩在家里，很难有下手的机会，我们不如等明年春天的时候再做打算。"杨笃生说。

杨笃生说得也有理，吴樾只好按捺住自己那颗蠢蠢欲动的心，耐心等待机会。

第二年，正值春暖花开的时候，杨笃生和吴樾来到了北京，为了寻找有利的暗杀时机，两人决定先安顿下来，再慢慢寻找机会。杨笃生在管学大臣张百熙帮助下做了译学馆教员。吴樾则在城郊的一间工厂里找了份事做。

安顿下来后，他们又开始寻找试制炸弹的地方。北京西郊的玉泉山，虽然紧靠皇城，但也是地方偏僻，人迹罕至。吴樾他们的工厂离这儿不算很远，所以，这是一个最适合试制炸弹的地方。

这期间，杨笃生又认识了辽宁抚顺人张榕。张榕以前在北京译学馆学过俄文，后来因为"日俄战争"爆发，弃学回家与河北丰润南青坨人丁开璋等组织"关东独立自卫军"，并联络王阁臣等组织乡团，谋倡满洲独立，以抵御外辱，挽回主权。张榕虽然也是满族人，但对清廷的专制、腐败、无能也是早就心怀不满。没过多久，清政府好像嗅到了一丝味道，"关东独立自卫军"被勒令解散。"关东独立自卫军"解散后，张榕又来北京创办秘密刊物，宣传革命，听说杨笃生要搞暗杀行动，张榕马上要求参与，于是，暗杀团又多了一名成员。

春天的北京，万物都已苏醒。西郊的玉泉山，满山的黄栌树，不过此时黄栌叶都是嫩绿色的，并不是人们记忆中的火红色。玉泉山偏远的地理位置，如果在秋天，黄栌叶红了，这里便是著名的"西山红叶"的绝佳观赏地，是文人雅士们游玩的好去处，自然是车水马龙了。现在是春天，这里除了黄栌树还是黄栌树，挤挤挨挨长在一起，因了那密密的黄栌树叶，林子显得更加幽静。原本寂静的黄栌树林子，这会儿传出的却是剧烈的爆炸声。随着爆炸声的响起，一股硝烟也是腾空而起，把原本瓦蓝的天空遮得严严实实的。

"成功了！成功了！终于成功了！"硝烟中跑出两个人并传出激动的欢呼声，仔细一看却是吴樾和张榕。两个满脸尘土的人急急跑到小溪边，用清清的泉水把脸洗干净后，在一块大石头上坐了下来，然后展开一块油布，把裆褴里带来的干粮摊上，又掏出两瓶黄酒，拔掉瓶塞。

"来，为了我们的成功，干了。"张榕先举起了酒瓶。

吴樾举瓶相碰撞。

"你还生怕炸弹炸不响，响得很啦！"吴樾大喝了一口酒说。

张榕连连点头："你的方法不错，响得很！"

"炸弹这玩意，只要莫让引线潮润了，炸响是没问题的。"吴樾又解释说。

"我们现在炸弹也试制成功了，只是不知毓麟兄那里打听到什么动静没有。"张榕有些焦急地说。

杨笃生自在译学馆任教后，因为朝廷时常有公事派遣，所以打听朝廷里面的一些事情是更加方便，常常有消息递出来，只是没有吴樾和张榕最想要的消息。

"要么，我明天出去打探一下消息。"吴樾说。

"好呢，我现在手开始痒痒了。"张榕搓了搓手说。

因为距北京城路途较远，吴樾清早就出了门。入夜，回城打听的吴樾终于踏着夜色回来了。

"张榕兄，好消息！大好消息！今天北京各大报纸刊登了一条特大新闻。两天后，朝廷准备派镇国公载泽、湖南巡抚端方、户部侍郎戴洪慈、兵部侍郎徐世昌、商部右丞绍英出国考察宪政，他们都是皇室人员，官大得很呢。而且，毓麟兄是随行的翻译，他说到时可以给我们协助。"吴樾挥舞着手里的报纸，满脸的兴奋。

张榕接过报纸匆匆看了一眼，激动地说："太好了，终于等到这一天了，我们一定把这五条清狗炸得粉身碎骨。"

"特别是端方这厮，我恨不得现在剥他的皮，抽他的筋，就是他害死的马福益。"吴樾悲愤地说。

说动手就动手，两人立马准备，携炸药潜入北京西郊的黄栌树林。

躲在黄栌树林里，吴樾提议说："张榕兄，我们今天必须开怀畅饮，我俩兄弟一场，也许这是我们最后一次喝酒了。"

张榕说："对，我们应该开怀畅饮，人生得意须尽欢，也许明天就是我们人生最辉煌的时刻，也是我们人生的最后时刻，今天不饮，还待何时？"

两人喝得酩酊大醉，在树林子里鼾睡了半天。

五大臣出发出国考察那天，整座北京城街头人头攒动，到处张灯结彩，一派节日的气氛。这也是慈禧为了证明她开明，她在改革，在推行宪政而采取的笼络人心的方法。与热闹非凡的北京街头相比，前门车站却是戒备森严。平时街边林立，叫喊贩卖的小贩们都不见了，三步一岗、五步一哨站满了清兵。那辆专列车头挂着大红花，车身也打扮得花枝招展的，将带着五位大臣和三十八位随员从北京开往天津，然后从天津港坐船，前往各国考察。

离开车还有一个多小时，五位大臣和他们的随从还没有到来。而站台上各种花翎顶戴，官居各品，衣服色彩斑斓的官员和一色儿穿着喜庆的亲眷、家丁、车夫等前来送行的人们倒是站得连地儿都没有了。

吴樾、张榕按多次踩点，研究后的计划，在王府井大街衣帽寄卖店里各买了一套清朝贵族府里家丁的衣帽穿戴上，扮成家丁、车夫混在人群里。两人开始站在一处，进站的时候，因为人流拥挤，被挤散了，吴樾离那辆列车的车厢门最近。

难熬的一个多小时在一分一秒慢慢流逝。突然人群开始骚动起来，五位大臣和三十八位随员在两列卫兵的护送下，在一片鼓乐声中大摇大摆走了进来。

看到官员队伍中一脸春风得意的端方，吴樾眼里冒出火来，恨不得立马把他撕得粉碎，手中握着的炸弹也是越握越紧，眼看着官员们鱼贯上车，他不顾一切冲了上去。

"有刺客！抓刺客！"人群顿时混乱了起来。卫兵纷纷冲向吴樾，眼看着卫兵就要冲到自己身边，情急中，吴樾迅速引爆炸弹扔了出去，因为人太拥挤，炸弹没扔多远，炸弹爆炸，吴樾也倒在了血泊中。

张榕远远地看见吴樾的所作所为，欲过去救援，无奈人群拥挤，无法靠近，等他好不容易挤过去却看到吴樾已被炸得面目全非，知道无法相救，又没办法再行动，只好在杨笃生的掩护下，趁乱逃离了现场。

第七十二章 支持《民报》

吴樾刺杀五大臣的事件立刻像疾风暴雨，一下就传开来，北京各报纸连篇累牍都是这件事。

连日本的报纸《朝日新闻》都把这件事放在了头条，报童们手拿报纸，尖声锐叫："新闻！新闻！中国的特大新闻！""卖报！卖报！中国出大事了，北京出洋五大臣火车站遇刺。"

陈天华正和一群留学生逛街，一听，赶紧买了一份报纸看，瞬间惊呆了，报上刊载：中国北京，叛党引爆炸弹刺杀出洋考察五大臣，凶手当场毙命，载泽、绍英两大臣被炸伤。报纸还配了一幅血腥的现场照片。

然后下面配的字是：中国上海学堂和报刊纷纷指责叛党病狂丧心……

看到这里，陈天华顿时火冒三丈，三下两下就把报纸扯碎了，边扔边说："病狂丧心！病狂丧心！病狂丧心！这样的人才是中华民族的好男儿，才是真正的民族英雄，他们怎么能这样污辱他呢？他们还是不是中国人？"

留学生们也都感叹："炸卖国贼、炸卖国贼的爪牙，怎么就成了病狂丧心了呢？"

"视死如归的大丈夫，我们的楷模。"

"现在什么都是倒行逆施、黑白颠倒。"

天空好像也在为死者鸣不平，一时电闪雷鸣的，紧接着，大颗、大颗的雨滴落了下来。人们在慌忙找地方避雨，只有陈天华迎着暴风雨大踏步往前走，他要用暴雨来平息自己满腔的愤怒。

回到宿舍，浑身湿漉漉的陈天华感到头重脚轻，太阳穴高高鼓起，头钻心的痛，一阵天旋地转，栽倒在了床上。

天快黑的时候，宋教仁和刘揆一推门走了进来，一看陈天华脸色赤红，浑身精湿，躺在床上已昏迷，赶紧去医务室叫了医生，医生说他是感冒加上心情激动，才致晕厥过去。

注射了一些针剂后，陈天华才悠悠醒过来，看见宋教仁和刘揆一，竟像孩子似的哭了起来。还没明白怎么回事的刘揆一问："何事让星台兄这么伤心？"

"我是为那位炸出洋五大臣的兄弟伤心，虽然我还不知道他的名字。他为了革命，就这么英勇就义了，还被那些无良的报纸，无良的上海各学堂说成是'病狂丧心'，天理何在啊！我一定要为那位兄弟讨公道！我一定为他讨公道！"说着，陈天华从床上爬起来，走到桌前写下了《怪哉上海各学堂各报馆之慰问出洋五大臣》。

学堂者，汉族之学堂也；报馆者，汉族之报馆也。其于满奴之受惊，宜拍案大叫曰："惜乎其不死也！"其于烈士之以身殉者，宜大表哀敬之辞，率全国之学堂报馆而开一大追悼会。今于烈士之死，则目为病狂丧心，于满奴之幸免，则慰之幸之，何其颠倒如是其甚也！烈士虽不知为谁何，要亦不失为轻生仗义之俦。此无论所抱持之主义与吾当同，或与吾党立于正反对之地位，其敢死有足多者。中国暗杀之举，甚为幼稚。前此虽有行之者，而其人皆有畏死之心，逡巡不决，事机坐失。以视烈士之预牺牲其身，毫无踌躇不前之情态者，求之中国历史上，真不可多觏也！此宜如何表扬，以为后者劝，况贬斥而辱骂之耶？至于所谓五大臣者，满人居三，其二则亦完全之满奴也。假考察政治之名，以掩天下之耳目；于其归也，粉饰一二新政，以愚弄我汉人。我汉人为其所愚，忘其前日之大仇，而真心恃之。彼乃一面以保其私产，一面扶长满人之势力，收汉人之政权。袁世凯也，张之洞也、岑春煊也，五大臣回国之时，即为其投闲置散之日。不及十年，汉人之民气尽消，政权尽夺，满人尽据津要，然后"宁以天下赠之朋友，不以与之家奴"之实可见矣。我汉人死活之问题，系于五大臣之出洋。盖鬼，可畏者也；鬼而变易面目，使人不知其为鬼而亲近之，则可畏愈甚。五大臣之出洋也，将变易其面目，掩其前日之鬼脸，以蛊惑士女，因以食人者也。烈士击之，是犹于狞鬼执粉笔以涂人皮之际，乘其尚可辨认也，一举而掊仆之，以绝祸根。不幸而为魔鬼所毙，此正吾人之不幸也。吾人于烈士而痛恶之，于满奴而慰问之，是犹快击魔鬼者之死，而庆魔鬼者之得生，谓非病狂丧心，其能至是耶？以文明之代表如学堂、报馆者，而犹若此，中国其无望矣乎？吾汉人其永为魔鬼所食乎？

陈天华的《论中国宜改创民主政体》《今日岂分省界之日耶》《中国革命史论》的前部分、《怪哉上海各学堂各报馆之慰问出洋五大臣》和前期写的《纪东京留学生欢迎孙君逸仙事》修改版均发表在《民报》的第一期。连续五篇铿锵有力的稿子，在当时的留日学界引起了巨大的反响，《民报》第一期再版七次，对刚成立的同盟会起了很大的推动作用。

九月二十三日，苏鹏的舅舅周辛铄在日本神户病逝。周辛铄刚到日本的时候与陈天华有见过一面。当时与他谈及长沙起义的时候，他说他与谭人凤两人在新化、宝庆一带大肆联络会党，准备攻打宝庆府，作为外围力量支持长沙起义。长沙起义事泄后，他们也被官府列在缉捕名单之列。当时，他已经染病在身，无力四处躲逃，便卖掉一些田产，凑了两百块银圆，准备找一个地方藏起来养病。他跟戴哲文是朋友，戴哲文也因为长沙起义失败来日本避难，他便随他来日本养病。来日本后，周辛铄通过黄兴认识了孙中山，孙中山和黄兴又介绍他加入了同盟会，被委为长江上游招讨使，拟组织会党，发展同盟会员，待机起义。正在这时，日俄发生战争，东北形势严峻，他准备前往考察。刚到神户，肝癌发作，便在那养病。后来医生见他病情严重，已无药可救，便叫他趁现在还能行动，赶紧回去。陈天华得到消息，便召集新化的同乡商量，派谢国藻送他回国。可当期去上海的船已满员，等下一趟船还需很长的一段时间，只好就近住进兵库县县立医院。医院的医生检查了他的病情后，也不肯收治，只是暂时让他住下来。周辛铄的病日益严重，谢国藻见情况不妙，赶紧电告陈天华，陈天华他们又增派刚来日本就读日本海军学校的刘华式去协助谢国藻，刘华式、谢国藻跟周辛铄都是大同团人，两人轮番精心护理，可最终还是未能回国就病逝了。

本来这段时间，陈天华还准备去兵库县看他的，但因为《民报》刚刚创刊，陈天华是撰述，整天有忙不完的事情，就把见面的事情往后推了推，想等忙完这阵子再去，哪知陈天华的事情还没忙完，他就病逝了，陈天华这时心里的那个悔呀，不知怎么才能表现出来。

周辛铄是陈天华最崇拜、最佩服的人之一，他不仅是好友苏鹏的舅舅，同时还是自己的师长，在新化实学堂的时候，对自己也是关怀备至。陈天华一夜未眠，当即写下《周君辛铄事略》以志纪念。

周君辛铄，字叔川，又号督州，湖南新化人也。为人任侠有奇气。里有某姓者，族小而弱，为某大姓所侮，力不能较，君愤之，为讼于官，得直。里人义君，推为团总。新化为团十六，为村百二十八；团最大者，为君之大同团，领村十七，人口十余万人，宛然欧美一个小国家也。中国自治制不完全，而官又最腐败，除推敲外无所事，团务废弛，达于极点。君办事果决而严明，以己意创立乡约，不及期年，无敢不就范者；盗贼率他徙，团中无赌博、私宰、开设烟馆等事。团大治，君之威令过于官，官特受成而已。

甲午以后，君知非输入新学术不足以济时艰，与邑绅宴君孝仁、彭君延炽组织实学堂，即今之县里速成中学堂也。又以团费购活字版一部，印刷新出书籍，分送团内。故新化风气之开，以君团为最先。迄今以官、私费游学日本者十余人，肄业于省垣公、私学堂者数十人，广西随营学堂十七人，占全县学生数十之三，皆君之力也。君又拟仿征兵制，团民年满二十则编为团，练兵八月，以新式教练，满期退归，每年但大操二次；预计十年之后，可得精兵万余人。事垂成矣，会有尼之者，遂中止。君乃专注于教育。大同团出产以煤为大宗，市侩籍以为利，每石抽费五六文，称为行费。然实不出费领帖，皆以饱私囊。君议提为学堂经费，每石减为四文，方众为便，而每年得千余缗之常款，于团之适中，办一大同小学堂，招团之子弟而教之。禀官立案，自巡抚以下皆报可，而市侩某恶夺其权利，大恚。顽固者从而阴嫉之，遂哄众抗拒。县令不置为意，同事复多观望，君专当其冲，争讼连岁。君家本仅中赀，遂至破产。君持之愈急，痞党恨之刺骨，募人刺之，悬赏四百金，频危者累，而君不以是稍挫其气。相持至二载，局屡建屡毁，学堂经费无所出，不得已暂行停办。而君亦知专办一局部事无济于时局，愈欲以一身肩任国家事矣。

先是邑人在东者，屡以书报寄回，君睹之大感动，东游之志遂决。又倡议自办铁路，时收回粤汉铁路之议尚未发也，而君早见及此。徒以地处偏隅，知君者少，无应者。至今年春，乃将所余剩之田数亩售之，得二百余金，持以东渡，拟学速成法政。至沪而病，居月余，病稍间，扶病来东京。邑人见君憔悴殊甚，劝入医院关治，而君则意气极壮。入病院仅两周，退出。未几，又思做作东三省之游。草一辞家书，约数百言，悲壮淋漓，不堪卒读。与华谈论天下事甚深，慨然有澄清天下之志。然而君之病则日剧，邑人强之再入冈村医院。院长诊之，大骇，不肯发药，称一月内尚可无虞。邑人决议，请谢君国藻送之回国，而君犹以为至上海则必舍谢君他往，固不料其竟病死于日本也。会横滨之汽船已发，及坐汽车至神户，病大发作，不能更行，而汽船人数亦已满额，乃入兵库县县立医院。医员亦以为不可治，姑收留之。君至此亦知其病之不轻，悄然与谢君曰："使天而假我三年，吾必有以表白于世。今若此，岂非天乎？"谢君饮泣，电告华等，增遣刘君华式往。两人轮番伺疾，而君已病不知人，时时作呓语，细听之，则皆国事，无一家常语，居病院五十日而殁。时为乙巳九月二十三日午前十一时四十分，距生之岁，五十年矣。配萧氏，子先镐，先□，先锐，具在国，未得随侍。谢、刘二君，即君之大同团人，君为其父亲行含殓之事，俱二君躬亲之。邑人得电，罢课三日，志哀悼。君柩暂停于神户华商所立之三江公所义地，择期扶柩回梓。邑人嘱华将君之生平略为叙述，以报告同学。华于君虽为同县，知君之事甚少，兹听叙者，仅其十之一二耳。又君之怀抱，今尚难披露，愿俟之异日。同学诸君，有悯其志而悲其遇者，赐之铭传、诗歌，以发幽潜，幸甚。乙巳年九月二十五日同邑陈天华述。

陈天华把此文也发在了《民报》的创刊号上。

《民报》的创办及其宣传，壮大了革命派的声势，也壮大了同盟会的队伍，成为进步舆论的中心。

第七十三章 取缔风云

同盟会成立后，由当初的二十人迅速发展到了四百多人，要求加入同盟会的人也越来越多，陈天华陆续介绍了一些同学、老乡入会，包括曾继梧、邹毓奇、刘华式、伍任钧等。伍任钧，字仲衡，新化县西成团三塘村人。伍任钧也加入过华兴会，在外围参与组织过长沙起义，起义失败后东渡日本，进入东京弘文学院师范科。伍任钧进入东京弘文学院的时候，陈天华、苏鹏和方鼎英都已离开弘文学院，因此陈天华并不认识他，只是他知道陈天华是新化人，是《猛回头》《警世钟》的作者，后来在阻止陈天华上书请愿的那次湖南同乡会上有机会远远见上一面。因为当时场面争论非常激烈，也未能前去叙述同邑之情。同盟会成立后，陈天华成为首批同盟会会员，伍任钧知道后，就去找他介绍自己入会，自此与陈天华成为朋友。因为陈天华的介绍，曾继梧、邹毓奇、伍任钧三个人也成为了好朋友，几个人经常在一起谈论时事，交流革命心得。

为了更好地联络各方势力，壮大同盟会的力量，黄兴跟孙中山去了南洋发展反清势力加入同盟会，由宋教仁担任临时庶务。

同盟会的飞速发展，让清朝政府感受到了巨大的威胁。可对于远在日本的同盟会，清政府鞭长莫及，怎样才能阻止这些留日学生的革命行动继续发展下去呢？清政府只能请求日本政府出面加强对中国留学生的严密防范。并增派汪大燮任驻日特使，协助公使杨枢处理此事。

清公使馆内，汪大燮和杨枢正在商讨对策。

"唉！杨公，真没想到小小的日本国居然有这么多中国的革命党人，才短短的一个多月时间，孙文的同盟会发展到了四百多人，实在是让人不容小觑啊！"汪大燮叹道。

"是啊！连日本政府都拿这个孙大炮没办法。他来无影、去无踪，一直在各国间游荡，到处宣传他所谓的革命道理，他才来日本多久？一下就创立了个同盟会。"杨枢抓挠着后脑勺，一脸的无奈。

"杨公，这个同盟会并不是突然冒出来的，他们有组织、有计划、有预谋、有思想基础。你要知道，这个孙文虽然是被朝廷追得到处逃窜的流寇，但他以前在日本经营了很多年，在日本发展了不少的支持者，这次则有更多的留学生支持他、追随他，所以，他才能这么顺畅创立同盟会。"汪大燮说。

"这个同盟会的发展太迅猛，再这么发展下去一定会成为朝廷的心腹大患，看来这次我们得下狠手把这个毒瘤割掉才行，免得夜长梦多。只是，这里是日本国不是中国，在中国只要政府发公告缉拿便是，这里可还要通过日本政府才行。"杨枢愁道。

"这次朝廷派我过来，就是让我协助你办这件事，事不宜迟，我们这就去跟日本政府交涉。"汪大燮说。

"好！好！好！有您过来助阵，我心里安稳多了。"杨枢连声道。

因为汪大燮和杨枢的交涉，日本文部省于 1905 年 11 月 2 日颁布了《关于许清国人入学的公私学校之规程》（俗称《取缔规则》），对中国留学生集会结社，言论通讯等横加限制、取缔。该规程共有十五条，其中第九条规定："受选定之公立或私立学校，必须使清国学生住居宿舍或指定之旅馆，以加监督"。第十条规定："受选定之公立或私立学校，不得招收他校以性行不良而被饬令退学之学生"。

留学生总会馆里，学监姚文甫拿出《关于许清国人入学的公私学校之规程》在那里毫无表情地念着，台下的反对声渐渐响起。

"这哪是什么规则？纯粹是把我们圈起来嘛！"

"不是说日本是一个自由的国度吗？这个《取缔规则》剥夺了我们所有的自由。"

"这个规则太不合理了，我们不遵守。"

"我们抗议！我们抗议这不合理的规则！"

可姚文甫根本不理会这些，他说："你们抗议，你们反对又有什么用？要记住，你们是在日本，而不是在中国，在日本就得遵守日本的规章制度。"

"这不合理的规章制度是你们官府勾结日本政府做出的，你们是始作俑者。"

"你们想给中国留学生套上枷锁、铁链。限制留学生的自由，让留学生在你们划定的圈子里学习、生活，你们是何居心？"

"我们坚决反对！"

"我们坚决反对！我们拒绝执行！"

同学们的反应更加激烈。

"哼！日本政府的规定，你们反对吧！我看你们怎么个反对法！"姚文甫冷笑道。

"夺我自由，我们罢课！"

"我们要自由，还我自由！"

"我们罢课、我们退学、我们回国！"

终于，台下的留学生们被彻底激怒。以留学生总干事杨度为首的留学生们喊出了争取自由的口号。随即采取了联合罢课和集体退学归国的抗议行动。

留学生会馆总干事杨度，虽然平时一直主张君主立宪，钻营着升官发财、帝王之道，但在这有关民族尊严的事情上，也表现出了维护祖国尊严的坚定立场，他联合各学生代表给驻日公使杨枢递上了一份禀帖，希望通过公使馆同日本文部省进行交涉，对规则不合理的地方进行修改。

面临日益高涨的学潮，杨枢也是吓坏了，原想只把学生禁锢起来，让他们无法自由活动，就不会聚集闹事，没想学生们的反应这么强烈，他生怕局面失去控制，自己无法全身而退，正忧心如焚。因此，收到杨度递上的禀帖后，他觉得此禀帖写得有道理，于是把禀帖原封不动地转给了日本政府，并致函日本外务省，提出修改《取缔规则》的要求。杨枢之函曰：大日本国内阁总理大臣兼外务大臣伯爵桂太郎 敬启者：现据敝国留学日本全体学生公禀等，于明治三十八年十一月二日官报中见，所载文部省令第十九号：《关于许清国人入学的公私学校之规程》十五条，自三十九年一月一日施行。绎其文意，无非为吾国学生谋学课之改良，期教育之完善，以使异邦来学者得善良之结果，以归饷其本国，其用意至为美矣，凡见此者莫不感慰。惟第九、第十两条，将来施行之际，吾国学生必有因此而受不利益之影响者。特为述其利害与其苦情，仰邀大力照请文部省，将第九、第十两条允与取消等情前来。本大臣据此查贵国文部省现定第十九号规程，原为改良学界起见，全体学生因极感慰，本大臣亦同深钦服，惟其第九、第十两条，既于学生有所障碍，又据学生公禀前情，相应将原禀函送贵大臣查照，并请将原禀转咨文部大臣，体顺舆情，酌核见覆为荷。专布，顺颂时祉。附学生原禀一件。杨枢谨具。光绪三十一年十一月初六。

为了不自己打自己的嘴巴，杨枢的信写得很委婉，他信中认为文部省的《取缔规则》用意是好的，是为了"谋学课之改良，期教育之完善"。说明他对文部省颁布的"取缔规则"基本上是满意的，只不过广大学生对第九条、第十条提出一些异议，因此只要对《取缔规则》作一些局部之修改，以图敷衍学生，企图平息这场学潮。

可是，杨枢的信和杨度的禀帖都没有被日本政府所接受，相反，还颁布指令"限令各生于该月二十九日前呈报其原籍、住址、年龄、学历等，若逾期不报，则对该生不利"。

日本政府的做法犹如火上浇油，更加引起留学生的激愤。他们认为"日本政府专与中国留学生为难"，纷纷要求采取更大的行动捍卫自己权利。

行动也由原来的罢课和退学发展到了游行示威，参加的人数也是与日俱增。

"还我人权、还我自由！"

"夺我自由！全体罢课！"

"我们罢学！我们回国！"

外面的学潮闹得轰轰烈烈，可陈天华却端坐在教室里，一副事不关己的样子。这让非常了解他的刘揆一感到好生奇怪，星台这是怎么了？这不像是那个只要是有关革命的，什么事情都冲在前面，命都可以不要的星台啊！

"星台，大家都罢课去游行示威了，你还在等什么，我们也参加去。"刘揆一拉陈天华一起去参加游行示威。

"霖生，我是不赞成这种过激的举动的。"陈天华说。

"别人都在行动，就我们按兵不动，就显得与大家步调不一致了。"刘揆一说。

"等等吧，看情况再说，我真的不希望长期罢课，我们来日本是来学知识的，这样大规模的罢课、退学，违背了我们的初衷，也达不到预期的效果。我希望同学们先冷静一下，坐下来商量商量，再想法怎么对付这《取缔规则》。"陈天华说。

可事情并没有朝着好的方向发展，相反越闹越大，到了无法控制的地步，12月4日，中国留日学生八千余人实行总罢课。

当天晚上，杨度却被叫到了清驻日公使馆。

杨度进到公使馆的时候，公使馆桌面上摆着一封来自湖北总督府的信。

杨枢把信推到杨度面前说："皙子，你看看这封信。"

谁的信？还要给我看？杨度有些不知所以。打开信一看，却是两湖总督张之洞写给杨枢和汪大燮的："杨、汪二阁下：贵体安康，谨此叩念。今有一事，恳望相携。在下嘱湘省杨度再次漂洋，实盼其蓄鸿鹄之才，长安邦之志，立宪政之基。其所荐举，关系重大。请二阁下明察，黾其操节为感⋯⋯"

看了张之洞的信，杨度心里很感动，不知如何表达才好，没想相隔重洋，远在国内的两湖总督，心里时时在牵挂自己，不忘培养自己，而自己这段时间做了什么呢？带领留学生反朝廷，闹罢课，闹回国，他真后悔自己的一时冲动，辜负了张之洞对自己的栽培。

"皙子，没想到身为两湖总督的张之洞大人如此看重你，关心你，你看后有何感想？"杨枢问道。

"皙子知道错了，辜负了张之洞大人的期望，以后该怎么做，还望两位大臣明示。"杨度说。

"以后你可不要再与他们同流合污，而且要控制眼前的局面。"汪大燮说。

"皙子，我们知道你在留学生中威望很高，还希望你能协助我们把这件事情处理好。"杨枢说。

"两位大臣请放心，我立即召集各团体学生代表召开碰头会议，把事情压下去。"杨度说。

杨枢和汪大燮相视一笑，微笑着点了点头。

留学生会馆的碰头会上，各派之间又发生了争执。

"我看我们还是要克制一些，这么下去事情控制不住了的，到时候怕是去留两难。"陈天华在碰头会上提出了自己的看法。

"我认为，不能妥协，我们要坚决抗争到底，大不了我们罢学回国。"宋教仁说。

"对，我也支持罢学回国，"秋瑾积极支持宋教仁的意见。

"我不赞成罢学回国，我们到日本来的目的是什么？我们是要学习，学习日本先进的东西，然后再回去建设我们的国家，不是到这里来争取什么权益。"汪兆铭说。

"是的，我们要学会隐忍，所谓'忍一时之气，免百日之忧'，现在国家这么落后，你争取到这些权益又有什么用？国家强大了，你的权益自然就有了。"胡汉民支持汪兆铭的观点。

"忍？我们凭什么要忍？生当作人杰，死亦为鬼雄，我们不会向日本政府、清朝政府低头的，如果日本政府不解除《取缔规则》，我们留学生集体罢学回国。"秋瑾一拍桌子站起来说。

"我们要抗争到底，决不后退一步，如果日本政府不答应我们的要求，我们继续罢课、继续游行示威。"宋教仁说。

"我支持陈星台的意见，不要把事情闹到不可收拾的地步。"杨度正好借陈天华的话提出了自己的观点。

"怎么啦？杨晢子，罢课、示威、回国不是你提出来的吗？现在怎么就反悔了？你该不会是被官府招安了吧。"有人追着问。

杨度被踩到了痛脚，但此时他的巧言善辩发挥了作用："同学们，我们背负着强盛祖国的重任，背负着光宗耀祖的期望来到海外留学，有的同学为了求学，甚至不惜变卖了家里的财产。难道我们就这么半途而废？难道我们在未学成之前就打道回府？难道我们要让祖国失望、家人失望吗？同学们，想想我们当年的寒窗苦读，目的是什么？难道我们就因为一点挫折而让自己曾经的辛苦功亏一篑？难道我们就因为一点点不公就放弃自己肩负的使命吗？这是对手们希望看到的结果，我们这么做不正中了他们的下怀？我们这么做是不是愚蠢之极？"

马上有立宪派的人站起来响应："不回国，不回国，我们不能这么愚蠢。"

"晢子说得对，我们现在的主要任务是学知识，不能半途而废。"汪兆铭也是赶紧支持。

"那你当初为什么要发动我们闹罢课、闹退学、闹回国？"有人质问道。

"同学们，当时是当时，现在是现在，我们做事情要审时度势，要有度，再这么闹下去，如果控制不住的话，最终吃亏的是我们自己。"杨度狡辩说。

"我们才不怕呢，大不了收拾行李回国。"

"对，我们收拾行李回国，不在这里做低人一等的清国留学生了。"

"杨晢子一定是被杨枢收买了，我们不能听他的。"

杨度没想到事情不仅没得到解决，相反还点燃了留学生内部各派之间的导火索，各派不仅互不相让，而且针锋相对，一丝商量的余地都没有，不仅如此，火开始烧到了自己身上，不禁有些恐慌起来，他怕担责任，赶紧提出辞职。

"你们这么说是对我杨皙子的污辱，既然大家信不过我，那我申请辞掉总干事的职务。"杨度说。

其他几个干事见杨度提出辞职，生怕火烧到自己身上，也纷纷提出辞职。

尽管事情发展到了这个地步，各派之间还是互不相让。

汪兆铭、胡汉民一派主张忍气吞声，以学业为主。

杨度一派的则不再参与和支持闹学潮。

宋教仁、秋瑾一派的学生们要坚决斗争到底，他们把矛头指向了临阵脱逃的总干事杨度，指责他和驻日公使杨枢狼狈为奸，破坏学生运动，有人甚至扬言要"杀了两杨"。

面对眼前混乱的场面，陈天华甚是忧虑，他认为现在既然大家都一起罢课、一起示威游行、一起回国，就证明大家的意见不谋而合了，就应该齐心协力一致到底才是，现在留的要留下来，回的要回去，退的退缩了，事情没得到解决，反而内部矛盾闹大了，这样闹下去该怎么收场呢？特别是留日学生干事们，平时拿着钱不干事，到真正需要他们干事的时候倒好，一个个都把头缩了回去，因为怕担责任，居然在这个时候提出辞职，这是怎么一回事？这不是贻人笑柄吗？

正像陈天华所担忧的，留日学生的这一举动又引来了日本各报肆意嘲讽，说中国留学生是一群乌合之众。1905年12月7号的《朝日新闻》公然将留日学生的爱国举动彻底丑化，责斥留学生的行为"放纵卑劣"，挖苦中国人缺乏团结的力量。

看着这一切，陈天华感到很是羞愤。这种羞愤不是针对挖苦、轻视中国人的日本人，也不是针对腐败无能的清朝政府，而是针对"求利禄不居责任"的中国留学生总会的干事们和甘当奴隶麻木不仁的祖国同胞及自由任性不能团结一致的留学生们。他当即写了《致留日学生总会诸干事书》：干事诸君鉴：闻诸君有欲辞职者，不解所谓。事实已如此，诸君不力为维持，徒引身而退，不欲有留学界耶？如日俄交战，倘日本政府因国民之暴动，而即解散机关，坐视国家之灭，可乎？否乎？今之问题，何以异兹？愿诸君思之。

陈天华的劝导并没有令干事们回心转意，而立宪、民主、保皇三派人之间的矛盾更加尖锐。有人甚至对陈天华所提出的"克制"的观点也产生了怀疑，认为他又是受了立宪派的蛊惑，重新站在立宪派一边了。别人的误解让陈天华对眼前的事情更加绝望，他不明白人世间哪来这么多的忧患？哪来这么多的谬误？明明是对的，别人要说成是错的；明明是白的，别人要说成是黑的；这岂不是是非曲直全被颠倒了？"路漫漫其修远兮，吾将上下而求索。"这是沉冤千古耿直磊落的屈子的话，他也是因为自己忠诚得不到理解而屡遭排挤，绝望之下投江自尽的。陈天华越想心里越沉重。

第七十四章 《绝命辞》

　　其实，长沙起义失败，邹容、马福益、吴樾等人的惨烈牺牲，让陈天华一直都处于忧困之中。他性情急躁，什么事情都是一马当先，希望一成而蹶，他追求理想、追求真理过于理想化，他害怕失败，所以，遭受挫折的时候受到的打击也非常之大。当理想的泡沫在自己的眼前一个个破碎，自己的感受又无法向谁诉说时，更加悲愤交加。在苦思无解的困扰下，陈天华决定用一种很极端的方式对眼前的情况做出反击，以期唤醒这一群麻木的人。

　　当天晚上，他提笔写下《绝命辞》：呜呼我同胞！其亦知今日之中国乎？今日之中国，主权失矣，利权去矣，无在而不是悲观，未见有乐观者存。其有一线之希望者，则在于近来留学者日多，风气渐开也。使由是而日进不已，人皆以爱国为念，刻苦向学，以救祖国，则十年二十年之后，未始不可转危为安。乃进观吾同学者，有为之士固多，有可疵可指之处亦不少。以东瀛为终南捷径，其目的在于求利禄，而不在于居责任。其尤不肖者，则学问未事，私德先坏，其被举于彼国报章者，不可缕数。近该国文部省有清国留学生取缔规则之颁，其剥我自由，侵我主权，固不待言。鄙人内顾团体之实情，不敢轻于发难。继同学诸君倡为停课，鄙人闻之，恐事体愈致重大，颇不赞成；然既已如此矣，则宜全体一致，务期始终贯彻，万不可互相参差，贻日人以口实。幸而各校同心，八千余人，不谋而合。此诚出于鄙人预想之外，且惊且惧。惊者何？惊吾同人果有此团体也；惧者何？惧不能持久也。然而日本各报，则诋为乌合之众，或嘲或讽，不可言喻。如《朝日新闻》等，则直诋为"放纵卑劣"，其轻我不遗余地矣。夫使此四字加诸我而未当也，斯亦不足与之计较。若或有万一之似焉，则真不可磨之玷也。

　　近来每遇一问题发生，则群起哗之曰："此中国存亡问题也。"顾问题有何存亡之分，我不自亡，人孰能亡我者！惟留学生而皆放纵卑劣，则中国真亡矣。岂特亡国而已，二十世纪之后有放纵卑劣之人种，能存于世乎？鄙人心痛此言，欲我同胞时时勿忘此语，力除此四字，而做此四字之反面："坚忍奉公，力学爱国"。恐同胞之不见听而或忘之，故以身投东海，为诸君之纪念。诸君而如念及鄙人也，则勿忘鄙人今日所言。但慎毋误会其意，谓鄙人为《取缔规则》问题而死，而更有意外之举动，须知鄙人愿重自修，不重尤人。鄙人死后，取缔问题可了则了，切勿固执。惟须亟讲善后之策，力求振作之方，雪日本报章所言，举行救国之实，则鄙人虽死之日，犹生之年矣。

诸君更勿为鄙人惜也。鄙人志行薄弱，不能大有所作为，将来自处，惟有两途：其一则作书报以警世；二则遇有可死之机会则死之。夫空谈救国，人多厌闻，能言如鄙人者，不知凡几！以生而多言，或不如死而少言之有效夫！至于待至事无可为，始从容就死，其于鄙人诚得矣，其于事何补耶？今朝鲜非无死者，而朝鲜终亡。中国去亡之期，极少须有十年，与其死于十年之后，曷若于今日死之，使诸君有所警动，去绝非行，共讲爱国，更卧薪尝胆，刻苦求学，徐以养成实力，丕兴国家，则中国或可以不亡。此鄙人今日之希望也。然而必如鄙人之无才无学无气者而后可，使稍胜于鄙人者，则万不可学鄙人也。与鄙人相亲厚之友朋，勿以鄙人之故而悲痛失其故常，亦勿为舆论所动，而易其素志。鄙人以救国为前提，苟可以达救国之目的者，其行事不必与鄙人合也。鄙人今将与诸君长别矣，当世之问题，亦不得不略与诸君言之。

近今革命之论，嚣嚣起矣，鄙人亦此中之一人也。而革命之中，有置重于民族主义者，有置重于政治问题者。鄙人平日所主张，固重政治而轻民族，观于鄙人所著各书自明。去岁以前，亦尝渴望满洲变法，融和种界，以御外侮。然至近则主张民族者，则以满、汉终不并立。我排彼以言，彼排我以实。我之排彼自近年始，彼之排我，二百年如一日。我退则彼进，岂能望彼消释嫌疑，而甘心愿与我共事乎？欲使中国不亡，惟有一刀两断，代满洲执政柄而卵育之。彼若果知天命者，则待之以德川氏可也。满洲民族，许为同等之国民，以现世之文明，断无有仇杀之事。故鄙人之排满也，非如倡复仇论者所云，仍为政治问题也。盖政治公例，以多数优等之族，统治少数之劣等族者为顺，以少数之劣等族，统治多数之优等族者为逆故也。鄙人之于革命如此。

然鄙人之于革命，有与人异其趣者，则鄙人之于革命，必出之以极迂拙之手段，不可有丝毫取巧之心。盖革命有出于功名心者，有出于责任心者。出于责任心者，必事至万不得已而后为之，无所利焉。出于功名心者，已力不足，或至借他力，非内用会党，则外恃外资。会党可以偶用，而不可恃为本营。日、俄不能用马贼交战，光武不能用铜马、赤眉平定天下，况欲用今日之会党以成大事乎？至于外资则尤危险，菲律宾覆撤，可为前鉴。夫以鄙人之迂远如此，或至无实行之期，亦不可知。然而举中国皆汉人也，使汉人皆认革命为必要，则或如瑞典、诺威之分离，以一纸书通过，而无须流血焉可也。故今日惟有使中等社会皆知革命主义，渐普及下等社会。斯时也，一夫发难，万众响应，其于事何难焉。若多数犹未明此义，而即实行，恐未足以救中国，而转以乱中国也。此鄙人对于革命问题之意见也。

近今盛倡利权回收，不可谓非民族之进步也。然于权利回收之后，无所设施，则于前此之持锁国主义者何异？夫前此之持锁国主义者，不可谓所虑之不是也；徒用消极方法，而无积极方法，故国终不锁。而此前之纷纷扰扰者，皆归无效。今之倡权利回收者，何以异兹？故苟能善用之，于此数年之间，改变国政，开通民智，整理财政，养成实业人才，十年之后，经理有人，主权还复，吸收外国资本，以开发中国文明，如日本今日之输进之外资可也。否则争之甲者，仍以与乙，或遂不办，外人有所借口，群以强力相压迫，则十年之后，亦如溃堤之水滔滔而入，利权终不保也。此鄙人对于利权回收问题之意见也。

近人有主张亲日者，有主张排日者，鄙人以为二者皆非也。彼以日本为可亲，则请观朝鲜。然遂谓日人将不利于我，必排之而后可者，则愚亦不知其说之所在也。夫日人之隐谋，所谓司马昭之心，路人皆知；即彼之书报亦倡言无忌，固不虑吾之知也，而吾谓其不可排者何也？"兼弱攻昧，取乱侮亡"，吾古圣之明训也。吾有可亡之道，岂能怨人之亡我？吾无可亡之道，彼能亡我乎？朝鲜之亡也，亦朝鲜自亡之耳，非日本能亡之也。吾不能禁彼之不亡我，彼亦不能禁我之自强，使吾亦如彼之所以治其国者，则彼将亲我之不暇，遑敢亡我乎？否则即排之有何势力耶？平心而论，日本此次之战，不可谓于东亚全无功也。倘无日本一战，则中国已瓜分亦不可知。因有日本一战，而中国得保残喘。虽以堂堂中国被保护于日本，言之可羞，然事实已如此，无可讳也。如耻之，莫如自强，利用外交，更新政体，于十年之间，练常备军五十万，增海军二十万吨，修铁路十万里，则彼必与我同盟。夫"同盟"与"保护"不可同日而语也。"保护"者，自己无势力，而全受人拥蔽，朝鲜是也。"同盟"者，势力相等，互相救援，英、日是也。"同盟"为利害关系相同之故，而不由于同文同种。英不与欧洲同文同种之国同盟，而与不同文同种之日本同盟，日本不与亚洲同文同种之国同盟，而与不同文同种之英国同盟。无他，利害相冲突，则虽同文同种，而亦相仇雠；利害关系相同，则虽不同文不同种，而亦相同盟。中国之与日本，利害关系可谓同矣，然而势力苟不相等，是"同盟"其名，而"保护"其实也。故居今日而即欲与日本同盟，是欲作朝鲜也；居今日而即欲与日本相离，是欲亡东亚也。惟能分担保全全东亚之义务，则彼不能专握东亚之权利，可断言也。此鄙人对于日本之意见也。

凡作一事，须远瞻百年，不可徒任一时感慨而一切不顾，一哄之政策，此后再不宜于中国矣。如有问题发生，须计全局，勿轻于发难，此固鄙人有谓而发，然亦切要之言也。鄙人于宗教观念，素来薄弱。然如谓宗教必不可无，则无宁仍尊孔教；以重于违俗之故，则兼奉佛教亦可。至于耶稣，除好之者可自由奉之外，欲据以改易国教，则可不必。或有本非迷信欲利用之而有所运动者，其谬于鄙人所著之《最后之方针》言之已详，兹不赘及。

近来青年误解自由，以不服从规则，违抗尊长为能，以爱国自饰，而先牺牲一切私德。此之结果，不言可想。其余鄙人所欲言者多，今不及言矣。散见于鄙人所著各书者，愿诸君取而观之，择其是者而从之，幸甚。《语》曰："君子不以人废言。"又曰："鸟之将死，其鸣也哀；人之将死，其言也善。"则鄙人今日之言，或亦不无可取乎？

写完《绝命辞》，陈天华感觉一阵释然。回想自己生活在这世上的三十年，最对不起的是自己的父亲。父亲为人慷慨热情，为了自己倾其所有，最后自己什么都未能给他留下，陈家的血脉也将在自己这一代断掉，以后凭什么来祭奠自己的父亲呢？既然父亲喜欢自己写文章，就把他生平事迹写成文章留下来吧。

于是，陈天华又挥笔写下了《先考宝卿府君事略》。

府君讳善，号宝卿，以庚子六月二十四日卒，寿七十一。其事迹今猝不能尽述，语其大略而已。府君生六岁而孤，先大母抚育之；窘甚，至以棕实为食。有先叔曾祖名义章者，无子，训蒙童于里，怜府君慧，教而饲之。

至十九岁，府君亦训蒙矣，脩金仅八千。馆傍有欲嫁其妻者，哭甚哀，府君问之，为债主所逼，将售妻以偿。府君心动，将以脩金之半周之，请命于先大母。先大母曰："吾力能自食，其行汝所志。"府君遂以四金为之倡，捐集者甚踊跃，其妻得不嫁。府君之忘己急人，皆此类也。府君家无石斗储，然每三日雨，亢旱至五日，则夜不能寐，起而祷天；晨起则周巡田野，如身被其灾者。府君自奉甚约，敝衣粗食终身。然有余，人求之无不与者，虽被朦（蒙）不悔也。里人有以诉讼事告诉于府君者，府君直任之。终岁为人排解，或挺身为人御强侮，数取辱不顾也。府君之卒也，男女数百人皆哭。乡人至今见某兄弟，则肃然起敬，盖感府君之德也。

府君性和蔼可亲，人接之而无不悦者。尤厚于子女，与天华每夕抵足而睡，必谈至夜深，醒则再谈，傍人见之，不知其为父子。呜呼！府君固未尝闻新学说者也，而能实行博爱、平等主义者，莫府君里若也。

府君以上三世皆孤，至府君而生星台兄弟三人。二兄早卒，长兄五十余，无子。此外五属内，更无近亲，府君之血祀竟将斩矣。哀哉！

烦伯笙检择冠于华文集上

还有，周婕这个傻姑娘，本来自己也想有朝一日能与她相依相守的，现在一切都变了，一切都不可能实现了。既然结果是这样，那就让她彻底忘掉自己，不再打扰她的生活，也许过不了多久，她就能慢慢忘却自己，投入到新的生活中去。

《致湖南留学生书》是陈天华与湖南留学生最后的告别：呜呼！同乡会不可解散。呜呼！愿我同胞养成尽义务守秩序之国民。当今之弊，在于废弛，不在于专制。欲救中国，惟有开明专制。呜呼！我同胞其勿误解自由。自由者，总体之自由，非个人之自由也。我同胞其听之耶？呜呼！愿我同胞其听之，其听之。

他希望用自己最后的声音，唤醒还在迷糊中的留学生们。

第七十五章 蹈海明志

信写好后，陈天华把他们小心翼翼装在贴身的口袋里，然后吃了一点早餐，找室友拿了两元现金寄信，换上了干净的衣服、鞋袜、围巾，拉开了宿舍的门。

所有的一切都该放下与这个世界告别了。

屋外，天刚刚泛一点鱼肚白，走出门，一股冷风扑面吹来，他紧了紧脖子上的围巾，一点都没退缩，迎风走去。

冬天的大森海湾，海边一片宁静，静到能听到每一朵浪花拍打海岸的声音。天才微微亮，渔船上的灯光都熄灭了，从远处只能看到黛黑色的海平线和帆船的剪影。

从那片曾经熟悉的海滩一直往前走，偶遇到一两个晨练的人，以为陈天华也是一个晨练者，都没怎么关注他，直看到他头也不回一直往海的深处走，才知道他是一个自杀者。

有人喊他："站住！危险。"他充耳不闻。

有人往海边跑，想去挽留他，陈天华头也不回，一直走到海水漫过自己的头顶，一个海浪打来，瞬间被卷入大海深处。

"有人投海了！有人投海了！！"一阵惊呼声在空阔的海滩上瞬间响起，因为此处太偏僻，声音传了很远都没人听见。

陈天华居住的宿舍，他的室友跟前来找陈天华的宋教仁说："前天晚上，星台伏在桌上奋笔疾书，一直到天快亮，然后吃了早餐，又找我拿了两元钱，换了衣服出门了，到现在都没回来，该不会是出什么事了吧？"

听了室友的述说，宋教仁心里已有了隐隐的一丝不安，他知道陈天华的性格，爱国爱到了极点，常常是那种想着为了救国愿意牺牲自己性命的人。但这段时间，外面闹得沸沸扬扬的时候他又显得出奇的平静，与他平时的性格截然不同，有人说他又开始亲近保皇派，与杨度站在了同一条战线上，自己是绝不相信的，也许他有自己的立场和想法，只是没有表露出来。

正是基于这些原因，宋教仁想找他沟通一下，目前几派人观点迥然不同，又各不退让，他却站得远远的，谁都不支持，他想知道他到底是怎么想的。

没多久，学生会馆看门的人来报："使馆来电话说，大森海湾警察打电话到使馆，告诉他们有一中国男子死在海里，该男子姓陈，名天华，住在神田东新社。"

宋教仁听到这消息心头一凛，赶紧召了陈天华的同乡邹毓奇、谢国藻等赶去大森海湾。大森町长告诉他们："昨天早上六点，当地海岸东滨距离大约六十米的地方，发现一具尸体，听到报案后，警察局来人把尸体打捞了上来。九点的时候检查他身上的东西，发现有数枚铜钱和一张寄信保险证，保险证上的名字叫陈天华，是中国人，其他没什么东西。我们根据寄信保险证上的电话打通了中国留学生总会馆的电话证实有一个叫陈天华的留学生后，准备把他装殓了，运往横滨。"

"能带我们去看看遗体吗？我们确认一下。"宋教仁说。

"可以的，我马上带你们去。"町长点头说。

看到陈天华略微有些浮肿的遗体，大家都有些凄惶，忍不住洒下眼泪。

"星台，你干嘛要走这条路呢？你不是说我们要一起革命到底的吗？"邹毓奇痛哭道。

"星台前段时间还好好的，怎么突然就自杀了呢？记得前段时间日本刚发布《关于许清国人入学的公私学校之规程》，留学生纷纷起来抗议的时候，我问过天华：'星台，你文章写得好，是不是针对这件事情写篇文章发表一下自己的意见。'天华说：'不，我不会用空洞的语言去鼓励同学们举行抗议活动，我不怎么支持罢课抗议。'前几天事情越闹越大全体留学生大罢课的时候，天华还是没怎么行动，我以为他对这件事反应很冷淡，不想今天就是这个样子了，他究竟是为了什么呢？"宋教仁自言自语说。

邹毓奇看了看遗物袋，拿出那张寄信保险证，上面写明一封信是寄给杨源浚，一封是寄给中国留学生总会馆干事长杨度的。

杨源浚跟陈天华都是新化实学堂的同学，又是要好的朋友，寄给杨源浚的信也许是家书，那寄给留学生总会馆干事长杨度的是什么信呢？

"要么我们去找找星台写给中国留学生总会馆干事长杨度的那封信吧，也许能从那上面找出一点线索。"谢国藻提议说。

"对，我们去找那封信，既然是星台临走时写的，应该有写他为什么蹈海自尽的原因。"邹毓奇说。

"好吧，我们现在就赶往中国留学生总会馆。"宋教仁说。

正在这时，已有同乡在为陈天华准备棺材寿衣，他们准备把陈天华葬在横滨的华人墓地。另外有两个人准备送陈天华的遗体往横滨。宋教仁让他们把遗体送回横滨后先不要下葬，自己则和谢国藻、邹毓奇他们赶紧去留学生总会馆，索取陈天华的遗物。

宋教仁他们赶到中国留学生总会馆的时候，会馆门卫说总干事长杨度去横滨他的老朋友梁启超那里了，现在还没去开信箱不知道信送达了没有。没想到杨度在这关键时刻跑去横滨了，这不是明显在躲避吗？宋教仁他们这时也不容多想，只是跟着门卫赶紧去开启信箱，果然看到一封厚厚的信躺在信箱里。跟谢国藻猜的一样，陈天华的遗物是一封长达万字的书信，即《绝命辞》。

看完陈天华的《绝命辞》，大家都是泪如雨下，没想到陈天华不是对《取缔规则》反应冷淡，而是用生命在反抗，他不仅是以死表示对日本报纸称中国人"放纵卑劣"的抗议。更是用自己的死来唤醒那些麻木、自私的国人。最后还对中国未来发展的前景做了详细的规划，为中国的未来建设留下了自己的金玉良言。

"星台是一个骨子里都爱国的人，怪不得他说不用空洞的语言来支持留学生抗议，他是要用他的死来警醒国人勿忘国耻，用死来刺痛国人麻木的神经，如果每个人都像他这么爱国，中国何愁不兴啊！"宋教仁说。

"星台的死应该让那些自私自利，只想谋取利益又不想承担责任的人汗颜。"想到已逃去梁启超那里的杨度，邹毓奇愤怒地说。

"嗯，星台的死，对我们每一个革命者都是一种鞭策。"谢国藻说。

"星台勇气可嘉！只是从今以后，我们再也看不到他的盖世雄文了。"宋教仁叹道。

陈天华的遗体运回横滨后，留日学生自动聚集到中国留学生总会馆，要求为陈天华举行追悼大会。当晚，有一位日本姑娘给留学生总会馆送来了一幅陈天华的画像，也没留下自己的名字就走了。后来有人猜测，这位姑娘应该是东京弘文学院的霞子小姐。

画像上的陈天华炯目剑眉，黑发披肩、大圆扣的黑色立领的留学生服，整齐地穿在身上。看得出这是一幅用心画的画像。

应留学生总会馆的邀请，香港革命志士郑贯一在杏花楼为陈天华举行了追悼大会，追悼大会上，陈天华的画像被放大了很多倍，高高悬挂在大厅中央，旁边的对联是：猛回头警世钟寰宇皆惊；烈救国怆蹈海全球都恸。

会上，由宋教仁宣读陈天华的《绝命辞》，他慨叹："呜呼！使天而不亡我汉族也，则烈士之死，贤其生也，使天而即亡我汉族也，则我四万万人其去烈士之死之年几何哉？呜呼痛矣！"读完《绝命辞》他止不住大声痛哭，引发全场哭声一片。当天参加吊唁的群众有千余人，听到陈天华的死因，人人义愤填膺，表示要与日本政府抗争到底，有的甚至愿与陈天华同死。

作为陈天华的同邑好友，方鼎英上台讲话时，因为悲恸欲绝，泣不成声，没法把话说完就支持不下去了，最后只能被友人扶了下去。

陈天华的《绝命辞》刊登在《民报》二期。宋教仁为其作跋。

此吾友陈君星台《绝命辞》。劈斋每一思君，辄一环诵之，盖未尝不心涓涓然悲而泪涔涔然下也。曰：呜呼，若君者，殆所谓爱国根于天性之人非耶？

当去岁秋，湖南事败，君与劈等先后走日本，忧愤益大过量，时时相与过从，谈天下事，未尝不哽咽垂涕泣而道也。今岁春，东报兴瓜分谣，君愈愤，欲北上，冀以死要满廷救亡，殆固知无裨益，而思以一身尝试，绝世人扶满之望也。既而友人沮之，不遂行。然其常言曰："吾实不愿久逗此人间世也。"盖其抱死之目的以俟久矣。

居无何，留学界以日人定学则，议群起力争。始劈浼君曰："君能文，盍有所作以表意见乎？"君曰："否。徒以空言驱人发难，吾岂为耶！"越数日，学界则大愤，均休校议事，君犹无动。迄月之十一日，其同居者则见君握管作文字，至夜分不辍。其十二日晨起食毕，自友某君贷金二元出门去，同居者意其以所作付剞劂也，听焉。入夜未归，始怀疑。良久，有留学生会馆阍者踵门语曰："使署来电话称，大森警吏发电至署，告有一支那男子死于海，陈其姓，名天华，居神田东新社者"云。呜呼，于是知君乃死矣，痛哉！天未明，劈偕友人某氏某氏赴大森视之。大森町长乃语曰："昨日六时，当地海岸东滨距离六十间处，发见一尸，即捞获之。九时乃检查身畔，得铜货数枚与书留（寄信保险证），余无他物，今既已殓矣。"则率引我辈观之。一橱凄然，倭式也，君则在焉。复审视书留，为以君氏名自芝区御门前邮达中国留学生总会馆干事长者。当是时，君邑人已有往横滨备棺衾，拟厝于华人墓地，乃倩二人送君尸于滨，劈与某等乃返。抵会馆，索其邮物，获之，则万言之长函，即《绝命辞》也。一人宣读之，听者数千百人，皆泣下不能仰。夫以君之所志，使其所怀抱得毕展于世，无少残留，则吾民族受其福祚，其所造于中国前途者，岂有涯耶！而乃竟如是已焉，吾人得毋有为之悼惜不置者乎！

虽然，吾观君之言曰："以救国为前提。"又曰："欲我同胞时时勿忘此语，力除此四字（指'放纵卑劣'），而做此四字之反面，恐同胞不见听或忘之，故以身投东海，为诸君之纪念。"又曰："中国去亡之期，极少须有十年，与其死于十年之后，曷若死于今日，使诸君有所警动。"盖君之意，自以为留此身以有所俟，孰与死之影响强，吾宁取夫死觉吾同胞，使共登于救国之一途，则其所成就较以吾一身之所为孰多耶？噫！此则君之所以死欤？君之心则苦矣。

吾人读君之书，想见君之为人，不徒悼惜夫君之死，惟勉有以副乎君死时之所言矣，斯君为不死也已。乙巳十一月晦，雳斋谨泣跋。

1905 年 12 月 25 日

第七十六章 四海同悲

陈天华蹈海的消息传出，三湘震动，四海同悲，罢学返国的人络绎不绝。湖南学界听到陈天华的死讯，极为愤慨，一致要求要以更大的声势来支持留学生的抗议。

在湖南，反应最强烈的莫过于禹之谟了，立志实业救国的他现在不仅在长沙、湘潭拥有自己的工厂，还创办了长沙唯一中学和湘乡驻省中学两所学校，同时又是湖南商会会长、湖南教育会会长。而且前不久写信申请加入了同盟会，是同盟会湖南分会的负责人。

听到陈天华蹈海的消息，禹之谟心痛得几天都吃不下饭。陈天华的离世，不仅是他失去了一位可亲可爱可信赖的挚友，更是中国革命党人的一大损失，从此，人们再也听不到这位"革命党之大文豪"的厉啸和号呼，看不到他势如刀剑的文章和言论了。

谭人凤、苏鹏、仇鳌等人听到陈天华离世的消息，也纷纷赶往长沙，不约而同来到禹之谟的住处。禹之谟还召来了刚刚从日本回来不久，在湖南中路师范任监学的伍任钧讨论有关陈天华的丧葬事宜。

"大家都知道星台兄的事情了？"禹之谟问。

"都知道了，我是连夜从新化赶来的。"谭人凤悲戚地说。

"唉！星台兄这急进的毛病怎么就改不了呢？什么事情都会过去的，他怎么就跨不过这道坎，要用自己的生命来解决呢？"苏鹏长长叹了一口气。

"我认为，星台兄所作出的这个决定是经过深思熟虑的，你看他写的《绝命辞》，哪件事不是考虑得清清楚楚、明明白白？"禹之谟说。

"星台兄的离世太让我感到意外了，他不仅是我岳麓书院、日本法政大学的同窗好友，还是我们参加革命的榜样，我是非常仰慕他的。"仇鳌擦了一把眼泪说。

"星台兄与我虽然交往不多，但认识就成了莫逆，今后是再也见不到他了。"伍任钧说着开始悲声痛哭。

"大家心里的痛，我感同身受，当务之急，我们要讨论的是星台兄的善后事宜。"禹之谟说。

谭人凤提议说："星台是革命烈士，我们中国人讲求的是落叶归根，我们不能让烈士的遗体孤零零流落异乡。"

"我也是这么想的，我们要怎样才能把星台的遗体运回湖南，用一种高规格的形式来安葬他的遗体，让他的为革命可以牺牲一切的精神永远留在人们心中。"禹之谟说。

"星台是我们湖南人的骄傲，我们要以最隆重的仪式迎回我们英雄的遗体，让他的牺牲成为激励大家继续革命的动力，这也是星台的遗愿。"谭人凤说。

大家纷纷表示赞成谭人凤的这个提议。

"我去日本运回星台的遗体吧。我是星台的好友、同乡、同窗，我在东京留学了很长一段时间，对东京很熟，而且我舅舅周辛铄的遗体也还在日本，可以一并运回。"苏鹏主动请缨。

"有劳风初兄了，那就以湘省学界代表之名义把星台兄的灵柩迎回。组织纪念会之事就由我和仇鳌兄、仲衡兄去筹备，石屏兄帮忙策划葬礼可矣！"禹之谟说。

"我马上动身去上海，争取尽早把遗体运回。"苏鹏说。

"我这段时间一直待在长沙城，随时听候派遣。"谭人凤说。

"好，那两位先准备去，我和曜元兄、仲衡兄商量一下明天的行动。"禹之谟说。

夜深了，禹之谟、仇鳌、伍任钧还在商议。

"此次活动，我们要以湖南学界作为总发动点，然后把影响力辐射到社会各界的爱国进步人士，把这次活动作为一次爱国主义教育活动。"禹之谟说。

本来是奉孙中山之命回国联络反清革命人士的仇鳌马上接道："是的，这也是我们联络各界反清人士的一次绝佳机会，我们可以趁此机会试探一下哪些是我们可以发展的革命人士。"

"为了扩大影响力，我认为星台兄的墓穴应该放在省城，省城最合适的地方莫过于岳麓山了，岳麓山不仅是灵秀之地，也是长沙城的灵魂，很多年来被不少人称诵过。岳麓山麓的岳麓书院是星台兄曾经学习过的地方，那里还有他所爱的人。"禹之谟建议道。

"会长的提议好,星台兄是为中华民族的利益而以身殉国的,应该以'国士'之礼待之。"伍任钧说。

"各位的提议都很好,明天就按我们商议的方案执行。"禹之谟说。

第二天,三人按照协商好的方案投入了筹备工作。禹之谟将连夜写好的《致湖南学界书》交与仇鳌,让他去印刷厂印了分发到省城各学堂。他自己和伍任钧则去联系学界、商界和政界的支持者。

仇鳌在学堂的发动工作进行得很顺利,每到一处学校,他都要宣读陈天华的《绝命辞》,每次都能激起同学们的义愤,大家决心同仇敌忾,支持留学生的抗议行动,支持公葬陈天华的纪念活动。

禹之谟他们的联络工作却没有收到预期的效果。首先,这件事遭到了王先谦、孔宪教的阻挠,他们向巡抚庞洪书告状,说陈天华是"谬种",是朝廷缉拿的革命党,请求庞洪书发令,严禁陈天华的灵柩进入省城,只能溯流运回新化。这无礼的要求当即遭到了禹之谟他们的严词拒绝。

回来后,禹之谟就陈天华灵柩运回长沙的事宜遭到官府阻挠的情况跟仇鳌、伍任钧、谭人凤商量。

谭人凤直接说:"怕个球,只要把全城的学生联络起来,到时,不允许进城也得进城,不允许公葬也得公葬,官府总不会在这时候对手无寸铁的学生施压吧,那会引起公愤的。"

"因为官府的阻挠,我在商界寻求支持的行动也遭遇到了挫折,商界的人怕得罪官府。"禹之谟说。

"我认为有这些学生就够了,长沙城有一万多名学生呢。"仇鳌说。

"嗯,也只有学生才是革命的新生力量,只要他们的认识提高了,革命就后继有人。"伍任钧说。

"好,那我们就全力组织好学生参加活动。"禹之谟说。

1906年3月27日,陈天华、周辛铄的灵柩在苏鹏及知方团澧溪村成劭吾的护送下抵达上海,成劭吾是早期留学日本的留学生,他得知陈天华的灵柩要运回国内时,主动加入护送。

正在禹之谟他们为陈天华的公葬到处奔波联络的时候,姚宏业又出事了。因为《取缔规则》罢学回国的姚宏业、秋瑾、于右任等人准备在上海租屋创办"中国公学"以安置回国留日学生。筹款时,遭到反动官绅无理阻挠,并受流言诽谤，办学无法持续下去。陈天华、周辛铄的灵柩到达上海，姚宏业在码头参加完迎接陈天华、周辛铄的灵柩的活动之后，觉得万念俱灰，也效法陈天华，投上海黄浦江自戕了。

姚宏业的遗体找到后，他的好友宁调元在醴陵听到噩耗，迅速赶到长沙找禹之谟商量。宁调元，字仙霞，号太一，湖南醴陵人。十九岁考入长沙明德学堂第一期速成师范班，受教师黄兴、周震鳞、张继等思想影响加入华兴会，长沙起义失败后，一九〇五年留学日本，并加入同盟会。宁调元是《取缔规则》罢学、罢课斗争的积极分子，曾被选为文牍干事，他不仅与姚宏业是好友，与陈天华也是好友，他提出在长沙一起公葬陈天华和姚宏业两烈士。禹之谟认为可行，于是禹之谟和宁调元两人拧成了一股绳，共同对抗反对势力，坚决要求为两烈士举行公葬。

苏鹏在上海又接到了禹之谟和宁调元的通知，把姚宏业的灵柩同陈天华、周辛铄的灵柩一起从上海运回长沙。到长沙后，周辛铄的灵柩被他的家人迎回老家新化安葬，陈天华和姚宏业的灵柩则一起在长沙公葬。

陈天华蹈海殉国的消息传回国内后，周宇宽也很快知道了，他很悲痛也很慌乱，不知回家该如何跟女儿说，他不知女儿知道这件事之后会有什么后果，看来只能瞒一天算一天，瞒一时算一时了。

周宇宽回家时悲痛的心情并没有逃过周婕的眼睛。

"爹，怎么啦？我看你眼睛红红的，像是流过眼泪的样子？"周婕关心地问，在周婕心里，父亲虽然是一介文弱书生，但性格却很坚强，自母亲去世后能让他伤心流泪的，绝对不是小事。

"没什么，白天去一位旧日好友家，参加他夫人的葬礼，有点触景生情。"周宇宽编了个理由说。

噢！原来父亲是想念母亲了，周婕理解地点点头，并安慰父亲说："爹，你身体不好，不宜这么悲痛，如果母亲泉下有知，也会不安的。"

周宇宽强忍悲痛点点头说："是的！斯人已逝，生者如斯。"

几天后，周婕在"御书阁"看书，却听到旁边有人窃窃私语，大意是山长王先谦反对陈天华的灵柩运回长沙，葬在岳麓山的事情。什么？陈天华的灵柩？星台什么时候去世了？

周婕莫名其妙，忙走上去问道："请问同学，你们说谁的灵柩要运回长沙？"

那同学答道："就是那个写《猛回头》和《警世钟》的，大名鼎鼎的陈天华啊，他蹈海殉国了，据说湖南教育会会长禹之谟要把陈天华的遗体运回来葬在岳麓山，但我们的山长王先谦不同意，还闹到巡抚那里去了。听说陈天华以前在我们岳麓书院念过书，山长怎么就不同意呢？真是！"那学生好像也是对王先谦的做法表示不理解。

"这是多久的事情？"周婕颤抖的声音问。

"很多天前的事了，同学，难道你没听说过吗？整个长沙学界都闹得沸沸扬扬的。"那个人以为周婕是岳麓书院的学生，对于周婕两耳不闻窗外事的样子感到很惊讶。

周婕放下手中的书，疯了一样跑回家，直奔周宇宽的书斋，对正在埋头书写的周宇宽哭喊道："爹，星台是不是死了？是不是？"

周宇宽知道该发生的事情还是发生了，他放下手中的笔，站起来，扶着周婕的肩膀道："婕儿，爹本不该瞒你的，爹就是怕你承受不了。星台确实是死了，他蹈海殉国了。"

"爹，为什么？为什么你不早点告诉我？"周婕痛哭。

"我就是怕你伤心，才不敢告诉你。"周宇宽说。

"他为什么要这样？他走了我该怎么办？"周婕撕心裂肺地哭起来。

"婕儿，星台是因为《取缔规则》而死的，他是为了警醒所有的中国人而死的，他死得其所啊！"周宇宽此时也忍不住老泪纵横。

"我不管他是因为什么原因死的，我不让他死，我不让他死，他死了我还怎么活？"周婕哭得气都要喘不过来了。

"婕儿，你不要这样，不要这样，你这样会吓着爹的，人死不能复生，现在已经是事实了，你要学会面对才是。"周宇宽慌忙拍着周婕的背，让她顺顺气。

"星台，你怎么能这么狠心抛下我不管？你走了我该怎么活呀！"顺过气来之后，周婕转为嘤嘤哭泣。

"婕儿，星台死得很勇敢！死得很壮烈！他是为他所追求的事业而死，现在整个长沙城都在呼吁要为他举行公葬，你要为他感到骄傲才是。"周宇宽说。

经过长时间的哭泣，周婕总算平静下来了，说道："爹，你放心，婕儿明白过来了，既然星台做了这种选择，婕儿也要支持他才对，不能让他的灵魂不得安宁。"

周宇宽点了点头，无限悲伤地看着女儿，他生怕她做出什么别的事情来。

"爹，您别担心，女儿是不会寻短见的，爹还得女儿照顾呢。"周婕反倒安慰说。

听到这话，周宇宽才算放下心来。

5月20日，长沙各界近千人在左文襄公祠举行了陈天华、姚宏业二烈士追悼大会。大会上，禹之谟发表了讲话："同学们、同人们、朋友们！当一个民族衰亡的时候，我们需要英雄、需要偶像，当一个民族重生的时候，我们需要鼓舞、需要力量。陈天华、姚宏业两烈士就是我们时代的英雄，是中国人的偶像，是他们的行为鼓舞了我们继续前行，是他们的牺牲给了我们前进的动力。旧势力与革命党，死亡与新生，这是一场伟大而赤裸的厮杀与拼搏，谁生谁死，关系到我们中华民族的前途和命运，在这场伟大的厮杀中，陈天华和姚宏业两位烈士，用他们的鲜血和生命，给我们点亮了一丝曙光，指引我们前进的方向。他们为了革命，连性命都可以牺牲，我们还有什么可怕的？我们还有什么可犹疑的？我们应该迈着坚定的步伐，踩着先烈们的足迹继续往前走，最后，胜利终将属于我们，属于时代赋予的新生命……"

参加陈天华和姚宏业追悼会的还有日本友人宗家小林彦五郎、孟良佐野和美国友人吴孟施，宗家小林彦五郎在会上发言说："同学们、朋友们！中日两国一衣带水，唇齿相依，有共同的黄皮肤、黑头发，本应该友好团结，互利互助去创造国家的文明和进步，然而日本政府的倒行逆施令我们非常失望。当然，出现这种局面，清朝政府也有着不可推卸的责任。同学们、朋友们，中国人并非日本报纸上宣扬的'放纵卑劣'之徒，陈天华、姚宏业两烈士用自己的生命，体现了中国人真正的形象、真正的品德。他们就像贵国古代的屈子'宁溘死以流亡'也不愿与浊世合污，他们用自己的生命展示了一种光芒四射的民族节操、民族骨气，我敬佩他们。陈烈士、姚烈士，安息吧！"

大会现场哀歌悲鸣，群情激愤。

巡抚庞洪书虽然严词厉色表示不允许公葬陈天华、姚宏业两烈士，但鉴于民心所向，且禹之谟在商界、教育界、政界都有一些口碑，现在支持他的人也不少，加上前些日子革命党人组织的刺杀事件，让他还心有余悸，所以也不敢正式下文力拒禹之谟他们的这一行动，只是在心里对禹之谟有了憎恨。

5 月 21 日，陈天华和姚宏业的灵柩同抵长沙，当天便举行了公葬仪式。公葬仪式上，禹之谟要求全城学生穿制服行丧礼。出葬之日，全城一万多名学生都穿着白色的制服，首尾连绵几公里，分别从朱张渡、小西门两处渡江送至山陵。送葬队伍前有两副挽联，一副是禹之谟所写：

　　杀同胞是湖南，救同胞又是湖南，倘中原起义，应是湖南，烈士竞捐生，两棺得赎湖南罪；

　　壤夷狄成汉族，奴夷狄不成汉族，痛鞑虏入关，已亡汉族，国民不畏死，一举能张汉族威。

　　一副是宁调元所写：

　　其所生在芳草美人之邦，宁赴清流葬鱼腹；以一死作顽民义士之气，奚问泰山与鸿毛。

　　抬陈天华灵柩的队伍由禹之谟带领，抬姚宏业灵柩的队伍由宁调元带领。当天的岳麓山满山缟白，鞭炮鸣响，悲声震天。看到这么悲壮的场面，国民的爱国情绪也为之高涨。

　　面对如此浩大的阵势，庞洪书慌了，他生怕革命党趁此机会暴动，赶紧调动了所有的军警以维持秩序为名，沿途分布岗哨，严密监视送葬队伍的一举一动。

　　公葬那天，周婕早早起来，穿上了这几天让裁缝赶制的白色旗袍，脚穿黑色布鞋，头上插着一朵小白花出门了，周宇宽知道她是要去送陈天华最后一程，也没加拦阻。

　　在送葬的人群里，大家发现多了一位身着白色旗袍，头上插着一朵小白花的女子，以为是逝者家的亲戚，可女子的脸上异常的平静，她一路上紧紧跟在陈天华的灵柩后面，不哭也不喊，直到陈天华的灵柩下穴，她才双膝跪下，在陈天华的墓前以异常凄厉的声音大喊："星台，永别了！愿我们来世还能相见！"

　　众人一齐望着这位不认识的白衣女子，后来禹之谟解释，才知道这位女子名叫周婕，一位深爱过陈天华，也被陈天华深爱过的女人。

　　陈天华和姚宏业两人前仆后继的悲壮行动，及隆重的葬礼，在国人的心中产生了巨大的影响。

　　"公葬陈、姚的事件"成为了一次外争国权、内争民主的爱国运动，推动了革命形势的深入发展。毛泽东主席后来称赞公葬陈、姚二烈士事件为当时"惊天动地可纪的一桩事"。

陈天华蹈海事件，在日本也引起了轰动，在报纸大肆宣扬中国人"放纵卑劣"，说中国人缺乏团结精神的同时，却有中国人视死如归，敢于用自己的生命去抗争、去反驳。这无异于打了日本报纸一记狠狠的耳光。慑于留日学生的反抗和日本各界舆论的压力，日本政府未敢贯彻实施《关于许清国人入学的公私学校之规程》，开始说延期执行，后来又说终止执行，最后成了不了了之，彻底粉碎了日本政府文部省颁布施行《取缔规则》的阴谋。

此后，事情发生了进一步的变化，留学生当中激进者有的回国实行革命，有的与同盟会保持一致，留下来继续斗争，就连当初那些呈观望状态或开始对革命产生了动摇心理的人也开始坚定起来，与革命派一道开展斗争，致使日本各界对留学生的看法有了根本的改变，再也不敢出言相辱。

陈天华用自己的生命书写了中华民族反帝爱国的赤子情怀，同时也为后来的革命党人树立了一面光辉的旗帜。

第七十七章 前仆后继

1911年10月，在武昌起义胜利的欢呼声中，孙中山当上了临时大总统。1912年3月6日，为了表彰陈天华为民主革命所做出的伟大贡献，孙中山以临时大总统名义下文，批准给陈天华烈士建立专祠，并题词："丹心侠骨"刻文褒扬。

1917年，周恩来总理怀着爱国济世的心，找不到真理的苦闷，远渡重洋，来到日本谋求先进的科学知识，以图报效祖国。在他出国之前，写下一首感人肺腑的诗："大江歌罢掉头东，邃密群科济世穷。面壁十年图破壁，难酬蹈海亦英雄。"书赠为他饯行的同窗好友张鸿诰等人。

"面壁十年图破壁，难酬蹈海亦英雄。"是引用了达摩祖师面壁十年的故事和蹈海英雄陈天华的故事，表明了周总理决心之坚，立志之远，并且预想未来，即使壮志难酬，捐躯东海，亦不愧为一英雄。舍生而取义者也。

周总理的诗虽然只是引用了陈天华蹈海的故事，但对陈天华虽短暂但不平凡的一生给予了充分的肯定。

中华人民共和国成立后，中国革命历史博物馆曾专题刊列陈天华的生平简介和《猛回头》《警世钟》的书影，以示对陈天华烈士的纪念。

1997年7月1日，被侵略者强占了一百年的香港，历尽沧桑之后，终于回归祖国。当年的陈天华是为了反侵略、反压迫，为自由、为民主而勇敢献身的。新化县人民政府为了缅怀陈天华烈士的爱国情长，激励梅山人民发扬陈天华烈士的爱国主义精神，在这特殊的日子里决定为陈天华烈士建纪念广场，并塑雕像，以供后人瞻仰。

陈天华烈士纪念广场的落成，不仅传扬了烈士的浩然正气，昭示了我们中华民族不屈不挠的斗争精神，同时也告诫子孙后代不要忘记历史，不要忘记侵略者对中华民族的强盗行径，不要忘记曾经为中华之崛起、为中国之强盛付出过鲜血和生命的新化先贤们。

新化不仅是一座历史之城，同时也是一座英雄之城。在孙中山、黄兴等领导的辛亥革命中，新化人流的血最多。

早在1898年戊戌变法时，谭嗣同等在长沙首办时务学堂，本县进步乡绅就创办了新化实学堂，与之桴鼓相应，"实开湖南七十二州县新学之先声""与长沙时务学堂并时为两"。这样一来，本县大批青年学子受到新文化、新思想的熏陶，开始认识到清王朝的腐败，纷纷赴日本、美国、欧洲寻求救国之道，最终汇成奔腾澎湃的革命潮流。

新化人对于新文化、新思想的追求，一直都是站在历史的前沿。1902年，湖南开始选派留学生去海外学习，首批官费留日学生中，年方十五的方鼎英，新化实学堂出去的杨源濬、曾鲲化等都位列其中，及至1905年8月在日本东京成立"中国同盟会"时，新化籍留学生参与者更多，据冯自由先生所著《革命逸史》所载，首届中国同盟会员中出席成立大会的各省代表七十余人，光新化籍代表就有陈天华等十余人，总部、中部发展的会员多达四十一人。在这些革命先锋们的影响下，不久，远在新化县城内的邹永成、谢介僧等一大批志士，闻风而动，积极响应，迅速成立了中国同盟会新化分会，并建立了秘密机关。当时不论在县内、县外、国内、国外，新化同盟会会员的数量与质量居全国各县之首，因而有"同盟会荟萃之乡"的美誉。（邓操《湖南新化籍革命党人与辛亥革命》，原载台湾《湖南文献》总号第89期）。新化县前后赴日本等国留学的激进青年达一百七十多人，其中不乏享誉中外的杰出人物。

不仅有家喻户晓的陈天华烈士，还有在同盟会中被"尊为长者"的谭人凤。谭人凤早年就在新化境内开山立堂，利用堂会，缔结反清势力，后因长沙起义失败，被官府缉捕。之后，辗转于长沙、日本等地从事专职革命活动。在同盟会中，他的年龄最大，且最具个性（曾与孙、黄意见相左而针锋相对），又革命热情最高。他先后参加黄兴领导下的二十多次起义，几乎无役不参加，虽然经历了很多次的失败，仍然不能消磨其斗志。后与宋教仁组织中部同盟会，并与宋一起被推为总干事，后又被推为总务会议长，积极筹划长江流域起义。武昌首义后，他立刻抵达湖北，参与领导事宜，并促革命党人焦达峰、陈作新等夺取湖南政权。后来形势危急，战时司令黄兴准备南撤以图发展时，他毅然挑起武昌防御使兼北面招讨使（相当于总司令）的重任，主持军事，坚守武昌，终奠革命基础。袁世凯时授他上将衔（但拒绝接受），后来，他又与孙中山、黄兴一同反袁，直到为革命油灯耗尽。

武昌革命烽火一起，有一大批新化籍同盟会员蜂拥而至，襄助革命。曾继梧任炮兵司令，卿衡任协统，方鼎英、袁华选、高兆奎、周来苏、杨源浚等或参与戎机，或冲锋陷阵，战功赫赫，青史留名。其中影响较大的有曾继梧和方鼎英。曾继梧，辛亥革命时任武昌起义军炮兵司令，后又历任岳阳镇守使，湖南护国军司令，代理湖南督军等，为湖南和新化地方做过许多好事。方鼎英，在辛亥革命时被称为少年英雄，后在民国时曾历任过湘军第一军军长、国民革命军第十三军军长、黄埔军校中将教育长、代表校长、北伐军第一集团军第三军团总指挥等要职，是著名的抗日将领。

还有继"暗杀专家"苏鹏之后，参加暗杀行动的暗杀团成员王汉，后又独人单枪，追铁良至保定，终无机可乘，乃自杀以明志。后起的新化籍又一暗杀家李一球，先在烟台谋炸清皇室要人，1913年又谋刺袁世凯，最终以身许国。

此外，还有年轻将领谭二式，谭人凤之子。谭二式早年就读于蔡锷的随营学堂，后随其父及兄谭一鸿一同加入同盟会，父子三会员，一时传为佳话。武昌起义后，新化籍著名老同盟会员邹永成、谢价僧相继抵达新化和宝庆，筹划起义，并很快光复这两座城市，而他们所依赖的部队，主要是谭二式在新化组织的会党势力，当时宝庆军政府正副都督、参都督为邹永成、谢价僧、谭二式三人分任，皆为新化人。后谭二式所率会众在袁世凯时期改编为川粤汉铁路路警，谭二式被委为陆军少将。二次革命时，谭二式在新化欲建湘军反袁司令部，但他在策反一支北洋军时不幸落水而亡，时年二十九岁。而邹永成则历任过湖南督军置中将顾问，广州大元帅中将顾问，军政部高等顾问等高职。谢价僧历任过湖南护国军中路军司令等职。

还有辛亥革命前湖南最早的革命先行者，曾在湘中、西南各省广联会党准备大起义，后被迫逃亡日本，被孙中山任命为"长江上游招讨使"的周辛铄；有曾任清末邮传部尚书，并协助过蔡锷从北京虎口脱险，以后又分任过交通部路政司长、交通总长等职的曾鲲化；有历任过孙中山临时大总统府高参、第五师师长、参与蔡锷云南起义任湘黔路指挥使，第十九军中将师长等职的杨源浚。另有曾杰、唐经百、邹序彬、卿衡、李锡畴、高霁等二十几人曾历任过少将、中将或相等衔职以上的官爵职务，辛亥革命时期新化籍将星熠熠众多，不能一一而道。周秋光、高原等著《湘籍辛亥人物小传》中共收录湖南革命党人246人，其中新化籍就有21人，占近10%。

在辛亥革命这场风起云涌的斗争中，新化一个小小的偏僻山区县，就涌现了如此多的革命志士，又因这些仁人志士特殊的贡献，而使新化彪炳昭显于近代中国民主运动的史册，这就是令我们后人引以为自豪的辛亥新化潮。

辛亥英雄们这种慷慨激昂、前赴后继的精神，全是因了梅山人心忧天下、敢为人先、勇于担当的特质，和梅山人骨子里流淌的不惧强暴、不畏生死、勇往直前的蚩尤文化的基因。

陈天华是民主革命的先驱，是警世精神的旗帜与丰碑，他的著名的《猛回头》《警世钟》给子孙后代留下了一笔宝贵的精神财富。

注：①本文所选陈天华文稿均出自刘晴波、彭国兴先生所著的2011年9月版《陈天华集》。

②有关同盟会成立的部分资料来自电视剧《辛亥革命》。

③部分分析资料来自：

1. 吕振羽先生的《陈天华＜国民必读＞所提出的旧民主主义革命的若干论旨》；

2. 王鉴清、钱元凯先生的《陈天华的反帝反封建思想》。

3. 孔祥吉、村田雄二郎先生的《陈天华若干重要史实补充订正——以日本外务省档案为中心》；

4. 段星波先生的《陈天华思想研究》；

5. 龙华先生的《论陈天华的小说创作——《狮子吼》为现实与理想之作》；

6. Liu Huironge 先生的《蹈海志士陈天华》（2）；

7. 马鹏娟先生的《陈天华国民教育思想及其当代启示》；

8. 曾由日先生的《梅山傩戏"和梅山"》；

9. 洞庭悟先生的《惊世骇俗"毛板船"——资水咏叹调》；

10. 创意赛事资讯的《简述日本茶道文化精神》；

11. 散淡心情先生的《安化记忆之一：《湘黔铁路与茶马古道》；

12. 蜀黎带你看电影的论文赏析：《宋代梅山蛮族属考释》；

13. 万先俊先生的《回忆祖父万福华先生》；

14. 唐浩明先生的《杨度》；

15. 邓江祁先生的《谭人凤传》；

16. 鄢吉先生的《辛亥革命 新化人的血流得最多》；

17. 杨建长先生的《鄢福初：把陈天华故居建设成爱国主义的精神家园》；

18. 林惠琮先生的《新化县荣华乡是李自成的最后归隐之地》；

19 鄢吉先生的《新化县农村的古建筑、古文物集锦》；

20. 袁晓晖先生、钟彦先生的《世遗之地·湖红之源 茶在深山香亦远——写在新化红茶被确认为"湖红之源"之际》等纸质及网络资料。

④部分民间口述资料来自：

1. 陈天华故居陈安康先生。

2. 陈天华故居梁继恒先生。

⑤部分民间纸质资料来自：

1. 罗传佳先生的《惊世骇俗陈天华》；

2. 一九九六年版的《新化县志》；

3. 新化县民间文艺家协会出品的《新化民歌选读》；

4. 新化政协主编的新化文史第二十六辑《新化辛亥人物》。

后 记

历经三年多的时间,《陈天华》终于搁笔。

说真的,有点如释重负的感觉,写作于我,从来都是一种爱好,从来都不会给自己压力。但陈天华是重要历史人物,所以,有关他的历史传记小说,无论是时间、题材、出场的人物及人物的定位,都必须尊重历史,必须反复核实。所以,写《陈天华》的时候,我感到了一种压力。

记得中学的历史书里,关于"辛亥革命"的那一章,陈天华写下了浓墨重彩的一笔。他的肖像画,他的《猛回头》和《警世钟》的封面图片,在我脑海里至今还是清清晰晰。那时的陈天华离我很遥远、很遥远,他是浩瀚星河里一颗耀眼的星星,而我,只是地球上的一颗微尘。

开始写的时候也在网上查阅了大量的资料,并购买了一些书籍,但写着写着,总觉得有些呆板、生硬。想去陈天华老家荣华乡小鹿村看看,但人家说陈天华的故居因为柘溪水电站的修建而沉入了河底,要枯水季节才能看到。

正在思维陷入困境的时候,先生带我来了一次说走就走的旅行。本来说好去哪里弄一点土种花的,他却把车开上了高速,我问他要去哪里,他才说去陈天华故居看看,我猜他是看出了我的焦虑。

陈天华的故居作为家乡的一个文化旅游项目,现正在基础设施的修复阶段,我们一路上看到的是新拓宽的公路,新立的塑像,新修的牌楼,新开的"农家乐"。

因为导航问题,我们走的路线与陈天华故居隔资江河相望,要去到陈天华故居还得过轮渡。在等轮渡的时候,我们遇到了梁继恒先生,闲聊中他说他就是陈天华故居的人,并说愿意给我们带路。梁继恒先生口才很好,他是唱木偶戏的,他说听老辈人说陈天华的父亲最喜欢唱木偶戏,陈天华的启蒙教育应该是唱木偶戏开始,于是,我找梁先生要了一些有关木偶戏的资料,准备写进文中。

经过梁先生的指点，我们顺利找到了陈天华的故居。就这样，我与陈天华故居的那片楸树林子终于相遇了。走入林子的那一刻，我感觉到了心灵的震颤，我看到了陈天华童年及少年时期的成长轨迹，我甚至找到了那株"自下分开成两根大枝的老楸树"。

　　这里才是陈天华真正的故乡，他不再高高在上，需要我们隔着空旷无涯的天空去仰望；他不再是那么遥远，需要我们极目远眺才能看到；他就生活在我身边，伸手就能触及。他跟我一样，生在资江河畔，长在雪峰山下；他跟我一样，说的是梅山语言，听的是梅山山歌，看的是梅山傩戏；他跟我一样，是有血有肉的凡间之躯，并不是"天上下来的神仙"。于是，我知道了文章呆板、生硬的原因，因为少了骨血，少了肌肉，少了生命，它活不起来。

　　林子旁边有一座农舍，它很像是我想象中陈天华的家，它的存在，让我怀疑别人是骗我的，陈天华的故居根本就没被河水淹没，它好端端地摆在那里。

　　屋外地上有晒花生，这屋子一定还有人居住。我们上前察看，果然，屋里有两位老人，男性老人说他叫陈安康，今年七十四岁，是陈氏家族的第四十九世传人，旁边的老妇人是他的老伴。他们有两个儿子，现在都搬离了这里，找到了自己新的生活。

　　这里的条件不是很好，土木结构的房屋很陈旧，没有自来水，喝水要靠从自打的摇井里摇上来。我说你们为什么不跟儿子去住新房子？他们说要守住这房子，房子是从陈天华故居移上来照原样起的，年代久了，如果没人住很快就会塌掉。

　　为了证明自己的身份，老人在卧室里找出了一本族谱，果然翻到了有关陈天华的那页，陈天华是第三十八世陈氏子孙。

　　我们说明来意后，老人又去卧室里翻找了一阵，从卧室里拿出一本书，书名叫《惊世骇俗陈天华》。书是罗传佳老先生花了十年时间写成的，后来由于种种原因未能出版，只是自己印了为数不多的几本，赠送给了有关人员和部门。我想高价卖下这本已经翻得快要散架的书，老人不肯，最后，我只好说借我读一个月，老人欣然同意。

　　书是一九九九年写成的，花了十年时间，那个时期电脑还没普及，罗老先生就是靠着一支笔，硬是写出了差不多四十万字。我在想，这四十万字不知要写掉多少瓶墨水？写秃多少支钢笔？在这里，我对已经去世的罗传佳老先生致以一个文学爱好者最崇高的敬意！

文中有不少写资江的文字，包括资江船工号子。虽然资江河上早已听不到号子了，但民间还有流传，我想把最具有代表性的资江船工号子写进文中。白溪镇是资江边的一个历史悠久的古镇，镇上有一位叫"当代阿炳"的古稀老人龚高翔，老先生以前在部队文工团干过，二胡拉得很好，并写过一首二胡曲《资水船歌》。我问龚老先生有没有资江船工号子，虽然老先生的二胡曲里有资江船工号子，可那是曲谱，没有填词的，但他毫不犹豫说给我找，于是我文中有了一段梅山方言的、充满地气的、激昂高亢的资江船工号子，非常感谢热心肠的龚高翔老先生！

梅山山歌是梅山文化的精髓，陈天华的作品里很多地方都有体现。传扬梅山文化如果没有梅山山歌就好像生活里缺少爱情，炒菜缺少盐，寡淡而无味。于是我又开始寻找风趣幽默、妩媚多姿的梅山山歌。原新化县文联主席彭共老师长期致力于梅山民间文化的挖掘和整理，他听说我的来意后不仅给了我很多资料，还给我讲了很多有关梅山山歌的故事，感谢这位为传承梅山文化鞠躬尽瘁的好老师。

二〇二〇年的五一假期，因为疫情不能远行，在旅游局工作的外甥女小璐提议去陈天华故居看看。我是第三次来陈天华故居了，第二次是把书还给陈安康老先生，那时的资江水位还只下降了一点点，刚好露出陈天华故居那座碑的顶，因为中间还隔着一段积水的洼地，所以无法靠近。这次是抱着碰运气的心理，趁着假期，我们又来到了陈天华故居。俗话说："事不过三"，这次我终于看到了陈天华故居遗址和那块碑文已经模糊的石碑，遗址已经被周边的环境同化，它只是绿色河滩中的一处凹陷，石碑则像一位沉默的老人，静静地矗立在广袤的、绿毯似的河滩上。本来，春天资江河边的紫苜蓿是一景，这个时节，紫苜蓿大部分已经开过，现在只能在绿色的海洋里寻找那星星点点的紫红色。

正在我与陈天华故居默默对视的时候，又碰到了一群来参观陈天华故居的人。对于和我有同样喜好的人，我格外关注，经打听，他们是搞陈天华故居修复工程的。听到这个消息的我激动万分，陈天华故居的修复是新化人民长久以来的期盼，修复其故居是给子孙后代留下一笔宝贵的精神财富，文化需要传承、血性需要传承，陈天华故居是文化、血性传承的标志性工程。当我和领队的张石成先生谈及我正在创作的历史传记小说《陈天华》时，他连说："好啊！好啊！我们正在搜集有关陈天华烈士的资料，你的小说能够系统地反映陈天华的生平事迹，正是我们所需要的。"他让我把小说发给他看看，就像我第一次与那片楸树林子相遇一样，我感觉到了冥冥之中的一种帮助，感谢张石成先生！

湖南长沙新化商会副会长、商会党委书记刘陶字先生是这个项目的总指挥，陈天华烈士的故乡荣华村也是刘陶字先生的故乡，因为耳濡目染，他对陈天华烈士有一种从小就养成的敬佩。刘陶字先生对家乡有很深的感情，他不仅经常参加家乡的公益活动，资助家乡的贫困学子，为了家乡的文化的传承，他更是不遗余力。在张石成先生那里得知我在写《陈天华》后，刘陶字先生很是支持，他不仅给我提供了他搜集到的所有资料，还鼓励我好好写，争取写出一部能体现陈天华烈士强烈的爱国主义情怀的小说，以助力陈天华故居修复工程的建设。感谢刘陶字先生！

陈天华故居修复项目总召集人、知识渊博的李伟智先生看了我写的小说后，更给了我很多中肯的宝贵意见，让我在后期修改中有了明确的目标。都说"一字之师"，李伟智先生教了我这么多字，那我这个老师要拖了长长的声调才行。感谢李伟智先生！

小说发给新化县作协副主席张光敏、副主席曾晨辉评阅后，得到了两位主席的支持，光敏主席节选了部分章节发在当期的《作家园地》上，这是对我莫大的支持，不胜感谢！

同时，还要感谢娄底市委、新化县委宣传部、新化县文联、新化县作协对我的大力支持！

感谢陈安康先生、梁继恒先生对我的帮助！

……

每个人都有一个家乡梦，特别是生性执着的梅山人，都有把梅山文化、梅山精神传扬开去、传承下去的愿望。我创作《陈天华》的初衷是如此，我所接触到的有关陈天华故居的保护和修复工作的每个人都是这种理念。

陈天华烈士是梅山文化、梅山精神的代表人物，是新化人民的骄傲。《陈天华》的出版，如果能够对陈天华故居的修复有所帮助，能够助力新化旅游事业的发展，那就是我最大的心愿。

曾文辉
2022 年 6 月 29 日